淡江大學中國文學研究所主編

文學與美學

第三集

文史哲出版社印行

國立中央圖書館出版品預行編目資料

文學與美學　第三集／淡江大學中國文學研究所主編.--初版.--臺北市: 文史哲, 民 81
面;　　公分
ISBN 957-547-083-4 (平裝).

1.文學--論文, 講詞等　　2.美學-論文, 講詞等

810.7　　　　80004143

文學與美學 第三集

主編者：淡江大學中國文學研究所
出版者：文史哲出版社
登記證字號：行政院新聞局局版臺業字五三三七號
發行人：彭正雄
發行所：文史哲出版社
印刷者：文史哲出版社
台北市羅斯福路一段七十二巷四號
郵撥〇五一二八八一二彭正雄帳戶
電話：三五一一〇二八
平裝定價新臺幣五四〇元
中華民國八十一年十月初版

ISBN 957-547-083-4

序

王文進

淡江大學中國文學系所在近五年中舉辦了許多場不同性質的學術會議，其中最具整體規劃性的有「中國社會與文化」「文學與美學」兩個系列。「中國社會與文化」學術會議已經一連舉辦了四屆，而「文學與美學」今年則是第三屆。舉辦之際，雖然時感匆促與忙碌，但是此刻驀然回首，似乎一條我們所欲開拓的途徑正逐漸浮現出來。

「中國社會與文化」系列企圖整合中文學界與歷史學界的研究方法。長期以來，中文學界運用歷史學研究中國文學的方式，大都還停留在引用「中國通史」的常識層面。學者雖然動輒號稱從事歷史背景探討，但往往流於粗糙的推論。一連四屆的會議就是要使中文系與歷史系的學者聚在一起相互激盪、啓發。

「文學與美學」系列則有感於中國文學理論的研究，不能不結合美學的思維架構。尤其中文學界在長期接受西方學術刺激之後，正在醞釀構築一套自家的文學理論，於是我們規劃了這一系列的學術會議。第三屆的論文集現已編就即將付梓，而第四屆的會議也在緊鑼密鼓地籌備中，這正顯示著我們持續不懈的信念。當然，我們必須感謝教育部之贊助，使得此次會議得以順利舉辦，也使得我們可以逐步推展這項文學研究的信念。

文學與美學　第三集　目次

從〈秋山圖〉看芥川龍之介的藝術觀

彭春陽

一

芥川龍之介（一八九二—一九二七）、日本大正文壇代表作家，在近代文學史上擁有不可動搖之地位。目前在日本最具權威性的純文學奬「芥川賞」，就是爲了紀念這位文學家而設。

然而在享受至高無上的讚辭之同時，也受到了許多無情地抨擊。這些毀譽褒貶之中，有一部分在本質上甚至是相互矛盾的。例如有些人說他的作品充滿了主觀的熱情告白；又有些人誹謗說他只不過是個譏諷人生的旁觀者。對這種兩極性的批評，詩人萩原朔太郎（註一）認爲是因爲芥川龍之介同時具有聖德太子般的聰明才智及中學生般的稚氣所造成。並將文學家分爲二類：一爲「持具問題性文學家」，另一爲「不具問題性文學家」。前者作品中，包含時代的一切問題，留有無數爭議性課題；後者作品單純，雖受到絕佳讚語，但亦僅止於此，無法引起人們評論其作品之興趣。芥川則被歸屬爲前者，因其作品含有許多象徵日本文化及當時某些社會思潮等的「問題」，其中還有許多至今尙待解決的問題，而這些也正是勾起人們興趣之處。

但是，在這裏，芥川龍之介最具代表性的特色——也可說是日本民族性的特色——『模仿』却被略而不提。芥川的作品，幾乎都有其出處，換句話說，絕大部分都是從他人的作品改寫而成，而其取材範圍之廣，上自古代，下至現代，縱遊於東洋與西洋文學之間。當然，如果僅止於模仿，那充其量只能被稱爲翻譯作家，甚或被貶爲偸竊作家。芥川文學的另一特色，卽爲借他人之物言己之所欲言，將作品注入一股新的生命力。這或也可說是日本人的另一民族性——改良。

由於以上的特性，使得芥川文學所受到的褒貶，正如外國人對日本人的看法一般，容易有兩極性出現。

以下所要探討的作品「秋山圖」（註二）卽處於這種兩極性的毀譽之中，有將之貶爲「芥川的〈秋山圖〉並非創作，乃爲翻譯。是夾雜着些許意譯的逐字翻譯。而譯品的香氣，不及原文」（註三）；也有將之譽爲「〈秋山圖〉是芥川的文體，其語言魔術立於一個頂點之作」（註四），又說，以如此精短之文字，探求『虛構之眞贋與生存之意義』的作品，在歐洲文學之中，尚未發現能與其相匹敵者。

二

記秋山圖始末

〈秋山圖〉一文，取材於清朝畫家惲壽平所著《甌香館集補遺畫跋》書中〈記秋山圖始末〉一節。日譯本載於今關壽麿《東洋畫論集成》之中。

董文敏嘗稱，生平所見黃一峯墨妙，在人間者，惟潤州修羽張氏所藏〈秋山圖〉爲第一，非浮嵐、夏山諸圖，堪爲伯仲。問以語婁東王奉常烟客，謂君硏精繪事，以痴老爲宗，然不可不見秋山圖也。奉常懼然向宗伯乞書爲介，並載幣以行。抵潤州，先以書幣往，比至門，閴然，雖廣廈深閉，而廳事惟塵土雞鶩，糞草幾滿，側足趦趄；奉常大訝，心語是豈藏一峯名迹家邪。已聞主人重門啓鑰，僮僕掃除，肅衣冠，揖奉常，張樂治具，備賓主之禮，乃出一峯秋山圖眎奉常。一展視間，駭心洞目，其圖乃用青綠設色，寫叢林紅葉，翕赧如火，硏硃點之，甚奇麗。上起正峯，純是翠黛，用房山橫點積成，白雲籠其下，雲以粉汁澹之，彩翠爛然，村墟籬落，平沙叢雜，小橋相映帶，邱壑靈奇，筆墨渾厚，賦色麗而神古。視向所見諸名本，皆在下風，始信宗伯絕嘆非過。

奉常旣見此圖，觀樂忘聲，當食忘味，神色無主。明日，停舟使客說主人，願以金幣相易，惟所欲。主人啞然笑曰：「吾所愛豈可得哉，不獲已而眈眈若是，其惟蹔假，携行李往都下，歸時見還。」時奉常氣甚豪，謂終當有之，竟謝去。於是奉常已抵京師，亡何，出使南還，道京口，重過其家，閽人拒勿納矣。問主人，對以他往，固請前圖一過目，使三反不可；重門扃鑰，糞草積地如故，奉常徘徊淹久而去。奉常公事畢，晝夜念此圖，乃復詣董宗伯定畫。宗伯云：「微獨斯圖之爲美也，如石田雨夜止宿及自壽圖，眞繢苑奇觀，當再見之。」於是復作札與奉常，乃走使持書裝橐金，剋期而遣之。誡之曰：「不得畫，毋歸見我。」使往奉書，爲款曲乞圖，語峻勿就，必欲得者，持雨夜止宿・自壽圖去。使逡巡歸報，奉常知終不可致，歎悵而已。

虞山石谷王郎者，與王奉常稱筆墨交，奉常諮論古今名跡，王郎爲述沙磧‧富春諸圖云云，奉常勿愛也。呼石谷君，知秋山圖邪？因爲備述此圖。蓋奉常當時寓目間，如鑑洞形，毛髮不隔，聞所說，恍如懸一圖於人目前。其時董宗伯棄世久，藏圖之家，已更三世，奉常亦閱滄桑且五十年，未知此圖存否何如，與王郎相對嘆息。已石谷將之維揚，奉常云：「能一訪秋山否？」以手札屬石谷，石谷携書往來吳閶間，對客言之。客索書觀奉常語奇之，立袖書言于貴戚王長安氏。王氏果欲得之，並命客渡江物色之。於是張之孫某，悉取所藏彝鼎法書，並持一峯秋山圖來。王氏大悅，延置上座，出家姬合樂享之，盡獲張氏彝鼎法書，以千金爲壽。一時羣稱秋山妙跡，已歸王氏。王氏挾圖趨金閶，遣使招婁東二王公來會。時石谷先至，便詣貴戚。揖未畢，大笑樂曰：「秋山圖已在橐中。」立呼侍史於座，取圖觀之。展未半，貴戚與諸食客，皆惎視石谷辭色，謂當狂叫驚絕。比圖窮，惝恍若有所未快，貴戚心動，指圖謂石谷曰：「得毋有疑？」石谷唯唯曰：「信神物何疑。」須臾傳王奉常來。奉常舟中，先呼石谷與語，驚問王氏：「已得秋山乎？」石谷詑曰：「未也。」奉常曰：「贗邪？」曰：「是亦一峯也。」曰：「得矣，何詑爲？」曰：「昔者先生所說，歷歷不忘，今否否，焉覩所謂秋山哉？雖然，願先生勿遽語王氏以所疑也。」奉常既見貴戚，展圖。奉常辭色，一如王郎氣索，彊爲嘆羨，貴戚愈益疑。又頃，王元照郡伯亦至，大呼秋山圖來，披指靈妙，纚灑不絕口，戲謂王氏：「非厚福奇不能得奇寶。」於是王氏釋然安之。嗟夫，奉常曩所觀者，豈夢邪，神物變化邪，抑尙埋藏邪，或有龜玉之毀邪。其家無他本，人間無流傳。天下事顚錯不可知，以爲昔奉常捐千金而不得，今貴戚一彈指而取之，可怪已。豈知旣得之而復有淆訛舛誤。而王氏諸人，至今不寤，不亦更怪邪。王郎爲予述此，且訂異日同訪秋山眞本，或當有如蕭翼之遇辨才者。南田壽平燈下書，與王山人發笑。

三

這篇一千五百字左右的短文，芥川將它改寫成約二十張稿紙（日式稿紙一張四百字）的短篇小說，份量延伸了五倍。

〈秋山圖〉故事內容，大致上與〈記秋山圖始末〉同，芥川將之分爲五段，以王石谷與惲壽平對話爲底調，穿揷王石谷說故事般的回憶式敍述；此外，文中多用對話，頗具戲劇性效果。

〔第一段〕王石谷訪甌香閣，與惲壽平談及黃大癡之秋山圖，問惲見過否？惲答說否，於是王石谷開始敍述一個奇異的故事。

〔第二段〕那是董其昌還在世時，某年秋，與王煙客論畫，盛讚黃大癡秋山圖。於是王煙客持董之介紹函，往潤州張家。至張家，見其庭院荒廢，不似藏有名家之畫。及至引入廳堂，見主人，雖羸弱臉色蒼白，但不失貴族風格。觀畫，驚嘆之，欲購爲己有，然張氏不允。一年後王煙又來潤州，順道訪張宅，主人避而不見，悵然而歸。其後，董又告知除秋山圖外，張家尙藏有沈石田之雨夜止宿圖及自壽圖等。煙客聞之，立派人携董之手札及購畫款前往，然張氏一如往常，對黃大癡之畫，堅不肯讓。

〔第三段〕回到王、惲對話，王石谷說以上之事，從王煙客處得知云云。

〔第四段〕王石谷以第一人稱敍述。王煙客告知這些話時，已隔了將近五十年。後聞貴戚王氏得秋山圖，在一個無風的初夏午後，前往視之。王氏庭院牡丹盛開玉檻外。王石谷與王氏作揖，見其臉，忍不住笑了出來。王氏得意地將畫取出，懸於壁上。石谷見畫，心感失望。後王煙客來，見畫後，同樣面露憂色。待王廉州來，極力讚揚秋山圖，至此主人王氏方才釋懷。

〔第五段〕秋山圖的故事說到這裏，王石谷又補充說，其後王氏又熱心地到處尋找，但連張氏也不知道還有另一幅秋山圖。到底以前王煙客所看到的秋山圖，至今還藏在某個地方呢？或是王煙客的記憶錯誤？難道說王煙客去看秋山圖這件事本身就是一個幻覺嗎？這似乎是不可能的。惲壽平回答說，在王煙客與王石谷的心中，既然已存有那幅秋山圖，現在就算逸失，亦無所憾。說完，惲王二家拊掌一笑。

以上就是芥川龍之介〈秋山圖〉的梗概。除了文體之外，在一些細節部分，亦與原文〈記秋山圖始末〉略有不同。

1.對秋山圖之描寫：芥川將惲壽平較專門式的描寫，順序略調，先描述大致上的構圖，再以一段挿文，加上筆法及細部說明，最後爲感想，以較淺顯方式轉達給讀者。而在評語之中使用的『空靈澹蕩』一詞，芥川在評論宋畫「蓮鷺圖」時(註五)，也借用過，爲芥川愛用之詞。

2.人物張氏的突顯：惲壽平對張氏的描寫不多，而芥川把張氏形容爲羸弱，面貌蒼白，而不失貴族之氣。並藉張之口，敍述芥川對秋山圖之看法，可說是芥川的另一個化身。

3.對季節的描寫：前後兩次賞畫環境，惲文中僅描述張氏庭院荒廢情景，而芥川又加上王宅庭院牡丹與之相對。基於日本人對季節的敏感性，芥川將訪問張宅設定爲秋季，暗含張家之沒落及秋之怡人；而去王宅時則爲『無風的初夏午後』，隱喻王宅如日中天，並埋下煩悶的伏線。

4.秋山圖之去向：惲壽平提出四種推測——夢幻・神物變化・埋藏某處・龜玉之毀。而芥川捨龜玉之毀的說法，加之以王煙客記憶錯誤之說。

5.惲王發笑之原因：惲文中，惲王二人笑的是王氏諸人的愚昧，及相約異日同訪秋山眞本。芥川之文，則在惲壽平說完只要秋山圖存在心中，就算失之亦無所憾後，兩人拊掌而笑。

四

芥川龍之介在〈秋山圖〉之前，取材自中國的小說，有「南京的基督」和「杜子春」；〈秋山圖〉之後，還發表了一篇取材自還魂記的「奇遇」。這四篇作品都集中在大正九年下半年至大正十年初期發表，這是因爲芥川當時任職大阪每日新聞社，在接獲大正十年三月奉派中國時，行前所作一系列調查準備中的產物。「奇遇」採與〈秋山圖〉相同文體，以編輯者和作家（芥川本身）的對話，述及一段『奇遇』的故事。作品中的作家也奉派前往中國，行前所搜集有關中國的遊記及風土民情等書籍，爲數之豐，足見其苦心。

芥川對中國繪畫開始感興趣到〈秋山圖〉作品的完成，其過程可由他寫給友人小穴隆一信簡中窺其一二：

> 三、四天前，往晚翠軒求八大山人及王石谷等人之畫本。……八大山人為新人，是明末清初時候人，故其畫新穎。(註六)
>
> 最近，向人借四王吳惲之畫集。其中最喜南田。(註七)

芥川龍之介除了寫小說之外，偶爾也會揮筆作畫，對於繪畫的鑑賞，自有獨到之處。由於工作上的關係，奉派前往中國，出發前，除了對中國的風土民情，進行資料收集及理解之外，因爲身爲作家兼畫家，又是以記者身份去中國探訪，所以當然更不會放過對中國文學及繪畫方面的關心。而在這一時期所發表的取材於唐代傳奇的「杜子春」，由「枕中記」改寫的「奇遇」以及本篇〈秋山圖〉等，都是在此一背景之下所產生。

對於國畫方面，從上面所提到芥川寫給小穴隆一的信中，可以知道他對明末清初的畫家特別鍾愛，而對『四王吳惲』六人，又最喜好惲壽平。惲壽平除繪畫外，向以『文章巧緻，立論幽微』著稱，這點當然不會被喜歡玩文字魔術的芥川所看過，而〈記秋山圖始末〉一文，其圍繞在兩幅畫之間的『謎』，與當時芥川所欲探討存在人類內心之『謎』，有著一致的巧合，因而將之改寫成〈秋山圖〉一文。

這篇小說執筆中的大正九(一九二〇)年十二月七日，芥川寄了兩封內容大致相同的信給友人小穴隆一及佐佐木茂索，大意爲：「現在正在寫一篇登場人物有王煙客、王廉州、王石谷、惲南田、董其昌等人的小說，約二十張稿紙，內容壯觀，將洞庭萬里之雲煙，收於咫尺之間」云云。信中支字未提〈記秋山圖始末〉一文，極易令人誤以爲〈秋山圖〉這篇小說，是芥川龍之介自己的創作，或許這是芥川所故佈的迷陣。

果然，此文一出，受到極大的好評，豊島與志雄氏（註八）、宇野浩二氏（註九）、井汲清治氏（註一〇）等，都爲文讚揚之。由於不知道「記秋山圖始末」的原文存在，宇野浩二氏誇讚芥川的〈秋山圖〉以模倣漢文翻譯的文體寫成，足見其巧思。芥川死後第八年，宇野浩二氏更在芥川龍之介全集月報上刊載一篇評論文章「『秋山圖』和『山鴫』」，稱〈秋山圖〉那「似有若無的故事，芥川以其一流、洗煉之手法，描繪成一篇巧緻的文章，說得誇張一點的話，可稱得上是神韻縹渺的作品」。

然而直至昭和十八年，經由中野重治氏的指出（註一一），世人才知道〈秋山圖〉乃是改寫於〈記秋山圖始末〉，中野氏在文中除了懊惱自己及宇野氏等人被芥川所騙外，並指稱〈秋山圖〉並非創作，乃爲翻譯，而且是夾雜著些許意譯的逐字翻譯。

這件事實，對宇野浩二氏的打擊頗大，他在昭和二十八年出版的『芥川龍之介』一書中，一反往常的說法，指〈秋山圖〉爲一篇『不太有趣的作品』。

經由中野重治氏的指摘之後，對〈秋山圖〉的評價，其重點之一就在於那是否爲一篇『翻譯』小說。而主張『非翻譯』小說最力者爲吉田精一氏，他認爲「不論〈秋山圖〉的主題、其藝術觀，以及對鑑賞心理的解釋，都有其獨創之處」（註一二）。吉田氏對〈秋山圖〉中所表達的藝術觀的看法是：「藝術，其結果是鑑賞者與創作者之間的共同製作，不含成見所得到對藝術的第一印象和有了先入爲主的觀念之後，再去面對時的不同，判若二物。理想的藝術形象只存在於鑑賞者的想像之中，在想像中，現實之物更會被美化、被理想化，所以在接觸實物時，便會嚐到失望——以上的藝術觀，或人生觀，芥川將之具體地編織在一幅秋山圖之中」（註一三）。

吉田氏所言的「編織在『一幅』秋山圖之中」，正是一語道破〈記秋山圖始末〉與〈秋山圖〉主題上最大的不同。惲壽平〈記秋山圖始末〉所敍述的是黃公望所畫的『兩幅』秋山圖，王烟客前後兩次，相隔五十年所見的秋山圖並非同本，所以才會怪王氏所得非傳統中之秋山圖但却至今不寤，以及有王石谷與惲南田的「且訂異日同訪秋山眞本」之約。這非常明顯，在惲壽平的心中，應有兩幅不同的秋山圖。

而事實上，筆者留學日本期間所收集的資料之中，卽有此二幅圖畫：一爲昭和十一年出版之『支那名畫寶鑑』（大塚巧藝社）所收；另一爲昭和五十四年出版之『文人畫粹編三』（永青文庫）所收。這兩幅畫明顯地不同，前者之秋山爲尖峰重巒，後者爲平臺高巖；佈局、風格也不一樣。大塚巧藝社版所收的秋山圖，落款爲「至正十三年五月之望大痴道人」，永青文庫版則爲「至正七年八月大痴道人寫寄儲霞老友」，並題有一首七言詩。又兩幅均蓋有『乾隆御覽之寶』章，前者爲圓章，後者爲方章。

由於這兩幅畫有極為明顯的相異之處，即使未見此畫，經人描述，很容易便能辨別之，故王石谷初見〈秋山圖〉，即已察覺與王煙客所述〈秋山圖〉不同，惲壽平於文中並譏王氏等人之不悟。芥川在改寫〈記秋山圖始末〉時，所作最大的更改，就是將兩幅秋山圖合而為一，藉以表達芥川的藝術觀。茲將〈秋山圖〉結尾部分，試譯如下：

「秋山圖的故事就到此為止。」

王石谷說完後，慢慢地啜了一口茶。

「嗯！的確是一段奇異的故事。」

惲南田一直望著銅槃的火焰。

「從那以後，王氏也曾熱心地仔細查尋，據說張氏除了那幅癡翁的秋山圖之外，也不知道是否還有其他的。所以從前煙客先生所說見過的秋山圖，現在或許還藏在什麼地方，也說不定是先生記憶錯誤，這些我並不知道。也不可能說先生去張家見秋山圖一事，本身就是一種幻覺……」

「可是在煙客先生的心中，清楚地印著那幅神異的秋山圖對吧，而且在你的心中也——」

「青綠的山石和硃色的紅葉，至今也還宛如歷歷在目。」

「這樣說來，就算沒了秋山圖，也沒有什麼值得遺憾的了。」

惲王兩大家，拊掌一笑。

沒有相約再訪眞本，而且藉由張氏之口說出未知有他本存在，可知在芥川的心中，秋山圖只有一幅，而之所以不同，在於欣賞時環境及狀況之不同所造成。對於王煙客第一次往見秋山圖時，芥川對張宅所作的描述爲：

> 到潤州，滿懷期望來到的張氏家宅，佔地雖廣，但却荒廢殆盡。圍牆爬滿蔓草，而且院子雜草叢生。鷄、鴨等也以好奇的眼光，望著難得來訪的客人。一時之間，王煙客懷疑元宰先生所言，難道這真會是藏有大癡名畫之地嗎？

在幾乎放棄了期望的情況下，待被引入室內，見主人應對得體，並示以秋山圖，這時候內心所受到的『感動』，自是不在話下。

接著再來看看第二次秋山圖出現的環境，當王石谷前往貴戚王宅時，

> 到現在我也還記得很清楚，那王氏庭院的牡丹，盛開在玉欄外。是個沒有風的初夏下午。我（王石谷）打了個揖，一見到王氏的臉，却忍不住笑了出來。

除了强調王宅雖然富有但却很俗氣之外，王氏的長像又是令人見了忍俊不住。在這種情況下所見到的藝術品，其價值自然又不一樣。

五

海老井英次氏認爲(註一四)，王煙客以前未含成見所見到秋山圖的『感動』，事隔五十年後，作爲

『認識』的對象想要再尋回時，其『感動』即已消滅。而王石谷因聽了王煙客對秋山圖的稱讚，其想像與實物之間的距離，使得『感動』逃逸無踪。

這可說是芥川在〈秋山圖〉中，對同一幅畫却有不同看法所提出的解釋。也是與惲南田〈記秋山圖始末〉最大的相異之處。在這裏，芥川加入了他對藝術的看法。

在寫〈秋山圖〉的前一年，大正八年的七月二十七日，芥川在「東京日日新聞」發表了一篇作品「後世」，其中有他對『美』的看法。

在藝術的世界裏，果真有絕對美的存在嗎？今天我的眼睛，只是今天我的眼睛，決不會是明天的我的眼睛。同時，我的眼睛終究是日本人的眼睛，不可能是西洋人的眼睛。如此，叫我怎能相信超越時空與地域的美的存在呢？

這種對絕對美的懷疑，表現在〈秋山圖〉裏的，是張氏的不安和煙客的破滅。

前面提到〈秋山圖〉與〈記秋山圖始末〉不同之處，第二項爲人物張氏的突顯，其主要目的，就在闡述芥川的此種藝術觀。張氏懷疑秋山圖之美是否只有自己才能看得到，而對一般人而言那只不過是一幅平凡的畫而已。這種懷疑、不安，正說明了對絕對美的否定。

相反地，王煙客却因爲相信絕對美的存在，不斷地在追求，一旦有機會再會面時，感受到的只是喪失和破滅。

如高橋英夫氏所言(註一五)，芥川在字裏行間所流露出來的，是這個世界上並不存有理想的藝術。

人們只是像在追求夢幻的名畫一般，將理想的藝術鎖在憧憬與記憶之中。

六

芥川龍之介的作品之中，描寫藝術家的，有「地獄變」、「戲作三昧」、「玄鶴山房」等，但都只敍述藝術家本身，並未觸及作品的藝術性，基於這一點，〈秋山圖〉在芥川的作品中，佔有其獨特且重要的地位。

〈秋山圖〉承繼了芥川在「鼻」與「芋粥」等作品中，所要表達當夢想成眞時反而受到挫折，理想和現實的落差，而眞正的完美，只有在自己內心不斷地美化、理想化之後，才有的產物。

而在〈秋山圖〉中所提出對『美』的質疑，一如另一篇作品「竹籔中」（黑澤明改編成電影「羅生門」）所追尋對『眞』的質疑一般，投下了難解之謎。

【附　註】

註　一　見〈芥川龍之介の小斷想〉、《文藝讀本芥川龍之介》河出書房新社昭和五十年十二月十日。

註　二　大正十年（一九二一）一月，發表於雜誌『改造』的短篇小說，其後收錄於作品集《夜來の花》之中，並變更作品中若干人名的稱呼。

註　三　中野重治〈つまらぬ話——芥川龍之介の『秋山圖』は創作ごあるか〉

註　四　由良君美〈《秋山圖》讚〉

註　五　參照《芥川龍之介全集》第五巻四九四頁岩波書店。

註　六　大正九年十月三十日。

註　七　大正九年十二月三日。

註　八　《讀亮新聞》〈新年の創作評(一)〉大十正、一、一。

註　九　《時事新報》〈十年文壇事始十一〉大正十、一、廿五。

註一〇　《三田文學》〈プロムナード『夜來の花』〉大正十年五月。

註一一　〈つまらぬ話——芥川龍之介の『秋山圖』は創作であるか——〉《中野重治全集》第八巻筑摩書房。

註一二　《文藝——芥川龍之介讀本》〈芥川文學の材源〉昭和三十年十二月十五日。

註一三　《芥川龍之介Ⅰ》櫻楓社。

註一四　〈『秋山圖』試論——芥川龍之介と〈風流〉を中心に——〉『文學論輯』昭和五十七年三月。

註一五　〈『秋山圖』について〉昭和五十二年七月一日。

※本文作者**彭春陽**教授任教於淡江大學日文系。

莊子的語言藝術

朱榮智

壹、前言

莊子不是美學家，但是他的哲學思想，與今人所謂的美學觀念，若合符契；莊子不是文學家，但是他的文章，汪洋恣肆，雄奇奔放，則是第一等的文學作品，莊子身處亂世，眼見人民的疾苦，社會的紛擾，國家的動盪，亟思一套能夠安頓人民生活，解脫人心陷溺的主張，所以他的著書立說，不是無爲而作，他希望能爲苦難的人生，描繪一幅美麗的遠景，給充滿困惑與煩惱的世界，提供一個安身立命的至境。因爲莊子的思想，是以道爲基礎，而道是抽象的存在，不可見，不可聞，不可觸，感官無法察知，只可意會，難以言傳，所以莊子要用很特殊的語言，才足以表達他那恢宏而精闢的思想。

莊子語言的特色，是不作直接的論斷，而多半以假託的人物、虛構的故事，提供一片可以讓讀者自由體證的空間；莊子擅長誇張和譬喻的修辭技巧，他有很高明的智慧，又有非常豐富的想像力，他的學養很淵博，觀察力很精細，而且富於幻想，一草一木、一花一石，各種珍異的鳥獸，以及神仙鬼怪，一到了莊子筆下，都成了靈動、活潑，有生命力。莊子文章的高妙，前人已有定評，林雲銘「莊子因」：「莊子或取其文，不求其理，或詮其理，不論其文，其失一也。須知有天地來，止有此一種至理，有天地來，止有此一種至文，絕不許前人開發一字，後人摹倣一字。至其文中之理，理中之文，知其解者，旦暮遇之也。」（註一）雖然語涉玄虛，而推重之情，顯然可見。另外，葉國慶「莊子研究」，針對莊子的文學，批評說：「大抵莊生知眞神全，故其氣宏放，其文渾然，如山出雲，如地出泉，卷施自然，肆應無方，其比物醜類，大至鯤鵬，小至木石，以及洪荒古人，殘廢跛傴之徒，莫不納入篇中，躍然紙上，各盡奇致。」（註二）一般來說，記事、抒情的文字，容易表現工巧，論述、說理的詞章，較難突顯精采，可是，莊子敍事、抒情、論說，無一不見佳妙，他往往以象徵性的語言，詼諧的筆調，反映他對凡俗的嘲弄，但是在揶揄聲中，又隱含悲憫與同情。黃錦鋐先生卽曾從感情、理智、科學的角度看莊子的文學，而認爲「莊子的文學，是情感的美、理智的善、科學的眞三者緊緊的結合在一起，就像細砂、水泥、和水調和起來，凝固成一個完美的整體。」（註三）

貳、莊子書多寓言

莊子的文章，「史記」「老莊申韓列傳」說：「其著書十餘萬言，大抵率寓言也。……畏累虛、亢桑子之屬，皆空語無事實。然善屬書離辭，指事類情，用剽剝儒墨，雖當世宿學，不能自解免也。其言洸洋自恣以適己。」莊子自述自己的文章，「寓言十九，重言十七，卮言日出。」（註四）「以謬悠之說，荒唐之言，無端崖之辭，時恣縱而不儻，不以觭見之也。……其書雖瓌瑋而連犿無傷也，其辭雖參差而諔詭可觀。」（註五）莊子很清楚自己的語言特色，全書多用寓言、重言、卮言，看起來像是荒誕不經、不着邊際，如天馬行空一般，無端無崖，任意放縱，可是却不偏頗，不持一隅之見。所以內容雖然宏肆奇特，而能婉轉陳述道理，不違大道；文辭雖然虛實不一，而且奇詭滑稽，但是都有可觀。

何謂寓言？何謂重言？何謂卮言？林雲銘「莊子因」：「寓言者，本無此人此事，從空摹撰出來。重言者，本非古人之事與言，而以其事與言屬之。卮言者，隨口而出，不論是非也。」言在此而意在彼，文有寄託，意在言外，叫做寓言。莊子的寓言，大多是莊子憑空編造出來的，莊子假借各種神仙、鬼怪、古代聖賢、動物、植物，虛構許多富有浪漫色彩的故事，無中生有，詭譎變化，令人驚、令人奇、令人感歎、令人省思。

重言，是借重古人或當世名人的話。因年高德劭而有學問的人，或是古代聖賢，都是受敬重的人，他們說的話，自然也是受敬重。古人喜歡託古自重，就是因爲引述這些名人的話，可以加重自己說話的份量。當然，就莊子來說，所謂重言，大多也是虛構的，卽使眞有其人，也未必眞有其事、眞有其言。

卮是漏斗，卮言就是漏斗式的話。莊子卮言的取義，是指他說的話，隨口而出，無成見之言，如漏斗一樣。（註六）莊子的文章，恣縱放任，推衍變化，他自述：「以天下爲沈濁，不可與莊語。以卮言爲變衍，以重言爲眞，以寓言爲廣。」（註七）莊子的意思，因爲天下沈迷混濁，不能用莊正的言論來談，所以用變化不定的言辭而推衍至無窮；以引重的話，令人覺得是眞實；以寄託虛構的寓言，闡明自己的學說。

不過，古人常說：「文如其人」，莊子是個很率眞的人，世俗的禮文不能羈絆他，王公大人也不能役使他(註八)；他個性活潑、豪放不拘，人窮而志不窮，有一些孤傲(註九)。因此，他發諸於文字，不免就會流露出他那放浪不拘的個性，自由奔放，恣意而言。莊子天賦又高，想像力十分豐富，觀察力也很敏銳，縱橫跌宕，如天馬行空，嬉笑怒罵皆成文章。莊子率眞的個性，顯得幾分調皮，他喜歡以幽默的筆調，嘲諷世俗之人爲了爭名奪利而惹來的煩惱與痛苦，對於爭得一點點名利而沾沾自喜的人，莊子尤其是毫不留情的給予當頭棒喝。(註一〇)而自己却是嚮往自由自在，無拘無束的生活，「獨與天地精神往來而不敖倪於萬物」。(註一一)所以，莊子的文章，多用寓言、重言、卮言，固然與其時代背景(「以天下爲沈濁，不可與莊語。」)有關，但是另外一個重要的因素，則是由於他的個性所使然。

司馬遷說莊子「著書十餘萬言，大抵率寓言也。」近人張默生認爲司馬遷僅提到寓言，沒有提到重言和卮言，是一種缺失。「司馬遷擧其一而遺其二，不能說是完全得到，卽便算是得到，也是一把殘缺的鑰匙，沒有用。」(註一二)其實，莊子和司馬遷對何謂寓言，都沒有明確的定義。莊子只說：「寓言十九，藉外論之。親父不爲其子媒。親父譽之，不若非其父者也；非吾罪也，人之罪也。與己同則應，不與己同則反；同於己爲是之，異於己爲非之。」(註一三)何謂「藉外論之」？成玄英「莊子注疏」：「藉。假也，所以寄之他人。」林希逸「莊子口義」：「藉，借也。不出於己而出於他人曰外，故曰藉外論之。」簡單的說，就是作者自己的意見，借別人、由外物加以表現出來，而不自己直接敍說出來。何以如此呢？莊子認爲，一般的父親不替自己兒子作媒，因爲自己說自己兒子的好處，別人不相信，總要別人稱讚才可信。再者，我們對與自己相同的意見就應和，與自己不相同的意見就反對；與自己意見相同的，就以爲對，與自己意見不相同的，就以爲非。

司馬遷也沒有說明寓言是一種什麼樣的語言形式，他只說：「畏累虛、亢桑子之屬，皆空語無事實。」又說：「善屬書離辭，指事類情。」從這些話，我們只能推論司馬遷的意思，所謂寓言，是指一個虛構的故事，以優美的文辭，指示或類喻作者所要表達的事或情。莊子和司馬遷，對寓言的解釋，都不是把它當成一種文體，而只强調其寓寄的意義，借別人的口，或借別的事理，來寓寄立言者所要表達的情理。因爲在莊子筆下，重言和卮言，都與寓言一樣，都是本無此人此事，憑空杜撰，另有寄託，所以，廣義的說，莊子所謂的重言和卮言，應該也屬於寓言的範疇。莊子全書的內容，那些是眞實？那些是虛構？我們實難一一考證，也不必一一考證，因爲莊子自己已經很清楚的說是「寓言十九」了。

叁、大道不稱

莊子的寫作技巧，習用象徵、譬喻、誇張的筆法，因爲莊子認爲，一方面道是抽象難明的，一方面語言與文字很難把道說明清楚，所以莊子不喜歡採用概念符號的語言，直接剖析、論斷、表述一件事情或一件道理，而喜歡使用意象性的語言，藉描繪具體而鮮明的物象，來表徵其抽象的理念，因此莊子對人物的刻劃以及時空場景的描繪，都有很鮮明濃烈的表現，而給人留下深刻的印象，並且透過莊子所刻意經營的藝術世界，每一個都可以擁有一大片寬廣的想像空間，直接與大道相通。

莊子認爲，人對大道的體認，不是由知識的學習累積而得，也不是由耳目知覺的見聞判斷去得到，而是要靠虛靜的心靈，使主客觀高度的統一，以獲得大清明的境界。莊子曾借輪扁斲輪的故事，批評讀古聖人之言，其實只是古人的糟粕而已，因爲道是不可言傳的，如輪扁斲輪之術：「斲輪，徐則甘而不固，疾則苦而不入。不徐不疾，得之於手而應於心，口不能言，有數存焉於其間。臣不能以喻臣之子，臣之子亦不能受之於臣。」(註一四)

道爲什麼不可言傳？因爲道沒有形、色、名、聲，不可見，不可聞，因而不可言。「老子」第一章：「道可道，非常道，名可名，非常名。」道是普遍的存在，它存在在每一件東西，但是沒有一件東西可以界限道的存在，譬如杯子、桌子都有道的存在，但是杯子、桌子並不就是道，道只是一種抽象的存在，所以它是無限的、絕對的，不能以一個有形、有名、有聲、有色的具體物質來加以描述和界定。「知北遊篇」說：「道不可聞，聞而非也；道不可見，見而非也；道不可言，言而非也。知形形之不形乎？道不當名。」就是這個道理。視而可見者，形與色，聽而可聞者，名與聲。道是不可見，不可聞，所以不可言。

因爲道是這麼神秘的東西，所以我們不能用理智的方法去析辨、論斷、詮釋，只能訴之於情感的直覺、體驗和領悟，這也正是莊子主張「得意而忘言」的原因。(註一五)荃（魚網）是捕魚的工具，捕到了魚，荃就可以不要了；蹄（兎罝）是捕兎的工具，捕到了兎，蹄就可以不要了。語言也只是傳達大道的工具，我們以「指」指月，却不可以指月的「指」爲月，我們以語言傳達大道，又怎可以語言即爲大道呢？

語言旣不等於大道，語言也不能把大道完全詮釋出來，那麼，只有靠個人去心領神會，與道相契了。「莊子」「知北遊篇」中，知、無爲謂、狂屈三人，都是假託的人物。知問無爲謂：「何思何慮則知道？何處何服則安道？何從何道則得道？」問了三次，無爲謂都沒有回答，不是不回答，而是不知道如何回答。知又去問狂屈，狂屈說：「我知道，我要告訴你，却忘了要說什麼。」知又去請教黃帝，黃帝說：「無思無慮始知道，無處無服始安道，無從無道始得道。」黃帝的意思，要一切放下，離絕知識名言、形骸得失，才能眞正知道、安道、得道。心中存有如何知道、安道、得道的念頭，固然還不能知道、安道、得道；心中存有知道、安道、得道的念頭，也還不是眞正知道、安道、得道；必須一切的念頭都沒有了，沒有知道、安道、得道的念頭，才是眞正的知道、安道、得道。這也正是莊子在「人間世篇」所提的「心齋」與「大宗師篇」所提的「坐忘」的修養。

我們對於大道的了解，不是從知識的傳授上去獲得，也不是靠耳目的聞見上去判斷，而是由心靈直接去感悟、體驗。知識的獲得會有誤導，耳目的判斷尤其流於主觀，只有離絕一切知識與耳目的錯覺，直接訴諸心靈的體驗，才能摒棄一層一層的障礙，而得到大道的體認。「莊子」「齊物論篇」：「道惡乎隱而有眞僞？言惡乎隱而有是非？道惡乎往而不存？言惡乎存而不可？道隱於小成，言隱於榮華。故有儒墨之是非，以是其所非而非其所是。」這是說明知識的判斷，並沒有定論，往往只是各是其所是，各非其所非，此亦一是非，彼亦一是非。另外，「民濕寢則腰疾偏死，鰌然乎哉？木處則惴慄恂懼，猨猴然乎哉？三者孰知正處？民食芻豢，麋鹿食薦，蝍且甘帶，鴟鴉耆鼠，四者孰知正味？猨猵狙以爲雌，麋與鹿交，鰌與魚游。毛嬙麗姬，人之所美也；魚見之深入，鳥見之高飛，麋鹿見之決驟，四者孰知天下之正色哉？」(註一六)這是說明耳目的感官判斷，往往只是主觀的成見。

莊子說：「大道不稱」(註一七)，大道是不能用名言稱述出來的，只能靠心靈直接去體驗，因此莊子習用象徵、譬喻、誇張的筆法，以寓言爲表達的方式，寓意於言，讓讀者得意於言外，自己去探索大道的存在。同時，以一片鮮活美麗的意象世界，讓讀者可以自由證入那超絕塵俗、曠達緜邈的無限空間。我們從「莊子」「齊物論篇」：「以指喻指之非指，不若以非指喻指之非指也；以馬喻馬之非馬，不若以非馬喻馬之非馬也。」一段文字，可以了解莊子的苦心。因爲道是不可明說的，所以只能從側面說、反面說，用對比、映襯等修辭技巧來達到修辭的目的，旁敲側擊，以非指、非馬來喻指、喻馬，這也正是莊子好用寓言的原因了。

肆、莊子的語言特色

莊子語言的特色，大體上可以歸納爲以下幾點：

一、善於鎔鑄史料

莊子的學養非常豐富，所以司馬遷說：「其學無所不窺」(註一八)。又說：「善屬書離辭，指事類情，用剽剝儒墨，雖當世宿學，不能自解免也。」(註一九)我們看「莊子」「天下篇」中，莊子列敍先秦各家學者道術淵源所自，及評騭各家思想的得失，嚴然爲一篇先秦學術思想大綱，舉凡先秦重要學派的思想、流別，收括無遺，可見莊子學問的淵博。

淵博的學問是一個文學家必備的條件之一，莊子的學問非常淵博，天文、地理、山川、人物，在莊子筆下，都能躍然生動，各盡其宜；莊子對於古代的史料，也十分精熟，雖然很多篇章，都是「重言」之作，未必眞有其事，但是也可看出莊子學問的豐富。如「養生主篇」：「庖丁爲文惠君解牛」，「人間世篇」：「顏回見仲尼」、「葉公子高將使於齊」、「顏闔將傅衛靈公太子，而問於蘧伯玉」、「孔子適楚，楚狂接輿遊其門」、「德充符篇」：「魯哀公問於仲尼」、「闉跂支離無脤說衛靈公」，「天地篇」：「堯治天下，伯成子高立爲諸侯」、「子貢南遊於楚，反於晉，過淮陰，見一丈人方將爲圃畦」，「天運篇」：「孔子西遊於衛」，「秋水篇」：「昔者堯舜讓而帝，之噲讓而絕，湯武爭而王，白公爭而滅。」「山木篇」：「孔子圍於陳蔡之間，七日不火食」，「外物篇」：「龍逢誅，比干戮，箕子狂，惡來死，桀紂亡。」「伍員流於江，萇弘死於蜀」，「讓王篇」：「大王亶父居邠，狄人攻之。」……這些史料，有的也許是莊子的杜撰，有的則並見於其他古書，如「左傳」、「

論語」等。

二、善於刻劃人物

莊子的文章，長於人物的刻劃，不管是正常的人，或是體形殘缺的人，或是神仙鬼怪，以及各種有生命的動物，在莊子的筆下，都是栩栩如生，十分傳神，這固然是因爲莊子的想像力非常豐富，也是由於莊子的文字技巧，非常高明。莊子擅長用鮮活的意象語言，描繪具體的人物、景色，以表徵抽象的人生理念。

章學誠「文史通義」「易教」下：「戰國之文，深於比興，卽其深於取象者也。莊、列之寓言也，則觸蠻可以立國，蕉鹿可以聽訟……。」章氏所謂「深于比興」、「深于取象」，大抵是指文章富有形象而言。莊子文章的特色，就是善用形象化的語言，刻劃人物非常生動。如「逍遙遊篇」形容神仙的飄然脫俗，遺世獨立，說：「藐姑射之山，有神人居焉，肌膚若冰雪，綽約若處子。不食五穀，吸風飲露。乘雲氣，御飛龍，而遊乎四海之外。」又如「人間世篇」形容體形殘缺的人，也是寥寥數筆，就使人印象深刻。原文是：「支離疏者，頤隱於齊，肩高於頂，會撮指天，五管在上，兩髀爲脇。」描述支離疏的體型與常人不同，他頭低下來，縮在肚臍下面，肩膀高出於頭頂上，髮髻指着上，五臟的脈管突起在背脊，兩股幾乎成了兩脇。這固然有些誇張，但是卻非常傳神。又如「應帝王篇」寫南海之帝（儵）、北海之帝（忽）、中央之帝（渾沌）的故事，雖然只是一則寓言，但是，既會使人發笑，也會使人省思。「儵與忽時相與遇於渾沌之地，渾沌待之甚善。儵與忽謀報渾沌之德，曰：人皆有七竅以視聽食息，此獨無有，嘗試鑿之。日鑿一竅，七日而渾沌死。」我們不也常常會有這樣的事嗎？愛的不恰當，反而是傷害。

三、善於陳述感情

莊子是個很有感情的人，可是表面看來却是非常沒有感情的人。莊子妻子死了，惠施去弔喪，莊子正蹲坐着敲擊瓦盆而唱歌（註二〇），這在世俗的眼光，是最寡情的人；「老聃死，秦失弔之，三號而出。」（註二一）這也是莊子所稱許的。因爲莊子認爲人的生、死是一種自然的現象，「察其始而本無生，非徒無生也而本無形，非徒無形也而本無氣。雜乎芒芴之間，變而有氣，氣變而有形，形變而有生，今又變而之死，是相與爲春秋冬夏四時行也。」（註二二）生是應時而生，死是順理而去，安時而處順，自然不會有哀樂之情。由於人生在世，難免有死生哀樂情感的繫累，就像倒懸一樣的痛苦，所以古人把能夠超越死生哀樂的觀念，稱爲「懸解」，指解脫倒懸的痛苦。（註二三）

「莊子」「德充符篇」：「惠子謂莊子曰：人故無情乎？莊子曰：然。惠子曰：人而無情，何以謂之人？莊子曰：道與之貌，天與之形，惡得不謂之人？惠子曰：旣謂之人，惡得無情？莊子曰：是非吾所謂情也，吾所謂無情者，言人之不以好惡內傷其身，常因自然而不益生也。」莊子不是無情的人，莊子所說的無情，是不要有人類的好惡、死生、哀樂的情累，這些的情累是會「內傷其身」，對人無益而有害。莊子是主張順應自然的人，人應該擺脫情牽、物累，與大化冥合，才可以免除人生的煩惱，而獲得至德至樂。所以，莊子的情，是天地的大情，不是局限在對某一個人，或一件物的私情，而是廣博地對待天地萬物的至情，不管是有生命的、沒有生命的，都一體看待，是超脫於世俗的感情的感情，看起來是無情，其實是大情、至情。

莊子是個至情的人，他的感情不是一時的激情，因爲他也是很理智的人，所以表面看起來很平淡，訴之於文字，有時也顯得十分冷靜，甚至由於他的個性豪放不羈，有時不免會冷諷熱嘲，嬉笑怒罵樣樣都來，其實，莊子的腦是冷的，心卻是熱的，他用不同於一般人所表達的語言型態和筆調，正是表示他對大地、對人間的至愛，所謂愛之深，責之切，雖然莊子的筆是犀利的，對現實頗多批評，而且十分激烈、尖銳，但是卻也洋溢他那熾熱的感情，和充滿悲憫的情懷。

「莊子」「齊物論篇」中，形容風吹動的百態，堪稱是絕妙傳神，生動而且具體，莊子只是很客觀的描寫自然界的聲音，可是淸人宣穎讀到這段文字時，却深受感動，體悟很多，他不像一般人從文辭的優美、奇特，去表達內心的讚嘆，而從自然的浩瀚，感慨人生的無常，於是讀完之後，「直欲大哭」(註二五)。莊子的文章如果不是至性、至情之作，如何能夠引發讀者這般深刻的悲情呢？

四、善於描摹山水

莊子的文章，詭字怪句，泉湧而雲起，縱橫奔放，倏忽變幻，使人目眩氣奪，不知捉摸，但是莊子並不全是憑空杜撰，莊子經常出入於山水之間，如「山木篇」：「莊子行於山中」，又：「莊子遊乎雕陵之樊」，「至樂篇」：「莊子之楚」；「秋水篇」：「莊子釣於濮水」，又：「莊子與惠子遊於濠梁之上」。其他的篇章，莊子也經常以各地的山水爲背景，許多的寓言故事，也多與山水有關，如「逍遙遊篇」的「北冥」、「藐孤射之山」，「人間世篇」的「南伯子綦遊乎商之丘」、「孔子適楚」，「天地篇」的「黃帝遊乎赤水之北」，「秋水篇」的「秋水時至，百川灌河，……河伯至於北海。」「知北遊篇」的「知北遊於玄水之上，登隱弅之丘。」「徐无鬼篇」的「黃帝將見大隗乎具茨之山」和「吳王浮於江，登乎狙之山。」等。一方面可見莊子對自然山水的嚮往，一方面可見莊子喜歡以自然山水作爲寫作的題材。

莊子的理想，就是要回歸自然，所以他對山水的描摹，十分細致，如「人間世篇」形容商丘林木大而無用，「仰而視其細枝，則拳曲而不可以爲棟梁；俯而視其大根，則軸解而不可以爲棺槨；咶其葉，則口爛而爲傷；嗅之，則使人狂酲，三日而不已。」莊子的文章雖然充滿浪漫色彩，富於幻想，但是莊子也有很豐富的人生經驗，對自然的景物，既能觀察入微，也能以實際的生活閱歷爲基礎，並非皆是空無事實，所以才能有强烈的感染力。(註二六)

莊子時常以山水比喻人生的大道理。「秋水篇」中，首先形容秋水時至，百川的盛大，「涇流之大，兩涘渚崖之間，不辯牛馬。」接着，形容北海的浩蕩，「東面而視，不見水端。」又說：「天下之水，莫大於海，萬川歸之，不知何時止而不盈；尾閭泄之，不知何時已而不虛；春秋不變，水旱不知。」可是，莊子認爲大海在天地之間，「猶小石小木之在大山也。」擴而大之，「計中國之在海內，不似稊米之在太倉乎？號物之數謂之萬，人處一焉；人卒九州，穀食之所生，舟車之所通，人處一焉；此其比萬物也，不似豪末之在於馬體乎？五帝之所連，三王之所爭，仁人之所憂，任士之所勞，盡此矣！」莊子寫大水之在天下，而以小石小山之在大山爲喩，可見莊子想像力的豐富；同時，莊子又借河伯望洋興歎，申論人生的大道理，謂人生於天地間，如稊米之在太倉、豪末之在馬體，「計人之所知，不若其所不知；其生之時，不若未生之時；以其至小求窮其至大之域，是故迷亂而不能自得也。」（註二七）山水在莊子的筆下，既是實寫，也可虛寫，以具體的形象來傳述抽象的哲理。

五、善於發揮想像

想像力是一個藝術家、文學家必備的基本能力，沒有想像力，或是缺乏想像力，最多只能成爲一名工匠、二流的文人，無緣成爲大師。藝術貴在創造，創造是以想像力爲基礎。想像，是指心中所顯現的一種意象，我們看見一匹馬、一棵樹，心中就會顯現那匹馬、那棵樹的意象，甚至當我們沒有看見馬、看見樹時，心裏想到馬、想到樹，因爲以前的經驗，心中也能呈顯馬和樹的意象。而創造的定義，是根據已有的意象做材料，重新予以整合、組織、剪裁，使成爲一種新的秩序、新的形式。美是一種秩序，藝術家把他從自然的觀察的所得，或是人生的各種體驗，作爲創作的資料，然後安排整理這些資料，剪裁組織這些資料，組成一件首尾一貫的完整的作品，就是藝術的創作。藝術的創作，除了是給資料建立新的秩序，也是給想像力提供一片寬大的空間，在作品中，有作者想像的空間，也要有讀者、觀賞者想像的空間，藝術價值的高低，全看想像空間的寬窄。

想像力是使美得以成立的重要條件，莊子的文章所以能夠富於文采、美感，絕不是斤斤於字句的堆砌、雕琢，而是因爲莊子能夠不拘泥於一定的形式，詭譎變化，想像的空間非常寬大，花鳥禽獸在莊子的筆下，都成了有情的世界。在「秋水篇」中，莊子與惠子遊於濠梁之上，莊子如何能夠知道魚的快樂，那是莊子憑自己的經驗去推測，把自己的感情移注到魚的身上，去分享魚的生命，在物我交感之中，莊子的生命和魚的生命，相互迴旋震盪，這是心理學上的移情作用。把人的生命移注在外物，於是本來只有物理的東西，可以具有人情；本來沒有生氣的東西，變得有生命。如果沒有移情作用，人生便缺少了情趣，藝術也難以產生。

美是把人和物暫時丟開尋常的態度去觀賞。莊子文章的特色之一，就是能夠丟開一般人對事物的看法，丟開私心和成見，以及實用的生活態度，而從另一個角度，以更寬更大的心胸去看待事物，莊子筆下的世界，就是他的想像的世界。俗話說：「心有多寬，世界就有多寬。」莊子的文章，如海濶天空，任意馳騁，是因爲他能和現實的人生保持適當的距離，不即不離，我們常把人與物的距離貼得太近，所以見不出物的美，也不能得到人生的美。莊子的文章，不全是虛構，也不全是寫實，虛中有實，實中有虛，他不脫離現實，但是能夠超越現實，他以現實爲起點，但不是以現實爲終點。在「逍遙篇」中，莊子借大鵬展翅高飛，來寄託他的人生理想。莊子的文字是浪漫的，浪漫的文學以虛構的形象來描寫幻想爲特徵，但是虛構和幻想，不能脫離實際的人生太遠，否則就會變得怪誕無稽，不可理解，因此浪漫的文學並不排斥對客觀事物的具體、細膩的描繪，莊子寫大鵬的南徙，故事是虛構，摹寫却能十分生動，「鵬之徙於南冥也，水擊三千里，摶扶搖而上者九萬里，去以六月息者也。野馬也，塵埃也，生物之以息相吹也。天之蒼蒼，其正色邪？其遠而無所至極邪？其視下也，亦若是則已矣。」莊子的這個寓言，描述鵬鳥體積的巨大，奮飛動作的壯觀，營造出一個非常雄濶的場面，令人嘖嘖稱嘆，充分表現莊子詞章的雄偉風格。

不過，莊子的文章雖然都是想像出來的寓言，但是他的想像，却能合乎科學的推理，如上舉「天之蒼蒼，其正色邪？」一段文字，莊子認爲由地面看天空，和由天空看地面，是一樣的情形。今天的科學早已證明這個觀點，可是二千多年前的莊子，全憑個人的想像而已，實在不得不佩服。又如「至樂篇」說：「萬物皆出於機，皆入於機。」以及「秋水篇」說：「物之生也，若驟若馳，無動而不變，無時而不移。何爲乎？何不爲乎？夫固將自化。」也都合乎生物進化的原理。

六、善於運用象徵

莊子的文章，尚玄虛，重想像，愛用寓言，在先秦諸子之中，是最富於浪漫的情懷，文多譬喻，而機趣橫生。莊子自稱他的語言是「謬悠之說」、「無端崖之辭」（註二八），因爲莊子深知言有盡而意無窮，無論用怎樣精確繁複的語言，都不足以眞正圓滿的表達情意，所以莊子採用象徵性的語言，代替說明性的語言。語言、文字是人類表情達意最重要的工具，但是天地萬物的道理，往往不是語言或文字，可以傳達、理解。「秋水篇」說：「夫自細視大者不盡，自大視細者不明。夫精，小之微也；垺，大之殷也；故異便。此勢之有也。夫精粗者，期於有形者也；無形者，數之所不能分也；不可圍者，數之所不能窮也。可以言論者，物之粗也；可以意致者，物之精也；言之所不能論，意之所不能察致者，不期精粗焉。」道既不能藉語言、文字加以完全表達，除了靠每一個人自己的心領神會之外，只有用象徵性的語言，以暗示性的文字，另有寓託了。

藝術家主觀觀照下的抽象世界或想像世界，稱之爲象徵的世界。象徵的世界，是人類所創造的幻想的世界，是藉具體的事物以表現抽象的理念，詳言之，象徵的對象，是任何一種抽象的概念、情感，與看不見的事物，譬如國家是抽象的概念，而以國旗象徵國家；愛情也是抽象的概念，而以玫瑰花象徵愛情。國旗、玫瑰花都是具體的意象，是象徵的媒介。

象徵的方式，是間接的陳述，不是直接的說明，是暗示性的，不是明確性的。象徵的方式，雖然也是模擬眞實，但却是在虛幻的、假設的條件下進行的，眞實的程度愈小，虛幻的程度愈大，象徵的義意便愈大，所有象徵的事物或人物，都是抽象的意念的化身，當這些象徵的事物或人物的抽象性越大，我們便越難確定它的具體意義，它的複雜的多義性，便使人產生不同的理解，它可以提供觀賞者自由的聯想，引發美感的經驗，但也可能過於生僻晦澀，而令人曲解難懂。

莊子的寓言，就是一種象徵，是莊子刻意的經營。莊子的文字，十九都是寓言，每一則寓言，都有其象徵意義，其中有的顯明，有的隱晦，前者較易明白，後者則必須努力深思，才能窺見堂奧。「逍遙遊篇」以鵬爲喻，謂：「鵬之徙於南冥也，水擊三千里，摶扶搖而上者九萬里，去以六月息者也。」大鵬鳥移徙到南海，爲什麼要這麼大費周章呢？逍遙，是徜徉自適的意思，欲此中遊衍自在，必先有一段海濶天空之見，才不會爲心所拘，不會爲世所累，不會爲情所困，居心應世，無所不宜。(註二九)能大才能遊，所以鵬鳥要「水擊三千里」，要「摶扶搖而上者九萬里」，要「去以六月息者」

才能遨遊於大化，蜩與學鳩笑之，只是小知、小見而已。莊子這段寓言的象徵意義，就在說明一個人要一切放下，超越世俗的得失、禍福心理，開放自由的心胸，無爲無待，才能夠眞正得到逍遙至境。至於「堯讓天下於許由」一段文字、「藐姑射之山有神人居焉」一段文字、「堯往見四子」一段文字，則分別象徵「聖人無名」、「神人無功」、「至人無己」的觀念。

「養生主篇」中，庖丁解牛的寓言，其象徵意義十分明顯，主旨是養生貴在養其精神，養神之道，在於「依乎天理」、「因其固然」。庖丁解牛，由技進入道的過程，一是心與物對立的消解，所謂「未嘗見全牛」，由人與牛的對立，到人與牛的合一；其次，是手與心的距離的消解，所謂「以神遇而不以目視，官知止而神欲行。」庖丁解牛，成爲他心無所繫的遊戲，所以能夠「其於遊刃必有餘地」，且「十九年而刀刃若新發於硎。」莊子雖然是描寫庖丁解牛的藝術境界，而其象徵意義則在强調人生體道的藝術境界，因爲後者是抽象難明，所以藉前者的故事性、趣味性，寄託寓意。

「人間世篇」與「德充符篇」的支離疏、王駘、申徒嘉、叔山無趾、哀駘它、闉跂支離無脤、甕㼜大癭等，都是形體殘缺、畸形、外貌陋惡的人，這些人，有的是駝背彎腰、兩腿委縮，有的被砍了脚，有的長著大瘤，有的缺唇，都是相貌非常難看的人，可是却受到當時平民、君臣的喜愛和敬重，莊子這個寓言的象徵意義，是强調精神的美比形貌的美重要，而精神的美，是「不以好惡內傷其身」「常因自然而不益生。」這些形體殘缺、畸形、醜惡的人，能夠「忘其所忘」，忘記他們形體的殘缺、畸形、醜惡，所以精神得以自由，而遊於無窮。能忘才能遊，是這些故事的最重要的象徵意義。

「天地篇」：「黃帝遊於赤水之北，登乎崑崙之丘而南望，還歸，遺其玄珠。使知索之而不得，使離朱索之而不得，使喫詬索之而不得也，乃使象罔，象罔得之。黃帝曰：異哉！象罔乃可以得之乎？」這個寓言中，「知」、「離朱」、「喫詬」、「象罔」都有象徵意義，「知」代表智慧，「離朱」代表眼睛，「喫詬」代表言辯，「象罔」代表無心。(註三〇)黃帝遺失玄珠，代表智慧的「知」找不到，象徵用智慧不能求得眞道；代表眼睛的「離朱」、代表言辯的「喫詬」也找不到，象徵的意義也一樣，謂用眼睛、言辯不能求得眞道。「象罔」象徵無心，「象罔」能找到玄珠，象徵只有無心才能求得眞道。所謂無心，也就是「人間世篇」的「心齋」與「大宗師篇」的「坐忘」，要「虛而待物」，要「墮枝體，黜聰明，離形去知，同於大通。」

另外，「知北遊篇」裏，「知」問道於「無爲謂」、「狂屈」及「黃帝」，「知」、「無爲謂」、「狂屈」三個名字，也是有象徵意義，「知」是識的意思，「無爲謂」形容大道無爲無謂，「狂屈」，指猖狂放屈，不拘形迹。(註三一)至道玄絕，顯晦無常，「知」問：「何思何慮則知道？何處何服則安道？何從何道則得道。」「無爲謂」三問而不答，「非不答，不知答也。」問「狂屈」，「狂屈」是「予知之，將語若，中欲言而忘其所欲言。」黃帝答以「無思無慮始知道，無處無服始安道，無從無道始得道。」重要的是一個「無」字，要把「知道」、「安道」、「得道」的心都拋開，才能眞正「知道」、「安道」、「得道」，如果心中還有「知道」、「安道」、「得道」的念頭，便不能「知道」、「安道」、「得道」，所以黃帝認爲「無爲謂」眞正「知道」、「安道」、「得道」，因爲他心中不知有這些念頭；「狂屈」只是近似而已，因爲他雖忘了怎麼說，而還有想說的意思，表示心中存有這些念頭。「黃帝」和「知」所以「終不近」；是因爲念念不忘這些念頭。這個寓言的象徵意義，是眞理難明，不能也不必刻意去求取，只能心領神會，與道俱化，心中沒有「知道」、「安道」、「得道」的意念，就表示已經能夠「知道」、「安道」、「得道」了，這也正是前文所述：「能忘才能遊」。

總之，莊子一書，十九皆是寓言，既爲寓言，必有象徵意義，實在是不勝枚舉，僅就上述四個例子闡述一斑。

七、善於營造浪漫

莊子是個放浪不拘的人，所以他的文章也充滿浪漫的氣氛。莊子對自己的文章風格，非常清楚，而且頗能自我欣賞。(註三二)俗話說：「文如其人」，文章的風格是一個人人格的反映，莊子的爲人，是個很有個性的人，雖然主張一死生、齊萬物、混善惡、不遣是非(註三三)，但是對於諸侯之間的窮兵黷武、戰爭禍亂，他是十分疾恨(註三四)，對於爭得一點而沾沾自喜的人，尤其不假顏色，嘲諷不已(註三五)。莊子自己是一個酷愛自由，不願意受羈絆的人，生活雖然窮困，但是對於富貴、名利，看得非常淡泊，自比爲「非梧桐不止，非練實不食，非醴泉不飲」的鵷鶵(註三六)，楚王派大夫去請他做官，他寧可做個「曳尾於塗中」的普通烏龜，也不願被「巾笥而藏之廟堂之上」(註三七)。

西方的浪漫主義，興起於十八世紀中葉到十九世紀初期，成爲歐洲文藝思潮的主流，這一派思想的特徵有三：一是重主觀、尙理想，主張打破一切形式，而以豪放縱恣的個人情調爲貴；二是好奇尙美，以平凡的日常生活不足以聳動聽聞，所以取材於中古社會，而加以渲染的描寫；三是革命精神，反抗一切束縛個人自由的傳統道德與社會法度。綜觀以上三點特徵，衡諸莊子的個性和作品，實在是一位典型的浪漫主義者，當然，在莊子的時代，還沒有浪漫主義這個名詞，不過，以莊子自己所說：「以謬悠之說，荒唐之言，無端崖之辭，時恣縱而不儻，不以觭見之也。」來看，的確不愧是富於浪漫風格的作家。

莊子不像其他的先秦諸子，使用傳統說明性的語言，而是使用象徵性的語言，這便是一種突破。其次，莊子的語言，不是以議論爲主，而是夾敍夾議，也有抒情和寫景，這是第二個特色。第三，莊子敢大膽批評時政，而且筆鋒十分犀利，能夠針對當時社會的弊端，深刻的剖析。第四，莊子著書十餘萬言，暢論理想，直陳己見，用筆詼諧幽默。第五，莊子書多寓言、重言、卮言，每以渲染的筆調，作誇飾之語。綜上所述，可見莊子的浪漫情懷。

八、善於呈顯雄奇

文章的風格，從氣象上分辨，大體上可分陽剛之美與陰柔之美，西方學者稱爲「雄偉」和「秀美」。莊子的文章偏於陽剛之美，有雄偉的氣象，不過，筆者認爲莊子的文章，不只有雄偉的氣象，而且有奇氣、奇筆，所以，雄奇一詞，似乎更爲貼近莊子文章的風格。

莊子好用奇筆，一方面見諸他筆下的奇人、奇物、奇山、奇水，除了我們所熟悉的歷史人物，凡是莊子所創造的人物，沒有不是造型特殊，被誇張或被扭曲的形象，如「頤隱於齊，肩高於頂，會撮指天，五管在上，兩髀爲脅」的支離疏，兀者王駘、申徒嘉、叔山無趾，惡人哀駘它，闉跂支離，甕㼜大癭等，他們的形體與常人不同，遠超出我們的經驗，令讀者會產生荒誕不經、光怪陸離的感覺，但是也由於他們的怪異，不合常理，而使讀者驚愕稱奇。又如「逍遙遊篇」的鵬鳥之喻，「鯤之大，不知其幾千里也」、「鵬之背，不知其幾千里也。」「怒而飛，其翼若垂天之雲」、「鵬之徙於南冥也，水擊三千里，摶扶搖而上者九萬里」等句，都是誇張的形容，又「齊物篇」：「至人神矣！大澤焚而不能熱，河漢沍而不能寒，疾雷破山飄風振海而不能驚。若然者，乘雲氣，騎日月，而遊乎四海之外，死生無變於己，而況利害之端乎？」其中「大澤」、「河漢」、「疾雷」、「飄風」、「日月」、「四海」……，都是巨大的場面，都有使人震撼的力量。莊子所描述的空間和時間，常常是非常空曠緜遠，表現出宇宙崇高偉大的現象。在「莊子」一書中，我們隨時可以發現莊子善於運用表示崇高、偉大的意義的文字。

另外，莊子喜歡用短句和對句，使文章富有節奏感，而能夠非常傳神地描繪出他所要表達的哲理，以及他們所要刻劃的形象。如「齊物論篇」：「夫道未始有封，言未始有常，爲是而有畛也，請言其畛：有左，有右，有倫，有義，有分，有辯，有競，有爭，此之謂八德。」「道未始有封，言未始有常」是對句，「有左」、「有右」……等八句，是短句。又如「養生主篇」：「適來，夫子時也；適去，夫子順也。安時而處順，哀樂不能入也。」既是對句，又是短句，生動而且有力。莊子的文章，因爲聲調短促，造句誇張，所以具有雄奇的氣勢，而爲先秦諸子散文的奇葩。

伍、結　語

莊子是一位偉大的思想家，他的學說對中國文化的發展，有非常深遠的影響，後代的學者無不受到他的啓發和引導。莊子的學說，以道爲基礎，而道是沒有形、名、聲、色，不可見，不可聞，因而不可言，「大道不稱」，大道是不能用名言稱述出來的，因此，「莊子」書中多用寓言，以假託的人物、虛構的故事，提供讀者自由體證的空間，而不作直接的論斷。

莊子的文字之美，是大家有目共睹的，古今學者都有極高的評價。莊子習用象徵、譬喻、誇張等寫作技巧，幽默而多嘲諷，既使人發笑，也使人省思，本文歸納其語言的特色爲八點：一是善於鎔鑄史料，二是善於刻劃人物，三是善於陳述感情，四是善於描摹山水，五是善於發揮想像，六是善於運用象徵，七是善於營造浪漫，八是善於呈顯雄奇。

本文的撰述，側重在莊子的語言特色，當然，若就莊子的語言藝術而言，仍能再從字法、句法、章法、篇法等方面，探索其修辭的技巧。對於莊子的文章，仍有太多值得深究的層面。

【註　釋】

註　一　見林雲銘「莊子因」「莊子雜說」。

註二　見木鐸出版社「莊子研究論集」。

註三　見黃錦鋐「莊子及其文學」「從感情理智科學的角度看莊子的文學」一文。

註四　見「莊子」「寓言篇」。

註五　見「莊子」「天下篇」。

註六　參見張默生「莊子新譯」。

註七　見「莊子」「天下篇」。

註八　「莊子」「至樂篇」：「莊子妻死，箕踞鼓盆而歌。」「史記」「老莊申韓列傳」：「楚威王聞莊周賢，使使厚幣迎之，許以爲相，莊周笑謂楚使曰……子亟去，無汚我。我寧遊戲汙瀆之中以自快，無爲有國者所羈。」

註九　「莊子」「外物篇」記載莊子告貸於監河侯，受到監河侯的奚落，莊子反唇相激：「曾不如早索我於枯魚之肆。」「山木篇」記載莊子見魏王，「衣大布而補之，正緳係履」，魏王曰：「何先生之憊邪？」莊子曰：「貧也，非憊也。」「列禦寇篇」記載宋人曹商，使於秦，得車百乘，驕於莊子，莊子十分不肖的批評一番。

註一〇　如「列禦寇篇」的宋人曹商，另外，「秋水篇」中，惠子怕莊子想代他爲梁相，莊子以鵙得腐鼠爲喻，而自比爲「非梧桐不止，非練實不食，非醴泉不飲」的鵷鶵。

註一一　見「莊子」「天下篇」。

註一二　見張默生「莊子新譯」上册「莊子研究答問」。

註一三　見「莊子」「寓言篇」。

註一四　見「莊子」「天道篇」。

註一五　「莊子」「外物篇」：「荃者所以在魚，得魚而忘荃；蹄者所以在兎，得兎而忘蹄；言者所以在意，得意而忘言。吾安得夫忘言之人而與之言哉？」

註一六　見「莊子」「齊物論篇」。

註一七　同註一〇。

註一八　見「史記」「老莊申韓列傳」。

註一九　同註一八。

註二〇　見「莊子」「至樂篇」。

註二一　見「莊子」「養生主篇」。

註二二　見「莊子」「至樂篇」。

註二三　「莊子」「養生主篇」：「適來，夫子時也；適去，夫子順也。安時而處順，哀樂不能入也，古者謂是帝之縣解。」

註二四　「莊子」「齊物論篇」：「夫大塊噫氣，其名爲風。是唯不作，作則萬竅怒號。而獨不聞之翏翏乎？山林之畏佳，大木百圍之竅穴，似鼻，似口，似耳，似枅，似圈，似臼，似洼者，似汚者；激者，謞者，叱者，吸者，叫者，譹者，宎者，咬者，前者唱于而隨者唱喁。泠風則小和，飄風則大和，厲風濟則衆竅爲虛。而獨不見之調調，之刁刁乎？」

註二五　宣穎「南華經解」：「引子綦一段，世間原未有我，風聲甫濟，衆竅爲虛，眞氣將歸，形骸自萎，不特大命既至，自家不得主張，抑且當場傀儡，未知誰是提線，我於此處，直欲大哭。乃猶載長論短，所爭是何閒氣邪！」

註二六　又如「人間世篇」：「山木自寇也，膏火自煎也。桂可食，故伐之：漆可用，故割之。人皆知有用之用，而莫知無用之用也。」也可見出莊子具有豐富的學識與經驗。

註二七　見「莊子」「秋水篇」。

註二八　見「莊子」「天下篇」。

註二九　參見林雲銘「莊子因」。

註三〇　見黃錦鋐先生「新譯莊子讀本」。

註三一　同註三〇。

註三二　「莊子」「天下篇」：「芴漠無形，變化無常，死與生與，天地竝與，神明往與！芒乎何之，忽乎何適，萬物畢羅，莫足以歸，古之道術有在於是者。莊周聞其風而說之。以謬悠之說，荒唐之言，無端崖之辭，時恣縱而不儻，不以觭見之也。以天下爲沈濁，不可與莊語，以巵言爲曼衍，以重言爲眞，以寓言爲廣。獨與天地精神往來而不敖倪於萬物，不譴是非，以與世俗處。其書雖瓌瑋而連犿無傷也。其辭雖參差而諔詭可觀。……」

註三三　見林尹先生「中國學術思想大綱」。

註三四　「莊子」「人間世篇」：「回聞衞君，其年壯，其行獨，輕用其國，而不見其過。輕用民死，死者以國量乎澤若蕉。民其無如矣。」莊子借顏回之口，陳述諸侯各國國君的殘暴好戰。

註三五　如「秋水篇」惠子相梁、「列禦寇篇」曹商使秦等故事。

註三六　見「莊子」「秋水篇」。

註三七　同註三六。

※本文作者**朱榮智**教授任教於國立臺灣師範大學中文系。

盧卡契對中國文學思想的影響

黎活仁

一、引言—盧卡契對中國的影響

盧卡契(Gyorgy Lukács, 1885–1971)一生可以依他的認識論分前後兩期，前期從實踐觀點論證意識等同存在，其後（一九三四・六）他作了自我否定，肯定列寧(Vladimir I. Lenin, 1870–1924)的反映論，贊同成熟馬克思『社會存在決定社會意識』的理論。這兩種認識論，對中國都有過相當大的影響。盧卡契對中國的影響，可分四個階段：

第一階段。在二〇年代末期，盧卡契的物化論透過福本主義傳入中國，掀起革命文學論戰的高潮，盧卡契的辯證法結合波格丹諾夫（Aleksandr A. Bagdanov,1873–1928）的無產階級文化理論，形成中國的無產階級文藝理論，由於一九四二年制訂的毛澤東（一八九三—一九七六）文藝政策是以中國式的無產階級文化爲核心的，所以盧卡契的理論，對中共的文藝政策也有影響。

第二階段是在四〇至五〇年代。盧卡契的『偉大現實主義』在蘇聯與日丹諾夫（Andri A. Zhdanov, 1896–1948）的文藝政策結合，形成『現實主義和反現實主義』公式，中國的一些文藝理論家如蔡儀（蔡南冠，一九〇六—　）和茅盾（沈德鴻，一八九六—一九八一）都接受了這一公式，與持反對論點者展開論戰。

第三階段是在五〇年代。由於盧卡契在匈牙利事件（一九五六·十·二三—十一·四）前後參與反斯大林主義，當時中國追隨蘇聯立場，所以否定盧卡契其人及其思想，又由於胡風的文藝觀點頗受盧卡契的啓示，所以在胡風事件（一九五五·一·二—八）之中，盧卡契也連帶遭到批評。

第四時期是在文革（一九六六—七六）之後。鑑於文革的悲劇，中共對人道主義不再如以往的否定，也開始從青年馬克思的異化論對人道主義作了某種程度的肯定，異化論的研究結果是連帶盧卡契的異化論也成爲熱門的課題，中國的知識分子是以異化論打通以人爲主體的社會學研究，如美學、心理學、社會學等，在這個時期，盧卡契以及西方馬克思主義的主要著作源源不絕地譯介到中國，臺灣的學術界也在這一熱潮中同步前進。盧卡契這四個階段，都與中國的歷史性時刻結合在一起，值得研究。

二、《歷史和階級意識》對中國的影響

盧卡契是匈牙利著名哲學家、美學家和文學家批評家。盧卡契生於布達佩斯，父親是個銀行經理。盧卡契於二十歲那年（一九〇六）取得博士學位，二十三歲時（一九〇八）即以《現代戲劇發展史》（一九一一）獲獎，同年開始接觸馬克思主義，並於一九一八年加入剛成立的匈牙利共產黨。一

九一九年二月，匈共主要幹部被捕，盧卡契於是出任中央委員（一九一九—一九二一，一九二八—一九三〇），同年(一九一九)九月逃亡維也納。一九二一年以匈共代表身份出席第三國際（一九一九・三—一九四三・六）第三次大會（六・二二—七・一二）。一九二二年冬，《歷史和階級意識》脫稿，一九二三年正式出版，這是盧卡契在世界思潮發生重要影響的第一階段（一九二三—三四），盧卡契主要是因爲這本書，與德國的柯爾思（Karl Korsch, 1886-1961）、意大利的葛蘭西（Antonio Gramsci, 1891-1937）成爲西方馬克思主義的奠基人。《歷史和階級意識》的理論有三個基本概念：⑴異化；⑵總體性；⑶階級意識；這些概念由於目前有高宣揚（一九四〇—　）、徐崇溫（一九三〇—　）和歐陽謙等頗獲好評的著作可參考（註一），這裏就不再重複了。馬克思（Karl Marx, 1818-83)有關異化的著作，是在三〇年代才公開的，而盧卡契的《歷史和階級意識》却是在二〇年代初出版的，二〇年代的蘇聯領袖和哲學家都不知馬克思有異化的理論，所以對盧卡契作了嚴厲的批判。

㈠《歷史和階級意識》對福本主義的影響

二〇年代的中國知識分子是從福本主義接觸到盧卡契的方法的（註二）。福本主義在日本馬克思主義哲學史有兩個重要的意義：⑴是福本主義能夠準確把握馬克思主義與辯證唯物主義的關係，並應用於指導日本革命運動。⑵是很早就引進異化論。福本和夫（FUKUMOTO Kazuo, 1894-1983）本是東京大學政治系畢業生（一九二〇），其後留學美、英、德、法，兩年半後（一九二四年秋）回國。福本在唸大學時已開始研究唯物主義，到德國後曾經前往拜訪柯爾思，之後常常得柯爾思的指導並認識了盧卡契；盧卡契曾以《歷史和階級意識》（一九二三年一—五月間刊行）相贈（註三）。一九二四年十二月，福本開始向在《馬克思主義》（一九二四・五—一九二九・四）投稿，全力抨擊當時流行的山川均（YAMAGAWA Hitashi, 1880-1958）主義。福本和夫的論文博引馬列原著，令到當時日共的理論家自歎學力不足，於是邀請他到東京當《馬克思主義》副編輯（一九二六・四—），一九二六年十二月黨重建之時，福本和夫負責起草宣言，並出任中央委員和政治部長。如此，福本和夫在兩年零一個月內從一個籍籍無名的投稿者，一躍而為日共領導者（註四）。福本主義的特徵包括：⑴異化論；⑵階級意識；⑶資本主義急劇沒落論；⑷黨組織論（即分離結合論）；⑸混合型等等；前兩點是受盧卡契的影響，第三點是受第二國際和第三國際的流行觀點影響（註五）；後兩點則師承自列寧的建黨思想名著《怎麼辦》（一九〇二）。

㈡創造社福本主義者的創作

福本主義對中國的影響是異常深遠的。在二〇年代受到福本主義影響的是第三期創造社的核心成員，代表人物包括成仿吾（成灝，一八九七—一九八四）、李初梨（李楚離，一九〇〇—　）、彭康（彭堅，一九〇一—六八）、馮乃超（一九〇一—八三）等，他們把福本主義與當時流行的無產階級文化結合起來，形成一九二八年以後的中國革命文學理論，他們批判了魯迅（周豫才，一八八一—一九三六）、郁達夫（郁文，一八九六—一九四五）等左翼作家，並形成革命文學論戰（一九二六—三〇）的高潮（一九二八）。

1. 波格丹諾夫及其無產階級文化

首先要交代的是無產階級文化的概念。中國共產黨習慣上把無產階級文藝等同馬克思主義文藝，實際上，所謂無產階級文藝其實是源自無產階級文化的理論。無產階級文化是俄國波格丹諾夫所提倡的，他因此被稱爲無產階級文化之父，日本編有《世界無產階級文學資料》（一—六卷，一九七二—一九七四）（註六），文革後的中國也出版了《蘇聯「無產階級文化派」論爭資料》（一九八〇・十一）（註七）《無產階級文化派資料選編》（一九八三・三）（註八），這些著作都顯示主宰二〇年代世界革命運動的馬克思主義理論，不是列寧主義而是被列寧批判的波格丹諾夫主義。無產階級文化是相對於資本主義文化而成立的，列寧、托洛斯基（Lev D. Trotskii, 1879-1940）和普列漢諾夫（Georgii B. Plekhanov, 1856-1918）都不同意這種理論。作爲無產階級文化的特色之一的是馬赫主義的認識論。波格丹諾夫從馬赫（Ernst Mach, 1838-1916）學到了科學的認識論，修正了馬克思的社會存在決定社會意識的理論。馬赫是奧地利物理學家、心理學家和哲學家，他「認爲唯心主義和唯物主義都把精神和物質對立起來，而形成心物二元論；提出要克服這種對立，建立統一的『一元論』的宇宙結構」。馬赫認爲，世界是由一種中性的「要素」構成的，無論物質的東西還是精神的東西都是這種要素的複合體。所謂要素就是顏色、聲音、壓力、空間、時間，卽我們通常稱爲感覺的東西；物質、運動、規律都不是客觀存在的，而是人們生活中的假設，因果律是人們心理的產物，應該用函數關係取代。世界因此表現爲要素之間的函數關係，科學對此只能描述而不能解釋，描述則應遵循『經濟思維原則』，即用最少量的思維對經驗事實作最完善的陳述（註九）。波格丹諾夫因此提出「經驗一元論」，把馬赫的經驗改爲集體的經驗，物理世界是社會集體地組織起來的經驗，在文藝理論上，他認爲藝術不是反映現實，而是組織生活。

2.列寧的認識論——關於反映論與建黨思想

列寧在一九〇八年寫了《唯物主義和經驗批判主義》，對波格丹諾夫進行批判。列寧認爲馬克思是強調「社會存在決定社會意識」的，把主體與客體等同起來，是反馬克思主義的。列寧比較明顯的傾向是支持反映論，反映論之不正確現已普遍爲人所認識，《歷史和階級意識》對馬克思主義的貢獻之一，是很早就指出反映論的錯誤，並認爲馬克思本人是强調以實踐認識事物的（註一〇）。不過，列寧的方法論也有其能動的一面，在列寧的名著《怎麼辦》之中，其實也有類似「思維與存在同一」的方法；在這本書之中，列寧討論到建黨的問題，他認爲應該建立一個由職業革命家領導的黨，去領導革命，把一般的工會組織與這個核心黨組織分開來，以免把黨的機密暴露，造成嚴重的破壞。列寧又認爲社會意識是由有相當教養的知識分子根據社會學、經濟學、哲學等高深的知識造出來的，像馬克思、恩格斯（Friedrich Engels, 1820–1895），論其階級成分，都屬於資產階級。工人運動是不會自動地產生社會意識的，社會意識應該如考茨基（Karl Kautsky, 1854–1938）所說的那樣，要從外部灌輸到無產階級的鬪爭中去（註一一）。盧卡契、福本和夫和創造社的福本主義分子，都引用到列寧這種理論，並且把《怎麼辦》所說的社會意識，易之以「無產階級意識」（註一二）。

3.盧卡契的辯證法與馬赫主義認識論的結合——無產階級意識與無產階級文化

盧卡契的認識論源自黑格爾，儘管他的方法論與波格丹諾夫不同，但有些看法非常接近，例如：⑴兩者都强調主體的能動性，認識論都是『思維與存在同一』；⑵强調辯證法；⑶否定資本主義；也許因爲這樣的緣故，盧卡契沒有反對無產階級文化。一九三二年四月，斯大林解散無產階級作家組織拉普（俄羅斯無產階級作家聯盟，簡稱 RAPP, 1925-1932），又以『社會主義現實主義』去代替『無產階級現實主義』之時，盧卡契剛在蘇聯，他並沒有發表支持斯大林的言論，事實上，在四〇年代的表現主義論戰之中，盧卡契提出『偉大的現實主義』，全面否定其他文學流派，這一點與二〇年代無產階級作家所提倡的『無產階級現實主義』沒有多大分別。結合盧卡契和波格丹諾夫的理論之後，中國福本主義者的無產階級文學的特徵有以下幾點：⑴否定古代文化以致五四文學；⑵否定農民，以工人爲無產階級；⑶否定浪漫主義；⑷否定知識分子；⑸獨尊現實主義；⑹主張革命意識的自然成長說；⑺以《歷史和階級意識》所說的無產階級意識爲階級意識；⑻提倡大衆文學。其中以大衆文學的方法最值得留意。

4.大衆文學的方法——由以知識分子為革命主體到否定知識分子

黑格爾以絕對精神是主體，外化爲客體，盧卡契以無產階級意識取代絕對精神的主體位置；認爲資本主義是物化了的世界，人類社會的歷史是物化了的歷史，只有發揮無產階級的階級意識作用，才能揚棄物化，才能使無產階級意識在物化中覺醒過來，人類也就獲得解救(註一三)。獲取無產階級意識本是作爲革命主體的知識分子的責任，知識分子也在這過程之中作自我否定，以克服異化。結果創造社的盧卡契式的無產階級文學必然導致對知識分子的否定，情形一如納普稍後的決議和毛澤東的文藝政策。一九三○年七月，納普（日本無產階級作家同盟，簡稱 NALP, 1929.2-1934.2）通過大衆化決議，認爲除工農外，小市民和知識分子，都是應是爭的對象，把無產階級意識推廣及於他們（註一四）。一九三一年八月，藏原惟人（KUWAHARA Korehito, 1902- ）發表的〈藝術運動組織問題再論〉重申這一觀點，認爲要把知識分子置於共黨的組織以及政治影響之下（註一五）。一九四二年，毛澤東的〈在延安的文藝座談會上的講話〉也談到文藝的服務對象，他認爲除工農兵外，還應加添小資產階級的知識分子，這一點無疑與納普的決議相近，但毛澤東不是讓知識分子享有自己較高級的文藝，而是利用大衆化引導小資產階級出身的知識分子「接近工農兵，去參加工農兵的實際鬬爭，去表現工農兵，去教育工農兵」。（註一六）革命文學發展到創造社第三時期，是把革命文學＝（等同）無產階級文學＝大衆文學，這種革命文學理論以成仿吾〈從文學革命到革命文學〉（一九二八・一）（註一七）一文爲最具體，成仿吾所謂大衆化似乎使用大衆語作爲媒體，把無產階級意識注入工農階級運動。

6. 小 結

無產階級文化一開始就有否定知識分子的傾向，波格丹諾夫的左右手加里寧（Y. A. Kalinin, 1880-1919）曾經認爲知識分子是「資產階級藝術的志願代表和熟練嚮導」因而要加以監督，使其服從於無產階級的意願（註一八），盧卡契的異化論不啻是把這種傾向深化、理論化或合理化。這種否定知識分子的傾向，與毛澤東思想是類似的，只是方法有所不同。毛澤東的革命是以農民爲主體的，文革期間還在農村成立爲知識分子改造而設的學校，叫做五七幹校（一九六八・五・七—一九七六・十）讓知識分子重新接受貧下中農再教育，毛澤東的無產階級意識似乎是指農民意識，跟福本主義者排斥農民的態度是不一樣的。

三、「偉大現實主義」的影響—現實主義與反現實主義公式的形成

一九三〇年，盧卡契被奧地利驅逐出境，到了莫斯科，任馬列研究所研究員，並參加俄文版的《馬克思恩格斯全集》的編纂工作，因此有機會看到未發表的《一八四四年經濟學哲學手稿》（一九三二年初次公刊）。一九三一年夏，盧卡契移居柏林，一直停留到一九三三年一月被納粹政府（一九三三・一—一九四五・四）驅逐出境爲止。一九三三—四年，盧卡契又再度回到莫斯科，並在莫斯科共產主義研究所語言文學研究所工作。從一九三三年開始，盧卡契第二次發揮了他對全世界的學術的影響力，特別是有關『偉大現實主義』的理論。盧卡契先後發表了〈表現主義的『偉大與衰亡』〉（一九三三・二）、〈現實主義辨〉（一九三八・二），這兩篇文章導致表現主義的論爭。在這次論爭中，盧卡契全面否定現代主義，對以社會主義現實主義爲文藝政策的蘇聯和中國，都產生了極大的影響。

㈠現實主義與反現實主義公式在蘇聯的形成

一九三九年十一月至一九四〇年三月，蘇聯文藝界圍繞盧卡契的現實主義理論掀起了一場激烈的

論爭(註一九)。盧卡契的偉大現實主義理論，加上日丹諾失的『哲學史是唯物主義與唯心主義鬪爭的歷史』的觀點（一九四七・六・二十四），導致『現實主義與反現實主義』的形成(註二〇)。在蘇聯，這一公式的代表人是涅陀希文（German A. Nedoshivin, 1910- ）。涅陀希文在《藝術概論》（一九五三，中譯：一九五八）(註二一)一書曾把這公式當作文學史規律，解釋成是進步文學和反動文學的鬪爭。一九五六年版的《馬克思主義美學簡史》一書基本上重申了盧卡契的『偉大現實主義』的思想。論爭此時有了轉變，老作家法捷耶夫（Aleksandr A. Fadeev, 1901-56）在第二次蘇聯作家代表大會（一九五四・十二）發言，就他過去發表〈打倒席勒！〉（一九二九・十一，這是拉普否定浪漫主義的宣言）的愚蠢經歷提出警告；蘇聯報刊此時開始出現反對這一公式的文章，其中以雅・艾爾斯布克（Y. E. El'sberg）的〈現實主義和所謂反現實主義〉（一九五六・五發表；中譯：一九五六・七）一文最爲有名(註二二)。一九五七年四月，蘇聯高爾基世界文學研究所組織了現實主義的專門討論會，批判了涅陀希文的主張。一九五八年十二月，中國科學院文學研究所蘇聯文學組把會上及其後移到《文學問題》發表的論文彙集成《世界文學中的現實主義問題》出版(註二三)。

(二)「現實主義與反現實主義」公式在中國所引起的論爭（一九五六—五八・三）

1. 茅盾的《夜讀偶記》

現實主義與反現實主義公式在中國也引起了論爭。文學理論家茅盾對這個公式持肯定的態度，他的有關觀點最早見於《夜讀偶記》(《文藝報》一九五八・一—五)(註二四)。《夜讀偶記》寫作之前，何直（秦兆陽，一九一六—）發表了〈現實主義——廣闊的道路——對於現實主義的再認識〉（一九五六・九）一文，如所周知，這篇文章是希望擺脫無產階級現實主義的局限，結果遭受批判。何直當時受到馬林可夫（Georgiĭ M. Malenkov, 1902-1988）在十九大的報告（一九五二・十）以及西蒙諾夫（Konstanitin M. Simonov, 1915-1979）在第二次作家大會上（一九五四・十二）的報告的影響，提倡『寫眞實』，『反「無衝突論」』，『非英雄化』（寫『普通人』）等解凍期（一九五三—七六）的文藝創作口號(註二六)，從〈夜讀偶記〉一文，可知茅盾是反對這些口號的，他是想就此表示一下意見。據茅盾去世前才發表的〈『夜讀偶記』的後記〉（一九八〇・四）透露，《夜讀偶記》動筆之時，蘇聯已批判了涅陀希文的公式，艾爾斯布克〈現實主義和所謂反現實主義〉一文的中譯刊登之後，中國報刊上也不斷出現反對涅陀希文公式的論文；他當時一直密切注意蘇聯學術界的討論，本來站在否定的一邊，但寫作途中研究了中國文學史之後，又覺得這一公式「在一定的歷史條件下是對的，但不能走得太遠，把它看作永恆的規律」(註二六)。所謂『永恆的規律』我想是指不可如何直那樣用來分析社會主義時期的文藝。在〈夜讀偶記〉，茅盾認爲中國文學史的確「進行過長期而反復的現實主義和反現實主義的鬪爭」，這種鬪爭(註二七)，在《詩經》已開始出現。〈夜讀偶記〉又否定了現代主義，重申作家的世界觀對創作方法的決定作用，又主張寫英雄人物。〈夜讀偶記〉的影響是非常大的，有些文學史就使用了的一公式寫成，其中包括北京大學中文系文學專門化五五級集體編著的《中國文學史》（一九五八・九）和北京師範大學中文系五五級學生集體編寫的《中國民間文學史》

（一九五九・六）。

2. 劉大杰與茅盾的論爭

現實主義與反現實主義公式無疑是錯誤的理論，當時反對茅盾觀點的學者爲數不少(註二八)，茅盾則認爲何其芳（何永芳，一九一二—七七）的〈文學史討論中的幾個問題〉（一九五九年七—八月）最有權威性(註二九)，不過他針對最多的，是以《中國文學發展史》一書馳名的文學史家劉大杰的一系列文章。劉大杰（一九〇四—七七）當年共發表了五篇有針對性論文（一九五六—五九），現在都收在《劉大杰古典文學論文選集》（一九八四・一）(註三〇)頗便參考。劉大杰是在艾爾斯布克的〈現實主義和所謂反現實主義〉一文中譯發表（一九五六・七）後一個月加入討論的，當時劉大杰無疑是最有寫作中國文學史經驗的學者，他的著作評價如何又是另一回事。劉大杰的反對意見有兩點是最基本的：1.是現實主義概念不明確。如果說現實主義古已有之，可以上推到《詩經》，但《詩經》沒有恩格斯所說的典型人物，《詩經》以後的中國文學主要形式很多時是詩歌，詩歌是很難塑造人物的(註三一)；2.是浪漫主義問題。現實主義與浪漫主義有著不同創作方法，公式的提倡者是企圖把革命浪漫主義納入現實的範圍(註三二)。這種情況就一如後來的『社會主義現實主義開放體系』那樣，爲了維護『社會主義現實主義』在名稱上的地位，要求把現代主義也納入『開放體系』之中。文革後，『現實主義與反現實主義』的公式在中國仍有支持者(註三三)，但並沒有引起大規模的爭論。

3. 現實主義與反現實主義公式論爭的結束——毛澤東的「現實主義與浪漫主義結合」公式

這次論爭後來因爲毛澤東（一八九三－一九七六）提出『現實主義與浪漫主義結合』的公式（一九五八・三）而結束。

四、匈牙利事件的影響－盧卡契與胡風事件

第二次世界大戰（一九三九・九・一－一九四五・五・八德國投降）結束，匈牙利得以建國，盧卡契回到布達佩斯任美學和文化哲學教授，並被選爲匈牙利科學院院士。一九四九－五二年間，匈牙利共黨拉科西（Matyas Rakosi, 1892-1971）政權施行斯大林式的肅反，約二十萬人因爲政治理由受到迫容，許多黨員被殺；過速的工業化計劃也帶來工人收入大幅度下降。一九五三年三月，斯大林去世，蘇聯內部開始有了變化；一九五六年二月，蘇聯共黨召開第二十次大會（二・十四－二十五），赫魯曉夫（Nikita S.Khrushchov, 1894-1971）在秘密會議（十四，二十五日）上批判了斯大林。

㈠盧卡契晚年的政治活動

在匈牙利的盧卡契這時也積極參加由知識分子組成的『裴多芬俱樂部』（一九五五－一九五六・十一）的活動，批判斯大林主義。匈牙利人民在這時擁立一度被迫下野（一九五三・七－五五・四）的納吉（Imre Nagy, 1896-1958）爲總理（一九五六・十・二十四－十一・四），盧卡契也出任納吉的文化部長。十一月一日，納吉爲了抵抗蘇聯的軍事干涉以及確保黨外的支持，決定採用多黨制，同月二日宣布退出華沙協議，結果遭到蘇軍的鎮壓（四日），史稱匈牙利事件。盧卡契亡命羅馬尼亞，

翌年回國。一九六九年又重新被邀入黨。盧卡契晚年的重要著作是兩卷本的《美學》（一九六三，中譯：《審美特性》第一卷，一九八六）和《關于社會存在的本體論》（一九六八，中譯：一九八九）。

㈡關於胡風事件

五十年代正是中蘇蜜月期（一九四九—一九六〇．七蘇聯專家自中國撤退），中共追隨蘇聯的觀點，批判了盧卡契，胡風事件也反映了中共對盧卡契思想的立場。胡風（張光人，一九〇二—八五）在留學日本時（一九二九—一九三三）曾接觸到福本主義，形成有別於毛澤東的文藝學方法，即所謂主觀戰鬪精神（最早於一九四〇年一月提出這個理論）。四十—五十年代的胡風文藝思想，其實深受〈敍述與描寫〉（一九三六）的啓示。〈敍述與描寫〉一文在文藝思想史上，也是非常有名的，這篇文章對胡風的影響主要有兩點：⑴是關於辯證法與形式的問題；⑵世界觀與創作方法問題。

1 世界觀與創作方法

一九三二年四月，卽拉普解散的同月，蘇共發表了恩格斯兩封談文藝的信，信裏談到兩個問題：其一，是有關典型的，認爲現實主義就是要塑造典型環境的典型人物；其二，是『世界觀與創作方法』可以不一致。關於典型問題，胡風與周揚（周起應，一九〇八—八九）已於一九三五—一九三六年間展開過論爭，現在要交代的是第二點。胡風自從在一九四〇年底看到呂熒（何佶，一九一五—六九）所譯的〈敍述與描寫〉（一九三六）文稿之後（註三四），就開始採用盧卡契的違反論的。巴爾札克（Honoré de Balzac, 1799-1850）世界觀問題在蘇聯引起討論之時（一九三二—三四），各方見解可分爲三派：⑴是認爲世界觀與創作方法之間有衝突或矛盾——羅森塔爾（Mark M. Rozental, 1906-75）、阿爾特曼（I. Atman）持此說——賴於派；⑵是創作方法可違背自己世界觀——盧卡契與李夫希茨（Mikhail A. Lifshits, 1905-83）持此說——違背派；⑶把創作方法與世界觀等同起來——努西諾夫（I. Nusinov）（註三五）。一九五二年十二月，文協召開『胡風文藝思想討論會』，《文藝報》一九五三年二、三月號分別刊登了林默涵（林烈，一九一三—）和何其芳對胡風批判的論文，認於胡風是反現實主義的。胡風爲反駁林、何等的觀點，寫了萬言書交給中共中央，這篇萬言書後來印成《胡風對文藝問題的意見》，附於《文藝報》一九五五年一、二號派發。在《胡風對文藝問題的意見》，胡風用違反論解釋世界觀與創作方法矛盾，以否定黨性的原則，並指責林默涵、何其芳仍然停留在拉普的觀點（註三六）。

2.民族形式問題

四十年代，延安和重慶等地區都曾展開過關於民族形式的討論。辯證唯物主義研究者向林冰（原名趙濟焱，以筆名趙紀彬知名，一九〇五—八二）當時從『內容決定意識』的政治學上認爲文學形式可以被揚棄被改造，以解釋文學與形式的關係。胡風在《民族形式的問題》（一九四〇）引用好幾位馬克思主義理論家的言論以否定向林冰的說法（註三七），於盧卡契的言論方面，胡風是引用〈敍述與描寫〉（一九三六）的論述：盧卡契認爲文藝現象是『由生活裏面出來』，『決不是由於藝術形式本身固有的辯法而發生的』（註三八）。何其芳批判胡風的論文中，顯示他是以蘇聯對盧卡契文藝理論的認識及其人的政治問題作出評價的（註三九）。

3.小　結

胡風最後以下獄聞，因此頗得到同情，不過我們不要忘記他的文藝觀其實與毛澤東的文藝政策大同小異，都是以建造無產階級文化爲目的的，實行起來也一樣會導致類似文革的悲劇。

五、對文革後的中國影響——作爲文化哲學的新馬克思主義

從文革結束，到一九八九年六月四日的天安門大屠殺爲止，中共的文藝政策徘徊在肯定和否定無產階級文化之間，不過，文藝界對現代主義的譯介，實際上已對毛澤東文藝政策作了否定。鑑於文藝從屬於政治的悲劇，鄧小平（一九〇四—　）在〈中國文學藝術工作者第四次代表大會上的祝辭〉（一九七九）明確提出今後共黨不再『要求文學藝術從屬於臨時的、具體的、直接的政治任務』（註四〇），中共中央通過否定文革的決議——〈關於建國以來黨的若干歷史問題的決議〉（一九八一・六・二一），對毛澤東擴大階級鬥爭的做法也作了否定。以上是中共力圖擺脫無產階級文化的傾向，但阻力還是存在的，因爲不久之前（一九七九・三・三十），鄧少平又曾提出了『四項基本原則』：⑴是堅持社會主義道路；⑵是堅持人民民主專政，即無產階級專政；⑶是堅持中國共產黨領導；⑷是堅持馬克思列寧主義、毛澤東思想。如何看待毛澤東思想，就成爲鄧少平時代文藝政策的矛盾。

㈠馬克思《一八四四年經濟學——哲學手稿》的討論熱潮（一九七九—八〇）

文革的悲劇，令到中共重新考慮從人道主義角度研究馬克思主義，在文革結束之前，人道主義被認爲是反馬克思主義的。一九七九年十月，美學家朱光潛（一八九七—一九八七）發表〈關於人性、人道主義、人情味和共同美問題〉一文(註四一)，掀起了馬克思《一八四四年經濟學——哲學手稿》討論的熱潮，有關人道主義與異化的理論一時成爲熱門的論題。青年馬克思是肯定共同人性的，是以異化分析問題的，是認爲『意識決定存在』的，結果後來證明青年馬克思成爲打敗拉普餘孽的利器。

㈠盧卡契及西方馬克思主義著作的譯介

由於盧卡契是最早討論馬克思異化論的學者，所以自然也就在這較爲寬鬆的環境引進過來。中共到了文革後才對盧卡契進行全面的研究，黨並無明顯表示過對盧卡契的肯定，一九八四年九月，《紅旗雜誌》(註四二)仍然發表長篇論文，對《歷史和階級意識》作了全面批判，《紅旗雜誌》的最後一擊，似乎對已成爲顯學的西方馬克思主義理論無能爲力。法蘭克福學派的大師諸如霍克海默（Max Horkheimer, 1895-1973）、馬爾庫茲（Herbert Marcuse, 1989-1979）、阿道爾諾（Theodor Wiesengund Adorno, 1903-69）等等的著作，源源不斷地譯介到中國，《國外馬克思主義和社會科學研究叢書》（重慶，一九八九年開始出版）可爲代表。在研究西方馬克思主義方面，徐崇溫的《西方馬克思主義》（一九八二·五，同（註一））可說是一面里程碑，這本書對臺灣的新馬克思主義熱也有一定的影響，臺灣大學出身而在新加坡國立大學政治系任教的洪鎌德可算是臺灣新馬熱的代表人物，洪氏曾經應邀講學於北京大學（一九八七）(註四三)，成爲溝通大陸和臺灣研究西方馬克思主義的中介者，大陸學者的有關著作，也在臺灣找到市場。葛蘭西是最後一位强調階級鬪爭的西方馬克思主義者，由於文革後中共基本上不再大搞運動，所以西方馬克思主義的文化哲學就有了與之相適應的土壤。西方馬克思主義之所以稱爲文化哲學，是因爲這一派的代表人都放棄對政治的直接參與，又長期在大學任教，他們大都顯示對文藝研究的興趣，對其他社會科學研究，也作出了不少的貢獻，例如法蘭克福學派結合馬克思主義和心理學的研究等等，所以對西方馬克思主義的研究，也直接叩開了現代西方學術思想的大門。對西方馬克思主義研究，實際上爲脫離斯大林主義和脫離馬克思主義做好思想上和理論上的準備，意義非常重大。

㈡現代主義的重新評價以及社會主義異化論

文革後，中共開始廣泛地與資本主義國家進行文化交流，也開始著手研究西方的現代主義文藝，現代主義不久之後也取代現實主義，成爲文藝創作的主流。文革後初期對現代主義的研究，是以盧卡契的物化論爲基礎的（註四四）；如弗雷德里克・傑姆遜（Fredric Jameson）所總結的那樣：盧卡契從總體性（totality）的概念去肯定現實主義，現實主義是透過小說刻劃社會的全貌，但是現代主義則完全相反，就以卡夫卡（Franz Kafka,1883-1924）的作品爲例，「現代主義藝術不再反映社會關係，把一切事物都變成了很奇怪的富於魔力的現象，或者是美妙絕倫，或者是陰森可怖」，「現代主義把敍述變爲描寫，故事開始消失，而個人的瘋狂的經驗開始出現」，因此現代主義文化，是物化社會的特徵（《後現代主義與文化理論》，一九八七・八）（註四五）。如所周知，長久以來，中共的文藝政策是社會主義現實主義，盧卡契這種維護現實主義言論，很合乎保守馬克思主義者的口味；另一方面，藉口研究西方文學如何異化，也是續漸引進現代主義的策略之一，結果是現代主義文獻源源不斷譯介到中國。盧卡契的物化論是針對資本主義而言，不過有些中共的學者卻以物化論來研究文革的悲劇和所謂社會主義悲劇，於是出現了所謂『社會主義異化論』，結果在『清除精神污染』運動（一九八三・十—一九八四・一）期間，遭受批判。清除精神污染運動主要是針對人道主義和『社會主義異化論』。中央宣傳部長鄧力群（一九一五—　）由於得到鄧少平和胡喬木（一九一二—　）的支持，掀起了這個運動(註四六)，在六四天安門事件之餘波尚存。在清除精神污染事件之中，胡喬木發表了長文〈關於人道主義和異化問題〉，（一九八四・一），認爲：⑴人道主義和馬克思主義是根本小立的；⑵不能把馬克思主義整體或部分歸結爲人道主義；⑶承認資產階級人道主義某些內容可以經改造而爲社會主義人道主義所接受（王若水的總結）(註四七)。哲學家王若水（一九二六—　）在一九八〇年六月的一次講話開始談到社會主義異化論，認爲社會主義不僅在思想上、政治上有異化，甚至經濟上也有異化，在文革中，人也異化了，失去自己，失去了智慧和才能(註四八)。王若水在事件中被革除《人民日報》副編輯之職（一九七八・七—一九八三・一二？）。周揚在中國社會科學院和教育部聯合舉辦的全國紀念馬克思逝世二百周年學術報告會（一九八九・三・十二）發言，肯定異化論，結果被迫作公開的檢討（十一・五）(註四九)。

㈢反映論的否定

在文革後，馬克思主義的心理學化隨著西方馬克思主義的譯介而成爲主流。社會科學各領域，都因爲人的能動性的認識、而着重人的主體性的研究，表現論也因此得以重新肯定。從審美的基本原理看來，文學無疑是自我表現而不是反映，鄧小平『實踐是檢證眞理的唯一標準』（一九七八・五・十一）的口號，也成爲以實踐觀點否定列寧反映論的助力。盧卡契本來是最早以實踐觀點解釋馬克思主義的思想家，可是他後來作了自我否定，支持列寧的反映論，結果影響了淫陀希文，令中國蒙受毒害，所以在否定反映論的同時對盧卡契的反映論也作了批判。(註五〇)

六、結語、盧卡契思辯哲學的悲劇

《歷史和階級意識》一書無疑是人類的重要遺產之一，學術界都願意給與很高的評價，可是這本書的作者帶給中國的是什麼呢，可得而言者有二：⑴他的異化論結合無產階級文化對知識分子否定的理論，令中國知識分子吃盡苦頭；⑵是『偉大現實主義』又把文藝研究和創作導向窮途。我們引進盧卡契的思想以至西方馬克思主義時，不要忘記過去所付出的沉重的代價。

【註　釋】

註一　⑴高宣揚：《新馬克思主義導引》（香港：天地圖書公司，一九八六）；⑵徐崇溫：《西方馬克思主義》（天津、天津人民出版社，一九八二）；⑶歐陽謙：《人的主體性和人的解放——西馬克思主義的文化哲學初探》（濟南：山東文藝出版社，一九八六），此書的臺灣版易名爲《西方馬克思主義的文化哲學》（臺北：雅典出版社，一九八八）；中國大陸於西方馬克思主義研究概況，可參：(4)陳墇津：〈大陸學界對盧卡奇的探索〉，《中國大陸研究》二十八卷五期，一九八五年十一月，頁七三—八二，重點介紹文革的動態，包括觀點、論文和譯介新書；以下的目錄，對文革前後（至一九八〇）的研究情況，似乎也有方便之處：(5)《全國主要報刊哲學論文資料索引》（一九〇〇—一九四九）（四川大學復旦大學哲學系資料室編，北京：商務印書館，一九八九），參此書的〈附解放後外國哲學史等專題論文資料索引（一九四九—一九八〇）〉，頁五二三—五二七；至於臺灣近年的研究，則參：(6)洪鎌德：《新馬克思主義和現代社會科學》，參（註四三），頁二〇一—二〇八，〈新馬克思主義在臺灣〉的介紹，以及〈中文參考書目〉，頁二〇九—二一〇。入八〇年代，中國大陸學者已可以向臺灣刊物投稿以及出版著作，大陸的西方馬克思主義著作很多都有了臺灣版。

註　二　拙稿〈福本主義對魯迅的影響〉（《魯迅月刊》一九九〇年七期，一九九〇年七月，頁一一—二一）對福本主義理論作了綜合的介紹，內容包括：(1)日語有關福本主義的文獻；(2)福本主義的特徵；(3)中國福本主義者的理論；(4)中國革命文學論戰與福本主義的關係；(5)魯迅如何接受了福本主義。筆者目前正在撰寫〈福本主義對中國的影響〉一文，內容是進一步分析福本主義如何影響第三期創造社的文化哲學。

註　三　參池田浩士（IKEDA Hiroshi, 1940-）編《論爭・歷史と階級意識》（《論爭・歷史和階級意識》，東京：河出書房新社，一九七七），頁三三，池田是研究盧卡契的專家，此書網羅包括日本在內的、有關《歷史和階級意識》所引起的論爭文獻。

註 四 有關福本和夫生平和福本主義，我參考了下列各種著作，⑴渡部徹（WATANABE Tooru, 1918- ）〈福本主義〉，《日本近現代史辭典》（日本近代史辭典編集委員會編，東京：東洋經濟新報社，一九七八），頁五四；⑵〈福本和夫〉（執筆者未有署名），《日本社會運動人名辭典》（鹽田莊兵衛［SHIOTA Shobee, 1921- ］主編，東京：青木書店，一九七九），頁四八一—四八二；⑶石見尚（IWAMI Takashi 1915- ），〈福本和夫〉《現代マルケス＝レーニン主義事典》（《現代馬克思列寧主義辭典》，岡崎次郎主編，東京：社會思想社，一九八一），下册，頁一七四八—一七五一；其中以⑶項最爲詳細；⑷大島清（OOSHIMA Kiyoshi, 1913- ）：〈山川イズムと福本イズム〉（〈山川主義與福本主義〉），同上，頁二一四五—二一四七，這一辭條的介紹非常扼要；⑸立花隆（TACHIBANA Takashi, 1940-）《日本共産黨の研究》（《日本共產黨的研究》東京：講談社，一九八三），册一，頁一〇二—一四八。此書在日本學術界頗有好的評價，於福本旋風的描寫，能擷拾同時代人的回憶，文筆也比較風趣。

註 五 參⑴齋藤敏康（SATO Toshiyashi）著，劉平譯：〈福本主義對李初梨的影響——創造社「革命文學」理論的發展〉，《中國現代文學研究叢刊》一九八三年三期，一九八三年九月，頁三三九—三六〇，齋藤氏這篇論文開拓了福本主義對中國影響的研究，對中國大陸的左翼文學研究影響極大；⑵Hansen, F. R.（漢普施）：《The Breakdown of Capitalism. A History of the Idea in Western Marxism, 1883-1983》（《資本主義的崩潰——一個西方馬克思主義的觀點的發展史》，London: Routledge & Kegan Paul, 1985），漢普施此書有助於了解資本主義急劇沒落論的成因；

福本主義對臺灣左翼運動也有影響，參(3)陳芳明：〈臺共領袖謝雪紅的俄國經驗〉，《中國論壇》三十一卷三期，一九九〇年十二月，頁六一—六七。

註　六　栗原幸夫（KURIHARA Yukio, 1927-）等編：《資料世界プロレタリア文學運動》（東京：三一書房，一—六卷，一九七二—一九七四。

註　七　《蘇聯「無產階級文化派」論爭資料》（鄭異凡編譯，北京：人民出版社，一九八〇）。

註　八　《無產階級文化派資料選編》（白嗣宏編，北京：中國社會科學出版社，一九八三）。

註　九　《中國大百科全書・哲學》（胡繩〔一九一八—〕主編：北京，上海：中國大百科全書出版社，一九八七），上卷，〈馬赫〉條目（夏基松執筆），頁五五六。

註一〇　約翰・霍夫曼（Hoffman, John）：《實踐派理論和馬克思主義》（《Marxism and the Theory of Praxis》，周裕昶、杜章智譯，北京：社會科學文獻出版社，一九八八）。這是以實踐派的觀點否定列寧的反映論的著作，應該注意的是中共中央目前並無意否定列寧的反映論。

註一一　《怎麼辦》（《列寧全集》，中共中央馬克思恩格斯列寧斯大林著作編譯局編譯，北京：人民出版社，一九六三年，三版），卷五，四二一—四二二；四三五；四四一；三三六；四四〇—四四一；三九四；四三六；三九一。

註一二　《歷史和階級意識——馬克思主義辯證法研究》（喬治・盧卡奇著，張西平譯，重慶：重慶出版社，一九八九），關於〈組織問題的方法〉一章，頁三一八—三六五。

註一三　參（註一）(2)，頁七七。

註一四 平野謙（TARANO Ken, 1907-1978）等編：《現代日本文學論爭史》（東京：未來社，一九六九，十一版），上卷，頁三五一—三五五。

註一五 參栗原幸夫（KURIHARA Yukio, 1927- ）：《プロレタリア文學とその時代代》（《無產階級文學及其時代》，東京：平凡社，一九七一），頁一六一。

註一六 《毛澤東集》（竹內實〔TAKEUCHI Minoru, 1923- 〕編，香港：近代史料供應社影印，一九七五），卷八，頁一二三。

註一七 收入《「革命文學」論爭資料選編》（中國社會科學院文學研究所現代文學研究室編，北京：人民文學出版社，一九八一），上册，頁一三〇—一三七。

註一八 羅果文（Rogovin），V.；馬申斯基（Mashinski），S.：〈蘇聯的文學爭論〉，郭家申、錢善行譯，《世界文學》一九八五年六期，一九八五年六月，頁二六六。這是一九七八年版蘇聯《簡明文學百科全書》第九卷的大型詞條的中譯。

註一九 背景參吳元邁：《蘇聯文學思潮》（浙江：浙江文藝出版社，一九八五），頁一三五—一三八。

註二〇 參王永江：〈亞歷山大洛夫的「西歐哲學史」和日丹諾夫對它的批判〉，《現代外國哲學》八輯，一九八六年二月，頁六一—七四。亞歷山大洛夫（Gerogiĭ F. Aleksandrrov, 1908-1961）的《西歐哲學史》（王永江、顏品忠、湯俠聲等譯，北京：商務印書館，一九八九）目前中譯，日丹諾夫的觀點是因爲批判這本書而知名的。

註二一 楊成寅（一九二六—）譯，北京：朝花美術出版社，一九五八。

註二二 《學習譯叢》一九五六年七月號，頁三二—三七。

註二三 《世界文學中的現實主義問題》（北京：人民文學出版社，一九五八）。

註二四 參白水紀子（SHIROUZU Noriko）：〈「夜讀偶記」——狀況整理〉，《野草》三十七期，一九八六年三月，頁一八—四五。

註二五 《社會主義現實主義研究論文集》（上海：新文藝出版社，一九五八），第一集，頁四九〇，五〇一。

註二六、二七 《茅盾文藝評論集》（北京：文化藝術出版社，一九八一），下册，頁八八七，八〇三。原刊《文藝研究》一九八〇年四期。

註二八 贊成和反對的論文，可參：《中國古典文學研究論文索引，一九四九—一九九〇》（中山大學中文系資料室編，廣西：廣西人民出版社，一九八四），頁二六—二七。

註二九 參（註二六），頁八七七。何其芳後來把這篇文章收入《文學藝術的春天》（北京：作家出版社，一九六四，頁一二四—一五九），如白水紀子所示，該文初刊時（《光明日報．文學遺產》二七一—二七三期，一九五九年七月二十六日，八月二日，和九日），曾對茅盾有所批評，可是收入《 文學藝術的春天》時删去。

註三〇 《劉大杰古典文學論文集》（長沙：湖南人民出版社，一九八四）

註三一 〈中國古典文學現實主義問題〉，同上，頁一。

註三二 〈文學的主流及其他〉，同上，頁三五—三六。

註三三 參(1)林煥平（一九一一—）、王可平：〈從「夜讀偶記」看茅盾的創作方法理論〉，《文藝理論研究》

一九八三年一期，月份缺，頁五六—六一；⑵葉伯泉：〈試理我國古代現實主義理論的形成及其特點〉《文學論集》(人民大學)六輯，一九八三年三月，頁七三—八八。

註三四 胡風：〈重慶前期——抗戰回憶錄之十〉，《新文學史料》一九八七年三期，一九八七年八月，頁九八。

註三五 ⑴波斯彼洛夫（Pospelev. G. N., 1899- ）：《文學理論》（王忠琪等譯，北京：三聯書店，一九八五），頁三八一—三八四；⑵參註一九，頁九〇。

註三六 《胡風對文藝問題的意見》，〈關於第六個論斷〉頁三二—三九。

註三七 《論民族形式問題》(香港：波文書局，一九七八，據一九四一年四月重慶、學術出版社再版本影印)，頁二一。

註三八 〈敍述與描寫——爲討論自然主義和形式主義而作〉，《盧卡契文學論文集》(北方：中國社會科學出版社，一九八〇)，卷一，頁四八。

註三九 參：⑴何其芳：〈現實主義的路，還是反現實主義的路——一九五二年十二月十一日在胡風文藝思想討論會上的發言〉，《胡風對文藝問題的意見》，參(註三六)，頁二一四；⑵《胡風對文藝問題的意見》，參(註三六)，頁七八。

註四〇 《黨和國家領導人論文藝》(中共中央書記處研究室文化組編，北京：文化藝術出版社，一九四二)，頁一八七—一八八。

註四一 主要論文參：《馬克思「手稿」中的美學思想討論集》(程代熙編，西安：陝西人民出版社，一九八三）。

註四二　秦澤：〈盧卡奇及其「歷史與階級意識」〉，《紅旗雜誌》總九二七期，一九八四年九月，頁四一—四七。

註四三　參洪鐮德：《新馬克思主義和現代社會科學》（臺北：森大圖書有限公司，一九八八）；這是洪氏的新著，有關於他的著作目錄，詳參後附的書目。據羅夏美的〈『陳映眞小說研究』前言〉（《臺灣文學觀察雜誌》第二期，一九九〇年九月，頁三三）的報導，陳映眞在接受訪問時『承認其小說在大方向上受到盧氏現實主義文學理論的影響』，陳映眞在六十年代已接觸到盧卡契的思想。

註四四　許汝祉：〈異化文學與兩種異化觀〉，《西方現代主義文學問題論爭集》（何望賢編，北京：人民文學出版社，一九八四），頁二七四—二九三。

註四五　《後現代主義與文化理論——傑姆遜教授講演集》（唐小兵譯，西安：陝西人民出版社，一九八七），第三章，〈五·盧卡契·總體論·敍述與描寫〉，頁八八。

註四六　參戚本盛（一九六〇—）：〈「淸除精神汚染」事件年表〉，《五四文學研究情報》四期，一九八五年三月，頁五二—七九。

註四七　王若水：〈我對人道主義的看法——答覆和商榷〉，《爲人道主義辯護》（北京：三聯書店，一九八六），頁二四一。

註四八　同上，頁一九八，一八九，一九四。

註四九　參（註四六），頁五八，七五。

註五〇 ⑴鄭伯農：〈反映論的歷史命運〉，《當代文藝思潮》一九八六年二期，三月，頁六四—七一；⑵徐書城：〈如何在美學理論中正確運用馬克思主義反映論——蘇聯早期美學理論中的一個問題〉，《外國美學》二期，一九八六年四月，頁一七—三三。

※本文作者**黎活仁**教授任教於香港大學中文系。

一個意象在詩中純熟的程度

——自七首詩看李白用「月」的變化

翁文嫻

一、楔子：李白與月糾纏不清的資料

△李白詩共一〇五九篇，其中三四一篇提到月亮（註一），可以說，李白每寫三首詩，就不期然看見月亮。

△李白之死，人們相信他是在采石磯投水，爲捉水中之月而死。（註二）

△李白爲兒子取名「明月奴」。（註三）

△清乾隆年間，民間曾重建李白故居（在四川江油縣靑蓮鎭），曰「隴西院」，院後有李白胞妹之墓，她的名字叫「李月圓」。（註四）

△江油縣至今每年八月初一辦「太白會」，三月初三辦「月圓會」，均是民間紀念李白的活動。（註五）

眞眞假假的傳說，莫不來自李白詩中大量月意象的事實。在詩人中，白居易是唯一用月多於李白

的，共有三七一首提及月亮的詩，但白居易全部詩量近三千首，故此月亮出現比例只有八分之一，遠不如李白。且如李陽冰言：「當時著述，十喪其九」(註六)，若果將所遺落的十分之九李白詩全找出來，其提到的月亮次數，眞不能想像。

李白爲什麼離不開月亮？這答案應該自李白全部的詩文、生平行徑、歷史、及其時代背景信仰中尋找，當我們自這全盤資料中扒得一幅李白的心靈動向，答案自不言而喻。但佔三分之一比例的三百多首有關月亮的詩，每一個月意象在詩中是如何被安置的？她每次來至，承接着李白的怎麼樣的脈息？如果逐句點破，逐首體會，則在三百多次的心靈律動中，我們又是否能自這月的方位，去把握着一個未被詩家窺見的，一個特殊角度的李白？

二、七首月亮張力極大的詩

研究這三百多個詩中的月亮，免不了要將其中較相近的姿態角色歸成一類，遂見到隱隱一條線索：月亮自遙遠隔漠的天體，慢慢移近李白，而終與之結合爲一體。其中，月亮在詩中所起之作用，依輕重略可歸類爲：漠然的日月星辰（天體類）四十七首，略沾上悲喜之情的（靜態景類）五十一首，月下萌生的懷想（寄情類）三十一首，用月變成各種事物（象徵類）八十首，與月共造的生活（生活類）八十一首，與月起落的性格（性格類）三十六首，月意象極佳極能見李白面貌（李白類）十五首。

除却第一種「天體類」的詩味若有若無外，自第二項起的三百個月亮，李白都像向她們不斷吹氣

而令之生出千變萬化的表情，這些表情特多的月，自詩經時代直至唐末，算來比去又是以李白製造最多。(註七)

第七項名曰「李白類」，本來有十五首，合在一起，可以表現李白的寫作特質、人生態度、性情等，現取其份量最重的七首作分析。

1.王昭君(註八)

漢家秦地月，流影照明妃。
一上玉關道，天涯去不歸。
漢月還從東海出，明妃西嫁無來日。
燕支長寒雪作花，蛾眉憔悴沒胡沙。
生乏黃金死圖畫，死留青塚使人嗟。

王昭君生平兩件事最令人咏歎，一是不肯賄賂畫工毛延壽，終被醜化而不得親近漢元帝(註九)，另一是被選中遠嫁匈奴(註一〇)，擔任和親的使命。招致第二件事如此悲劇性(在當日言單薄的女子孤伶伶到蕃邦成親確是悲劇的)，又是因爲第一件事她之圖像醜，而被畫醜正因爲她自恃貌美，不肯屈從惡勢力(註一一)。這種自信、堅持、光輝的本質最後惹來孤獨殞落的悲劇，深深打動了有相同人生意向的李白，昭君詩表現的，正是這兩個不同朝世靈魂共鳴之過程。

詩之美却不在上述的意念而已，詩之美，在於李白於深深的哀婉震動中，不期然地選擇了某些物象，來傳達他心內看見的昭君，這些物象的安排與幌動，正是他對昭君一生命運的看法——詩之藝術於此而見，詩人感情的深度，亦於此而見。

第一個鮮明的物象，我們看見這一輪明月。

此詩並不長，但李白令月亮出現了三次，成爲揮脫不掉的色澤，一直要伴着昭君。値得注意者，是第二句：「流影照明妃」。依邏輯現實的線索，詩意說昭君自漢至秦，月影一直着照她。但再細思之，詩味却遠不止這樣簡單。

「流影」是自漢家秦地月的「月」字而來，漢家又秦地之間，便有許多故事契機。昭君的家是「漢」，但如今需出征西域至「秦」，如果一個兵士做這類事，已有無邊愁緒及不適，何況是千多年前的弱女子，以家爲重的女子?!因而，妾本漢家而身在秦地，正表現着驟然失調、斷割的生活，她正被此悲劇一直拖拉着，自漢地一直拉出場至秦，能跟隨的只有這一團流動的月光。李白用流影二字，如舞臺燈光打一圈白，忽然，所有昭君的品質，及其命運的嘲弄與荒謬性，都聚到這一圈光暈中，泛泛流轉，展現。

月光跟隨她，在大漠上月光是唯一熟悉的事物，是親切的；月在黑夜裏孤單地照着她，亦正如她在黑暗朝廷內孤單地堅持某些信念，最後這操守的清輝能轉照後世；然而，月光又是流影，陪伴着，不息地扯纏着，送她至一個不願進入的境遇之中。這層面看，月光是忘情的，她多麼相似於命運的本質！

終於，這隱藏性的、親切呵護，却有絲絲嚴狠的月光，在第三聯更表露。第三聯是承接前二聯的五言句，忽然轉出七言，聲音上已鏗鏘奪人，詞句內容是對偶而相反的，如果漢月卽明妃（昭君死後因光明剛潔謚號曰「明妃」），本來是這樣相配，然而，漢月還可再自東海出，那麼，明妃西嫁又如何？此二句一氣讀來，正像某些不能斷止不能改變的事物，在聲與氣上隱切了昭君的呼號，我們讀至此，亦隨詩情節墮進，就像我們心中的呼號一般。月亮之東回，如照出了昭君呼叫而無人理會的，那大化之殘忍。

「流影照明妃」，有着憑空造景的超現實效果，與詩內另外兩月意象加起來，令人覺得李白眼中的昭君，是如此强烈地需要月亮。理解昭君生平後，我們亦確信只有月亮能表現出，這遠適荆蠻的女子那份孤獨又光潔的內質。月亮在詩內，又同時刻劃了昭君心理：一直是流影相隨，如故鄉的記憶，是親切的；但一方面又照出了在秦地的現實，她永不能回歸，月亮每天的回來，却如每天告訴她命運的不可更易。

2.烏棲曲（註一二）

姑蘇城上烏棲時，吳王宮裏醉西施。

吳歌楚舞歡未畢，青山欲銜半邊日。

銀箭金壺漏水多，起看秋月墜江波，

東方漸高奈樂何？

此時歷來受人贊賞，賀知章吟李白這篇，便說：「此詩可以哭鬼神矣(註一三)！」一首詩之佳爲何可達「哭鬼神」的境地？到底指的是什麼？到清代，《唐宋詩醇》中有段評語云：「樂極生悲之意寫得微婉，未幾而麋鹿游於姑蘇矣。全不說破，可謂寄與深微者(註一四)。」

杜甫承賀知章的口吻，於是以「筆落驚風雨，詩成泣鬼神」(註一五)來寫李白的筆力，他們同時用雋永的意象來表達對李白詩意之美的感動。《唐宋詩醇》提出了「微婉」二字，總算解釋了某些東西，說李白寫樂極生悲寫得很好，到後來，又情不自禁地，還是用「麋鹿游於姑蘇矣」這一意象，來表達其在詩中領受到樂極生悲的份量。

中國傳統解詩者，總是用另一詩樣的意象來表示他們對某首詩的體會，一詩之力度愈大，解詩者的文字能力愈好，其詩話之濃度也愈大，愈堪咀嚼。這不能如今人一句「印象式批評」便包涵其內蘊的。

今天，我們的白話文法受到西方邏輯思維之影響，同時地影響着我們的思考方式，因而對於古人這些「莫逆於心」、「不言而喻」的三兩下點悟，再也不能明白了。時代之更易，本也無所謂進步或退步，只是應該尊重古人已有的方式，而用我們現代人可能了解的文字，再重新去揭發這些金玉作品的光輝。

這篇足堪「泣鬼神」的作品，我們亦只能單就月亮一意象來探討。此詩之月出現尾後，但由於全詩結構嚴密，層層深進，故詩末之「月」實包含着前五句詩積聚的力。

先自音節上言之。這首古詩只七句而三次轉韻，第一聯「時、施」，屬「支」韻，按劉師培對古韻的體會，認爲含有「由此施彼」、「平陳」之意，而末三句的「多、波、河」同屬「歌」韻，有「侈陳於外」及「擴張」之意(註一六)。中間一聯入聲韻「畢」與「日」，則傳遞着頓挫、跌宕的急促。依三種韻脚而見的情緒轉換，首聯應該是平和而起，有冷靜觀看的意味；中聯是急盪的、動態的、承上轉下，有着一往而不可收拾的悲劇感；末聯是悠揚嗟歎，特別最後一句落單，更含不盡之意。(一七)

依此三種情緒再回看詩中意象，將增加許多理解。另外，我們又發現，每一聯同時具備一外間自然景，一宮中景，其次序爲：(外，裏)——(裏，外)——(裏，裏外)——(外——)。如此一分析，才看見第六句，卽月亮出現的那句，是同時有宮中及外界二者景象的，非常特別。

這內外規律地出現的結構，令每一聯自成一小小自足的宇宙：人事與自然相生。這三個不同的空間，若按其人事之景象去看，却是一幕比一幕眞晰接近。「吳王宮裏醉西施」，彷若鏡頭自遠總照，只有一個「醉」字，使人略接近那團熱而艷的氛圍；「吳歌楚舞歡未畢」，隨着入聲韻之激盪，人若能感着觸着那些歌與舞的旋轉暈眩，一個「歡」字，是落實的，尤其下句青山日欲出，我們像看見沈酣到極點的歡樂，忽然驚訝變色；第三幕「銀箭金壺漏水多」是更眞實迫近了，這時間的器皿，主角若睜大眼睛看見那些箭與壺，又看見箭壺同染着的金銀——繁華之色，然而，漏水正沿着金銀不斷滴去。

景象愈來愈迫近，終於，詩中出現了一位人物，這個人當然不會明指是誰(中國古文法是這樣的)，趣味亦在此，讓讀者自由進入，或自由猜測，我們只是見到這位主角在繁華不斷消逝的場景之旁，竟然，自覺地、主動地——起看——一團秋月緩緩浸入波水。依文法上的聯想，「秋月」正映着銀箭金壺的繁華，而江波則相應了漏水。這團繁華，是前所述吳歌楚舞之旋律，及西子醉時臉上的紅酡，如今，全滙成一輪金色，冉冉而逝。「起看」的「起」字，表示某一動作停止，而展開另一動作。若見劇中人由某一慣常的空間走入另一空間——他自沉酣的歌舞中，或在香玉的沉睡中，忽然驚見——這大團金色之消逝。

此之謂「樂極生悲」？然而全不說破，字面上，只是平常的秋月墜殞而已。更驚心動魄者，是李白安排了劇中人主動地前來，眼睜睜看着本握在一己之手的，那人間世最惹人追求、最值得留戀的色慾金質漸漸流轉成虛有，賀知章感到的「可哭鬼神」之層面，是否這番慟呢？

3. 關山月

明月出天山，蒼茫人海間。
長風幾萬里，吹度玉門關。
漢下白登道，胡窺青海灣。
由來征戰地，不見有人還。
戍客望邊色，思歸多苦顏。
高樓當此夜，嘆息未應閒。

這詩屬樂府體裁。在樂府詩集中，錄了近幾十首自南北期至隋唐以「關山月」爲題的作品，內容都繞著關山、與月亮的連繫而發（註一八），李白此詩亦不例外。全詩其實可分爲三個不同的場面。在古詩言，不同之空間內容，本可換韻，但李白此詩是一韻到底，暗寓三個不同之空間有相同的情感線索。

既然之前已有這許多「關山月」，內容與李白所言亦大同小異，那麼，詩人所傳遞的又是甚麼新的東西呢？比較這些主題相同的詩，恰可使我們發現：詩之美不在主題要說甚麼甚麼，而在於詩人所執御的文字之下，不自覺地，透露出來的胸襟氣度與神韻之美。我們自文字上比較這批「關山月」作品，各人美醜的模樣立現。

此詩在格局上脫不去俗套：既要寫歷來邊境戰爭之可厭，又要寫閨怨（如詩中五、六、七、八四聯內容），但李白一下筆却令之傳誦，成爲名作，完全是因爲首四句寫月亮，實在太好了。詩家早已點出。如吳氏語錄中稱讚此四句云：「氣蓋一世，學者皆熟味之，自不褊淺矣。」胡應麟詩藪中評此四句：「雄渾之中，多少閒雜。」（註一九）

若單自這些文字體味，「雄」是外發的，「渾」是內含的；「閒」是鬆適的，「雅」是有格局、有典據的。則雄與渾，閒與雅之間，已隱隱有相錯的層次。然而，雄渾與閒雅相聚，却是更遠的距離，是不同的力量在交鋒相撞。

詩中「月」雖只在首句出現一次，但第二句是用雲來寫月色，第三、四句寫風，風帶動雲，雲又染著月，所以，天山（註二〇）上的明月色澤是直貫至玉門關（註二一）之前。玉門關之後，詩開展出一幕漢朝的歷史(註二二)，又唐朝的歷史(註二三)，都是征戰。由於玉門關那風雲月色的籠罩，讀者就算進入歷史場面，也不會拂去這夜的意念、月的意念。「不見有人還」五字寫征戰地，很簡樸，但愈嚼愈眞實有力，隨著月色，我們若可見重複演出的征戰地上，森森排列的白骨。末四句，是自團體征戰畫面轉入個人內心世界，旣寫征夫也寫怨婦，時空可是漢代也可是李白當代，這不確定性恰表現了征戰自古到今的無了時。爲何要登高樓才嘆息？除了因爲望遠，更重要者，是因爲在高樓上總會見著這一輪明月。詩內再沒有出現「月」字，但有「當此夜」的「此」字，確定了某一特殊性時間，連接上聯「戍客望邊色」之「苦顏」，讀者可意會，這戍客與閨婦間，一定在悠悠夜空裏有某些可相遇的點，才演至彼此感念嗟歎達「未應閒」地步，則此相交點非月亮爲何？

因此，月亮自天山出現後，她經過雲海，照入古代的歷史，照至當代的征戰，又照進人民的苦顏與嘆息，或許，更包含著團圓與和平的渴望，詩可分三個大的空間然而線索是一致的。

李白愛取樂府體式爲詩，自然也尊重了這條關山月色的主線。不過在中規中矩過程間，李白由於文字樸簡，使感情落實不浮不濫，取材結構精嚴（如由漢至唐，由戍客至高樓，是古與今、羣衆與個人、男與女兼備）、呼應又靈動（如玉門關此地即展出漢唐征戰場面，又如末句「未應閒」之裊裊餘音可承詩首月色之「蒼茫」），他令這些俗濫的故事如回到了題旨之初最眞切的涵義。

但李白之創造性尚不止在規矩中清新一下而已，這詩最重要的，是在前四句創造了一個古今所無的，極具李白風的、月之神態。

自第一句詩言，「明月出」三字都普通，但加上「天山」二字，却非尋常了。「天山」二字屬陰平聲，極清越；二字的意符令人看到天上的山，或山高得上了天，一下子在聲與意上，都令月出之畫面推至極高極寒的境地，一方面又清、穩、而靜，不沾塵跡。這月又是明亮的，又是自天中來（此時，天之意義被烘托得近乎仙界），她高不可卽，又引人嚮往，胡應麟體會到「閒雅」二字，頗道出其中高貴的氣質。

但這月並不以停駐仙界而滿足，她自「天山」出來，立卽無可避免地，墮進廣漠的雲海。客觀言，天山之高峻與雲海之遙濶令此句畫面成爲極大的空間，且曖曖轉動中。月在其間「蒼茫」，這二字本有孤獨感、嗟歎味，又是超然的、老的、經驗豐富的、無可奈何的，那麼，月是感到塵世萬千悲苦而受不了？還是抱著自天界下墜的憾意？無論怎樣，她是因全面觀照而蒼且茫茫，她是統領全部雲海色澤的主角。

而李白不以此雲海移動便安歇了，月還在遲疑、感念、哀嘆（所有「蒼茫」一詞引伸的表情）之際，他突加萬鈞之力，鼓幾萬里的長風（我們想及莊子大鵬鳥的鼓動），將原在曖曖生滅的、平常狀況的空間一推，隨風揚長而去。此時詩中動感，令讀者如看見霞光片片的月雲，魚龍騰躍，連綿幾萬里，上及於天下至於海地，一直洶湧而去，到那兒呢！李白很妙地安排了一個關口，而這個關口，正接著不斷重複的，人類之歷史。

四句之結構：靜↓動↓極動↓靜，其象徵意味至爲豐富，可有無限的附會，例如，我們可比附成：天之隱、仙之修養；然後入世，塵凡歷煉；然後大鵬飛躍於天，驚采照目；然後靜去老去，死亡而入歷史永恆中。我們又可據此程式看李白的一生，或者，看許多英雄人物修練、出道及殞落的一生。

「關山月」首四句之美，正在於能引與無限的代入及想象。李白在無意中，以其生命深層的呼喚，用精血灌成了這二十字的排列，讓我們吟咏時，意味無窮，只是歡愛，又說不出來，胡氏說「渾雄」與「閑雅」，吳氏言「氣蓋一世」，亦是反省性的評語了，然而，又怎可清晰說明內中消息呢！

4. 獨漉篇

獨漉水中泥，水濁不見月
不見月尚可，水深行人沒　㈠

越鳥從南來，胡雁亦北度
我欲彎弓向天射，惜其中道失歸路　㈡

落葉別樹，飄零隨風
客無所託，悲與此同　㈢

羅帷舒卷，似有人開
明月直入，無心可猜　㈣

雄劍挂壁，時時龍鳴
不斷犀象，繡澀苔生
國恥未雪，何由成名（五）

神鷹夢澤，不顧鴟鳶
為君一擊，鵬博九天（六）

此詩古來認爲詞意似斷還續，不可確解，這兒虛線所示，乃依王琦之說法，將詩分爲六段（註二四）陳沆詩比興箋中則從「國耻未雪」立論，謂李白「蓋亦從永王時，欲其爲國雪大恥，而不欲其與李希言等尋小隙也。」他曾努力尋找李白從璘等種種史實，來理解詩意，但此恰如沈德潛說的：「恐强解之，轉成穿鑿矣。」

詩中有奇特隱晦的語調，或許李白寫時，確心有所指，但一首詩之成就，却往往是超乎所附的個別事件，達昇華境地，詩人與讀者便在那一片共識的美之世界中交感。這詩明明有典故又找不出來，確令詩家頭痛，但如不斤斤追尋事件本身，而體會李白在各事件間心緒之起落反應，這詩在於可解與不可解間，便現出不尋常的魅力。

尤需注意者，「獨漉篇」仿樂府古辭「獨祿篇」之體例寫成。蕭士斌曰：「其間命意造辭，亦模倣規擬，但古詞爲父報仇，李白爲國雪恥耳。」古詞「獨祿篇」爲四言一句，分六段，意思亦若斷若續。其辭如下（註二五）：

獨祿獨祿，水深泥濁；泥濁尚可，水深殺我。
嗈嗈雙雁，遊戲田畔，我欲射雁，念子孤散。
翩翩浮萍，得風遙輕，我心何合，與之同並。
空牀低幃，誰知無人？夜衣錦繡，誰別僞真？
刀鳴削中，倚牀無施，父冤不報，欲活何為？
猛虎斑斑，遊戲山間，虎欲殺人，不避豪賢。

與古辭並看，李白詩中意便較明顯，拆其結構，若爲：一、濁水中的危機；二、欲射雁而念其失羣；三、浮萍與落葉的飄零感；四、眞僞之辨；五、撫雄劍立志報仇雪恥；六、志願已決，只許成功。如果再將古辭影響痕跡去掉，簡化李白詩之意旨，略可變成：近窒息之危機感中，疑雲陣陣。想反擊，却因某惻忍之念住手。飄零，無所託，失却方向。因某些事件牽連，猜疑，終能表白，再尋獲方向，信心。決定出擊，雄心萬里。

李白縱有此意，其文字力度當然不能與這類相比。詩之美非在邏輯思維而是意象思維，其意象連接間卽可有無限輻射能力，可透入不同世代的讀者生命中。

二首詩一比較，卽明顯發現李白之偏愛，古辭首四句與白詩首四句意思明明一樣，但李白生生加入兩個月字，效果便不一樣。

古辭裏殺機之顯現，在水深泥濁。「泥濁尚可」是尚可承受，尚可容忍，然而泥濁看不見水深，殺我者正是水深。從泥濁→水深殺我之間，作者並未造出太大意外，卽是說，主角見泥濁也許便意會到水深的危險。

李白在其中加進月亮，如果完全不知古辭，讀者於李白詩中便有許多想像，首二句設計，李白若引讀者在濁水泥中找尋那月。詩句說「水濁不見月」，彷彿先前的水沒那麼濁，還見到月，而現在，晶亮光明的月一下子被泥窪吃掉了，而引人去追找。

濁水中也許存著一輪光淨澄澈的月，只是不知在那一角落，這是很富啓示性的，然就在這追尋的專注中，主角爲了追那光輝美麗的潛藏而一下子被濁水淹斃！

古辭的四言體，加上「祿」、「濁」等韻脚，顯出一份笨笨的、樸實的眞情，其意旨直滙向結段的報仇，其內涵是單向的。李白加添兩個月意象，將光輝與混濁併一起對比，將追尋演成是暴斃，此時，詩中危機變成事實，那主角之命運如月，整個孤潔的形象掉進濁水中，若叫人惋惜、驚疑、要拔又拔不出來。這樣的詩意指向，却是廣角度的，又豈止報仇或復國雪恥那麼簡單呢？

第三個月亮，加在詩中央關鍵性的第四段。

古辭中此段化爲兩種情節：一是牀上有幃，誰知裏邊眞有人還是假有人？二是晚上穿錦衣，誰能看出這錦衣是眞是假？李白詩刪去後一幕景，更重要者，李白將「牀」也刪去，於是這「羅幃舒卷」可以是牀，可以是窗，可以是房，或者更可以是抽象的心窗或心房。古辭之文意死於「牀」上，李白去掉這個字，整個空間便靈動起來。

舒卷的羅帷是不穩定的，在動態中我們不知道那是天然的風動還是有人躲藏背後在動。古辭意用「誰知無人」，便遠不如「似有人開」具猜疑、動態甚至鬼魅的趣味。於斯疑惑中，李白加進他的「明月」，且用「直入」二字，於是，這月帶著整團光明，毫無阻隔，衝破一切的曖昧隱私，將所有躲藏的角落一一照亮。這四句詩簡短可有無限意向解釋：如果說掩映的羅帷如人心中某些不定與猜疑，則明月之「直入」，便如整個月亮坐了進來，光溶溶佔滿，靈虛無礙。人的心要達那一種修為，才可以每一角度都是明月的光呢？李白這四句詩，豈非是無上的道德境界？遊乎仙了？令人無限嚮往。

首段之月，光明被吞，濁水便任意殺人，接下的詩行，表現着失算、飄零與無寄託。「羅帷舒卷」一段，明月反過來照徹狐疑，控制了邪惡的發展，詩下半由是展出眞正的實力與志願，兩個月一負一正，扭轉情緒，用法都很奇特。

5. 月下獨酌

花間一壺酒，獨酌無相親。
舉杯邀明月，對影成三人。
月既不解飲，影徒隨我身。
暫伴月將影，行樂須及春。
我歌月徘徊，我舞影凌亂。

醒時同交歡，醉後各分散。
永結無情遊，相期邈雲漢。

這詩完全表現了李白與月之間的非常關係。所用字詞都如口語化天然簡單，意念却廻旋曲折，將獨酌心境種種起伏全刻劃出來。此詩韻律不斷跳動，如用悲喜來分各聯訊息，大致可得如下的節拍：悲、喜、悲、喜、喜、悲，最後是悲喜相忘。試以圖表示之：

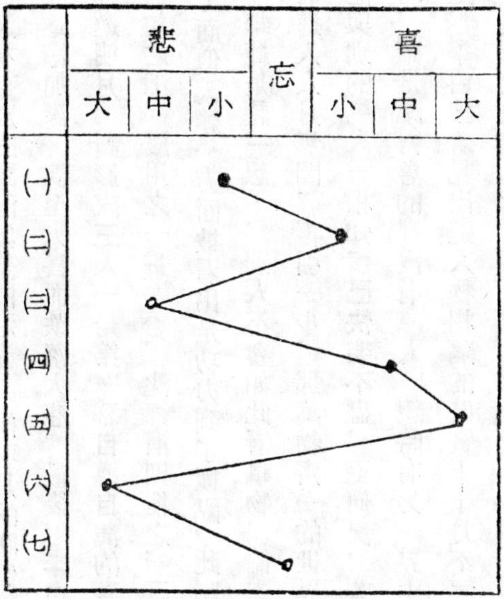

不知道還有否別的詩能如李白這首，他與月的關係，每一聯情緒可以反覆一次：其悲是逐漸加深，其喜亦逐漸加深，演至大喜而跌落大悲，最後，李白兩者都不要。

「擧杯邀明月，對影成三人」是第一幕自導自演的喜劇，從「獨酌無相親」的落寞中來。據云東坡「喜其造句之工，屢用之」(註二六)，沈德潛則稱之：「脫口而出，純乎天籟。此種詩人不易學」(註二七)，一方面似天籟一方面被看出是功力到了極點，此聯的妙處已不是字句間關係，也非張力與多向性等問題，却純是詩「想」，別人不會如此看事物，偏李白可以，他輕輕鬆鬆地，用「脫口而出」的容易使讀者進入人月無間，再引一步，那萬物齊一的世界。

人若能與別的「人」相知，已快樂不盡，更何況，若整個世界的任一物都可如此！李白在「對影成三人」時，確是頗得意的，沒有「人」親時有另一界中的東西與之相親，如果成功，落寞是不必要的了。可是，李白接着見出這人物相隔的眞實——月不解飲，影不解意而徒然跟隨——他掉進比「獨酌無相親」更深的失望中。

然而，眞正的李白精神正能能燃燒於挫折之後，他不甘於身體物體分隔的事實，他那活脫脫的心，必須要飛躍與這個那個人或物相親相接，外界不能配合時，他就自己去完成，遂出現此古今相傳的有名場景：「暫」時提着他的「春」天，與月與影載歌載舞。

反回人間角度看，一個人因得不着可親可知的他「人」，獨自在那兒攀附天上的月，地上的影，愈墮愈深進到一個自我的虛造之境。這詩同時呈給讀者一份深重的感觸。

詩中情節還繼續曲折下去。這些歌舞伴侶全是虛幻，但一點虛幻的溫馨，還須在「醒」之時才可獲取呢(於此，讀者已墮進李白所設的迷陣中)，如果醉了，人事不知，就連這虛幻的熱鬧都沒有了。「醒」的交歡（縱然或許是假的）、「醉」的分散（却是極眞實的），立刻令人想及生與死。由於末段的啓示，回看詩之首，「花間一壺酒，獨酌無相親」，多麼像人生中某一失意的時節；而舉杯邀月就是李白教我們處理逆境的良方吧？這時，「月」也擴展作無數的象徵義。

李白邀的這「月」，較眞實朋友容易相處多了，她隨時可來，她較人類更爲恒久貞定；然而，象徵親切可取的事物，也有分散的時刻。那麼，若想及親人及朋友，亦就無限渺茫。刹那間，世間萬物相聚的道理——本是無情，本應忘情，只是因緣應合——若被李白點破了其中法則。

6. 峨眉山月歌送蜀僧晏入中京

我在巴東三峽時，西看明月憶峨眉。
月出峨眉照滄海，與人萬里長相隨。
黃鶴樓前月華白，此中忽見峨眉客。
峨眉山月還送君，風吹西到長安陌。
長安大道橫九天，峨眉山月照秦川。
黃金師子乘高座，白玉麈尾談重玄。
我似浮雲滯吳越，君逢聖主遊丹闕。

一振高名滿帝都，歸時還弄峨眉月。

此詩出現六次「月」字，自首至終，穿來插去，一時令人眼花撩亂。嚴羽的評點曾努力過找出此詩的主次結構，他說：「是歌當識其主伴變幻之法。題立峨眉作主，而以巴東三峽、滄海、黃鶴樓、長安陌、秦川、吳越伴之，帝都又是主中主。題用月作主而以風雲作伴，我與君又是主中主。廻環散見，映帶生輝，眞有月映千江之妙，非擬議所能學。」稍作分解，他終於還是以意象語形容此詩：「巧如蠶，活如龍，廻身作繭，噓氣成雲，不由造得。」（註二八）

嚴羽將所有的地名歸作一類，然後月、風雲、我、君等又另作一類，稍分之後，並未說出所以然馬上便用意象語贊歎這些地名與月、雲、我、君等互相「映帶生輝，有月映千江之妙」，這是古人的思維方法，詩話裏每見他們全心投進作品裏，優遊合成一體，而少見隔着距離細細分析。

此詩首先打入眼簾的，自然是李白安排的，那「如龍」、「如蠶」、連鎖交迭的月景。中文文法沒分明時間性，此詩擾亂人心者全憑運用了這點優勢，若一譯成外文，要確定那些是過去式那些未來式，大綱一下子便清楚了，而詩味恐怕要減去五成。於此不免感歎古中文之妙處，它令記憶裏或想像中的虛景，可以全部是現在式，如如呈現。彷佛所有已出現或未出現的事物，只要其在心中存在，便可以是實有，全不受時間限定。

此詩時空交錯，出現景象有過去、有將來；甚至有過去日子中的再次回憶（我在巴東三峽時，西看明月憶峨眉），又有將來日子中的憑空想像（黃金師子乘高座，白玉麈尾談重玄），層層記憶或者無中生有的畫面，連接有如電影蒙太奇般自由，只是，它們全被月光串成一串。詩中唯一的「現在式」是第三聯，李白在黃鶴樓月色下，遇見峨眉山來的朋友。用一「白」字，又用「忽見」二字，眞如舞台燈光燦然焦點集中於「他」與「他」之身上，二者之相對正要對出許多趣味來。

妙的是，此友人（亦是僧人）自山中來，現正準備到中京長安（註二九）去，李白自己不能去（註三〇）眼睜睜看着他，看着他身上的月色，於是說出「峨眉山月還送君，風吹西到長安陌」，李白要隨山月，隨風跟友人去長安，他實已有點心旌搖蕩。

第四與第五聯的空間，是峨眉↓長安，長安↓峨眉，四聯之前，全寫峨眉，第五聯之後，全寫長安。龍騰虎躍的氣韻中，內在是對稱與細密的。這位友人，既是僧的身分又將去長安當高官，一方面是隱一方面却是仕，李白與之有同樣隱的經驗：同是峨眉客，同被月色萬里追隨。現今，李白不能與之同「仕」，只能以過去「仕」之經驗，想像。看詩中意象迫眞如在目前（黃金師子、白玉麈尾、可與聖主同遊、又有高名威勢等），見出李白神往長安仕途之程度。但是，李白對山中峨眉月之描寫，也用着同樣豐富的筆觸：這月令他無時不憶念（第一聯），這月會「與人萬里長相隨」，令眞實地追至黃鶴樓前，還會代他跟隨友人到長安。長安仕途之風光與峨眉山月的溶溶情感，此詩是不經意地，表現出勢鈞力敵的份量，尤其詩中央第五聯：「長安大道橫九天，峨眉山月照秦川」，兩處景象都高而潤，不分軒輊，李白如果愛上大道橫九天的氣勢，他也不會看不見這高峻的秦川上山月的顏色。

長安仕途是熱鬧的、塵世的、個人才幹完全在人間肯定的象徵；峨眉山月是童年少年的印證，是情感、是慰安、是故鄉、是人間擾煩外一個永恆憩息的夢土、她是隱密的。李白遇見這將入仕的朋友，一方面拼命羨慕他，另方面又無意中在他身上丟下六個月亮，出出沒沒，廻環飛舞，到最後，李白想像他朋友會「一振高名滿帝都」，又會「歸時還弄峨眉月」。

此詩題名送蜀僧晏，但這僧人是否就那麼愛看月呢？詩前三聯其實寫李白自己與月之關係，說這月要永遠隨着蜀僧，便是想像與主觀的。詩下半段蜀僧在長安之遭遇，又有金又有玉，又與聖主同遊及名振京都，也太相似於李白昔年在長安風光之時，詩整篇寫蜀僧，但蜀僧樣子性情反而模糊，我們只看到一個情不自禁的李白。

所以，「黃鶴樓前月華白」那一句便甚有意思，一個「白」字，照明了站面前的人，在月夜的幽白中，李白忽然忘記了自己位置，而整個移情於他對面友人身上，這時，李白若面對着自己的影子。如此說，詩中「活如龍」的變化，使人感覺是無意地，但實際上又如此愼密地排列着，長安與月之均等份量，豈非透露了一個重要的訊息：「仕」與「隱」在李白心中，是交迭纏繞，缺一不可，若以此線索回看李白生平，多種歷來有關李白思想之爭論，或將要告一段落。

7. 把酒問月

青天有月來幾時，我今停盃一問之。
人攀明月不可得，月行却與人相隨。
皎如飛鏡臨丹闕，綠烟滅盡清輝發。

但見宵從海上來，寧知曉向雲間沒。
白兔擣藥秋復春，嫦娥孤棲與誰鄰。
今人不見古時月，今月曾經照古人。
古人今人若流水，共看明月皆如此。
唯願當歌對酒時，月光長照金樽裏。

一篇七見月字，是李白詩中月亮最多的一首，也是唯一一篇完全寫月，或只有李白與月赤裸面對。

同一個意象却用了七次，彷似李白毫不懂詩法，然而，這七個相同的字却可有七種不同之表情，這些神情意態並到一塊，還弄出了一種非常奇特的東西；既可愛、頑皮，又美麗、還會說出人存在之本質、扣人心弦。

王夫之讚此詩云：「于古今爲創調。必以此爲質，然後得施其裁制。供奉特地顯出稿本，遂覺直爾孤行，不知獨參湯原爲諸補中方藥之本也。」（註三一）此評語說中了詩之要害。其所云「質」、云「稿本」、云「參湯」，應指詩內一股高出凡俗的意念，這意念籠罩詩全體，成爲骨格價値所在。詩中每一月亮涵意，一看就明白，不必如「王昭君」或「烏棲曲」諸詩要分析許久，慢慢把握。但是，全詩之魅力，是讀者總不明白，李白怎可以賦予月亮有這種神情，或李白怎麼會想出這些意念，令人無限意外、新鮮，却又打中了心中的眞實。

第一個月表示月之出現，李白用「來」字，而不用自然界月「升」月「落」等字，如此，月是與李白同位如朋友，她可以「來」，亦可以「去」，亦可以「相問」。此詩據王琦注本，題目下有一附註云：「故人賈淳令予問之」(註三二)，這便很有趣了，好像這賈淳與月交情不夠，不能問，還特別情商李白代他去問。這句小註洩露了李白與月關係之特殊程度，竟至友朋皆知。

第二個月用「攀」字，人世中誰會想到月亮可以沿著繩子梯子或甚麼東西攀上去的呢？大概只有小孩子如此想吧？小孩的世界沒有限制，沒有理由。成人的李白在詩內常流露出小孩天眞的情態，在唐詩中罕見。

第三個月，會行路與人相隨，一個「却」字，示與上文「人攀明月不可得」情況相反，在李白眼中，月之自由意志，遠比人類爲大：「她要跟隨你可以，你想攀附她却不可以」，李白以前，那位詩人出現過對月如此的看法呢？

三、四兩聯沒用「月」字，李白離開了自己，專誠面對月亮的神與貌。在李白眼中，月亮的皎潔可用甚麼比擬呢？他說是會飛的鏡與丹闕間的關係。「丹闕」是天子所居的樓閣，夠複雜龐大，富於彩色；而「鏡」則如水的虛與寂（李白有「寶鏡似空水，落花如風吹」句）(註三三)，則李白月之皎潔，是偏要在複雜的人世繁華頂點相照中顯現，而且這鏡子會「飛」的，可以靠近丹闕，也可隨時飛離它。月亮的清輝「清」至甚麼程度呢？李白也用了程序漸進的比較法，借綠煙之蒙蔽又慢慢散去，而漸見此月之輝光。二聯欲寫月之皎與清，均非直接說如何皎如何清，而偏用不皎不清的事物在旁對比，如是，想像的空間非强壓性的，卻是虛讓出來，讓讀者自己決定淸與皎的程度，李白詩靈動性與生氣，卽在此見。

第三聯寫月之貌，第四聯寫月更內在，更引人迷人的質地，她「宵從海上來，曉向雲間沒」，此現象本無所謂美醜，只是，人將自身的見識、經歷去了解她時，便有一百個不明白，她遂呈現出一百倍的神秘感。李白用了幾個虛字：「但見」、「寧知」點出人類知識之限制；又用「從」與「向」二字寫月，益倍見月之來沒，是有自我意識的，相對於人的大惑，月亮卻知道自己應走的軌跡。

第五聯以神話寫月。對嫦娥奔月、白兎擣藥(註三四)之傳說，各文學家可有不同看法，李白看見的，卻是白兎在月中永無休止（秋復春）的工作；而嫦娥是孤棲無鄰的。其它月詩中李白也提過嫦娥白兎，但曾有完全不一樣的情態(註三五)，此處光言嫦娥之孤獨與白兎之長久，恐怕卽如陳宗賢先生所述：「由於嫦娥孤棲無鄰之想像，而仰嘆月輪經存之久。」(註三六)目的使人確信月上有活動，比照人類言，這些事物是悠久無息的。

第六聯如第二聯，同出現兩個月字，又同用對比手法，但此二句力量精煉凝聚，直照出人類生存之眞象。在此之前，初唐張若虛有「春江花月夜」一詩，其中將人、月、江水之關係也說得透徹：「江畔何人初見月，江月何年初照人？人生代代無窮已，江月年年祇相似，不知江月待何人？但見長江送流水……」這些意念，明顯影響過李白，不過李白的句子，更有眞實感，因而也更使人驚心。他說：「今人不見古時月」，讀者還未有甚麼反應，但接說：「今月曾經照古人」，卻愈咀嚼而愈色變了。二句結構一樣，換不了幾隻字，說得輕輕鬆鬆地，可怕的是，頭上這「今月」，曾照過幾多轟動或平凡的古人？所有曾活動的，都似化作一縷幽魂，被攝進這冰寒徹骨的月輪中。然則，當我們凝望，那月輪會否一一放出其收集的古魂魄？歷史，在書中畢竟是抽象的，但歷史在月亮身上，却是「現在式」，而我們這些望月人，將一一自現在走入歷史，然而，這些並非「意念」而已，我們一邊望月，一邊是身不容己地，進行著這「眞理」。李白說出這話的刹那是唐代，又過了一千二百多年，我們今天看月，知道月亮已收進了李白，李白不知道他的身後，還有種種看月的人，我們也不知道，然而月亮知道，她正在面對我們，收攝著我們的精魂！

人類生存之飄忽短暫，本也無所謂，難是難在面對這似乎是歷史又同時是未來的化身，人類因看到己身的渺小而忍不住慟；而且，這化身光輝盈滿，在黑寂天幕間不看都不可以，而且，她又不止是過去或未來的虛幻，竟是眞實的現在，照著你之存有，想溜逃而不能。

這二句詩，是人間第一等眞切的文字，便如偉大科學定律的發現，撞破了眞理，百世通行。接下聯，李白結出「古人今人若流水，共看明月皆如此」之論，內容看來不簡單，但若明白前二句的份量，此聯只是順勢自然而成吧了。

最後第七個月，才又翻出新的力度。李白既悟存在之瞬忽，那麼，如何自處呢？他希望其生命長滿快意的事：喝酒、唱歌，還有，喝酒要有金樽，金樽上幌著閃着的，除了黃澄澄的酒外，還要那天上的月掉下來。此時，快意的生活，是連著富泰氣息及美感世界，這便是李白的生命情調。

一篇「把酒問月」，看到李白吹氣到月身上的各種情態：她與人親密、令人回復孩童天眞：有皎極清極的美、又時出時沒的神秘；她是悠久而孤獨的；最重要者，她是「永恆」在人間明確顯靈的化身，那麼明亮地吊在天上，清晰照著人身短暫；最後，李白要這永恆的象徵降臨，與他共渡快意的時刻，如此，許或生存之飄忽感也就得到滿足，李白在這開心的一剎那飛入永恆。

三、結　語

讀著以上七首詩，我們緩緩進入李白月亮所包覆著的李白世界，如果未經過分析，這些月意象在詩內便不會變形，她仍是一個客觀的、月亮而已。而現在，花許多篇幅仍未揭盡其蘊者，是月亮與週圍出現的景物，及李白所選用每一個字之間，所生虛實陰陽，或所流露的各種韻味意趣，這些却是無限大的，愈深入看愈豐富，然而，表面上可以甚麼東西都似未發生過，好似是純粹的景象。

七首詩挖掘所得，竟難用一句話說出某一詩的月表達了甚麼。儘管可有主次之別，但再深看，所謂主次間關係，許多竟不是在同一平面上，比較是不恰當的。以「把酒問月」爲例，最鏗鏘有力者，自是看出李白對永恆問題之全力關注（註三七），但此詩亦重要地揭出李白的自處之道，又表現了李白寫作，擅用虛實相照的特色；另外，又說明了李白與月平等無間之關係、李白可愛的性情、李白的美感標準等等。同一件東西，持者將之放落不同空間內，便發生不同的效果。在「把酒問月」篇內的月之角色，正是典型地，看見李白將月繞著他自身不同的層面轉，觸處生光。

「峨眉山月歌送蜀僧晏入中京」，李白竟一直用月纏著將入長安取仕的朋友，暴現了他一生裏仕隱交織，幽動相生的情意結。「月下獨酌」中的月，照出赤裸裸的人之心緒，如此無畏、無羞澀地呈現，人在落寞時的無聊、矛盾及虛妄竟如實記錄，這眞是最富現代感的一首古典詩。「獨漉篇」的月，先被濁水挫斃，黑暗遂漫延，到處是殺機；而後，她衝破疑障，直進心房，將人的自限與隔閡全轉成一片天光，內外無礙。此篇月之變化，最表現出李白用月，根本不在寫月，而是他不同時空裏的意念，「月」只如手上一張千變萬化的紙牌。

於是，看見李白賦予「關山月」靜動韻律的無限變化，當唸至「蒼茫雲海間」一時，我們欲掉淚，而想起杜甫所咏：「出門搔白首，若負平生志；冠蓋滿京華，斯人獨憔悴」(註三八)。若以氣勢與力度言，此篇之月，當是三百篇首選。「烏棲曲」中，李白一方面將月所蘊含的塵世色相，調得飽實至極點，另又安排主角親自「起看」這金質緩緩毀墜，悲劇的張力，令人拍案叫絕。「王昭君」中，月之「流影」凌空而來，既富舞臺效果，又像極了昭君，此詩是清楚見到，李白故意用月爲昭君造像，用的是虛筆，竟具超現實手法。

於是，月亮由一個高高於天上的冷漠體，被詩人的吸力愈拉愈近，愈拉愈近，終於變成他身體的血氣，隨其呼吸而起伏，隨他體內氣韻而微妙變化著；她每一次含意之不同，也就是詩人在特定時空中情緒思路之不同。我們遂見，李白的月表現無方，因爲李白有多少種心意，他的月就可有多少樣形神。一件天上的物體竟可與人水乳交融至此，我們只能說，月已完全被馴服，李白的詩藝，自月亮角度看，確已入化神之境。

雖只分析了七首詩，但由於月意象在這些詩內涵義豐富，七首月詩啓示出的李白特質却不少。其中，仕與隱之糾纏可回顧其一生政治起落的軌跡，甚至可回答學們者津津談論的，思想究屬儒還是屬道的問題。若以動靜相生的月之氣韻，來看李白生活大片的熱鬧人事又大片的山林獨處，便更有意思。另外，還有他特殊强烈的情緒波動，悲喜極端，種種月象，均顯出一個不穩定的李白，靈動的李白，深於陰陽開闔的李白，其詩亦因此而氣力十足，變幻無方。

「把酒問月」爲最代表性的月詩，也揭出一個李白最關心的問題——如何自永恆中安頓此倏忽的人生。觀其一生，要做宰相做將軍做詩人或者做神仙，總言之就是要不朽，若甚麼都做不來，那麼也要唱歌喝酒看月光，在快意時光中感受那永恆。這樸素的、又牽繫著每一名地球生存者的問題，李白是用一生行徑及這一千多篇詩，證實了他之堅持和奮鬬，其悲壯感人之程度，並不亞於杜甫對他的家國。

這篇文章，或可說仍是中國詩話的傳統。詩話者有經年累積的讀詩心得、慧眼、識力、再加精確的文字、曲折體味作品的思路，於是如釀蜜似的釀出幾字幾句，啓示後人。詩話的句子，因高度精嚴而美，現代人若無上述的程序，又怎可再讀出寥寥數語背後的一切涵義呢？遂出現這類冗長的現代詩話，並非有何創見，只欲以較細密的思維，重新抖出詮詩者的用心。在愼思過程中，竟發現中國古典詩之美，並不在意象是甚麼，甚麼而在乎象與象間所生的錯綜複雜之關係。(是以一經繙譯，很容易變得千篇一律的山水與月景，因爲文字間陰陽虛實所現出的作者性情全不見了)。所以，現代人讀古詩，也許要透過細緻的分析，才可完全回歸及把握詩中渾樸的世界。

【註　解】

註　一　本文有關李白詩是引用上海古籍出版社發行，瞿蛻園、朱金城二位校註的「李白集校註」(下文簡稱瞿朱校本)。所言一〇五九篇詩，是包括古賦八首及集內詩補遺部分六四首。三四一首詩提及月亮的資料則爲筆者統計。

註　二　此說最早見於唐王定保「摭言」：「李白著宮錦袍，遊采石江中，傲然自得，旁若無人，因醉入水中捉月而死」。但唐李陽冰及范傳正爲李白寫的序文碑傳並未如此說，是以後人考證這說法之不可信(詳見盧振華「李杜卒於水食辨」刊在李白研究論文集，頁二三一—三六，北京中華書局)。然而，若不據考證資料，更多詩人墨客願意相信李白是如此仙逝的。

註　三　見魏顥「李翰林集序」：「白始娶于許，生一女一男，曰明月奴，女旣嫁而卒。」

註　四　見安旗著「李白縱橫談」頁二，陝西人民出版社。

註　五　上書頁四。

註　六　李陽冰「草堂集序」，文見瞿朱校本頁一七八九。

註　七　此處涉及另一項研究。筆者曾將詩經、楚辭、文選、樂府詩集及魏晉南北朝等十五家詩；初唐、盛唐及中晚唐等廿一家詩中的月亮統計、分類及分析，以便將各人與李白用月的特色比較。

註　八　瞿朱校本頁二九八。
註　九　此事漢書與後漢書均未記載，最早是見於西京雜記（卷二）及世說新語。
註一〇　參見後漢書卷八十九，南匈奴傳。
註一一　昭君之美，在南匈奴傳中寫得最精采：「昭君豐容靚飾，光明漢宮，顧景裴回，竦動左右。帝見大驚，意欲留之，而難於失信……」
註一二　瞿朱校本頁二二〇。
註一三　首見於唐范傳正爲李白寫的傳文之內「唐左拾遺翰林學士李公新墓碑」參見瞿朱校本頁一七八〇。
註一四　瞿朱校本引文頁二二一。
註一五　杜甫詩「寄李十二白二十韻」，作於乾元元年。
註一六　此處參考黃永武先生所引資料，見中國詩學設計篇頁一五八。
註一七　唐宋詩醇之評語有云：「末綴一單句，有不盡之意。」
註一八　見宋郭茂倩樂府詩集廿三卷橫吹曲辭。
註一九　參考瞿朱校本的輯錄頁二八〇。
註二〇　「天山」卽祈連山，在甘肅，自鮮卑語系看，匈奴稱「天」爲祈連。自甘肅張掖縣以西，至庭州，連綿三千五六百里。
註二一　「玉門關」在甘肅敦煌縣西，爲西域要道，其實離天山不遠，詩之「長風幾萬里」，應是詩語言而不是地理語言。

註二二　「漢下白登道」之史實，指漢高祖之初，匈奴作亂，高祖率三十萬兵親征，不熟氣候，士卒十之二三凍丟了手指，終被匈奴四十萬圍於白登，七日斷糧，後行賄匈奴皇后才得說情脫險，從此與之和親。

註二三　此指「胡窺青海灣」一句，青海是一個湖(在青海省)，周圍千餘里，中有小山，唐高宗時爲吐蕃佔據，玄宗時，數度遣將與之大戰。以上四條史地資料均據瞿朱校本頁二八〇、王琦註本頁二二〇(北京中華書局)、及參考史記匈奴列傳。

註二四　主張此詩不能强解者，有王琦及沈德潛。王琦將詩分成六段，云：「解各一意，峯斷雲連，似離似合，其體固如是也。若强作一意解去，更無是處。」沈德潛亦言：「晉人古詞本或斷或續，太白亦以此體仿之，中三解未易窺測，恐强解之，轉成穿鑿矣。」(參見瞿朱校本頁二八三。)

註二五　參見王琦註本引蕭士斌之資料頁二三一。蕭氏並認爲古者「祿、鹿、漉」古者通用，非始於太白。

註二六　瞿朱校本頁一三三一引李家瑞「停雲閣詩話」中語。

註二七　瞿朱校本引唐詩別裁，然沈氏評語是指全詩，非此一聯而已。

註二八　嚴羽此論最早見是王琦註本中引文，瞿朱校本復引此節並云是嚴羽評點李集一書中來，見頁五七〇。

註二九　王註本頁四四三引唐書肅宗本紀：「至德二載十二月，以蜀郡爲南京，鳳翔郡爲西京，西京爲中京。」胡三省曰：「以長安在洛陽、鳳翔、蜀郡、太原之中，故爲中京。」

註三〇　據詹鍈「李白詩文繫年」之考證：「此詩疑是太白流夜郎歸至江夏時作。」是年李白五十九歲，所以李白已沒什麼機會再到長安風光了。

註三一　參考瞿朱校本之輯錄，頁一一七九。

註三二　王琦註本頁九四一。
註三三　見「擬古」詩，卷六。
註三四　白兎在月中擣藥此說法，最早見傅玄「擬天問」中詩句：「月中何有？白兎擣藥。」
註三五　「感遇」詩（卷二四）中之姮娥是滿意自得的，她偸了長生不老藥，「飛身去莫返，含笑坐明月」；「古朗月行」（卷四）的白兎，也充滿小孩遊戲之趣味：「仙人垂兩足，桂樹何團團？白兎擣藥成，問言與誰餐？」
註三六　參見陳宗賢「李太白詩逑評」頁四一六（人人文庫，民六九年初版）
註三七　若將李白最富代表的這篇「把酒問月」，與李商隱之「月」及杜甫之「月」相看，三人生命所關心的事物立見。
註三八　杜詩「夢李白」。

※本文作者翁文嫻教授任敎於文化大學中文系

《飲冰室詩話》與黃遵憲梁啓超的文學因緣

蔣英豪

一、《飲冰室詩話》的特點

梁啓超（一八七三—一九二九）的《飲冰室詩話》，在近代中國詩話中身份特殊。它是較早的一種以連載形式在報刊上發表的詩話，這種形式較舊式的詩話容易收到意見交流的效果，也便於造成輿論；而發表的刊物，又是改良派喉舌的《新民叢報》，因此它也帶有很濃厚的宣傳意味。（註一）基於前一種特點，《詩話》收集了很多友朋間對已發表的詩話的回應以至於對回應的回應；基於後一種特點，《詩話》只談當時改良派詩人的詩作。（註二）這兩種特點都使它與傳統詩話以至當時的詩話大異其趣。

在《飲冰室詩話》所提及的芸芸改良派詩人中，黃遵憲（一八四八—一九〇五）無疑地位最爲突出。《飲冰室詩話》共有詩話二百零四則，其中涉及黃遵憲的有三十七則，佔逾百分之十八。反觀康有爲（一八五八—一九二七），雖以師道之尊，在《飲冰室詩話》也不過提到二十三次，佔百分之十一。至於譚嗣同（一八六五—一八九八），由於不幸早死，雖然梁啓超對他念念不忘，但在《詩話》中出現的次數也遠遜於黃遵憲。黃遵憲不但在《詩話》中出現次數最多，《詩話》對他照顧也最全面，從他的人格、事業、政治立場、詩歌理論、詩歌風格、創作特色、藝術成就、文學地位，以至對當時詩壇的影響，都一一述及。梁啓超顯然有意把黃遵憲當做改良詩派的代表人物。尤其值得注意的是，《飲冰室詩話》對黃遵憲的論述橫跨了黃氏的生前死後，因而可以對這個人物作多角度的觀照。《詩話》初刊時，正值黃氏的晚年，而在《詩話》刊出的頭三年，黃梁二人有很密切的書信往來。《詩話》刊至第一二七則，黃氏逝世。黃氏死後，詩話仍然不斷提到他，主要是總結他的貢獻和影響，有關的詩話共有十六則。

黃遵憲與梁啓超近十年亦師亦友的緊密關係對梁氏思想轉變的影響，前人已有論述。（註三）從《飲冰室詩話》出發來探索黃梁二人的文學因緣，也可以使我們進一步認識改良派的文學活動。

二、「先看任公出手來」：前輩的期許

黃遵憲在死前十年內寫給梁啓超的詩一共三題十首，這些詩全都在《飲冰室詩話》裏提及並且登錄，也都收錄於《人境廬詩草》，只是名稱不同。三題中最早的是〈贈梁任父同年〉七絕六首，作於一八九六年黃梁初相識後不久，是黃遵憲一生事業的顚峰期。（註四）其次是〈己亥歲暮懷梁任甫〉七絕一首，作於一八九九年戊戌政變應後遺居嘉應之時，《人境廬詩草》列爲〈己亥雜詩〉第八十三

首。（註五）至於〈甲辰冬病中紀夢述寄梁任甫〉五古三首，則作於一九〇四年底或一九〇五年初，距黃遵憲病逝之期不遠，可能是黃氏絕筆之作，《人境廬詩草》錄爲最後一題，題作〈病中紀夢述寄梁任父〉（註六）。這些詩的寫作時間在黃遵憲一生中有特殊的重要性，而其間流露的對梁啓超的特殊感情，也是研究黃梁關係不可忽視的材料。

黃遵憲與梁啓超相識，始於一八九六年。初相識的頭兩年，是黃梁相處最密的時候，在上海和湖南前後共處約十個月，其後直至黃遵憲死，二人都沒有相聚的機會。《飲冰室詩話》一再提到「丙申（一八九六）丁酉（一八九七）」一年間的事，就是指這段相處的日子（註七）。二人在一八九六年三月（陰曆，下同）在上海初次見面，當時黃遵憲等人招梁啓超到上海參與創辦《時務報》。在此之前，梁啓超在北京協助康有爲創辦《萬國公報》（其後易名《中外紀聞》），並任編輯。又協助康有爲創立北京强學會，並任書記。上海强學會相繼成立，列名者有康有爲、黃遵憲、汪康年（一八六〇—一九一一）等人，在上海出版《强學報》。强學會於一八九五年十二月（卽西曆一八九六年一月）遭清廷封禁，《中外紀聞》及《强學報》均被迫停刊。强學會中人於是打算運用上海强學會的餘款一二〇〇元，再加上黃遵憲的捐款一〇〇〇元，預備出版《時務報》作爲改良派的喉舌報。當時康有爲居廣東，命梁啓超自京往上海襄助，而黃遵憲亦折函相邀，梁啓超遂往上海，與黃遵憲及汪康年合力籌辦《時務報》。

黃梁相遇時，黃遵憲四十九歲，在前此二十年間，曾先後出使日本、美國、英國與星加坡，其《

日本國志》也已出版了六年，在政壇上早負熟知歐西各國的盛名，仕宦途上正處於「見龍在田」的階段，距離他後來受任命爲出使德國大臣、出使日本大臣不遠。梁啓超當時只有二十四歲，剛剛出道，僅以康有爲弟子的身份爲人所知，以世俗的眼光來看，其分量與黃遵憲相去甚遠。可是黃對梁的看重却遠逾尋常。相見不久，黃遵憲卽寫了〈贈梁任父同年〉六首相贈。此詩的詩題已顯示了黃遵憲對梁啓超的特殊感情。黃遵憲是光緒二年丙子（一八七六）舉人，梁啓超是光緒十五年己丑（一八八九）舉人，二人並非「同年」；同年云云，據錢仲聯（一九〇八—　）《人境廬詩草箋注》，「疑是從其季弟遵楷之稱，遵楷與任公爲舉人同年。」（註八）如此則黃遵憲是有意顯示親熱。六首詩的內容，尤與二人當時的身分地位不相稱。先將六詩列出如下：

1 列國縱橫六七帝，斯文興廢五千年。黃人捧日撐空起，要放光明照大千。

2 侏盧左字力橫馳，臺閣官書帖括詩。守此毛錐三寸管，絲柔綿薄諒難支。

3 白馬東來更達摩，青牛西去越流沙。君看浮海乘槎語，倘有同文到一家。

4 寸寸河山寸寸金，佤離分裂力誰任。杜鵑再拜憂天淚，精衛無窮填海心。

5 又天可汗又天朝，四表光輝頌帝堯。今古方圓等顚趾，如何下首讓天驕。

6 青者皇穹黑刼灰，上憂天墜下山隤。三千六百釣鼇客，先看任公出手來。

第一首寫到當時列國爭强、中國獨衰的時勢，期望梁氏能負起使中國强大的使命。第二首言八股文墨非救國之方。第三首言大同世界爲天下所共趨，也就是黃氏所堅持的「中國必變從西法」的意思。第四首與梁氏共勉同赴國難。第五首惋惜中國盡失從前萬國來朝的光輝。第六首寫在風雨飄搖、國之將亡的時代，自己對梁氏獨抱厚望。

在這幾首詩裏，黃遵憲概括了當時的世界形勢和中國處境，扼要地列舉了他個人（其實也就是整個改良派）的目標與理想，固可視爲伙伴合作之前「交心」的說話，但更重要的是他確認梁啓超爲落實這些目標與理想的人。六年後一九〇二年年底，黃遵憲在給梁啓超的一封信中，曾重申當年對梁氏的期許：

自吾少時，絶無求富貴之心，而頗有樹勳名之念。游東西洋十年，歸以告詩五（梁居實）曰：已矣，吾所學，屠龍之技，無所可用也。蓋其志在變法，在民權，謂非宰相不可為；宰相又必乘時之會，得君之專，而後可也。既而游歐洲，歷南洋，又四五年，歸見當道者之頑固如此，吾民之聾聵如此，又欲以先知先覺為己任，藉報紙以啓發之以拯救之，而伯嚴（陳三立，一八五三—一九三七）苦勸之作官。既而幸識公，則馳告伯嚴曰：吾所謂以言救世之責，今悉卸其肩於某君矣。（註九）

《飲冰室詩話》第一四六則錄嶺西倚劍生挽黃遵憲詩「人天撒手歸眞早，留下仔肩付與誰」句，曾提及黃遵憲在一八九六年春尙有〈金縷曲〉詞相贈：

公度於丙申春間，曾為一〈金縷曲〉贈鄙人及吳鐵樵（吳樵，一八六六—一八九七）、陳師曾（陳衡恪，一八七六—一九二三）者，記其開端三句云：「世界無窮事，付後來二三豪俊，吾

今倦矣。」（註一〇）

其用意與〈贈梁任父同年〉及一九〇二年的書信相同。

《飲冰室詩話》登錄〈贈梁任父同年〉，是在黃遵憲已死之後，而且並非據黃遵憲給他的原稿，原稿早遺失了，而且也沒有什麼印象。《詩話》第一六〇則說：

前記公度見懷二章，謂公度集中贈余詩僅此。他日由甫（黃遵庚）以六絕見寄，番禺潘君蘭史（潘飛聲，一八五八—一九三四）復鈔示第一、第六兩絕，則丙申、丁酉間公度相贈作也。余處稿佚久矣，亟錄存之。（註一一）

此則中「前記」云云是指《詩話》第一二八則所說的「其（黃遵憲）贈余詩僅二」。（註一二）可見梁氏寫《詩話》時已忘却近十年前贈詩之事。另一方面，這則詩話也清楚顯示了《飲冰室詩話》的「兼容回應」的特色。

《時務報》於一八九六年七月創刊，開展了梁啓超一生璀璨的言論事業。九月，黃遵憲奉旨入覲，離滬上京，結束了黃梁長達六個月的第一次共處。梁啓超也在九、十月間請假回廣東省親，至十二月才北返。其間十一月初一日梁啓超曾爲黃遵憲的《日本國志》作後序，自言恨不早見其書。（註一三）黃遵憲見德宗（光緒帝，愛新覺羅·載湉，一八七一—一九〇八）後，初獲派出使德國大臣，曾奏請梁啓超同行，後來使德事因事中寢。（註一四）一八九七年五月，補湖南長寶鹽法道，六月離北京赴任，途經上海，曾與梁啓超相見，當時湖南巡撫爲陳寶箴（一八三〇—一九〇〇），即前面提及的陳三立（伯嚴）之父、陳衡恪（師曾）之祖父。陳得其子及黃遵憲之助，在湖南推行新政。新政中的一個重要項目，是創辦時務學堂。黃遵憲舉薦梁啓超做學堂的總教習。梁啓超當時聲名漸盛，想羅致他的人很多，如張之洞（一八三七—一九〇九）想招他爲幕僚，伍廷芳（一八四二—一九二二）出使美國想邀他爲參贊，吳德瀟（？—一九〇〇）想留他在杭州西湖讀書，（註一五）他都先後推辭了，並於一八九七年十月離滬到長沙就湖南時務學堂總教習任。這個抉擇很足以說明黃遵憲在他心中的地位及黃氏對他的影響力。

黃遵憲與梁啓超在湖南相處了約三個月。（註一六）梁啓超甫抵湘，黃遵憲就把《人境廬詩草》稿本給他看，這就是《飲冰室詩話》第四則所提到的「丙申丁酉間，其《人境廬詩》稿本，留余家者兩月餘，余讀之數過」的事。（註一七）同年十二月臘日（即西曆一八九八年一月一日），梁啓超爲詩稿寫了跋，全文如下：

> 古今之詩有兩大種：一曰詩人之詩，一曰非詩人之詩。之二種者，其境界有反比例，其人或相非或不相非，而要之未有能相兼者也。人境廬主人者，其詩人耶？彼其劬心營目憔形，以斟酌損益於古今中外之治法，以憂天下，其言用不用，而國之存亡，種之主奴，教之絕續，視此馬，吾未見古之詩人能如是也。其非詩人耶？彼其胎冥冥而息淵淵，而神味沉醲，而音節入微，友視騷漢而奴畜唐宋，吾未見古之非詩人能如是也。主人語余：庚辛之交，憤天下之不可救，誓將自逃於詩忘天下。然而子固不得為詩人。並世憂天下之士必將有用子之詩以存吾國，

主吾種，續吾教者，矧乃無可逃哉？雖然，主人固朝夕為詩不少衰，故吾卒無以名其為詩人之詩與非詩人之詩歟？(註一八)

梁氏此跋，純從改良派評論家立場立論，其所重視的黃遵憲詩的特質，也就是後來在《飲冰室詩話》及〈嘉應黃先生墓誌銘〉中一再强調表彰的。視黃遵憲詩爲兼有詩人之詩與政治家之詩之長，就是《詩話》第三十三則論〈罷美國留學生感賦〉所說的「豈直詩人之詩云爾哉」；(註一九)言其政治地位之重要，就是〈墓誌銘〉所說的「以一人之用舍係一國之興亡」；(註二〇)言其文學成就之卓越，就是〈墓誌銘〉所說的「先生之詩，陽開陰闔，千變萬化，不可端倪，於古詩人中，獨具境界」；(註二一)至於謂有志之士可以用其詩以存國、主種、續教，則更是明確的肯定其詩的政治功能。

一八九八年春，梁啓超因病離開湖南到上海就醫，病稍癒即入京會試，其後直接參與新政之策劃。政變事作，避入日本駐華公使館，得日本人之助逃往日本，開始其漫長的流亡生涯。至於黃遵憲，政變時正奉旨由長沙到上海調查《時務報》事，因爲與康梁關係密切，爲人密告匿藏康梁，其居所曾被圍。其間黃遵憲嘗資助梁啓超之父及妻逃往日本，又曾協助康有爲外逃。(註二二)黃其後遣歸故里，自此淡出政壇。一八九九年，黃遵憲在梅縣仿龔自珍（一七九二—一八四一）作〈己亥雜詩〉五絕八十八首，概括一生志事經歷，《飲冰室詩話》稱之爲黃遵憲「一生歷史之小影」。(註二三)其中第八十三首是懷念梁啓超的，《飲冰室詩話》引作〈己亥歲暮懷梁任甫〉，詩云：

風雨雞鳴守一廬，兩年未得故人書。鴻離魚網驚相避，無信憑誰寄與渠。(註二四)

此詩詩意很明顯，是說在風雨飄搖之世，偵騎遍地，故人久無消息，已亦不敢致音問。黃梁二人恢復通信聯繫，是一九〇二年的事。是歲正月梁啓超在日本橫濱辦《新民叢報》，出版後以快郵寄黃遵憲，二人從此開始書信往來，直至黃遵憲去世而止。(註二五)三年間黃梁書信往來極密，黃給梁的信總數逾十萬字，在許多方面對梁啓超都發揮了影響。黃遵憲一如往昔，視梁啓超爲最有可能實現維新理想的人，而梁啓超也奉黃遵憲爲思想上的導師。《飲冰室詩話》中有關黃遵憲的條目，正是二人這種互敬互重的密切關係在文學上的反映。

黃遵憲寫給梁啓超的最後的詩作，也是黃氏最後的詩作，是作於一九〇四年底或一九〇五年初的〈病中紀夢述寄梁任父〉五古三首。黃氏寫這組詩時，大抵也預感到自己不久於人世，因此內容和語調都與往昔之作大不相同，充滿了死亡意象，突出自己一生堅持的「立憲」理想，描繪了中國當時險惡的處境，沉痛的表達了志不得遂的悲哀，尤其重要的是，這組詩借夢見梁啓超被殺隱約透露出對一己志事無人可繼的恐懼與憂慮。詩雖分三首，却是渾不可分；而貫穿三首的就是立憲的理想。第一首云：

陰風颯然來，君提君頭顱。自言逆旅中，倏遇狙擊狙。
閃電刃一揮，忽如絳市蘇。道逢兩神人，排雲上天衢。
此把蹇民袖，彼褰烈士襦。邂逅哭復歌，互訊今何如。
君言今少年，大罵余非夫。當復九世雠，折箠笞東胡。
逐逐揮日戈，彎彎射天弧。孰能張網羅，盡殺革命徒。

汝輩主立憲，寧非愚欲迂？我方欹枕聽，鳴雞亂驚呼。
殘日掛危簷，猶照君鬚眉。遙知白日光，明明耀子軀。
子魂渡海來，道有風波無？蛟螭日攫人，子行猶坦途。
懸金購君頭，彼又安敢辜。在在神護持，天固不忍誅。
君頭倚我壁，滿壁血模糊。起起拭眼看，噫吁瓜分圖！（註二六）

這首詩看似荒唐，却是黃遵憲暮年心境的最佳寫照。它一方面回顧了維新派過去的歷史（戊戌政變與譚嗣同：「蹇民」；自立軍之役與唐才常（一八六七—一九〇〇）：「烈士」，（註二七），另一方面也審視了當前「革命」與「立憲」的對壘（「君言今少年」至「寧非愚欲迂」諸句）。黃遵憲一向視自己及梁啓超爲中國前途希望所繫，詩中夢見梁啓超遭暗殺，可視爲他憂慮自己死後無人繼承遺志的心理反射。詩題及詩中故意留下仿效杜甫（七一二—七七〇）〈夢李白（七〇一—七六二）〉的痕跡，（註二八）尤在表達交情之厚與思慕之深。第二首云：

我生託此國，舉國重科第。記昔持墨卷，出應羣兒試。
夢謁文宣王，旁立朱衣吏。手指平頭憲，云是汝名字。
爾時意氣盛，年少矜爪嘴。謂彼牛醫兒，徒一唐名士。
不如黨錮傳，人人主清議。汪汪千頃波，陋比涔蹄水。
捧龜詬天呼，區區竟余畀。烏知當是時，東海波騰沸。

攘夷復尊王，僉議以法治。立憲定公名，君民同一體。
果遵此道行，日幾太平世。我隨使槎來，見此發深喟。
嗚呼專制國，今既四千歲。豈謂及余身，竟能見國會。
以此名我名，蒼蒼竟何意。人言廿世紀，無復容帝制。
舉世趨大同，度勢有必至。懷刺久磨滅，惜哉吾老矣。
日去不可追，河清究難俟。倘見德化成，願緩須臾死。（註二九）

此詩述一己政治思想之發展以及立憲主張之確立，而自惜時不我予，歲月催人，隱然是向梁啓超「交心」，望其能賡續立憲之大業。第三首云：

子今歸自美，云夢俄羅斯。憤作顛倒想，故非癡人癡。
中原今逐鹿，此角復彼犄。此鹿竟誰得，夢境猶迷離。
遼東百萬家，戰黃血淋漓。不特薄福龍，重重圍鐵圍。
哀彼金翅鳥，毛羽咸離披。方圖食小龍，展翼漫天池。
鼓衰氣三竭，遍體成瘡痍。吁嗟自專主，天鑒明在茲。
人人自為戰，人人公忘私。人人心頭血，濡染紅日旗。
我今託中立，竟忘當局危。散作鎗砲聲，能無驚睡獅。
睡獅果驚起，牙爪將何為。將下布憲詔，太阿知是誰。

我慚嘉富洱，子慕瑪志尼。與子平生願，終難償所期。
何時睡君側，同話夢境迷。卽今不識路，夢亦徒相思。（註三〇）

在這最後一首詩裏，黃遵憲用了很大的篇幅寫當時在中國境內進行的日俄戰爭，以見時局之危殆，立憲雖或有期，而局勢並不樂觀。已與任公之志，固無實現之期，尤可悲者，則與任公睽違，恐無相見之日。

三、「鎔鑄新理想以入舊風格」：理論的建立

黃遵憲寫了這許多詩送給梁啓超，詩中對梁氏寄予如此厚望，但梁氏却完全沒有答詩。梁氏用以答謝黃遵憲的，是取鑑黃氏的詩歌理論，總結黃氏的詩歌創作經驗，修改了自己從前對詩歌的看法，建立了一套符合改良派現實要求的詩論，並根據這套理論，高度評價黃氏的詩歌創作，以之作爲改良派詩歌創作的典範。

《飲冰室詩話》理論的核心，用梁氏自己的說話來概括，是「鎔鑄新理想以入舊風格」。《飲冰室詩話》在初次提及黃氏時就說：「近世詩人能鎔鑄新理想以入舊風格者，當推黃公度。」（註三一）「鎔鑄新理想以入舊風格」是黃氏在《飲冰室詩話》中評價當世改良派詩人的一個最重要的標準，這個標準的建立，是在黃氏的影響之下演變出來的。

梁啓超在一八九六至一八九七年間，受友儕夏曾佑（一八六三—一九二四）及譚嗣同的影響，

（註三二）好爲「新學之詩」，大量以新學名詞入詩，並自稱爲「詩界革命」。《飲冰室詩話》第六〇則至第六三則記述梁氏對當年與夏、譚等人的詩歌創作活動的追憶，清楚顯示了梁氏在一八九六至一八九七年間對詩歌問題的看法，今引第六〇則爲例：

> 復生（譚嗣同）頗自喜其新學之詩。……蓋當時所謂新詩者，頗喜撏撦新名詞以自表異。丙申（一八九六）、丁酉（一八九七）間，吾黨數子皆好作此體。提倡之者為夏穗卿（夏曾佑），而復生亦綦嗜之。（註三三）

梁氏又自言「吾彼時不能爲詩，時從諸君子後學步一二。」（註三四）可是這種視「撏撦新名詞」爲「詩界革命」的看法，在他於一八九七年底接觸了黃氏的《人境廬詩草》及〈人境廬詩草序〉後有了轉變。〈人境廬詩草序〉作於一八九一年，是黃氏有關詩歌理論的一個最重要的文獻，也與《飲冰室詩話》中「鎔鑄新理想以入舊風格」之說有密切關係。

在〈人境廬詩草序〉中，黃遵憲主要從內容與形式兩方面闡述了他心目中理想的當世詩歌創作。在內容方面，黃氏認爲：「詩之外有事，詩之中有人。今之世異於古，今之人亦何必與古人同。」（註三五）這是强調寫詩應該寫當世的獨特境況，寫詩人在這種新境況中與古人不同的感受，反對在內容上模仿古人。所以他跟着又說：「其述事也，舉今日之官書會典，方言俗諺，以及古人未有之物，未闢之境，耳目所歷，皆筆而書之。」（註三六）換言之，詩歌的內容應該有强烈的時代特色。

在形式方面，黃氏認爲：

嘗於胸中設一詩境：一曰復古人比興之體，一曰以單行之神，運排偶之體，一曰取離騷、樂府之神理而不襲其貌，一曰用古文家伸縮離合之法以入詩。其取材也，自羣經三史，逮於周秦諸子之書，許（許慎，三〇—一二四）鄭（鄭玄，一二七—二〇〇）諸家之注，凡事名物名切於今者，皆采取而假借之。其鍊格也，自曹（曹植，一九二—二三二）鮑（鮑照，？四一二—四六六）陶（陶淵明，三六五—四二七）謝（謝靈運，三八五—四二七）李（李白）杜（杜甫）蘇（蘇軾，一〇三六—一一〇一）韓（韓愈，七六八—八二四）訖於晚近小家，不名一格，不專一體，要不失乎為我之詩。（註三七）

黃氏這裏所說的「詩境」，顯然是針對詩歌創作的技法而言；他認爲應向各種詩歌及非詩歌的文類獵取詩歌創作技法的靈感。至於他所說的「取材」，則是指詩歌的表達工具語言、詞藻而言。「鍊格」云云，則是指詩人在營造一己的風格的時候，可向從前各大小詩人取法。

一八九九年，梁啓超在流亡中作〈夏威夷游記〉（原名〈汗漫錄〉，又名〈半九十錄〉），其中梁氏對詩歌的看法，顯然是有黃遵憲詩論的影子在：

欲為詩界之哥倫布（Cristoforo Colombo, ?1451-1506），瑪賽郎（按：今譯麥哲倫，Fernade Magalhães, 1480-1521），不可不備三長：第一要新意境，第二要新語句，而又須以古人之風格入之，然後成其為詩。……三者具備，則可以為二十世紀支那之詩王矣。……今欲易之（按：指意境語句），不可不求之於歐洲。歐洲之意境語句，甚繁富而瑋異，得之可以陵轢千

> 古，涵蓋一切，今尚未有其人也。時彥中能為詩人之詩銳意欲造新國者，莫如黃公度。其集中有〈今別離〉四首，又〈吳太夫人壽詩〉等，皆純以歐洲意境行之。然新語句尚少，蓋由新語句與古風格常相背馳，公度重風格者，故勉避之也。夏穗卿、譚復生皆善選新語句，其語句則經子生澀語，佛典語，歐洲語雜用，頗錯落可喜，然已不備詩家之資格。（註三八）

所謂新意境，就是〈人境廬詩草序〉中所指的中國在列强勢力環伺下所形成的「詩外之事」、「古人未有之物、未闢之境」；所謂「以古人之風格入之」，就是〈人境廬詩草序〉所指的「詩境」、「技法」與「鍊格」。值得注意的是，〈人境廬詩草序〉中所指的「取材」（語言、詞藻），梁啓超易之爲「新語句」。這顯然是由於一八九六、一八九七年間「新學詩」的癖好仍未能徹底消除。但他也察覺到「舊風格」與「新語句」是互相矛盾的，「新語句」的出現會破壞「舊風格」的醇粹。他特別舉出黃遵憲做例子，正可見黃遵憲的詩論與詩歌創作對他的啓發。因此梁氏雖以「新意境」、「新語句」及「以古人之風格入之」爲詩界新國的三個條件，但他顯然也同時察覺到第二個條件與第三個條件是不容易並存的。因此他認爲夏、譚二人雖「喜選新語句」，「然已不備詩家之資格」。我們由此可以清楚看到，梁氏在一八九九年提出的這種看法，是他開始嘗試擺脫「新學詩」而標舉黃氏詩論的一個過渡階段。

一九〇二年起在《新民叢報》連載的《飲冰室詩話》，其主要理論，是梁啓超在黃遵憲影響底下，結合現實政治環境的需要而提出的。在他所提出的「鎔鑄新理想以入舊風格」的要求中，「新理想」一詞的使用是很値得注意的。一如其他傳統詩話的作者，梁啓超並不自覺有責任要清楚界定他所用的術語。「新理想」的義界如何，《飲冰室詩話》並無明確交代。但若從《飲冰室詩話》本身及梁氏的文學觀去探索，則「新理想」應包括下列兩層意義：

一、是指詩的內容而言，這種內容應當是與古人所寫的不同，卽〈人境廬詩草序〉所說的「古人未闢之境」；

二、這種內容應當是有利有助於改良政見之宣傳的。

就第一層意義而言，其深受〈人境廬詩草序〉影響殆無疑問。至於第二層意義，就牽涉到梁氏何以把他在〈夏威夷游記〉中所用的特指「歐洲意境」的「新意境」一詞改爲「新理想」——因爲「理想」一詞更能傳達政治改良、社會改良的意味。(註三九)梁啓超在一八九七年十二月爲《人境廬詩草》寫跋時，已經留意到黃氏詩中異於衆流的强烈政治意味與政治特色，(註四〇)在寫《飲冰室詩話》時，就以前輩詩人的這種實踐作爲他的詩論的主要構成部分。

「新理想」與「舊風格」的結合，也與梁啓超當時的政治思想息息相關。就在寫這則詩話的同時，梁氏在《新民叢報》開始發表長篇連載〈新民說〉。在一九〇二年二月八日發表的第三節〈釋新民之義〉中，梁氏解釋「新民」的涵義：

新民云者，非欲吾民盡棄其舊以從人也。新之義有二：一曰淬厲其所本有而新之，二曰采補其所本無而新之。(註四一)

「淬厲其所本有」與「采補其所本無」的結合，是改良派政治哲學的主導思想，與《飲冰室詩話》中「新理想」與「舊風格」的結合是若合符節的。

在〈夏威夷游記〉中與「新意境」、「古人風格」鼎足而三但又造成矛盾的「新語句」，在《飲冰室詩話》中受到嚴苛的批評。《飲冰室詩話》第六〇則追憶梁氏與夏、譚輩當年受基督教《聖經》〈默示錄〉（〈啓示錄〉）影響而自鑄他人無法臆解之「新名詞」，謂「至今思之，誠可發笑。」(註四二)第六二則又評價「新學詩」，說：「此類之詩，當時沾沾自喜，然必非詩之佳者，無俟言也。」(註四三)第六三則則有更詳盡的發揮：

過渡時代，必有革命。然革命者，必革其精神，非革其形式。……若以堆積滿紙新名詞為革命，是又滿洲政府變法維新之類也。能以舊風格含新意境，斯可以舉革命之實矣。苟能爾爾，則雖間雜一二新名詞，亦不為病。不爾，則徒示人以儉而矣。(註四四)

梁氏的詩論經此修改，已與黃遵憲詩的理論與實踐完全一致。這是他對黃遵憲的知遇之恩與提攜之德的最佳回報了。

四、「卓然自立」：《詩話》中的黃遵憲

黃遵憲不但是《飲冰室詩話》提及次數最多的詩人，他的詩也是《飲冰室詩話》最樂於搜羅的。(註四五)《詩話》有關黃遵憲的三七則中，錄黃氏詩詞二五題共九〇首，今表列如下：

詩題	登錄條目	登錄首數	詩見
酬曾重伯編修	四	一	卷八
錫蘭島臥佛	八	一	卷六
今別離	二九	一	卷六
罷美國留學生感賦	三三	一	卷三
香港訪潘蘭史題其獨立圖	三六	一	集外
夜泊	三六	一	卷五
以蓮菊桃雜供一瓶作歌	四〇	一	卷七
都踊歌	四五	一	卷三
三哀詩	五一	一	卷一〇
出軍歌	五四	二四	集外
小學校學生相和歌	七八	一九	集外
朝鮮嘆	七九	七	集外
琉球歌	九〇	一	卷三
越南歌	九〇	一	集外
臺灣行	一一三	一	卷八

己亥雜詩	一二二	四	卷九
己亥歲暮懷梁任甫	一二八	一	卷九
甲辰冬病中紀夢述寄梁任甫	一二八	三	卷一一
金縷曲（詞）	一四六	一	
夜泊秦淮和實甫	一五三	一	卷八
立秋日訪易實甫邃偕遊秦淮和甫作	一五三	一	卷八
贈梁任父同年	一六〇	一	卷八
雙雙燕（詞）	一六一	二	
日本四君詠	一六九	四	卷三
拜曾祖母李夫人墓	拾遺一一	一	卷五

這二五題中二題是詞作，餘下的詩，大抵分屬兩類：新派詩與「詩史」之作。

新派詩是黃遵憲自鑄的名詞，概指其所作之詩。黃氏在一八九七年寫給曾廣鈞（一八六六—一九二九）的〈酬曾重伯編修〉第二首中就說：「廢君一月官書力，讀我連篇新派詩。」(註四六)新派詩的內容與形式，就是黃氏在〈人境廬詩草序〉中所標示的，也就是梁啓超所概括成的「鎔鑄新理想以入舊風格」。從《詩話》收錄的黃詩看來，梁氏所重視的新派詩有以下的具體內容：

一、激勵民族鬪志、愛國情操，如〈出軍歌〉、〈小學校學生相和歌〉、〈日本四君詠〉形。

二、民族危機感，如〈酬曾重伯編修〉、〈香港訪潘蘭史題其獨立圖〉、〈贈梁任父同年〉等。

三、新事物及新知識，如〈今別離〉（輪船、火車、電報、東西半球晝夜相反現象）、〈以蓮菊桃雜供一瓶作歌〉（「植物、化學、生理諸學」）等。

四、改良家之志節，如〈己亥雜詩〉、〈甲辰冬病中紀夢述寄梁任甫〉等。

五、異國風物與文化，如〈錫蘭島臥佛〉、〈以蓮菊桃雜供一瓶作歌〉等。

這些內容是「新理想」的最佳說明。至於「詩史」，是指黃遵憲以當世重大事件之有關國運者爲題材寫成的詩。這種題材，本也可歸於「新派詩」的範疇，不過由於中國詩歌中以「詩史」一詞作爲高度褒賞以詩歌的形式記錄關係國運的當世事件的傳統，因此《飲冰室詩話》就一再突出黃遵憲這類詩爲「詩史」。《詩話》第七九則提到黃氏的〈朝鮮嘆〉說「公度之詩，詩史也」(註四七)，第九〇則提到〈琉球歌〉和〈越南篇〉時又說「錄其詩史兩章」。(註四八)《詩話》收錄黃氏「詩史」之作，接觸到的歷史事件有一八七九年日本吞併琉球（〈琉球歌〉），一八八一年清廷留美學生監督吳惠善請撤罷留美學生（〈罷美國留學生感賦〉），一八八二年日本朝鮮《仁川條約》（〈朝鮮嘆〉），一八九五年馬關條約割讓臺灣（〈臺灣行〉），一九〇〇年庚子事變（〈三哀詩〉）等。

作爲對前輩詩人知遇之恩的回報，也出於政治宣傳的現實需要，《飲冰室詩話》給予黃遵憲最崇高的評價。他一再推許黃氏爲「近世詩界三傑」之首，(註四九)又說他「卓然自立於二十世紀詩界之中」，(註五〇)而在黃氏個別篇章的評介中，梁啓超也動用了詩評家所可能運用的最高極限的評語。例如他把黃氏的〈錫蘭島臥佛〉與西方的莎士比亞（William Shakespeare, 1564-1616）、彌爾頓（John Milton, 1608-1674）、田尼遜（丁尼生，Alfred Tennyson, 1809-1892）等人的作品並列，以爲「有詩如此，中國文學界足以自豪矣」。(註五一)在論〈今別離〉時，引用陳三立之言，許爲「千年絕作」；(註五二)在論〈以蓮菊桃雜供一瓶作歌〉時，引用李賀（七九〇—八一六）「女媧鍊石補天處，石破天驚逗秋雨」以譽其前無古人；(註五三)論〈出軍歌〉，謂其文藻爲「二千年所未有」；(註五四)論〈小學校學生相和歌〉，則說是「一代妙文」。(註五五)

爲了突出黃遵憲的地位，《飲冰室詩話》也刻意收羅詩風受黃氏影響的作家的作品。在這方面，他收錄了楊惟徽（黃氏詩弟子）、嘉應健生（廖道傳一八八二—？）、楚北迷新子、蔣萬里、曹民父等人的詩作，並指出這些作品與黃氏詩作在「理想」與「風格」兩方面都很相似。(註五六)

黃氏死後，梁啓超在《飲冰室詩話》中大量收錄了當時人的挽詩，計有蔣觀雲（一八六六—一九二九）一首，蔡笠雲二首，南昆侖生一首，嶺西倚劍生三首，廖道傳五首，蘧伊四首，合共十五首。(註五七)梁氏登錄這些挽詩，一方面在昭示黃氏的人格與政治上的貢獻，另一方面也在重新肯定黃遵憲詩的價值。

五、「二十世紀支那之詩王」：報恩與宣傳

梁啓超不愧是晚淸改良運動的傑出宣傳家。《飲冰室詩話》是他借用傳統詩學批評的形式來達到

宣傳改良效果的一個輿論製造工具。從黃遵憲這個特例，我們可以清楚看到他如何建立理論，如何製造輿論去樹立偶像，以及如何利用這偶像達致預期的效果。

梁啓超從他與黃遵憲的親密交往中，在《人境廬詩草》及黃氏的詩論得到啓示，建立了符合改良派政治要求的「鎔鑄新理想以入舊風格」的基礎理論。有了這個理論，他便選取了詩話的形式來製造輿論，樹立了黃遵憲這個碩大無朋的偶像；《飲冰室詩話》在《新民叢報》上連載，更爲這個輿論工具提供了前所未有的方便。他利用友朋間對《詩話》的回應，去製造一種輿論聲勢，把黃遵憲送上「二十世紀支那之詩王」的寶座。(註五八)這個改良派「詩王」給當時詩壇的訓示，便是以帶有改良派印記的方式（舊風格）去宣揚改良派的眞理（新理想）。

《飲冰室詩話》的大力宣揚，有助於黃氏在近代詩壇上地位的確立。《人境廬詩草》由於多涉時事，黃遵憲不欲其流傳，因此在當時讀者很有限。(註五九)《詩話》的大量收錄，使黃詩得以廣爲流傳。《詩話》廣泛論述黃遵憲，也影響當時和後來的詩話。《詩話》中所登錄的黃詩，往往也在其他詩話中出現。(註六〇)而《詩話》對黃氏的評論，也在其他詩話中得到回應。(註六一)黃遵憲成爲晚清詩人中最受批評家注意的一人，討論和注釋他的詩的人最夥，這固然是由於他的詩本身有特殊的吸引力，但梁啓超出於感恩圖報和改良事業的考慮，在《詩話》中爲他刻意宣傳，也是不可輕視的因素。

【註　釋】

註一　《飲冰室詩話》最初在日本橫濱出版的《新民叢報》上連載，時斷時續，從一九〇二年（第一年第四號，總第四號）到一九〇七年（第四年第二三號，總第九五號），前後五年多的時間，一共刊出了詩話二百零四則。坊間所見的單行本《飲冰室詩話》，多據《飲冰室文集》（中華書局一九二五年版）和《飲冰室合集》（中華書局一九三二年版），只收《新民叢報》第三年第二四號（總第七二號）以前所載的一百七十四則，餘三十則未見收錄。一九八二年，張海珊從《新民叢報》中輯錄餘下的三十則成《飲冰室詩話拾遺》，刊於《古代文學理論研究叢刊》第七輯（上海古籍出版社，一九八二），頁二四九—二八九。

註二　舒蕪（方管，一九二二—）：〈飲冰室詩話校點後記〉，《飲冰室詩話》（北京：人民文學出版社，一九五九）頁一四四。

註三　王德昭（一九一四—一九八二）：〈黃遵憲與梁啓超〉。載周陽山編：《晚清思想》（台北：時報出版公司，一九八〇），頁六二九—六六八。這是一篇很紮實的論文。雖然是史學範疇的論文，對從文學角度看黃遵憲與梁啓超關係的人却很具啓發性。此外，李育中也有題爲〈黃遵憲與梁啓超〉的文章，載《黃遵憲研究》（廣州：廣東語文學會，一九八三），頁三四六—三五五。此文雜論黃梁二人之交往。

註四　詩見《飲冰室詩話》第一六〇則，頁一二八；《人境廬詩草箋注》（上海：上海古籍出版社，一九八二）卷八，頁七一五至七一九。錢仲聯《人境廬詩草箋注》謂「此詩乃四月中所作。公度曾手書此詩，亦云『丙申（一八九六）四月作』，見頁七一六。

註　五　詩見《飲冰室詩話》第一二八則，頁一〇六；《人境廬詩草箋注》卷九，頁八四五。

註　六　詩見《飲冰室詩話》第一二八則，頁一〇六至一〇七；《人境廬詩草箋注》卷十一，頁一〇七一至一〇八二。黃氏《人境廬詩草》定稿本以〈李肅毅侯挽詩四首〉爲終篇，黃遵憲死後，其從弟黃由甫加〈寄題陳氏峙廬〉及〈病中紀夢述寄梁任父〉二題。見《人境廬詩草箋注》頁一〇五八。今所見《人境廬詩草》皆以〈病中紀夢述寄梁任父〉爲終篇。

註　七　《飲冰室詩話》第四則提到「丙申丁酉間，其《人境廬詩》留余家者兩月餘」（頁二）；第三二則提到「在湘所見之稿」（頁二四）；第一四六則提到「丙申春間」（頁一一八）；第一六〇則提到「丙申丁酉間」（頁一二八）。

註　八　《人境廬詩草箋注》卷八，頁七一六。

註　九　見《人境廬詩草箋注》附錄二〈黃公度先生年譜〉引，頁一二七四。梁居實，廣東嘉應人，光緒十五年（一八八九）舉人，曾任駐德、比、日等國參贊，是黃遵憲祖母梁太夫人的堂弟。陳三立，江西義寧人，光緒十五年（一八八九）年進士。嘗佐其父湖南巡撫陳寶箴（一八三〇－一九〇〇）在湖南推行新政。戊戌政變後與父同革職，永不敍用。退居西山。詩學江西詩派，爲「同光體」重要詩人。有《散原精舍詩》。

註一〇　詩見《飲冰室詩話》第一四六則，頁一一八。吳鐵樵爲吳德潚（？－一九〇〇）之長子，一八九七年四月卒。吳德潚後於庚子歲任浙江西安知縣時舉家爲拳民所殺害。《人境廬詩草》卷十錄〈三哀詩〉，第二首就是寫吳德潚。此詩《飲冰室詩話》第五一則亦有收錄，見頁三八。陳師曾，陳三立子。黃遵憲與吳德潚及陳三立有很深厚的交情。

註一一 《飲冰室詩話》，頁一二八。由甫，黃遵憲從弟。潘蘭史，廣東番禺人，有《在山泉詩話》。

註一二 《飲冰室詩話》，頁一〇五至一〇六。

註一三 梁啓超：〈日本國志後序〉，載《飲冰室文集》（台北：中華書局，一九六〇），第二册，頁五〇。

註一四 見丁文江（一八八七—一九三六）、趙豐田編：《梁啓超年譜長編》（上海：上海人民出版社，一九八三），頁五一。

註一五 三事俱見《梁啓超年譜長編》；張之洞事見頁六六，伍廷芳事見頁五四，吳德潚事見頁六六。

註一六 據《梁啓超年譜長編》，梁啓超約於十月中旬抵湘（見頁八六），翌年正月因病返上海就醫，二月入京，此後即未再返湖南。

註一七 《飲冰室詩話》，頁二。

註一八 《人境廬詩草箋注》頁一〇八六。

註一九 《飲冰室詩話》，頁二五。

註二〇 《人境廬詩草箋注》頁一一六二。

註二一 《人境廬詩草箋注》頁一一六四。

註二二 據吳天任：《清黃公度先生遵憲年譜》（台北：商務印書館，一九八五），頁一四一。

註二三 《飲冰室詩話》，頁一〇一。

註二四　同註五。

註二五　《清黃公度先生遵憲年譜》頁一五七。

註二六　《人境廬詩草箋注》頁一〇七一。

註二七　錢仲聯《人境廬詩草箋注》謂「蹇民」指譚嗣同，「烈士」似指唐才常。見頁一〇七二。此從其說。

註二八　杜甫〈夢李白〉二首見《杜少陵集詳注》（香港：太平書局，一九六六），卷七，頁一七。黃詩故意惹起杜詩的聯想的字句如下：

黃詩	杜甫夢李白
網羅	羅網
殘月掛屋簷	落月滿屋梁
猶照君須眉	猶疑照顏色
蛟螭	蛟龍
風波	風波

註二九　同註二六。

註三〇　同註二七。

註三一　《飲冰室詩話》第四則，頁二。

註三二　梁啓超結識夏曾佑在一八九一年，結識譚嗣同在一八九五年。見李華興、吳嘉興編：〈梁啓超生平活動年表〉，載《梁啓超選集》（上海：人民出版社，一九八四），頁八八八、八八九。

註三三　《飲冰室詩話》第六〇則，頁四九。

註三四　《飲冰室詩話》第六二則，頁五〇。

註三五　見《人境廬詩草箋注》頁三。黃氏〈自序〉作於一八九一年，但《人境廬詩草》一九一一年初刻本卻不載錄，其原因何在，至今仍無法有完滿的解釋。然黃遵楷爲初刻本所寫的跋，引用黃氏論詩之語，卽出自〈自序〉，可見黃氏〈自序〉並非秘不示人，亦不俟吳宓（一八九四—一九七八）在一九二六年把它刊在《學衡》第六十期而始爲人所知。有關討論詳吳天任《黃公度先生傳稿》（香港：香港中文大學出版社，一九七二）頁五〇一至五〇四及《清黃公度先生遵憲年譜》頁六八至六九。

註三六　見《人境廬詩草箋注》頁三。

註三七　同註三六。

註三八　《飲冰室合集》（上海：中華書局，一九三一）專集之二二，第五册，頁一八九。

註三九　借助文學以作政治宣傳是維新派的拿手好戲。梁啓超在一八九六年寫《變法通議》時談論「說部書」（小說）便說：「今宜專用俚語，廣著群書，上之可以借闡聖教，下之可以雜述史事，近之可以激發國恥，遠之可以旁及彝情，乃至宦途醜態，試場惡趣，鴉片頑癖，纏足虐刑，皆可窮極異形，振厲末俗，其爲補益，豈有量耶！」見《飲冰室文集》第一册，頁五四。事實上，遠在梁氏寫《變法通議》的前十年，黃遵憲在流傳甚廣、影響深遠、維新派奉爲改良指南的《日本國志》中便指出可借助白話小說推廣教化。見黃遵憲：《日本國志》（廣州：富文齋，一八九〇）卷三三，頁七。

註四〇　《人境廬詩草箋注》，頁一〇八六。

註四一 《飲冰室合集》專集之四，第三册，頁五。
註四二 《飲冰室詩話》頁四九。
註四三 《飲冰室詩話》頁五〇。
註四四 《飲冰室詩話》頁五一。
註四五 《飲冰室詩話》第九〇則云：「公度之詩，見余詩話者最夥，然聞韶三月，不以爲饜也。」見頁七一。
註四六 詩見《人境廬詩草箋注》頁七六二。
註四七 《飲冰室詩話》頁六三。
註四八 《飲冰室詩話》頁七一。
註四九 《飲冰室詩話》第二八則，頁二一；第三九則，頁三〇。後來在《清代學術概論》（臺北：臺灣商務印書館，一九七二）中又把黃氏與金和（一八一八—一八八五）、康有爲並列爲清末詩界三大家，見頁一〇五。
註五〇 《飲冰室詩話》第三二則，頁二四。
註五一 《飲冰室詩話》第八則，頁四。
註五二 《飲冰室詩話》第二九則，頁二二。
註五三 《飲冰室詩話》第四〇則，頁三一。
註五四 《飲冰室詩話》第五四則，頁四三。
註五五 《飲冰室詩話》第七八則，頁六〇。

註五六　楊惟徽詩見《飲冰室詩話》第一〇九則，頁八六；嘉應健生詩見第一五五則，頁一二三；楚北迷新子詩見第一六三則，頁一二九；蔣萬里詩見第一六八則，頁一三六；曹民父詩見〈飲冰室詩話拾遺〉第三則，頁二五二。

註五七　蔣觀雲挽詩見《飲冰室詩話》第一四三則，頁一一七；蔡笠雲、南昆侖生、嶺西倚劍生挽詩見第一四六則，頁一一八；廖道傳挽詩見第一五一則，頁一二一；蘧伊挽詩分見第一五二、一五三則，頁一二二。

註五八　「二十世紀支那之詩王」是梁啓超在〈夏威夷游記〉中指稱他心目中理想詩人的名詞，見註三八，當時並不指黃遵憲而言。這裏我借用了梁氏的用語來概括黃氏在《飲冰室詩話》中的地位。

註五九　潘飛聲《在山泉詩話》謂「《人境廬集》未出現於世，而公度詩又多刺時事，平生不欲自刻也。」轉引自《人境廬詩草箋注》頁一二七八。

註六〇　《飲冰室詩話》中登錄的黃詩，往往也在《在山泉詩話》、《綠天香雪簃詩話》、《國恥詩話》、《夢苕盦詩話》中出現。見《人境廬詩草箋注》附錄。

註六一　舉例而言，「詩史」之說，在袁祖光《綠天香雪簃詩話》和錢仲聯《夢苕盦詩話》中得到回應，「鎔鑄新理想以入舊風格」之說，在高旭（一八七七—一九二五）《願無盡樓詩話》、楊香池《偷閒廬詩話》、屈向邦《粵東詩話》中得到回應，詩界三傑之說，在狄葆賢（一八七六—一九二一）《平等閣詩話》中得到回應。見《人境廬詩草箋注》附錄。

※本文作者**蔣英豪**教授任教於香港大學中文系。

布雷克的「醜惡」美學

黃逸民

威廉•布雷克（William Blake 1757-1827）一般被視爲是英國十九世紀浪漫主義的先驅，對英國浪漫時期的重要作家具有相當深遠的影響。近代文評家 Harold Bloom 在其討論英國浪漫詩人的經典之作《靈象友件》（The Visionary Company），更推崇布雷克與 Wordsworth 爲英國浪漫時期最重要的兩位詩人。現在也有許多學者研究布雷克，尤其是他自創的神秘主義或神話理論（mythology）；不過本文將主要局限於探討他在《天眞與經驗之歌》（Songs of Innocence and of Experience）與《天堂與地獄的結合》（The Marriage of Heaven and Hell）兩大作品中所展現的美／醜美學背後意識形態辯證關係。

在這裏美醜之定義將不再局限於純美學藝術的範圍，而加入意識形態的考慮；因此，在本文中如果美爲一個正統的意識形態（ideology），則醜爲其反意識形態（counter-ideology）；如果美爲一論述（discourse），則醜爲其反論述（counter-discourse）；如果美爲文本（text），則醜爲次文本（subtext）；因此醜惡代表一個官方正統論述（dominant canon or discourse）所壓抑的慾望，爲其極想壓迫的矛盾，欲蓋彌彰的否定力量（negativity）。因此本文中，美／醜相生相克的辯證關係，將含蓋：天眞／經驗；天堂／地獄；田園／反田園；正統／反正統；正典／反正典——即巴赫汀（Mikhail Bakhtin）所謂語言論述的內在對話關係（internal dialogism）。

因此本文企圖擴展 Bloom 僅限於美／醜這種關係之間模稜兩可（ambiguity）或反諷（irony）純美學的考慮，而探究美學與意識形態之間的關連。而我主要將參照阿多諾（Theodor Adorno）在其《美學理論》（Aesthetic Theory）與巴赫汀所提出的對話理論（dialogism）與嘉年華會化（carnivalization）這些批評理論來討論布雷克的詩作。首先將這兩位批評家的主要理論簡述如下：

阿多諾最重要的理論稱之爲「否定辯證」（Negative Dialectics）：即文學作品並非在反映，提供現實的知識；而在於現實裏暴露其矛盾。他指出：「藝術乃現實世界的否定知識（negative knowledge）。」（註一）而他的「否定辯證」有兩層意義—即所謂雙層現實（double reality）：㈠文學藝術雖爲現實世界的複製（reproduction），可是其本身有別於現實世界的結構法則（formal laws）；因此文學作品與現實世界爲對立，批判的關係（antagonistic, critical）。㈡文學作品除了複製之外，更重要的是顯示現實世界之矛盾與漏洞（cracks）。（註二）因此阿多諾的「否定辯證」主要在凸顯一切封閉的統合一致（totalization）的覇權與漏洞（aporia），來逾越（transgress），顚覆（subvert）西方傳統哲學二元對立關係（dualistic opposition）並否定哲學上之本質論（identity），彰顯本質的僞作（artificiality of identity）。而阿多諾雖然肯定康德（Kant）所提出藝術無所爲而爲（disinterestedness or uselessness）對反抗文化功利主義（instrumentalism）之貢獻，不過他也提出對康德的否定與修正，而認爲藝術並不停留在純藝術的領域，因爲有用（interest）已存在於無用（disinterestedness）之中。（註三）因此阿多諾提出文學藝術作品乃不斷於有用與無用之間循環變化（evolve in a dialectic of interests and disinterestedness），（註四）不會祇定於一。因此阿多諾的藝術「否定辯證」乃在於去除藝術純藝術化（de-aestheticize art），而暴露文學藝術所隱藏的意識形態之運作。（註五）而這種「否定辯證」的目的乃在於文學藝術中找出否定力量（negativity）；即所謂醜惡（ugly），以扮演惡棍（reprobate）之角色，來反抗否定文化之封閉，本質論，與壓抑（repression）之企圖。（註六）

而阿多諾更在他的《美學理論》書中專闢一章來討論美／醜之關係。在這裏他强調：「所有藝術裏，本質上沒有醜惡（In art there is nothing ugly per se）。（註七）而阿多諾認爲醜爲任何藝術存在所需的否定（negation），醜的功用乃在爲藝術美學提出一個對立，批判的另一（antithetical other）；因爲美傾向於使文學藝術精神化（spiritualization）或昇華化，神聖化，而醜乃再將其世俗化（secularization）。亦卽在美的神話化，不眞的時刻裏（moment of untruth），將其去除神話（de-mystify）。（註八）因此阿多諾强調美／醜關係裏事實上存在有社會文化的層次。（註九）而醜的功用卽在凸顯文學藝術裏隱含的意識形態之運作。

而巴赫汀最主要的理論爲對話理論（dialogism）與嘉年華會化（carnivalization）。對話理論爲任何語言文字（word）皆包含有一種對話的力量；亦卽任何語言或論述皆隱藏有潛在的對立回應的聲音。(註一〇)因此任何壓迫的官方語言本身已包含有反壓迫的顚覆性的非官方回音。這種語言論述的對話關係也可以見諸於目前我正在簡述巴赫汀的理論，因此巴赫汀被報導出來（reported voice），可是在報導之同時也使用我對巴赫汀理論之了解與挪用（appropriation），因此滲雜有我自己聲音（reporting voice）而形成的對話關係；這種對話關係必定會凸顯我了解有所不足或漏洞，將會開啓一個對話漏洞（dialogic loophole），讓另外一個聲音進來。因此巴赫汀語言對話關係之功用主要在於打破單一聲音的獨覇，洩露其漏洞，找出另一對立回應的聲音。所以值得特別注意的是：這種對話關係爲一永遠開放（open-ended），沒有最後目的之結果，因此是反對一切的封閉統合。(註一一)所以Jameson也指出語言對話理論「主要的主題在反對辯證的二元對立（binary opposition）。」(註一二)而這種語言文字的雙音現象（double-voiced），巴赫汀主要用來解釋小說之論述。他認爲小說的興起乃是中產階級或平民從貴族壓迫中解放出來，因此以前史詩的神聖論述，卽滲入低俗的平民文化之對抗回聲，所以小說化卽表示嘉年華會化了。在嘉年華會化裏，統治的意識形態受到嘲弄、戲謔、逾越與顚覆。而嘉年華會化主要功用爲求得受理性正統意識形態壓抑的大衆文化與慾望之解脫與釋放。

現在，我將用這兩位批評家的主要理論架構來閱讀布雷克重要詩作，我發現下面二大現象：

一、二元對立關係的崩潰與解構

一般人總認爲布雷克寫過《天眞之歌》（Songs of Innocence）與《經驗之歌》（Songs of Experience），其實這是布雷克一個詩集的兩個主要部份，而布雷克自己就將此詩集命名爲《天眞與經驗之歌》（Songs of Innocence and of Experience），可見布雷克不認爲天眞與經驗二個層次可絕然劃分的，他似乎認爲兩者經常交雜糾纏在一起，而呈現一種模稜兩可的曖昧關係，因此他在標題之下有個副標題，寫道：「此乃顯示同一個人心靈中兩種互爲對立的情境。」（註一三）而批評家Bloom 在《靈象友件》專章討論布雷克，也特別注意到這種天眞／經驗之間相生相克，互補互榮的矛盾曖昧。他指出在布雷克的天眞／經驗二元對立關係中有「雙層反諷」悠遊其間（double irony in play）。（註一四）意指天眞與經驗兩層關係互有缺憾，相互嘲諷，相互補足，最後超越兩者，進入一個更高境界，稱之爲「悟道純眞」（organized innocence）。（註一五）因此 Bloom 已暗示布雷克天眞／經驗，或美／醜這種二元對立關係的不穩定性（instability of binary opposition）。而我在這裏更要從阿多諾的「否定辯證」與巴赫汀的「對話理論」，來指出：事實上這種建構二元對立所强調的純粹本質（identity）是不存在的。本質其實是編造的（artificial）。任何論述建構本身已潛在隱含有一否定力量，或滲入對立回應的雜音。這在布雷克的《天眞之歌》的許多詩中可以更明顯看出來，因爲天眞，美，或田園，代表正面，官方的論述，比較容易看出有另一與之對立的另外（alternative）否定力量或聲音—經驗、醜、反田園、非官方—的滲入，對話，與抗衡。因此我認爲Norton 英史編者在註解此天眞／經驗關係時，寫道：「布雷克此對立情境變成對立的辯證關係」太過簡略。（註一六）這種單從純美學藝術的考慮是不夠的。因爲本質乃透過意識形態所編造，是流動的（dynamic）而非靜止的（static），因此我們應跳開本質論的限制，而看出統治意識形態與反統治意識形態對抗的層次。下面我將選取布雷克一些詩篇來證明本質論之不可靠。

在討論布雷克的《天眞與經驗之歌》中的詩作之前，我們先來看他在較早期的《詩的速描》（Poetical Sketches）的一首〈歌謠〉（Song）中所表現的天眞／經驗，田園／反田園，美／醜，糾葛溶合，不易劃分的現象：

Song

How sweet I roam'd from field to field,
　And tasted all the summer's pride,
Till I the prince of love beheld,
　Who in the sunny beams did glide!

He shew'd me lilies for my hair,
　And blushing roses for my brow;
He led me through his gardens fair,
　Where all his golden pleasures grow.

With sweet May dews my wings were wet,
And Phoebus fir'd my vocal rage;
He caught me in his silken net,
And shut me in his golden cage.

He loves to sit and hear me sing,
Then, laughing, sports and plays with me;
Then stretches out my golden wing,
And mocks my loss of liberty.（註一七）

歌　謠

多麼甜美！我在田園遨遊，
並嚐遍夏日的豐豔，
直到被愛情王子看見，
他駕御陽光飄現！

他以百合飾我髮際，

以鮮紅含羞玫瑰戴我前額；
領我穿越美麗花園，
裏面盛開金色花果。

甜美的五月露珠弄濕了我的羽翼，
陽光激發我的歌喉；
他用絲的網子將我網住，
將我囚禁於金色籠子。

他愛坐着聽我歌唱，
然後大笑並逗我嬉戲；
然後拉開我的金色羽翼，
嘲笑我自由淪喪。（註一八）

在這裏作者用田園模式來創作這首詩，我們在前二段，看到這些一般用於傳統田園詩的詞彙，例如：「田園」，「遨遊」，「陽光」，「花園」，「盛開」，「花果」等，尤其描寫田園詩中自由自在，不受拘束，天眞浪漫的一個美麗理想世界，可是在第三段開始，我們就看到與之相反對立的反田園模式的出現，例如第十一行的「網住」，與「網子」，以及第十二行的「囚禁」，「籠子」等。到第四段的最後一行，更清楚的點出「嘲笑」與「自由淪喪」。天眞自由的理想田園世界裏已潛在含有它的否定力量，已被嘲笑、拘束、迫害的反田園敵對聲音滲入，而隱含對話的潛力。而在布雷克的《天眞之歌》裏的另一首〈廻聲的草原〉(The Ecchoing Green)裏，我們也看到這種否定力量的滲入，而透露出天眞田園世界的漏洞，已經含有醜惡經驗世界因子的溶入。

Till the little ones weary
No more can be merry
The sun does descend,
And our sports have an end:
Round the laps of their mothers,

Many sisters and brothers,
Like birds in their nest,
Are ready for rest;
And sport no more seen,
On the darkening Green. (Lines 21-30)

直到小孩疲累
不再快活
太陽西沈，
我們的嬉戲結束；
圍繞在母親膝前，
許多姊妹兄弟，
像小鳥歸巢，
準備休息；
嬉戲不再，
逐漸幽暗的綠色草原。

同樣在代表天眞的理想田園模式中，我們看到代表醜惡經驗反田園世界意指死亡的字眼—例如：「疲累」、「西沉」、「結束」、「休息」與「逐漸幽暗」等，而隱含有田園／反田園，天眞／經驗，美／醜之對話潛力（dialogic potential）。而非常有趣的是，布雷克更在《天眞與經驗之歌》中，用同一標題來營造出一對對，互相否定，相互對立的雙音（double-voiced）對話關係。例如〈掃煙囱小孩〉（The Chimney Sweeper），〈奶媽之歌〉（Nurse's Song），〈神聖星期四〉（Holy Thursday）等。而這種「雙音對話」最有名的例子，便是《天眞之歌》中的〈小綿羊〉（

The Lamb）與《經驗之歌》中的〈老虎〉(The Tyger)這兩首詩了。綿羊當然最能代表天眞無邪，善良溫馴，爲統治意識形態企圖要神聖化的表徵，是田園模式的基本內涵，若代表美，那與之形成「對立另一」（antithetical other）的惡，則以老虎對應最恰當了。老虎在詩行中所展現的暴力恐怖，爆發性，無法控制的力量，是統治意識形態極欲壓抑的慾望（repressed desire）。而我們發現這種美／醜關係，固然是對立的，可是另一方面也是互補的：美需要醜所擁有的力量，而醜則欠缺美的規範。尤其値得注意的是，醜所具有的顚覆力量，可以滲透，而彰顯美的空洞與虛矯。將之解除神話，再世俗化，而付與新生的力量。因此醜的一個很大的功用卽在顯現美的缺憾與漏洞。這就是巴赫汀所謂的「雙音對話關係」。而如果我們更仔細來看，我們也發現其實〈小綿羊〉這首美的田園詩中也隱含有反田園惡的否定力量，而〈老虎〉這首反田園，代表惡的詩作，也有美的因子。也就是證明了阿多諾所謂的，任何藝術潛在皆含有一種否定力量，或巴赫汀提倡的「對話關係」任何一種語言論述中，本身已滲入對立的回音。例如在〈小綿羊〉中：

Gave thee such a tender voice,
Making all the vales rejoice!
Little Lamb who made thee?
Does thou know who made thee? (Lines 7-10)

給你如此溫柔的聲音，

使得所有山谷充滿喜悅！
小綿羊誰造了你？
你知道誰造了你？

在這裏，Bloom 指出：「雖然小綿羊的啼叫溫柔，但也隱含送上祭壇，叫聲的可悲。」(註一九)另外詩人似乎疑惑「誰造了你？」爲何造了羔羊也造了老虎呢？而在〈老虎〉這首詩中：

Tyger! Tyger! burning bright
In the forests of the night,
What immortal hand or eye
Could frame thy fearful symmetry? (Lines 1-4)

老虎！老虎！燃燒得耀眼明亮，
在黑夜的叢林，
什麼神的手或眼，
能創造你可怕的均衡之美？

在這四行裏，我們看到了代表醜惡的描述，例如：「老虎」、「燃燒」、「黑夜」、「叢林」、「可怕」等，可是在其中我們也發現代表美的詞彙如「明亮」與「均衡之美」。這種美醜混雜，不易劃分的現象，不禁叫詩人在後來問道：

Did he smile his work to see?

Did he who made the Lamb make thee? (Lines 19-20)

他是否微笑看他的作品？

是否他造了綿羊也造了你？

因此在這首象徵經驗，反田園的詩中，我們同樣看見否定力量之出現；在這個代表醜惡的論述中，也有另一相對抗爭聲音的滲入，與之構成交雜（hybrid）對話關係。所以證明布雷克詩中美／醜二元對立的不確定性；美、醜沒有絕對的本質，本質往往乃是編造杜撰的，在美／醜文學藝術範疇之背後，往往隱藏着統治意識形態與反統治意識形態之對話與抗衡。David Simpson 在最新一篇《談十九世紀最近研究》（Recent Studies in the Nineteenth Century）的文章也指出：「傳統上，詩總是以田園模式來壓抑民間文化或意見。」（註二〇）同樣地，布雷克在《天眞與經驗之歌》也以田園／反田園，來代表美／醜，更代表對立意識形態之抗爭，而從阿多諾的「否定辯證」與巴赫汀的「對話理論」更可看出美／醜在本質上的流動，與無法決定(indeterminate)；而這種二元對立的崩潰與解構，更洩露出美／醜在純美學藝術本質上考慮之不足，而凸顯背後社會文化，意識形態抗衡運作之因素。

二、醜惡的顚覆性與反抗美的壓抑與教條主義

從上面的討論我們可以看出布雷克在詩中美／醜美學藝術的考慮，以田園／反田園的模式表現出

來，凸顯了文學藝術背後統治意識形態與反統治意識形態之抗爭。而巴赫汀認爲平常這種正反意識形態之對話，滲透，壓抑，到了嘉年華節慶時，反意識形態就企圖逾越（transgress），倒轉（reverse），以及顚覆（subvert）正統意識形態之價值規範。而這種嘉年華化（carnivalization）的現象與他的「對話理論」是息息相關的。我們在布雷克這篇《天堂與地獄的結合》（The Marriage of Heaven and Hell）裏，很淸楚地看到天堂／地獄所代表的美／醜在文本與次文本（text/subtext）之間的對話，滲透，顚覆的關係。在文章開始，布雷克卽寫道：「沒有相抗衡的力量就沒有進步。吸引與排斥，理智與能量，愛與恨，皆爲人的生命所需要的。」（註二一）這種多元不定於一（heterogeneity）的觀點來瓦解單一獨尊的聲音（monologic voice）爲布雷克所要說明的理念。接着他寫道：「善就是被動的服從理性，而惡就是主動的從能量中跳躍出來。」（註二二）從善／惡，理性／能量的文本中，受被動／主動與服從／跳躍所代表的次文本的質疑，與顚覆。而他在〈魔鬼的聲音〉（The Voice of the Devil）的論述中更企圖逾越、倒轉聖經及一切聖書中的理念，而與「上帝的聲音」對話抗爭。他寫道：「所有聖經或神聖典章皆犯如下之錯誤：

1. 認為人有真正兩個存在的對立原則——卽肉體與靈魂。
2. 認為能量稱之為惡，獨自來自於肉體，而理性，稱之為善獨自來自於靈魂。
3. 認為上帝永遠折磨人類，因為他遵從他的能量。

下面才是真確：

1.人之肉體與靈魂不能絕然劃分，所謂肉體乃靈魂一部份，以五種感官顯現，乃靈魂主要出口。

2.能量為惟一的生命，來自肉體；而理性乃能量之外圍界線。

3.能量是永遠的喜樂。(註二三)

從上面的引文，我們可以看出布雷克藉着「魔鬼之聲」來顚覆瓦解以「上帝之聲」所代表的統治意識形態的獨尊唯一。獨一無二的聖經（The Bible）變爲多數了（All Bibles）。肉體／靈魂分開的二元對立建構，被瓦解了，尤其是從正統的意識形態——人要遵從理性，理性才是本源，倒轉顚覆爲人要追求能量，能量才是生命，從永遠的折磨倒轉爲永遠的喜樂。在〈地獄的格言〉（Proverbs of Hell）中，布雷克更對代表官方意識形態而被一般人習以爲常的觀念看法，提出質疑，揶揄，戲謔與嘲弄。我略擧幾個例子如下：

過量之路途將引你進入智慧之殿堂。

謹愼為一富有的醜老處女被無能追求着。

監獄乃以法律的石頭建立的，而妓院為以宗教的磚塊建造的。

山羊的好色乃上帝的豐富。

獅子的憤怒是上帝的智慧。

女人的裸露為上帝之傑作。

過多逸出就是美。（註二四）

我們很清楚地看出布雷克企圖藉着〈地獄的格言〉來逾越、顛覆傳統聖經等正統論述所灌輸的意識形態，例如，他提出對正統要求謹愼謙恭的質疑與嘲弄，並讚美傳統宗教所要摒棄的貪色、憤怒、肉慾因此這些禁忌被倒轉顚覆，而呈現另一個相對立的（antithetical other）觀念。從傳統的「謙受益，滿招損」逾越顛覆爲「過多逸出就是美」。

而巴赫汀更認爲一個反意識形態（counter-ideology）對統治意識形態（ruling ideology）之逾越顚覆，往往以「嘉年華會」倒轉嘲諷方式表示。爲了暫時掙脫官方語言論述的壓抑，民間論述就利用嘉年華會來戲謔嘲弄正統價值觀，將之倒置逾越，揶揄嘲笑一番。布雷克在《天堂與地獄之結合》也有一幕如此「嘉年華會式」（carnivalesque）的描寫。魔鬼與天使約定要看雙方未來的命運，先看魔鬼未來的下場，在很艱辛的爬過一個彎曲的山洞，他們來到一處地方，無盡的天空就在他們底下，他們抓住樹根，倒懸於空中，而天使吊在一個香菇底下，香菇也倒置於空中，黑色而發亮的太陽就在他們下面遠處，這種上下顚倒的嘉年華式的描寫，即暗示嘲諷地獄的情景，乃正統意識形態顚倒是非的看法。如天使倒懸於香菇之下。而輪到他們去看天使的未來，布雷克更把天堂描寫成一個集荒謬怪誕大成的嘉年華世界：

不久我們看到馬廄，與教堂，然後我帶他上祭壇，打開聖經，你看，有個深洞，我就驅趕着天使往下走。不久我們看見七個磚房，我們進入一間；裏面有許許多多各種各類的猴子，狒狒；

中間綁着鐵鏈，互相咧嘴而笑，或觸抓一下，因鐵鏈短而不能近身；然而，有時候我看到他們變成很多，然後強者抓住弱者，一邊咧嘴傻笑，一邊先交配再吞食而下；將四肢一一扯下，直到身體剩下一個無助的軀幹；然後再戲謔的笑，吻着，再吞食下去；這裏那裏我看見他們津津有味地吃着自己尾巴的肉，這種惡臭令我們受不了……。」(註二五)

Julia Kristeva 也指出：「嘉年華會向上帝權威，社會法律挑戰；由於其爲對話的，因此也是反抗的(rebellious))」(註二六)，而布雷克在他的象徵醜惡的《經驗之歌》的部份，也有好幾首詩深具社會抗議的色彩，頗具有顛覆的力量(subversive force)；茲舉例如下：

"Because I was happy upon the heath,
And smil'd among the winter's snow;
They clothed me in the clothes of death,
And taught me to sing the notes of woe.

"And because I am happy, & dance & sing,
They think they have done me no injury,
And are gone to praise God & his Priest & King,
Who make up a heaven of our misery." ("The Chimney Sweeper" Lines 5-12)

因為我在草原快樂，
在雪地微笑；
他們把我穿上死亡的衣服，
教我唱淒楚的哀歌。

「因為我快樂，舞蹈歌唱，
他們以為對我沒有造成傷害，
而去讚美上帝以及神父以及國王，
這些人就構成我們痛苦的天堂。

在這首〈掃煙囪小孩〉的詩中，布雷克强烈的指控嘲諷統治意識形態——即大人（父母），宗教，政府——的僞善與壓迫，以及對弱勢意識形態（小孩）的天眞善良之欺壓荼毒。洩露出統治意識形態的「保護」——即詩中第七行的要小孩穿衣（clothe）——與「教導」——第八行教小孩歌唱——的欺詐虛僞，帶給他們不是幸福快樂，反而是淒慘死亡。强烈諷刺上層階級所宣揚的「天堂」却是下層百姓痛苦的來源。這種對以正統宗教所代表的統治意識形態的諷刺與抗議，在下面這首〈愛的花園〉（The Garden of Love）也可以很清楚地看出來：

And I saw it was filled with graves,
And tomb-stone where flowers should be;
And Priests in black gowns were walking their rounds,
And binding with briars my joys & desires. (Lines 9-12)

我看見它充滿了墳墓
墓碑立在以前開花的地方
神父穿着黑色長袍在巡視
並用荊棘將我的喜悅與慾望綁住。

布雷克在這首〈愛的花園〉中强烈指控，從前是開着甜美鮮花的快樂花園，自從建立教堂之後，却變成一座死亡的墳場。穿着黑色長袍的神父像死神般到處巡視，將人的慾望壓抑限制，將人的喜悅也摧毀了。這種對統治意識形態的迫害最强烈的抗議批判，對下層被迫害意識形態受荼毒最具震憾的描述當推這首〈倫敦〉(London)爲代表：

In every cry of every Man,
In every Infant's cry of fear,
In every voice, in every ban,
The mind-forg'd manacles I hear:

How the Chimney-sweeper's cry
Every blackning Church appalls,
And the hapless Soldier's sigh
Runs in blood down Palace walls.

But most thro' midnight streets I hear
How the youthful Harlot's curse
Blasts the new-born Infant's tear,
And blights with plagues the Marriage hearse. (Lines 5-16)

在每個人的每個哭泣，
在每個嬰兒恐懼的哭泣，
在每個聲音，每個禁令，
我聽到桎梏人心的枷鎖：

掃煙囪小孩的哭聲，
多麼令每個逐漸變黑的教堂顫慄；

不幸士兵的嘆息，
化為一道鮮血流下王宮的城牆。
而在大部份午夜的街道我聽見，
雛妓大聲的咀咒，
毀滅新生嬰兒的淚眼，
婚禮在瘟疫的肆虐下變為送葬的靈車。

因此我們可以很清楚地看出：醜惡的否定力量，根據阿多諾，具有抗議與批判的作用，同時也彰顯出正統意識形態的偽善與壓迫的漏洞；另一方面，這種醜惡的力量在布雷克的詩中也企圖逾越、顛覆正統意識形態所要壓制的禁忌，尋求受壓抑慾望的掙脫，呈現一個敵對的他方(radical other)。（註二七）而性乃是統治意識形態最大的禁忌，而布雷克即在他的〈生病的玫瑰〉這首詩中企圖打破這種禁忌，呈現一個替代的另一（alternative other）：

The sick Rose

O Rose, thou art sick.
The invisible worm
That flies in the night

In the howling storm
Has found out thy bed
Of crimson joy,
And his dark secret love
Does thy life destroy.

生命的玫瑰

啊玫瑰，你病了
那隻看不見的，蟲
飛在暗夜
在狂嘯的暴雨中
已找到你的床
那充滿腥紅的喜悅
然後他幽暗神秘的愛
將你的生命摧毀

而這首詩可以和前面的〈老虎〉(The Tyger)一起來看，布雷克在此一方面對這種能量的毀滅性感到恐懼，另一方面也對這種潛在的慾望所展現的生命力感到無比的讚嘆。

結語

根據阿多諾的「否定辯證」美學理論，醜惡爲任何文學藝術所具有潛在否定的力量，因此美／醜在本質上有其潛在的不可確定性，美／醜在美學上的二元對立有其欲蓋彌彰的破綻，因此文學藝術背後意識形態的抗衡運作是值得考慮的因素，而布雷克在《天眞與經驗之歌》中以田園／反田園的寫作模式來表達美／醜的美學理念就具有相當濃厚的意識形態運作的色彩。而巴赫汀的「對話理論」更讓我們看出美／醜在本質上已潛在滲入另一個對立回應的聲音，因此本質上的交雜編造，使得美／醜二元對立關係完全崩潰、解構，而凸顯美學範疇之外，相對意識形態抗爭的力量。並且巴赫汀「嘉年華會」的理念，使我們更清楚看到布雷克在《天堂與地獄之結合》中利用醜惡抗爭與顚覆正統意識形態的作用，在嘉年華化中，代表美的統治意識形態被戲謔嘲笑，翻轉倒置。因此醜惡所代表的反統治意識形態，即被付與抗爭批判的作用，尤其是企圖釋放被壓抑的慾望，建立一個替代的另一(alternative other)，因此本文認爲或許這些純美學之外的意識形態運作因素的考慮，是值得參考的。

【附　註】

註一　AnnJefferson and David Robey, eds., *Modern Literary Theory* (Totowa, New Jersey: Barnes & Noble, 1986), p. 189.

註二　Ibid., p. 190.

註三　Theodor Adorno, *Aesthetic Theory* (N. Y.: Routledge & Kegan Paul, 1984), pp. 14-18.

註四　Ibid., 17.

註五　Hazard Adams & Leroy Searle, eds., *Critical Theory Since 1965* (Tallahassee: Florida State UP, 1986), p. 232.

註六　Ibid.

註七　Adorno, p. 70.

註八　Adams, p. 233.

註九　Adorno, p. 72.

註一〇　M. Keith Booder, "Beauty and the Beast: Dualism as Despotism in the Fiction of Salman Rushdie", *ELH* 57. 4 (winter 1990), p. 989.

註一一　G. Douglas Atkins & Laura Morrow, eds., *Contemporary Literary Theory* (Amherst: U of Massachusetts P., 1989), p. 219.

註一二 Ibid.

註一三 M. H. Abrams, ed., *The Norton Anthology of English Literature* vol. 2 5th ed., (N. Y.: W. W. Norton, 1986), p. 30.

註一四 Harold Bloom, *The Visionary Company* (Ithaca: Cornell UP, 1971), p. 33.

註一五 Ibid., pp. 33-34.

註一六 Abrams, p.31.

註一七 Ibid., p. 26. 本論文所有討論布雷克的詩皆出自本版本。

註一八 本論文所有布雷克詩之中譯皆本人自譯。

註一九 Bloom, p. 39.

註二〇 David Simpson, "Recent Studies in the Nineteenth Century", *Studies in English Literature* 30 (1990), p. 732.

註二一 Abrams, p. 61.

註二二 Ibid.

註二三 Ibid., pp. 61-62.

註二四 Ibid., pp. 63-65.

註二五 Ibid., p. 69.

註二六 Booder, p. 993.

註二七 Paul Youngquist, "Criticism and the Experience of Blake's *Milton*", *Studies in English Literature* 30 (1990), p. 567.

※本文作者黃逸民教授任教於淡江大學英文系。

阮籍〈樂論〉的美學意義

高柏園

一、前言

阮籍〈樂論〉的美學意義，實卽在突顯一形上美學的理論系統。這樣的理論系統雖然並沒有被阮籍明顯地理論化，然而其〈樂論〉却頗能支持吾人以一形上美學理論詮釋之。易言之，本文之主要目的，乃在通過後設美學及形上美學之角度，重新整理，展示阮籍〈樂論〉的美學意義。此中，吾人之論述重點，自然是以形上美學爲中心，然而，此種形上美學之所以可能，却也有其現實之機緣，以及其生命實踐之要求爲其動力。是以阮籍身處時代之混亂、人心之虛僞、禮教之僵化，誠然呈現出阮籍所以抗拒現實的時代背景。只是如果缺乏一份生命理想之要求，則其面對現實之種種，也不必有其欲加以超拔的動力，因此，阮籍早年的經世之志，實卽對此理想要求，提供了絕佳的說明。同時，吾人也由此而能進一步分析美與價値自覺間的關係。

另一方面，這種理想要求顯然是希望得到實現的，這也就是〈樂論〉的社教意義，進而發展出其對正樂、雅樂、淫聲等的批評。然而，無論是理想的實踐要求，抑或是現實政教的落實，其實都是以形上美學爲其理論基礎，而此種形上美學無疑也是一套世界觀、價値觀的反映。由是追溯，則吾人便不得不討論美的獨立性與價値性問題，此卽構成本文反省與展望部分，也是對阮籍〈樂論〉系統外之反省與開發。

二、樂論的基本用心—經世之志

㈠實踐的優先性

《晉書，阮籍傳》載：

籍本有濟世志，屬魏晉之際，天下多故，名士少有全者，籍由是不與世事，遂酣飲為常。（註一）

卽就〈樂論〉而言，其內容固在對音樂做一形上美學之討論，然其最後之用心，却仍在其移風易俗的社會教化功能。易言之，經世之志實在是阮籍〈樂論〉所以出現的根本動力。而此中所透顯之意義，正是實踐在〈樂論〉中的優先性。觀〈樂論〉中屢次鄭重引述聖人作樂之意，皆不外在重申樂之教化功能及社會意義，此意無他，卽是强調實踐之優先性。尤有進者，此種實踐之優先性，更是以道德爲首出。如〈樂論〉所云：

昔者聖人之作樂也，將以順天地之性，體萬物之生也。故定天地八方之音，以迎陰陽八風之聲。均黃鍾中和之律，開羣生萬物之情氣。故律呂協則陰陽和，音聲適而萬物類。男女不易其所，君臣不犯其位。四海同其觀，九州一其節。奏之圜丘而天神下降，奏之方岳而地祇上應。

天地合其德，則萬物合其生。刑賞不用，而民自安矣。

乾坤易簡，故雅樂不煩。道德平淡，故無聲無味。不煩，則陰陽自通。無味，則百物自樂。日遷善成化而不自知。風俗移易，而同於是樂。此自然之道，樂之所始也。（註二）

顯然，阮籍的〈樂論〉乃是以道德意義做為音樂之價值與意義之最後判準。根據這種判準，生命的和諧乃成為音樂的主要意義與基礎，而生命的和諧無疑正是人類試圖通過道德所欲成就之目的所在。蓋吾人乃是通過道德的禮樂，對吾人之自然生命加以合理之安頓，以避免其間之衝突，並達到生命存在之和諧。尤有進者，當人在道德世界中達到自我生命之和諧、人我生命之和諧的同時，實卽也正是表示人與天地萬物之和諧。由是而有大人與天地合德等等的修養境界與形上意義。也正是因此基礎，〈樂論〉才能通過和諧而使音樂與人、音樂與天地萬物之間，達成一種價值論與形上學的完美結合。卽由此義而言，阮籍的〈樂論〉顯然是以儒家精神展示了音樂的意義，而相背反於道家自然之思想特色。（註三）

然而，卽在我們將阮籍的〈樂論〉安置在如此地位的同時，却也引發出一些可能的質疑。蓋阮籍若果眞以儒家精神展示〈樂論〉之意義，則阮籍在〈大人先生傳〉中對儒家的批評，以及其對世俗禮法之抗拒，此種言行又如何能與其〈樂論〉中的儒家精神相融通呢？關此，我們可以有二點簡單的說明。

(1)〈大人先生傳〉中對儒者之批評與〈樂論〉中的儒家思想並非排斥關係，吾人不能因為〈大人先生傳〉中對世俗禮教之批評，便認爲其必然與儒家精神相違。何以故？以儒家思想中原本就有濃厚的反省批判精神。孔子通過仁、義、禮等觀念，重新安頓禮樂的意義，所謂「損益之道」正是一種批判與創造同步的精神。（註四）我們可以說，阮籍在〈大人先生傳〉中所批判的對象，乃是一種僵化於禮教中的俗儒，非但與其〈樂論〉中之聖人君子有別，同時，此種俗儒的僵化其實也是儒家本身所批判的對象。即就此義而言，阮籍的〈樂論〉與〈大人先生傳〉的衝突其實是可以消解的。

⑵另一方面，吾人固然可以就前所說而消解〈大人先生傳〉與〈樂論〉之衝突，然而，阮籍對此種僵化的時代及其人物之批評，又有其特有之方式，此方爲吾人眞正値得留意之處。簡言之，阮籍對於這樣衝突之回應，並沒有採取一種理論上的消解與安頓，反而是通過一種生活行爲加以抒發。而這樣的一種特殊方式，我們實在可以從其時代的客觀性與性情的特殊性中找到一些理由。

㈡時代的客觀性與性情的特殊性

即就《晉書，阮籍傳》中之描述可知，阮籍的時代乃是一個黑暗而混亂的時代，也是一個理想抱負無法伸展的時代。這對一個懷有理想的知識分子而言，無疑是一個極大的限制與悲劇。然而就儒家而言，孔子早已在回答隱者的話中表明了義與命的分立，以及即命顯義的精神。（註五）因此，即使是一個知其不可的時代，也可以有其相應的分位，而使其價值與意義得以伸張，此即儒者知其不可而爲之的坦蕩與灑然。今阮籍雖有經世之志，但是他却沒有通過儒家的方式來回應，反是藉着「酣飲爲常」的方式來逃避。由此看來，時代環境的差異並不足以充分決定吾人對其時代回應之態度。也因此，吾人便可由時代的客觀性，更進而轉至其個人性情之特殊性，以做爲阮籍生命特殊性之說明根據。

關於阮籍性情之特異，可由以下記載中略窺一二：

性至孝。母終，正與人圍碁。對者求止，籍留與決賭。旣而飮酒二斗，擧聲一號，吐血數升。及將葬，食一蒸肫，飮二斗酒，然後臨訣，直言窮矣。擧聲一號，因又吐血數升。毀瘠骨立，殆致滅性。

裴楷往弔之，籍散髮箕踞，醉而直視。楷弔喭畢，便去。或問楷：凡弔者，主哭，客乃為禮。籍旣不哭，君何為哭？楷曰：阮籍旣方外之士，故不崇禮典。我俗中之士，故以軌儀自居。時人嘆為兩得。籍又能為青白眼。見禮俗之士，以白眼對之。及嵇喜來弔，籍作白眼。喜不懌而退。喜弟康聞之，乃齎酒挾琴造焉。大悅，乃見青眼。由是禮法之士疾之若仇。而帝每保護之。

籍嫂嘗歸寧，籍相見與別。或譏之。籍曰：禮豈為我設耶？鄰家少婦，有美色。當壚沽酒，籍嘗詣飲，醉便臥其側。旣不自嫌，其夫察之，亦不疑也。丘家女有才色，未嫁而死。籍不識其父兄，徑往哭之，盡哀而還。其外坦蕩而內淳至，皆此類也。

時率意獨駕，不由徑路。車跡所窮，輒痛哭而反。嘗登廣武，觀楚漢戰處，歎曰：時無英雄，使豎子成名。……

嘗於蘇門山，遇孫登。與商略終古，及栖神道氣之術。登皆不應。籍因長嘯而退。至半嶺，聞有聲若鸞鳳之音，響於巖谷。乃登之嘯也。遂歸著大人先生傳。……子渾、字長成。有父風。少慕通達，不飾小節。籍謂曰：仲容已預吾此流，汝不得復爾」。（註六）

此中，無論是守母喪、哭鄰女、與嫂別、青白眼等，都表現出阮籍性情之特異。我們可以說，愈是有理想的生命，愈不安於人間的醜陋與罪惡，於是對此醜陋與罪惡，也就有其特別强烈的抗拒。因此，阮籍性情的特異，似乎也正反映了他內心理想性的强烈。此或即《晉書，阮籍傳》謂其「外坦蕩而內淳至」之原因所在。然而，阮籍這樣的反應却也不是沒有缺陷的，其中尤爲重要者，即是有「惡惡喪德」的危機。（註七）簡言之，由禮樂的僵化所產生的罪惡固然是該批判，但是禮教原本安頓人生的用心與精神却不可否定。否則便是利用了另一種錯誤取代了原有的罪惡，而直接背反於當初濟世之用心。

因此，關於阮籍的〈樂論〉與其〈大人先生傳〉中所可能隱含的衝突，吾人其實可以由承認阮籍生命中的衝突性中得到解答。易言之，阮籍原本有其經世之志的理想，然而受制於時代背景之特殊，是而無法伸張，於是轉而以嗜酒及特異行止抗拒時代的黑暗。而阮籍的〈樂論〉正是其生命理想性的綻露，也是其心平氣和的眞實心聲。觀〈樂論〉全文不見激越不平之氣，卽可見其一斑。而其教子以禮所表現出之諄諄之情，亦其眞情之流露也。（註八）

總之，吾人由〈樂論〉對聖人立教之義的鄭重態度，即可見阮籍〈樂論〉乃是以成德之教化爲其主要之用心，此點亦爲一實踐優先的要求。唯此要求既無法得其應有之伸張，是以乃有其衝越禮教之表現，而此一方面是時代客觀因素使然，一方面亦發自於阮籍主觀生命性情之特殊。此義既明，則阮籍〈樂論〉中的形上美學，實即獲致最根本之理論特色，此即道德實踐之要求，由道德實踐無所不及之和諧要求，構成〈樂論〉以和爲天地萬物之體性的形上學意義。

三、樂論的理論結構—形上美學

㈠形上美學所以可能的根據

〈樂論〉一開始乃是引孔子語：「安上治民，眞善於禮；移風易俗，莫啓於樂。」而以設問之形式開始。其問題之重心乃爲一政教實踐之要求，也卽是設定在樂的教化功能上。然而，阮籍在此却不直接討論樂之教化意義及社會功能，反而首先提出一種形上美學的進路，而以樂做爲「天地之體，萬物之性」，而後再將聖人作樂及其體順萬物之根據立基於此。因此，聖人之以樂體順萬物乃是有其形上根據，此卽樂之和諧，此卽樂之形上義。而樂既做爲一美學之對象，是以此卽展現爲一形上美學之規模。關此，吾人首先可以追問的問題乃是：此種形上美學之根據何在？如何證成？

如果我們根據〈樂論〉而追問形上美學之根據及其證成之可能，其實也就是在問音樂的形上根據何在？如何證成？再進一步，亦卽是在問：「夫樂者，天地之體，萬物之性也」，此義之形上根據何在？如何證成？

即就音樂本身而言，其只是聲音之組合而爲萬物之一，其如何能有形上意義而爲萬物之體性？此問題之解答必須回到聲音與音樂之差別上說。誠然，音樂乃是聲音之組合，然而，音樂之爲音樂顯然異有於聲音，此中之差別卽在音樂乃是一組有意義的聲音。因此，音樂乃是以意義做爲其與聲音區別之根據。既然音樂乃是經由人之組合以表達意義，則其必然會涉及組合音樂之主體，更直接地說，也就是涉及音樂意義的賦與者—人，而音樂其形上意義也正是由人與意義爲中心而展開。（註九）

如前所論，音樂就其爲聲音而言，其只是萬物中之一，並不具有天地萬物之體性的資格。因此，阮籍將音樂視爲天地萬物之體性，當然也就不是就着聲音說，而必然是就着音樂的意義說。易言之，音樂之所以能做爲天地萬物之體性，乃是通過人與意義的參與而成立，也就是以人與意義的角度完成其形上美學。然而，人究竟又是通過音樂中的什麼意義，來做爲天地萬物的體性呢？阮籍指出，做爲天地萬物之體性的樂，其本質意義卽在「和」，所謂「聖人之樂，和而已矣。」既是和，因此，音樂之意義乃在通過聲音之形式表達「和」之意義。値得注意的是，無論是音樂的創造者抑或是接收者都是人，因此，「和」根本是對人而發，人是由音樂中得到和的陶冶。當人能在音樂中得到性情的陶冶而表現爲生命之和諧，則此時天地萬物便能在此和諧的生命中，呈現出豐富的意義與價値。因此樂之所以能爲天地萬物之體性，其實乃是通過人的意義而使得天地萬物呈現意義，就此而說其爲天地萬物之體性。阮籍謂聖人之作樂能使「天地合其德，則萬物合其生」，此卽表示聖人之樂乃是通過和，而使天地萬物各得其體性。此〈樂論〉云：

昔先王制樂，非以縱耳目之觀，崇曰房之嬿也。必通天地之氣，靜萬物之神也。固上下之位，定性命之真也。故清廟之歌，詠成功之績。賓饗之詩，稱禮讓之則。百姓化其善，異俗服其德。此淫聲之所以薄，正樂之所以貴也。

樂之所以能通天地之氣，靜萬物之神，固上下之位，定性命之眞者，以其能以和而動人心，所謂「樂平其心」，由人心之和而見天地萬物之和。更直接地說，則是由樂之和見人心之和，由人心之和見天地萬物之和，由天地萬物之和證成音樂之形上美學義，亦即是證道。「故達道之化者，可與審樂；好音之聲者，不足與論律也。」樂之爲樂，乃在其意義，在其和，也正是道之表現，而音聲不過道化之迹而已。由此看來，

……禮樂正而天下平。

又，

夫雅樂，周通則萬物和，質靜則聽不淫，易簡則節制令神，靜重則服人心，此先王造樂之脩也。

這些明顯的形上美學之宣稱，其形上之根據乃在人心之和上，由人心之和而見道之和、天地萬物之和。

顯然，這並不是一種神秘主義，因爲此時之「禮樂正而天下平」以及「雅樂，周通則萬物和」中

之「天下」及「萬物」，並不是以一種「物理對象」的身分對我們呈現，而是以一種生活世界中的內容對我們展開。因此，此中之天地萬物實即是在一價值秩序中獲得其存在的意義。當吾人生命通過樂之和而達心之和時，便是吾人生命價值意義最爲明顯之時，也正是天地萬物得其貞定而呈現價值與意義之時。所謂：「樂者，使人精神和平，衰氣不入；天地交泰，遠物來集；故謂之樂也。」《中庸章》所謂：「誠者，物之終始，不誠無物。」正可與此義相發明。(註一〇)

此義既明，則樂的形上美學之可能根據無他，即是人心之和，也正是人對價值與意義的安頓要求使然。而既是對生命價值及意義之安頓，因此，也就要通過日常生活的具體情境中呈現，此即由生活實踐而給與此種形上美學以充分的證成，此所以阮籍之〈樂論〉，乃處處以聖人爲中心。蓋無論人心之和抑或是由生活實踐以證成此中之形上義，無不是以聖人爲最終、最圓滿之標準也。行文至此，阮籍〈樂論〉中的形上美學之根據及其證成，當已得到初步地展示。

(二)「和」的統一性與客觀性

如果禮樂乃是基於生命實踐之要求而被建立，而生命實踐乃是以安頓、成就吾人生命爲重心，則禮樂自然也就是一種傳達意義的形式，而吾人由此種形式之運作，而完成生命成德之安頓。此中，禮樂用以成德之意義固然相同，然其具體存在之方式則有異。蓋禮乃是通過結構與形式來完成對人的規範與節制，其重在分別；而樂則是通過情感的和諧，進而達到潛移默化的功能，其重在和諧。此〈樂論〉云：

刑教一體，禮樂外內也。刑弛，則教不獨行。禮廢，則樂無所立。尊卑有分，上下有等，謂之禮。人安其生，情意無哀，謂之樂。車服旌旗，宮室飲食，禮之具也。鐘磬鞞鼓，琴瑟歌舞，樂之器也。禮踰其制，則尊卑乖。樂失其序，則親疏亂。禮定其象，樂平其心。禮治其外，樂化其內。禮樂正而天下平。

此外，禮樂既是做爲成德之形式，而人的成德又必然是在一社會中完成，則此形式必須有其相應之客觀性與統一性，以做爲彼此溝通、了解之客觀基礎。〈樂論〉云：

故聖人立調適之音，建平和之聲，制便事之節，定順從之容。使天下之為樂者，莫不儀焉。自上以下，降殺有等。至於庶人，咸皆聞之。歌謠者，詠先王之德。頫仰者，習先王之容。器具者，象先王之式。度數者，應先王之制。入於心，淪於氣。心氣和洽，則風俗齊一。聖人之為進退頫仰之容也，將以屈形體，服心意，便所修，安所事也。歌詠詩曲，將以宣平和，著不逮也。鐘鼓所以節耳，羽旄所以制目。聽之者不傾，視之者不衰。耳目不傾不衰，則風俗移易，莫善於樂也。

〈樂論〉所云之上下的等差，風俗的齊一，無不表示出樂做爲表達意義之形式的統一性與客觀性意義，而此也正是基於實踐之要求而有之者。另一方面，則此形式之統一性與客觀性，其眞正之根據乃是基於道的統一性與客觀性，也就是價値的統一性與客觀性，通過統一性與客觀性，我們避免了因多元而產生的可能衝突。〈樂論〉又謂：

故八音有木體，五聲有自然。其同物者，以大小相君。有自然，故不可亂；大小相君。故可得而平也。若夫空桑琴，雲和之瑟，孤竹之管，泗濱之磬，其物皆調和淳均者，聲相宜也。故必有常處，以大小相君。應黃鍾之氣，故必有常數。有常處，故其器貴重。有常數，故其制不妄。貴重，故可得以事神。不妄，故可以化人。其物係天地之象，故不可妄造。其凡似遠物之音，（此句不明），故不可妄易。雅頌有分，故人神不雜。節會有數，故曲折不亂。周旋有度，故頫仰不惑。歌詠有主，故言語不悖。導之以善，綏之以和，守之以衷，持之以久。散其羣，比其文，扶其天，助其壽。使去風俗之偏習，歸聖王之大化。先王之為樂也，將以定萬物之情，一天下之意也。故使其聲平，其容和。下不思上之聲，君不欲臣之色。上下不爭而忠義成。

此中之「常處」、「常數」，無不重在一客觀義與統一義之表現，此其所以爲貴重，爲不妄，而足以爲一客觀標準者。(註一一)值得注意的是，此中之常處、常數，其重點並不在此中之處與數果爲如何，而在其「常」義上，而此常處、常數之所爲貴、爲重，也在其爲常。進而言之，則此中之常實卽其中之和，以此常爲和，是以爲貴、爲重。果如此，則樂做爲形上原理而具有之統一性與客觀性，其基礎乃在道之客觀性與統一性，亦卽在其和。易言之，樂乃是以其和，而呈現其客觀性與統一性，以及其做爲一形上原理之根據。也因此，樂之形式本不必拘泥，其形式之意義端視其能否展示其中之和，而樂的形式之多變，實不必影響樂之和，亦不必破壞其客觀性與統一性。此〈樂論〉云：

然禮與變俱，樂與時化。故五帝不同制，三王各異造。非其相反，應時變也。夫百姓安服淫亂之聲，殘壞先生之正，故後王必更作樂，各宣其功德於天下。通其變，使民不倦。然但改其名目，變造歌詠。至於樂聲，平和自若。故黃帝詠雲門之神，少昊歌鳳鳥之迹。咸池六苦之名既變，而黃鍾之宮不改易。故達道之化者，可與審樂。好音之聲者，不足與律也。

此卽指出樂之形式之多元性，並不影響樂之統一性與客觀性，卽不影響其做爲形上原理之和諧。樂既是重在和諧，則樂不必繁，此卽雅樂之所以簡易。

㈢和諧原理的落實

樂以和爲平，是以形式只是相應之迹，而儘可容受種種之多元性。然而，阮籍却又認爲形式似乎亦有一標準，而並非完全相對而多元。

夫鍾者，聲之主也。縣者，鍾之制也。鍾失其制，則聲失其主。主制無常，則怪聲並出。盛衰之代相及，古今之變若一。故聖教廢毀，則聰慧之人，並造奇音。

又，

自後衰末之為樂也，其物不真，其器不固，其制不信。取於近物，同於人間。（案：「人間」在此亦不辭）。各求其好，恣所存。閭里之聲競高，永巷之音爭先。童兒相聚，以詠富貴。芻牧負載，以歌賤貧。君臣之職未廢，而一人懷萬心也。

此中明白表示形式之確定性。果如此，則其似與前文之所論有所不同。其實，我們必須注意的是無論音樂之形式在原則上可以容受多少的多元性，其一旦落實在現實人間，則其不可能是以一種抽象的可能形式出現，而必然是以某一種具體形式出現，而此形式也就在當時具有客觀性與統一性。即就此義而言，則阮籍自然亦無法逃離其具體之現實性以及因其現實性而帶來之相對性限制，此即其所以仍以鍾爲聲之主，以縣爲鍾之制。阮籍此說只是表現其時代之特殊性，而不必據此否定本文先前之所論。反之，阮籍之承認樂之與時化，其實正是顯示樂之特殊性，以期融通樂之一與多之間之和諧性。

四、〈樂論〉的政教意義

㈠正樂的社教意義

無論阮籍在〈樂論〉中對音樂的形上意義做了如何的展示與開發，其主要之用心顯然不是放在美學形上意義的探索，而是落在具體政教的社會實踐。吾人由其一再對聖人作樂之意的鄭重說明，當可證成此實踐之優先性與重要性。既是重實踐，尤其是落在社會的政教上，則必須提出相應之評價標準，以做爲實踐方向之參考。而此標準即顯示在對正樂、雅樂、淫聲之說明與批判上。〈樂論〉云：

> 夫正樂者，所以屏淫聲也。……夫雅樂，周通則萬物和，質靜則聽不淫，易簡則節制令神，靜重則服人心。此先王造樂之意也。

依〈樂論〉，雅樂之爲雅樂自有其形上原理，此即乾坤之易簡，是以雅樂不煩。然而吾人亦可由其現實影響上加以確定，此即由其通陰陽、遷善成化及移風易俗上判斷。蓋吾人誠可由其形上原理

——和，來判斷雅樂之爲雅樂，唯就現實政教而言，吾人更可由其移風易俗之成效上來判斷。而其所以如此者，實有二義可說，其一乃是因爲能否移風易俗乃是顯而易見，而適於一般人之判斷也；另一則爲正樂之所以被强調，顯然是相應於正樂不彰的時代，而這也正是阮籍〈樂論〉的時代背景。〈樂論〉：

其後聖人不作，道德荒壞。政法不立，智慧擾物。化廢欲行，各有風俗。故造始之教謂之風，習而行之謂之俗。楚越之風好勇，故其俗輕死。鄭衛之風好淫，故其俗輕蕩。輕死，故有蹈火赴水之歌。輕蕩，故有桑田濮上之曲。各歌其所好，各詠其所為。歌之者流涕，聞之者歎息。背而去之，無不慷慨。懷永日之娛，抱長夜之歎。相聚而知之，羣而習之，靡靡無已。棄父子之親，弛君臣之制。遺室家之禮，廢耕農之業。忘終身之樂，崇淫縱之俗。故江淮之南，其民好殘。漳汝之間，其民好奔。吳有雙劍之節，趙有扶琴之客。氣發於中，聲入於耳。手足飛揚，不覺其駭。好勇則犯上，淫放則棄親。犯上則君臣逆，棄親則父子乖。乖逆交爭，則患生禍起。禍起而意愈異，患生而慮不同。故八方殊風，九州異俗。乖離分背，莫能相通。音異氣別，曲節不齊。

此段引文明顯地指出風俗之爲輕、爲蕩，乃在於生活規範的喪失，進而導致了生命的矛盾、衝突與痛苦。吾人固可謂此輕蕩之風俗乃因其不合於雅樂之簡易平正，然另一方面，吾人亦可由其敗世亂俗中得到說明。卽就阮籍〈樂論〉而言，則音樂以和爲形上原理固爲一義，然其重心仍在移風易俗之政教義與實踐義也。此阮籍云：

> 昔先王制樂，非以縱耳目之觀，崇曲房之嬿也。必通天地之氣，靜萬物之神也。固上下之位，定性命之真也。故清廟之歌，詠成功之績。賓饗之詩，稱禮讓之則。百姓化其善，異俗服其德。此淫聲之所以薄，正樂之所以貴也。

雅樂之實踐義既是如此强調，是以其屛淫聲其實也正是就社教意義上說，由阮籍處處重申聖人正樂之意義看來，其眞正之用心並不在於對音樂本身的討論，自然也就不是一種純粹美學的討論。唯其在强調實踐義及社教義的優先上，仍有其形上的理論基礎，此卽是以「和」爲形上原理的形上美學系統。這樣的形上美學系統，提供了阮籍藉和以平天下，而主張樂爲天地萬物之體性。我們可以說，阮籍對實踐義及社教義的要求與强調，的確展示了他的經世之志及其對時代的實感；另一方面，則其形上美學的思想，又突顯出整個魏晉玄學的形上特色。理論與實踐的結合，形上與形下的通貫，表現出阮籍生命的高貴性。平宗三先生謂〈樂論〉爲阮籍心平氣和之作，亦可在此得到印證。

㈡對「以悲爲樂」的批評

如果音樂乃是通過生命的和諧來安頓吾人之生命，則生命的和諧自是生命之大樂之所在。是以音樂之正乃在其能獲得生命之喜樂，此卽所謂善樂。而「以悲爲樂」者，乃是全然爲滿足一偏之感情而爲樂，是以其於喜則愈喜，於悲則愈悲，過喜則失於輕蕩，過悲則流於淫靡，皆非生命之和，亦非音樂之正。卽使此音出自絲竹，發於歌咏，苟失其和，亦非善樂。此〈樂論〉云：

夫是謂以悲樂者也。誠以悲為樂，則天下何樂之有？天下無樂，而有陽陰調和，災害不生，亦已難矣。樂而使人精神平和，衰氣不入，天地交泰，遠物來集，故謂之樂也。今則流涕感動，嘘唏傷氣，寒暑不通，庶物不遂，雖出絲竹，宜謂之哀。奈何俛仰嘆息，以此為樂乎？昔季留子向風而鼓琴，聽之者泣下沾襟。弟子曰：美哉鼓琴！亦已妙矣！季流子曰：樂謂之善，哀謂之傷。哀為哀傷，非為善樂也。以此言之，絲竹不必為樂，歌詠不必為善也。

值得注意的是，人有悲歡離合，悲與喜誠爲吾人生命中不可免之內容。因此，正樂之中亦有以安頓此悲情者。唯此中對「以悲爲樂」的批評，乃是就其失和而言，而其所以失和乃在其情之非正。如人之無憂而聆樂以悲，則是縱其悲而失其生命之和，此所以「以悲爲樂」之不足也。(註一二)尤有進者當吾人一任自身沉溺於一己之縱情之中，則生活之日常內容必受影響，是以整個社會及國家亦必受影響，此即「以悲爲樂」之所以亂國者也。所謂「咨嗟之音未絕，而敵國已收其琴瑟矣。」由此可知，阮籍對「以悲爲樂」的批評，除了就其喪失生命之和而論之外，更重在批評其對現實社會政治秩序之破壞上。

五、美的獨立性與價值性

(一)美的獨立性

有關美的獨立性，吾人可以由美的判斷之不可歸約性上說。易言之，美的判斷既不能歸為一種實然的認知判斷，亦不同於應然的價值判斷，它是一種獨立的欣趣判斷；它既不是以實然對象的認識為目的，亦不是以價值之取捨為要求，而是以一種欣賞的態度面對對象。既然美的判斷不可歸約為認知判斷或價值判斷，則其獨立性甚顯。也因此，阮籍在〈樂論〉中固然展示了形上美學的思想，也說明了音樂的社教意義，然而他畢竟不曾將美的獨立性明顯地展示出來。即就此義而言，我們可以說這也正是〈樂論〉中的一個缺陷。

然而我們也必須明白，前文雖由美的判斷之不可歸約性及其與其他判斷之差異，而證成美的判斷之獨立性，進而由美的判斷之獨立性證成美的判斷之對象——美亦有其獨立性。但是，這種獨立性並不表示美與其他存在無關，反之，美的判斷乃是與其他存在息息相關。蓋美的判斷乃由其判斷之主體——人來發動，而人的存在自身卽是一個「在世存有」（Being-in-the-world）（註一三）。他在進行美的判斷時，並不是以一個與世絕緣的孤立體去判斷，反之，他是在整個歷史背景、個人情境與對未來的設計等等的複雜條件下進行的。因此，美的判斷一如其他的認知判斷、價值判斷，都是有其存在的背景的。如果美的判斷與其判斷者所處之情境息息相關，而其判斷又會影響判斷者對其情境之掌握與了解，則美與世界間之關係顯然是互動的。也因此，阮籍謂樂能夠移風易俗，甚至以樂之和做為天地萬物之體性的形上原理，在此也就有了理論上的根據。同時，美的獨立性並不會和美與時代的互動性相衝突，因為時代的情境可以和美的判斷形成互動，但是並不表示時代的情境決定了美的判斷。現在問題是，美的判斷與時代情境互動間之關係又當如何安立？更確切地說，就是美的判斷是如何可能的？

㈡美的價值性

如前所論，美的判斷乃是與其判斷者之時代情境息息相關，唯雖相關而却非被決定，也因此，美的判斷乃有其獨立性可說。既有獨立性，也就表示美的判斷者乃是被肯定有某種的自覺與自由，否則便不足以說明其獨立性。既有自覺與自由，則其必不免要說明判斷時之動力及根據果爲何？易言之，人何以要做此判斷而不是不做此判斷？顯然，人既是可做可不做，則其所做必有其所以如此做之理由，因爲他是自覺而自由的。因此，無論其具體之理由爲何，吾人都能就價值感與重要感等概念說明之。亦卽，人之所以做如是之判斷，乃是源於人之重要感使然，人覺得如此判斷比如彼判斷重要或更有價值，是以選擇如此的判斷。如果此義能成立，則吾人可說，美的判斷之所以可能，乃由於人的價值感與重要感。然而人又何以要有此價值感與重要感？吾人只能說，此乃是因爲人以其有限者之身分而欲自我實現時，所不得不有之要求罷了。果如此，則美的判斷其所以可能之根據與動力，卽在人的價值感與重要感，更進一步說，卽是人的實踐要求。

此義既明，則阮籍處處以實踐優先性的角度處理〈樂論〉，却也是極爲中肯而深切的。而本文對〈樂論〉之討論也是從阮籍經世之志開始，亦莫不是在呼應阮籍對實踐的優先性之重視。此中，我們並不想把美學判斷歸約爲人的重要感或價值感，因爲人的重要感或價值感，並不等同於人的美學判斷。

然而，價値實踐對美的判斷所具有的優先性，却是本文所極力强調的。

六、結　論

所有的哲學家都是具體的存在，也都有其具體的存在背景，也因此，我們從阮籍的存在背景，了解他的經世之志的用心，以及其相應時代而有的種種反動。此中，我們並不是採取一種決定論的立場，而認爲人完全受其存在背景之決定，反之，我們認爲人在面對其存在背景時，實在有其自覺與自由抉擇的可能。當然！我們並不否認存在背景對哲學家的影響。因此，本文基本上認爲阮籍的〈樂論〉所表現出之濟世、莊重之精神，才是其眞正的面目，而〈大人先生傳〉乃是表現其莫可奈何的反動罷了。

經世之志既是阮籍內心的理想願望，則其〈樂論〉中的社教意義自然也是其眞正之用心。然而由樂而至經世濟民，其中却也有其理論上之根據，此卽其以和爲樂之本的形上美學理論。吾人可以說，阮籍的形上美學思想正是溝通樂與經世濟民間的重要橋樑，而爲吾人在進行美學探討時之興趣所在。

至於阮籍〈樂論〉中的形上美學，乃是通過道德實踐而呈現之境界義加以支持。易言之，樂之所以爲天地萬物之體性，乃是以樂之和爲基礎，而樂之和之所以能通天地萬物，實乃是由人之和而展現出之境界中所呈現之萬物之和上說。是以由樂和而人和，由人和而天地萬物和。顯然，此中之天地萬物不再是以一物理對象而呈現，而是以一價値世界之內容對吾人呈現，由此而使樂的形上意義得以充分證成。

至於阮籍〈樂論〉的可能缺陷之一，或即在其缺乏對美的獨立性之討論。唯阮籍之用心既在經世濟民，則自不必對美做獨立性之討論，何以故？以阮籍之用心畢竟在實踐，而不在思辯知識之討論也。

【註　釋】

註　一　唐、房玄齡《晉書》（北京：中華書局，一九七四年十一月）〈阮籍傳〉頁一三六〇。關此，亦可參見李澤厚、劉綱紀主編，《中國美學史》第二卷上，一九八七年七月，中國社會科學出版社，頁一五五—一五八。以及許杭生等，《魏晉玄學史》，一九八九年七月，陝西師範大學出版社，頁二四一—二四二。

註　二　關於〈樂論〉之原文，本文主要參考牟宗三，《才性與玄理》（臺北：學生書局，一九七五年十一月）以及陳伯君校注《阮籍集校注》（北京，中華書局，一九八七年十月）。本文再引之〈樂論〉原文，不再一一註明。

註　三　李澤厚《中國美學史》，頁一六五：「……阮籍的思想包含著儒家的仁愛精神和道家的自然無爲的理想的結合，前者的實現是以後者爲基礎的。因此，在阮籍的思想中，『自然』是根本性的概念。由此又產生了阮籍思想和儒、道相連，但又不同於儒、道的特徵。……與此相適應，阮籍的美學思想也是建立在『自然』這根本一概念的基礎之上的，並且也和儒、道兩方相通。從肯定儒家的仁愛和維護上下尊卑的關係來說，它通向儒，但同時又把仁愛和上下尊卑的關係的實現放到了道家所說的『自然』的基礎之上從而越出了儒家美學的藩籬。這可以阮籍的〈樂論〉爲代表。」

另外，在《中國美學史資料選編》（臺北：光美書局，一九八四年九月），上册，頁一四四之引言中則指出：「阮籍音樂思想的基本精神『和』。他認爲樂的產生和目的在於調和陰陽，娛悅鬼神，變化民俗調和上下。這種思想，繼承了儒家唯心主義的音樂美學，誇大了音樂對自然界、社會和人的精神的作用與嵇康的樂論形成了鮮明的對立。」

本文以爲，阮籍的〈樂論〉誠然是儒家精神的表現，因此，自然『並不是〈樂論〉的中心觀念。觀『自然』概念在在〈樂論〉中凡三見』「此自然之道，樂之所始也。」以及「故八音有本體，五聲有自然；其同物者，以大小相若。有自然，故不可亂；大小相若，故可得而平也。」前者之自然之道乃是承著乾坤易簡，道德平淡，遷善成化，風俗移易之不自知而說，此「自然」並無獨立之意義，更不是道家做爲天地萬物之本的「自然」。至於後者，《阮籍集校注》頁八六之注文曰：「本體，謂金、石、土、革、絲、木、匏、竹諸樂器。有自然，謂五聲之象法自然。」果如此，則「自然」亦不見其有道家之做爲本體論基礎之自然義。因此，即就〈樂論〉而言，則其主要精神乃爲儒家道德教化，而不是道家之「自然」。

另一方面，阮籍也不是「誇大了音樂對自然界、社會和人的精神作用」，而是通過一種形上美學，一種以實踐境界爲中心的形上學，來貫穿天地人我，它是將存有論立基於道德實踐的價值論上而展開的。

註 四 《論語，八佾》：「人而不仁如禮何？人而不仁如樂何？」，《論語，爲政》：「子張問：十世知也？

子曰：殷因於夏禮，所損益可知也，周因於殷禮，所損益可知也。其或繼周者，雖百世可知也。」又，《論語，八佾》：「子曰：周監於二代，郁郁乎文哉，吾從周。」

註五《論語，微子》：「……夫子憮然曰：鳥獸不可與同羣，吾非斯人之徒與而誰與？天下有道，丘不與易也。」又，「子路曰：不仕無義，長幼之節，不可廢也；君臣之義，如之何其廢之？欲潔其身，而亂大倫。君子之仕也，行其義也；道之不行，已知之矣！」

註六《晉書，阮籍傳》。頁一三六一

註七牟先生在《才性與玄理》，頁二八八—二九五中說明甚詳。今錄一段以明之。

沽酒少婦，以及兵家女等事，此皆表示阮籍爲一浪漫文人之性格，所謂酒色之徒是。晉書對此稱其「外坦蕩而內淳至」，實則只是浪漫文人之性格。雖不至有猥褻不潔處，然酒色之情不可掩也。「坦蕩」只是不避世俗之嫌疑，「淳至」只是浪漫文人之淳至。此中固有生命之眞摰處，吾人不能一概以風化律之。酒色之情不必盡壞。此足以表露「生命」一領域之眞摰與獨特。如生命如其爲生命，獨立自足而觀之，則生命有其獨立之眞處，亦有其獨立之美善處。此大都爲浪漫文人所表現之領域，卽「生命」之領域。……聖人設教，爲防一般庸衆之氾濫。縱欲敗度者不得借口。天下不皆有奇特之生命者。依此，生命固可欣賞，禮法亦有眞實。一個健康之文化，不摧殘生命，亦不橫決禮法。吾於此處，不貶視阮籍；但於其居母喪而現激憤之怪，則亦不予以稱許。蓋喪母之痛與哭少女之哀，本是兩種情也。在前者，禮與情是內在的融一：情之所在卽禮之所在。在後者，則可不是內在之融一：情之所在亦可不是禮之所在。然而阮籍究不是一個大生命，只是一浪漫文人之生命，故不能兩情俱得也。

註八　牟宗三，《才性與玄理》，頁三一二：「阮籍之樂論」，心平氣和之作也。其生活中之怪態與「大人先生傳」之作，則文人生命之激憤也。而其底子中實有一禮樂之生命。彼之所爲，亦不自認其必爲是也。戒其子阮渾曰：「仲容（其侄）已預吾此流，汝不得復爾」。居母喪，則怪，對其子，則平實。豈孝父母不如慈子女之切耶？戒其子之平實，是作「樂論」之生命也。居母喪之怪態，是作「大人先生傳」之生命也。本心終有一露，阮籍終非虛無黨。」

又，李澤厚，《中國美學史》第二卷，頁一六五—一六六：「從阮籍思想的發展來看，〈樂論〉寫作的年代雖然還難於確定，但可能是阮籍『濟世志』還比較强烈的時期的作品，儒家色彩很濃厚。

又，陳伯君，《阮籍集校注》，頁一〇四：「就此文（樂論）所懷理想而論，陳德文謂阮初非『放廢禮法，沈湎麴蘗』之流，其言頗當。此之理想，恐爲阮氏早期之思想；其後因格于現實，理想愈歸渺茫，故終于『放廢禮法，沉湎麴蘗』也。」

註九　李澤厚，《中國美學史》卷二上，頁一七〇：「『自然一體』、『萬物一體』，是阮籍對於物質世界統一性的一種深刻的、唯物的看法。」又，頁一七三：「阮籍就借助於他所說的『自然之道』，把儒家樂論沒有作出多少論證的『大樂與天地同和』的思想提到了哲學本體論的高度。和儒家樂論比較起來，阮籍所重視的不只是『樂』所具有的政治倫理道德的感染教育作用，而且更重視『樂』所達到的理想的精神境界，卽『自然一體』、『萬物一體』的境界，也就是消除了人與人之間的相互爭奪殘害，人的生命得到了合理健全發展的境界。這同時也就是阮籍所說的『和』的境界。」

關此，吾人可討論如下：

(1)『自然一體』、『萬物一體』對阮籍而言，不必是一種唯物的看法，尤其此種『自然一體』、『萬物一體』若是偏就道家說，則其非爲唯物的看法更爲明顯。

(2)卽就〈樂論〉本身而言，其中不曾出現『自然一體』、『萬物一體』之概念，反之，卽使有『自然一體』、『萬物一體』等觀念，其亦是由道德價值之『和』上說。

(3)〈樂論〉中處處强調君臣上下之分，並不是直接以『自然一體』、『萬物一體』爲重心，而乃是通過和而將上下差別納入一系統中，所謂「君子和而不同」，並不是一種素樸的「自然一體」。

註一〇　〈樂論〉云：「舜命夔與典樂，教胄子以中和之德也。」又，「聖人之樂，和而已矣。」又，「夫雅樂周通，則萬物和」，又，「樂者，使人精神平和，衰氣不入」。《中庸，首章》則云：「喜怒哀樂未發，謂之中，發而皆中節，謂之和。中也者，天下之大本也；和也者，天下之達道也。致中和，天地位焉，萬物育焉。」〈樂論〉之以「和」爲天地萬物之體性，正與《中庸》以中和爲天下之大本達道一致。

註一一　所謂「常處」，乃說明樂器之材必產於某地。而「常數」則是指樂器的規格大小。參見陳伯君，《阮籍集校注》，頁八六—八七。

註一二　敏澤，《中國美學思想史》（濟南：齊魯書社，一九八七年七月），第一卷，頁六七八：「從審美主體心理狀態處於憂傷者方面說，借音樂以抒哀傷，其音悲哀是一回事；從審美主體心理上並沒有憂傷情感體驗來說，以美好的音樂謂之悲樂，——這是一種時代風尚，這又是一回事。二者不可混同。從前者說，阮籍的批評『以哀爲樂』，『絲竹不必爲樂，歌咏不必爲善』等，完全是合理的；從後者說，由於阮籍不曾辨析二者之同異，混而論之，則又是顯得很隔膜的。」依此義，則阮籍之批評一方面區分了哀與音樂間之關係，而避免「以哀爲樂」的武斷；另一方面，則阮籍似乎不肯定美的獨立意義，此卽爲其〈樂論〉之限制之一。

註一三 Heiuegger, M.《Being and Time》, New YorK: Harper and Row, 1962，頁七九：「顯然，在世存有做爲人（Dasein 的情境而言是先天而必然的，但是它並不能完全決定人的存在。」易言之，人一定是存在於一個意義的世界中，而與世界交互影響、息息相關，但是人仍保有自由創造自身存在的可能性。

※本文作者高柏園教授任教於淡江大學中文系。

嵇康〈聲無哀樂論〉初探

林朝成

前言

嵇康〈聲無哀樂論〉（以下簡稱〈聲論〉）在中國古典美學的重要性近來有被重新評估的趨勢。（註一）大陸學者已能擺脫唯心、唯物僵化的觀念束縛，拿出理據，大膽批判前賢論點，掘發其深意。（註二）在這種學術氣氛下，共同研究探討〈聲論〉的美學意涵，為中國美學增添一條新路向，誠屬快事。

關於〈聲論〉的寫作意圖，曾春海先生認為嵇康並不真正反對儒家的音樂教化主張，其矛頭乃對準司馬懿集團的虛偽名教。（註三）敏澤先生也持同樣的主張：

> 嵇康的〈聲無哀樂論〉，實際上是嵇康投向司馬氏禮樂制政治的投槍。他之所以要力辯「聲無哀樂」，以至不顧自己有時不能自圓其說，原因很簡單，就是在嵇康看，司馬氏政權所制定的禮樂，所倡導的「名教」，實際上都不過是掩蓋他們屠戮異己，篡竊神器的幌子，是牛首其門，而狗肉其內。」（註四）

可是許抗先生卻認爲：「嵇康的文章雖然迂迴曲折，卻切中了曹魏的要害。」（註五）〈聲論〉是批曹魏或抗司馬，可由其寫作年代初步判定。據莊萬壽先生的研究，〈聲論〉寫於正始七年（二四六年）二十三歲前後（註六），其理由有三，改寫於下：（註七）

一、魏明帝曹叡之後，俗樂大行，明帝甚至質難高堂隆：「興衰在政，何樂爲也？化之不明，豈鐘之罪」，當時儒道之士皆有反應，劉邵作〈樂論〉，何晏作〈樂懸〉，阮籍更藉明帝責難之語，于〈樂論〉篇形成一問而長答的形式，主張音樂具有王政教化，導正風俗的功能。後來夏侯玄作〈辨樂論〉駁斥阮籍，嵇康也反對音樂本身可以移風易俗，或有哀、樂的作用，因此作文加入辯論。

二、何晏有〈聖人無喜怒哀樂論〉，王弼持不同意見，認爲聖人尚有五情以應物，只是神明茂於常人「神明茂故能體沖和以無通」，茂於神明卽聖人智慧不爲不造，順任自然，雖有哀樂而不累於外物。

由於以上兩者，嵇康加入正始期間湧現的社會思潮，作〈聲論〉。

三、〈聲論〉採取了漢人一問一答的辭賦或政論文的形式，再以名學來反駁對方構建己論，筆調順暢、冷靜，沒有情緒化作用，與晚期有老莊、仙道、激動、寂寥化的傾向不同，可信爲是早期，正始時的作品。

以上三個理由皆著重學術發展的內在理路。一、二兩點指出問題意識的焦點及該問題的時代位置，第三點確定〈聲論〉爲早期作品，與晚期作品風格不同。此內在理路如往後延伸，則見《世說新語》〈文學〉篇第二十一條載：「舊云王丞相過江左，止道聲無哀樂、養生、言盡意三理而已。」可知其對東晉玄風的影響。

由此可知，爲了解決〈聲論〉的寫作意圖，有必要借助於內在理路的說明。有趣的是，學者們所以提出「意圖說」，其理由一之是因爲他們共同發現〈聲論〉不能自圓其說，而想要給予合理的交待。也就是以外在理由解釋內部理論系統的矛盾。可是「意圖說」看似容易，其實牽涉嚴格的歷史學方法及知識論的難題（卽我們如何知道作者的意圖？）在此，我們不以「意圖說」作爲理論缺陷的避難所。

〈聲論〉的寫作形式很値得重視，它以杜撰的秦客做爲正方，力主聲有哀樂；以東野主人爲反方，力陳聲無哀樂。論辯之間表現了嵇康早年才性名理觀念的訓練，實可視爲珍貴的邏輯史料。難得的是嵇康盡力做到陳述敵論最强有力的觀點，從不同層面發揮論點，使主人的答辯不陷入「攻擊稻草人的謬誤」。也難怪有學者以爲嵇康應站在秦客的立場（註八），更有許多學者於評論中屢爲秦客辯護（註九）。此乃嵇康哲學心靈的特殊表現，以其寫作形式，把握論辯過程的理論高度，而逼顯自己的主張。

相應於〈聲論〉的寫作形式，我們可站在更寬廣的理論層面加以論述，將〈聲論〉的主張當做普遍，客觀的學術問題，與當代各種理論互相比較、論衡，在相激相蕩中描述其限制，凸顯其特質。在此意識下，筆者限於學力，僅以以下四章節論述之：一、秦客「聲有哀樂」的論據；二、東野主人「

聲無哀樂」的論據；三、《聲論》的理論基礎；四、餘論。

秦客「聲有哀樂」的論據

〈聲論〉，是以問題爲核心的論辯文章，它的行文結構爲第一大段雙方標明宗旨，餘七大段展開問難答辯。順此結構我們逐段檢討，這是很恰當的詮釋方法。在此，我們想以另一種方式呈現問題，卽只就音樂美學所涉及的三大問題：音樂的本質問題；音樂的審美感受問題；音樂的功能問題，來重構秦客「聲有哀樂」的主張(註一〇)。

㈠關於音樂的本質

秦客肯定了以下三個命題：

1.音樂是情感的表現：音樂是動於中的「心」表現於外的結果，而這種表現與情感相應，自然而然，不可隱藏，哀愁悲傷的情感流露於金石，安祥快樂的情感也將表現于管弦。(註一一)

2.音樂表現了倫理道德的情感：音樂不僅給人以美的感受，它還要表現倫理道德的情感。亦卽音樂要對政治、倫理做出反應、表現，它並不孤立在社會、政治倫理之外，只表現單純的個人情感，它更需要使音樂與倫理道德情感結合在一起，形成眞與善的統一。(註一二)

3.音樂表現創作者的精神人格主體：創作者可貫徹其精神人格於音樂中，欣賞者再透過音樂的媒介，訴諸追體驗的方式，以己精神整體向創作者人格沉浸、融合，以至再現創作者的具體人格精神。此卽主體哲學的完成。孔子對音樂的學習便是如此。(註一三)他是由技術上的問題（「曲」、「數」）入手，以深入到技術背後樂章的精神（「志」），更進而把握到此精神具有者的具體人格（文王）。(註一四)

以上三個命題，系列相關，但層級不同，就「聲有哀樂」的論點說，第一命題最切要，但就音樂的目的或功用來說，又需有第二、三命題才成系統。

(二)關於音樂的審美感受

在這一問題上，秦客堅持兩個論點：1.音樂能喚起人的相應情感；2.能夠只憑著音樂本身了解作曲者的心情。

1.音樂能喚起人的相應情感

主張音樂是情感表現的人，並不一定就要主張音樂能喚起人的相應情感，其中還牽涉到媒介物本身的自律性及人情感的複雜性。有一派學說認爲情感和感覺與意義和思想一樣是可以存在於藝術品之中。根據這種觀點，如果我說：「這音樂是愉快的」，我說的就可能不是自己的感覺而是我聽到的音樂本身的「現象上的客觀性質」，這是音樂本身所具有的情感特質。換句話說，音樂有它自己的現象過程，欣賞者所體驗到的情感並沒有與其一一對應。赫伯恩（R. W. Hepburn）就持這樣的看法：(註一五)

> 我在判斷一支曲子是否愉快時也完全可能僅僅根據在其中發現的愉快的情感特徵，無需根據我或任何人感到的由該曲所引起的快樂。

他把這種情感特徵，稱爲「第三性」(Tertiary qualities)(註一六)〈聲論〉並未考慮這層次的問題，因此，音樂的審美感受(哀、樂)就必需完全依賴經驗的效果來判定。如果我們把論點(一)形式化的表達，則可寫成：「這一樂章包含有情感E(哀樂)」便意味著「如果……則聽到這一樂章的人會體驗到、表現出情感E(哀樂)」。顯然，秦客認爲這個條件句是可以完成的。可是究竟怎麼完成？前件如何滿足？情感的刺激反應解釋模式可以做爲依據嗎？秦客受到主人很大的挑戰。

秦客與主人都共同承認：「八方異俗，歌哭萬殊」的現象，既然各地風俗不同，歌唱和哭泣的表現也就千差萬別，那麼單憑肉體動作、情感的自然表現來判斷人們的內心情感也會有牛頭不對馬嘴的時候。況且情感並不只是感覺而已，它通常包含有人對某種情勢作出解釋的方式，亦即包含詮釋、評價的行動。那情況就更爲複雜難定了。赫伯恩曾舉一例子來分析，他說：

> 「C為自己不該受到這種待遇感到悲傷」這句話包含著這樣一種意義：「C認為自己不該受到這種待遇」，「C認為自己受到了無情的待遇」，這說明感到悲傷不僅僅是產生某種活動，懷有某種情感，它還包括了某些評價。」(註一七)

可見「喚起說」的判準有其內在難題。秦客堅持「喚起說」，所受到的責難，是一普遍的難題，適用於所有主張情感喚起說者。由此可知嵇康對此問題的識見。嵇康同時也爲此說建立一有力的論點，這論點是西方美學家未曾觸及到的問題。

東野主人主張聲音之體只是一「和」（「和」之意義詳見下節）而音樂可使人體態躁動、安靜，這躁動安靜與情感的哀傷喜樂的分野何在呢？第四難提出這樣的質疑：

……心為聲變，若此其衆。苟躁靜由聲，則何為限其哀樂？而但云至和之聲無所不感，託大同於聲音，歸衆變於人情，得無知彼不明此哉？

由於這段文字頗多異解，筆者以蔡仲德先生的語譯爲準，附引於下：（註一八）

心情隨音樂而變化，有如此衆多的表現。如果躁動與安靜確是由音樂引起的，那又為什麼偏不承認音樂有哀樂，而只說至和的音樂沒有什麼不能感化，將感化萬物的作用歸於音樂，將受感後的變化歸於人情，這豈不是只知其一不知其二嗎？

既然躁靜與哀樂都是受感後的現象，其一承認爲音樂所引起，另一則不是，其界限何在？這確是一有力的反擊。頗多學者認爲這是定論，主人的答辨是不能成立的。如牟宗三先生即指出：（註一九）

……和之通性即在具體色澤中表現，具體色澤亦總附離於具體之聲而與和之通性為一。如高亢、低沈、急疾、舒緩、繁雜、簡單、和平、激越等，皆具體色澤也。此亦可謂和聲之內容。……如聲音有具體之色澤，則所謂哀樂因感和聲而發，哀樂之情與和聲之色澤間亦必有相當之關係。

對主人的答辨牟先生則加以駁斥：（註二〇）

> 「間促而聲高，變衆而節數」，「間遼而音埤，變希而聲清」，皆聲音之特殊色澤也。和聲是其通性。此種特殊色澤既能決定躁靜，則另種特殊色澤便能引發哀樂，躁靜由聲，哀樂亦可由聲。無理由以限之也。

如果對「躁靜說」所牽涉的問題，不能有另一理論系統的詮釋，那麼牟先生的批評是切當的。筆者在下文將從另一觀點對此問題所含的理論系統做解釋，肯定主人答辯能夠成立。

2.能夠只憑藉音樂本身了解作曲者的心情

如果前面所說的命題及論點成立，則此論點可由推論得之。秦客則採用了「分類證法規則」(rule of seperation of cases) 證明。我們可加以型構如下：

(1)音樂要麼有固定的聲調與結構，要麼就是隨興曲無固定的聲調與結構

(2)如果有固定的聲調與結構（如〈韶〉樂），則有人（仲尼）可以了解作曲者的心情

(3)如果無固定的聲調與結調（如伯牙彈琴），則有人（鍾子期）可以了解作曲者的心情

因此，有人可以了解作曲者的心情

這是一個有效論證。很奇怪的是〈聲論〉把前題(2)和前題(3)理解爲矛盾句。(註二二)以致於在第二難答就結束了討論。

論證有效，不一定表示結論爲眞，這還得前提全部爲眞才行。前提(2)、(3)的眞假判定，又得回到前頭所述的論題的證成，因我們可以不斷懷疑：「了解作曲者的心情，眞的是純粹由音樂本身得知？」

所以這個論題是個衍生問題，可回溯到上述前提的論辯。

㈢關於音樂的功能

〈聲論〉圍繞着移風易俗問題討論音樂的功能。音樂可移風易俗在第七難七答中並沒有異意，所不同的只是手段與結果的問題。秦客說：「凡百哀樂皆不在聲，則移風易俗果以何物」，就是認爲音樂是靠它所表現的合乎道德情感的哀樂之情，移風易俗，感化人心，這與〈樂記〉「反情以和其志」相通。所謂「反情」，就是藉着音樂淨化人的感情欲望，使不爲各種邪惡的事物引誘，所謂「和志」就是與創作者的精神意志相融和，以此平息種種非理性衝動所帶來的騷亂與痛苦，消除個體的情感欲望同社會倫理道德的衝突。而這正是秦客力主「聲有哀樂」的理由。主人對移風易俗的手段，效果的另一詮釋，也正凸顯其系統的特徵及關注點。

二、東野主人「聲無哀樂」的論據

東野主人的論點代表嵇康本人的主張。本節先從其所主張的命題，所使用的方法，及「聲」的定義條列其內容，再檢討其論據的强弱，回應秦客的系統，彼此對話。

命題1：音聲無常。指聲音的表現變化無常，同一聲音可引起不同的情感，同一情感可發出不同的聲音，因此聲音與情感沒有一定的關聯。

命題2：和聲無象（註二二），而哀心有主（註二三）。指和諧的樂聲沒有表現的對象、內容，不表現任何情感，悲哀的情感先已存在人的內心，接觸到和諧的聲音以後就流露出來。〈聲論〉借用莊子齊物論「吹萬不同，而使其自己」的句子，以說明聽音樂後出現的情感是聽者自己從內心發出而不是音樂所引起、所賦予。

命題3：心聲二物(註二四)。聲是樂器所發出的自然聲響，和心情是二回事，因此揣度心意不必聽辨聲音，否則將徒勞無功。另有一相似的命題，可做爲輔助命題。

輔助命題：外內殊用，彼我異名。指外界和內心有不同的作用，客觀和主觀有不同的名稱，彼此無定然的關係。

方法1：名實之別：「名」卽指名稱、概念；「實」卽指名稱、概念所指謂的對象。尹文子有「名、分不可相亂」之論(註二五)，「名」指從屬於彼的客觀性質，「分」指從屬於己的主觀情感，稽康因有內外、彼我二界，而各有其相應之名實，卽主觀情感可有名實之分，客觀性質也有名實之分，與尹文子用法不同。名實之分是爲了防止濫於名實弊端。在〈聲論〉中，「實」指音樂與情感，「名」指善惡與哀樂。嵇康認爲哀樂之名屬於情感，善惡之名才屬於音樂，以爲音樂有哀樂便是「濫於名實」。

方法2：以無爲本。此爲王弼思想的特點，在〈聲論〉中則成爲推論方法。王弼《老子指略》說：「若溫也則不能涼，宮也則不能商，形也必有分，聲必有屬」，因此，只有「無形」才可以成就任何形，「無聲」方可以做成任何聲，也只有「無」（不是什麼，不表現什麼）才可以成就「有」。

〈聲論〉以此方法，於第四答中說明音樂的特性是「和」(註二六)，因假若音樂並不平和，包含着一定的情感，從人身上啓發出來的情感又與它本身所包含的相一致，那它就不能夠啓發感動不同性情的人的情感。同理，和聲並不表現什麼（無象），所以才可以喚起各種不同的情感。

「聲」的定義：聲是自然物，以和爲自體，有善惡之別。

「聲」是自然物。它與「言」有很大不同。「夫言非自然一定之物。」(註二七)「言」是人爲符號，它是概念的負荷者，不論是主觀或客觀之「實」，皆可有約定成俗的「名」來指涉它。「名」與「實」有一定關聯，因它是「人爲的」，人的情感也唯有藉着「言」的表達，才有明確的傳達感染效果，「情感於苦言」，情緒被悲苦的歌詞所感動，是歌詞而不是聲音在起着情緒傳達的作用。因此，聲音不當符徵任何聲音以外的「意」，它只表現自己。

「聲」以和爲自體。「聲」是自然物，其根源則是天地陰陽之氣的會合交融：

夫天地合德，萬物資生，寒暑代往，五行以成。章為五色，發為五音。音聲之作，其猶臭味在於天地之間，其善與不善，雖遭遇濁亂，其體自若而無變也。(註二八)

浩浩太素，陽曜陰凝，二儀陶化，人倫肇興。(註二九)元氣陶鑠，衆生稟焉。(註三〇)

「太素」即指「元氣」，「天地合德」的陰陽二氣，也是由「元氣」而來。因陰陽之氣的作用，四時運行，五行成就。五行又表現爲五色、五音。因此，「聲」及萬物共同的本源皆可歸於「元氣」。(註三一)那麼「聲」便是客觀的存在物，其特徵顯現了「元氣」、「和」的特性。「和」不只是形式義，表示聲律的和諧，「和」也可指「元氣」的殊相：「和氣」，所以它具有存有義。

〈聲論〉除認爲「聲音以和爲體」，也主張「聲音以平和爲體」，聲音以「舒疾單複高埤」爲體，三個不同命題當如何疏通？「聲音以平和爲體」，「平和」是指「哀樂正等」，沒有或哀或樂的傾向，卽「平和之心」，「體」則是根本的意思。(註三二)此意在結論第七答時有進一步發揮：

「……和心足於內，和氣見於外。……然樂之為體，以心為主，故無聲之樂，民之父母也。……」

此「和心」不指涉「情」，「和心」是「自然」，是政教簡易無爲，無哀樂之情藏於其中，如此才能「心」「氣」暢通，達到「純氣之守」的境界。而「無聲之樂」卽指「和心」。

至於聲音以「舒疾單複高埤」爲「體」，「體」是分，區分，區別的意思。《周禮》天官：「體國經野。」鄭司農注：「體，猶分也。」(註三三)這句話的意思是說：「(各種音樂無論多麼不同)，却是以繁簡、高低、好壞爲區別，(而人的情緒則以躁動、安靜、專注、分散作爲反應)」，「體」並不是「自體」、「本體」的意思。(註三四)

聲有善惡之別。善惡指好聽不好聽之異。嵇康認爲這也是聲的自然屬性，此屬性當了解成洛克所謂的「次性」，而人們對它的相應態度，也只在接觸之後才有愛與不愛、喜與不喜的不同，而與情感哀樂的具體內容不相干。

略述嵇康主張的命題、方法，聲之定義後，我們可以在音樂美學的三大問題上，與代表儒家學說的秦客展開對話。

㈠關於音樂的本質

嵇康主張音樂的本質是「和」，它並不表現任何情感，所以會喚起情感的反應，是因爲內藏於心中的哀樂之感，遇和聲而起的「聯想」罷了。如果依他對「聲」的定義，我們發現嵇康所說的「聲無哀樂」，並不等於「音樂並不表現任何哀樂情感」的意思，他把「聲」「音」「樂」混同，忽略了音樂本身「文采節奏」的形式特徵，所以在論證時，把「聲」同生理現象的汗、淚類比，不管爲何出汗、流淚，汗、淚本身並不包含哀樂；同理「聲」也不包含哀樂。又把「聲」同酒相比，酒之致人喜怒，與聲之感人哀樂可相提並論，這些論證都不易讓人接受。(註三五)如果停留於「聲」的討論，秦客與主人是構不成論辯的。

㈡關於音樂的審美感受

在這一問題上，涉及四種審美態度：㈠聯想；㈡心距；㈢移情；㈣氣聲相應

1.聯想：主人認爲聽音樂會有情感反應，但並不是由音聲曲調本身所引起，而是聽者的聯想，在論辯中他舉出三個理由：⑴內心平和的人，聽音樂後不出現哀樂，內心藏有哀樂的人，聽音樂後，才有哀樂的反應。⑵聽同一樂曲，有的人哀，有的人樂，依「以無爲本」的方法原則，可知音樂本身不哀不樂，才能使哀者自哀，樂者自樂。⑶依「聲」的定義，聲是自然物，只能給人以愛、喜的快感，喚起人相應情感的是歌詞，因爲歌詞是語言，能表現情感，也能引起情感。

2.心距：「心距說」是秦客所提出的，爲了答辯聯想說的第二個理由，秦客於第五難中觸及心距的問題。同一曲調所以使得歡樂和悲哀同時作出反應，是因爲音樂對人的感化遨緩，不能立即見效，欣賞者內心懷有固定的情感，沒辦法和音樂保持適當心距的緣故。(註三六)此一說法，在主人答辯中，失去了焦點，却引生另一問題，即「音樂的感情聯想如何可能？」悲哀的人見小機手杖而哭泣，是因爲痛感人已亡去而用物尚存，人聽音樂所喚起的情感是否也是如此？例如，某首歌曲是友人常喜歡聽的，但是現在他已在交通意外中死亡了，當我再聽到這首歌時，我會因聯想到亡友而感到哀傷。那麼我們如何肯定和聲本身能直接引發人的「聯想」？主人答辯時肯定之，但僅把和聲視同機杖之物，未加解釋，這並不令人滿意。

3.移情說：〈聲論〉涉及移情說的只有第四難答。移情與聯想不同，移情 Einfülung 的原意是情入（feeling into）或「通過感情把自己移入某物」（to feel oneself into something）它至少包含雙向動作：「由我及物」與「由物及我」，也就是在移情作用中對象與其所引起的情感是直接的，相應的。聯想則不同，它需透過經驗、回憶等中間物來起作用，且引起聯想之對象（如音樂）與被聯想的對象（如故人）並沒有融合在一起，仍是分開的。

「移情」是審美經驗的重要面向，所以〈聲論〉第四難答頗具關鍵性，它的說法是這樣：

秦客難曰：……今平和之人，聽箏笛琵琶，則形躁而志越；聞琴瑟之音，則聽靜而心閑。同一器之中，曲用每殊，則情隨之變。奏秦聲則歎羨而慷慨，理齊楚則情一而思專，肆姣弄則歡放而欲惬，心為聲變，若此其衆。苟躁靜由聲，則何為限其哀樂？……

主人答曰：……琵琶箏笛，閒促而聲高，變衆而節數，以高聲御數節，故使形躁而志越。……琴瑟之體，閒遼而音埤，變希而聲清，以埤音御希變，不虛心靜聽，則不盡清和之極，是以聽靜而心閑也。夫曲用不同，亦猶殊器之音耳。齊楚之曲多重，故情一；變妙，故思專。姣弄之音，挹衆聲之美，會五音之和，其體贍而用博，故心役於衆理；五音會，故歡放而欲惬。然皆以單複高埤善惡為體，而人情以躁靜專散為應。

這一大段是〈聲論〉最明確、完整討論音樂審美感受的文字，同時討論了樂器之音和樂曲本身。從「夫曲用不同，亦猶殊器之音耳。」可提供一個線索，即〈聲論〉把曲調的形式特徵的討論附屬於「音色」本身特質的討論，故聲、音、樂，每有混同，而首重「音色」，嵇康〈琴賦〉對古琴的贊頌，正是此意識的反應。（註三七）

主人在此的答辯補充說明秦客的論點，亦即音樂的審美感受亦有「由物及我」的一面，其所引發的情感和樂器、樂曲本身是直接相關的。那麼秦客的論難：「苟躁靜由聲，則何爲限其哀樂？」更爲堅實有力。主人所提的說法「躁靜者，聲之功也，哀樂者，情之主也。」在這裏頗爲晦澀難明。我們只有在第七答中「氣聲相應」的說法才找得到理解之鑰。

3. **氣聲相應**：意指「聲」回歸其本質的「和」時，可以與人本身的「和」相應。相通〈聲論〉第七答云：

……和心足于內，和氣見於外……導其神氣，養而就之；迎其情性，致而明之；使心與理相順，氣與聲相應，合乎會通以濟其美……

「道」的特性(卽所謂「理」)是淸靜無爲，人的本性得之於「道」，也就平和而無哀樂，人「心」依順道「理」，充實於心，自然向外表現爲「和」氣，這「和」氣得培養成就它，音樂的美就在人「心」「理」「氣」「聲」會合變通時成就的。

氣聲相應說凸顯「氣」爲審美感受的獨立範疇，「氣」可通人我，向上提則與「道」、「理」相順，往外顯則與「聲」相應相和，爲「情」所隱，則表現爲成就各種樣態的情感的基調。(「無」情故能成就「有」情)。這麼一來，所以要分辨「躁靜」與「哀樂」的不同，因前者仍屬「氣」，(猛靜各有一和)，後者則屬「情」，「氣」「情」乃不同範疇概念，而不是普遍與特殊的關係。

㈢關於音樂的功能

秦客着重音樂的移風易俗功能，以其導引個人情感，使合乎倫理道德，達到與社會倫理相和諧的目的。主人着重於個人與天地自然的和諧，「天地有大和」，「天地有大美」，此「大和」「大美」在於「心」「理」「氣」「聲」的會通，音樂一方面發揮「導神養氣」的功能，一方面回歸至「平和之心」，與之爲根爲本爲母，而與「道」相順，也就能實踐「簡易之教」、「無爲之治」。由此可知，〈聲論〉的思想淵源是道家，是道家音樂美學的作品。

三、《聲論》的理論基礎

劉綱紀先生對嵇康的思想下了二個重要的論斷：㈠嵇康的根本思想是養生；（註三八）㈡嵇康的美學思想集中表現在他的〈聲無哀樂論〉中，其直接的理論基礎是嵇康的養生論。（註三九）據莊萬壽先生嵇康年譜的編年〈養生論〉當作於嘉平五年（二五五年）三十歲時。那麼〈養生論〉就是〈聲論〉思想進一步的發展。

如上節所述，氣聲相應說及其樂的移風易俗說已明文建立「氣」爲獨立範疇，音樂並可有「導神養氣迎情明性」之功。〈養生論〉兼養形神，而以養神爲主。養神有三個命題，皆與〈聲論〉相通：

㈠愛憎不棲於情，憂喜不留於意，泊然無感而體氣和平。（註四〇）

㈡清虛靜泰，少私寡欲，外物以累心不存，神氣以醇白獨著，……又守之以一，養之以和，和理日濟，同於大順。（註四一）

㈢性氣自和則無所困於防閑，情志自平則無鬱而不通。（註四二）

這三個命題不正是「聲無哀樂」「平和之心」的理論建構嗎？劉綱紀先生所說甚是。而馮友蘭先生以爲〈聲論〉講「禮樂之情」、講「移風易俗」乃畫蛇添足之論，（註四三）實不識〈聲論〉宗旨。

〈養生論〉的養形說，在導引服食法方面，嵇康主張「蒸人靈芝，潤以醴泉，晞以朝陽，綏以五絃」的輔導之法。此四者所以同列一起，因皆屬「氣」的範疇。而「凡所食之氣，蒸性染身，莫不相應。」(註四四)養形亦即養氣，氣通形神。音樂的「氣聲相應」說亦通形神之養也。

氣通形神，是以「天地一氣」、「天地有大和」的思想爲背景，它在中國古代的人體科學上得到發揮，此卽經絡氣化論：

在經絡氣化論的認識中，不僅虛和無領域中非絕對的虛、無，為氣所貫等，有和實的領域中，有、實與無、虛之間，也為氣所貫穿，宇宙中，一切物象、天人之間、主客體之間都因氣所貫穿而成為一個有區別又因氣而連繫的一個整體。就連主體內部的感官與思維器官也為氣所貫穿，感官賴氣以明以聰，心賴氣以知以慮，感官與心之間亦賴氣以通。氣之生化使感覺和心成為有生命的東西，並使二者成為一個整體系統。(註四五)

道家把經絡氣化論提高至宇宙論的高度，成就了系統的哲學，無論是素樸之美的復歸，淡漠無爲的實現，或至人眞人的追求，都離不開以天合天，氣化諧和的境界。莊子的〈人間世〉所討論的「心齋」，也是以此爲背景：

一若志，無聽之以耳而聽之以心，無聽之以心而聽之以氣。聽止於耳，心止於符。氣也者，虛而待物者也。唯道集虛，虛者，心齋也。

這裏可以思索二個與〈聲論〉〈養生論〉相關的問題：

(一)爲何獨宗「聽之以氣」？

(二)爲何此處要使用帶有感性意義的「聽」字？

成玄英疏提供一理解線索：

心有知覺，猶有攀緣，氣無情慮，虛柔任性。……如氣柔弱虛空，其心寂泊忘懷，方能應物，此解而聽之以氣也。（註四六）

由此看來嵇康〈聲論〉所持的氣聲相應說，應由莊子「心齋」轉化而來。（註四七）至於第二個問題，楊儒賓先生最近提出一合理的詮釋。（註四八）他認爲從陸西星解釋眞人的看法，可歸納二點結論，這可移用來解釋心齋的文意：（註四九）

㈠人軀體最精微的運動可以和人的最深層意識合一，所謂心息相依，神氣相守，載營魄抱一，所指的不外此意。

㈡人達到氣息相依的境界時，感官也會全為氣所滲透，因此，感官失去它的定性作用，而與人深層的意識趨於一致。

而所以耳、心、氣，皆可共用「聽」字，是因人除了五官之外，可設想一種統一諸感官的，而且也是根源性的感覺能力，這就是「共通感覺」（註五〇）。楊先生所說與前面所提經絡氣化論是一致的，也很可能是莊子本義。而如果把這問題移到〈聲論〉的脈絡，「聽」字用得精確切當，秦客是聽之以耳，聽之以心，東野主人則要求聽之以氣。

四、餘論

(一)「哀樂」當如何理解？

關於音樂內容的爭辯，總是有二派意見：一派以形式爲重，認爲音樂中共通的東西唯有音符的形式本身，音樂並不傳達生活的情感，同時傳達生活的情感對音樂來說也不重要。當要描述一首新的曲子時，與其使用富於詩意色彩的文字把聽衆所感受到的情感描述出來，不如以音樂本身的術語，如那支曲子越來越多的七和弦音太多，或者顫音太多，更能正確地使人了解音樂的偉大，平凡、超脫、庸俗並不需要訴諸非音樂的因素來判斷，它可由純粹音樂本身的原因來解釋。

另一派則主張音樂有情感內容，而且這種內容與一般生活情感有共通之處。許多偉大的音樂家都深信，他們的創作反應了濃烈的情感及精神素質，音樂的表達與感受並不能形成一個獨立王國。最好的音樂審美方式是：整個人參與進音樂裏，生理、意志、想像、形式都居於從屬地位，却同時給整個審美經驗帶來貢獻。而在我們聽那些最有價值的音樂時，我們不只是同一個很高的專門音樂才能交融在一起，我們的確感到同某種偉大的精神合而爲一。音樂家作品的優劣，基本上也是一種「精神內容」上的差別，而不只是音樂才能本身的高低。(註五一)

〈聲論〉在某種意義上正是兩派理論的對話，但有一要點被忽略了。二派美學家都把情感的自然表現與情感的藝術表現區分開來(註五二)，也就是說，音樂所引起的情感，跟音樂以外的任何一種心境所引起的情感是不同的。生活中的「悲痛」，並非就是貝多芬〈英雄交響曲〉第二樂章的「悲痛」，二者不該混同。〈聲論〉未意識到這種區分，情感藝術表現的特性並不列爲焦點，「哀樂」的種種殊態也被簡化爲一。此乃導因於忽視曲調本身的獨立性，〈樂記〉嚴格區分聲、音、樂的不同，在嵇康看來是不關緊要的，這是〈聲論〉的局限性之一。

㈡嵇康是形式主義者嗎？

學者們認爲奧地利美學家漢斯立克（E. Hanslick, 1825-1904）是嵇康的千載知音。〈聲論〉則是中國唯一帶有自律論色彩的音樂美學論著。這判斷是很有根據的。以下我們引用幾則《論音樂之美》（註五三）的文字，可發現其和〈聲論〉的類同性，幾可移作《聲論》之注釋：

表現確定的情感或激情完全不是音樂藝術的職能。我們說音樂不可能表現情感，我們更堅決反對下列意見，卽認為情感的表現提供音樂的美學原則。

假如音樂不能表現情感的內容，那麼它能表現情感的那一方面呢？它只能表現情感的『力度』（das Dynamische）音樂能模仿運動的下列方面：快、慢、強、弱、昇、降。音樂的原始材料，如調性、和弦、音色本身也各具有自己的特性。……可是這些要素（樂音、色澤）在應用到藝術上時完全遵照別的規律，而不是看它們孤立出現時的效果。……在美感的園地裏，這種原始的獨立性在更高的法則共同性下中和化了。

以上文字，和〈聲論〉所說「和聲無象」、「聲音之體盡於舒疾」、「以單複高埤善惡爲體」、「聲音雖有躁靜，各有一和」幾乎一致。但仔細分辨，其基本精神仍有極大差異。

〈聲論〉云：「若夫鄭聲，是音聲之至妙」（註五四），明文承認鄭聲是最美妙的音調，若依漢斯立克形式主義的說法：「嚴格地講來，美沒有任何目的，因爲它不外乎是形式而已，而形式……除它本身之外，是沒有任何目的。」(註五五)那麼鄭聲該受推崇。楊蔭瀏先生也從這觀點入手，他以爲：

講到被歷代統治者同聲排斥的鄭聲，他(指嵇康)獨從藝術的角度，認為它是最美妙的音樂；他以為，鄭聲之所以能使人迷戀，正是由於它是特別的美妙。(註五六)

馮友蘭更進一步引申說：「嵇康認爲，從藝術標準看，鄭聲比雅樂高得多了。」(註五七)

可是，嵇康是堅決主張「別雅鄭之淫正」的，這並不是自相矛盾，也不是退回傳統觀念的窠臼，而是進路不同。上節已說明，〈聲論〉的理論基礎是「養生」，是「心齋」，是「經絡氣化論」，在氣聲相應的審美經驗中，是要養氣養神，不是要耗氣費神，「氣」「神」需重「齋」道，因此，「和」的意義是要消解融化「有」(包括感情、形式)而返歸「和」聲當身，「和」氣當身，「和」本身混化了形式，而成就「氣」、「道」自體，是一種消融的作用，因而不極形式曲調之美。鄭聲無當於養生，有損於平和之心，故當排斥。反之，形式主義者的「中和」，以完形心理學的完形概念相應，是要完成形式本身，獨成一可供欣賞的純粹形式美，是種「完形」的作用表現，故當盡形式曲調之美，當贊賞鄭聲。漢斯立克和嵇康二人的音樂精神是同形異軌，不可相混。

(三)是「內摹仿」還是「氣聲相應」？

吳甿先生對〈聲論〉第四難答有獨特的看法。他不滿足於字面上的理解，想要進一步找出該難答的審美理論意涵，他發現：

> 中國傳統美學思想，一直以移情說為主；……論聲有哀樂，其理據實為移情說；論聲無哀樂，其理據實為「躁靜說」（內摹仿）……要之躁靜說以聲自身之形式結構為首出，以心隨聲運這種自由摹仿活動為美感之來源。心隨聲運，在秩序中體驗自由，在自由中表現秩序，此之謂天地之和。（註五八）

吳先生對「移情說」與「內摹仿」的理解是根據朱光潛先生的介紹，但朱先生明白表示此二學說並不互相排斥，浮龍（Vernon Lee）便調和二說，認爲先有移情作用而後才有內摹仿。（註五九）再者，谷魯斯（Karl Groos）認爲內摹仿的運動：

> 只是一種象徵而不是一種複本，這就是說，部分可以代替全體，例如看螺旋形並無須發出真正的螺旋形的運動，只消眼睛和呼吸器官的一些輕微運動以及頸部喉部筋肉的輕微的興奮就行了。（註六〇）

無論是象徵運動也好，或是浮龍李主張的「線形運動」也好，都要借助於生理的解釋，「靜躁說」有此意涵嗎？陸西星言：「心有靜躁，則氣之出入亦隨之而有深淺。」（註六一）靜躁與氣相通，合屬於氣，是較爲順當的說法。那麼，「靜躁說」該是「氣聲相應說」，而不是「內摹仿」。

西方二元論哲學體系中，不歸心則歸身，「移情說」以心理角度解釋審美經驗，「內摹仿」則以生理角度解釋審美經驗，中國則認爲「氣」通身心，「氣聲相應說」是否對審美經驗的解釋更爲合理，更爲精微呢？這是很值得研究的課題。

【附　註】

註　一　參見：蔡仲德：『越名教而任自然——試論嵇康及其「聲無哀樂」的音樂美學思想』及「嵇康〈聲無哀樂論〉注譯」（皆刊於《美學文獻》，第一輯，一九八四，書目文獻出版社）；李澤厚、劉綱紀主編：《中國美學史》第二卷（谷風出版社，繁體字本）第六章；曾春海：「從儒道樂論析論嵇康的『聲無哀樂論』」（輔仁學誌）。

註　二　尤以蔡仲德先生的作品最具系統性、批判性。

註　三　參見前揭文，頁三一。

註　四　敏澤：《中國美學思想史》第一卷，頁六九一，齊魯書社，一九八七。

註　五　許抗生：《魏晉玄學史》，頁二三三，陝西師範大學出版社，一九八九。

註　六　莊萬壽：《嵇康研究及年譜》，頁九六，臺灣學生書局，一九九〇。

註　七　改寫以莊文爲依，並參考李建興：《阮籍「樂論」研究》（一九九〇年十二月，中國文化大學哲研所碩士論文）第一章，及湯錫予：「王弼聖人有情意釋」（收於《魏晉思想》甲編五種，里仁書局）。

註　八　茅原先生卽主張秦客的思想才是嵇康的眞實思想。見「試論嵇康的音樂思想」（載《南藝學報》一九八〇，第二期），間接引自蔡仲德前揭文，頁二二三。

註　九　爲秦客辨護最爲淸晰有力者，首推牟宗三先生，見氏著「嵇康之名理」（收入《才性與玄理》）（臺灣學生書局）曾春海先生亦有精彩論述，見前揭文。其詳論見下節所述。

註一〇　此論述結構參考了蔡仲德先生的剖析方法。見前揭文，頁二二七—二三二。

註一一　參見〈聲論〉總論：「哀思之情表於金石，安樂之象形於管絃也。」第一難：「夫心動於中而聲出於心……情悲者則聲爲之哀，此自然相應，不可得逃。」

註一二　參見〈聲論〉總論：「治世之音安以樂，亡國之音哀以思。」並見〈樂記〉：「樂者，通倫理者也。」

註一三　〈聲論〉云：「師襄奏樂，仲尼睹六王之容。」事見《韓詩外傳》：「孔子學鼓琴于師襄而不進，師襄子曰：「夫子可以進矣。」孔子曰：「丘已得其曲矣，未得其數也。」……曰：「丘已得其數矣，未得其意也。」……曰：「丘已得其意矣，未得其人也。」……曰：「丘已得其人矣，未得其類也。……邈然遠望曰：「洋洋乎，翼翼乎，必作此樂也，黯然黑，幾然而長，以王天下，以朝諸侯者，其惟文王乎？」《孔子世家》也有記載這件事，文句大皆相同。

註一四　參見徐復觀：《中國藝術精神》，頁六，（臺灣學生書局）。

註一五　R. W. Hepburn: Tertiary Qualities and Their Identification, 收於 M. Lipman 主編 Contemporary Aesthetics，引文於該書頁三〇一。

註一六　當代美學家，受完形心理學（Gestalt Psychology）影響者，多主此說。

註一七　前揭文，頁三〇三。

註一八　前揭文，頁二九六。

註一九　前揭書，頁三四九—三五〇。

註二〇　前揭書，頁三五二。

註二一　詳見〈聲論〉第二答辯。

註二二　「象」：表現的意思，而不是形象。〈樂記〉：「樂者，所以象德也」，「聲者，樂之象也」象字同此意。象字的正確解釋可免去許多無謂的說法。參見蔡仲德前揭文，頁二六九。

註二三　「主」，敏澤解釋爲「恃也，即悲哀的情感是有所依恃而發，並非無緣無故產生的。」這說法並不貼切，哀心有主並不在說明情感變化的客觀物質基礎，而是預存於人內心的哀樂感情。

註二四　楊蔭瀏認爲「聲」字在這裏，並不能全面代表嵇康之所謂「聲」，應該說，它不是很重要。嵇康聲字頗多歧義，但並不代表它不重要。見《中國古代音樂史稿》第一册，頁一八五，臺灣丹青出版社。

註二五　《尹文子》大道上：「名宜屬彼，分宜屬我。我愛白而憎黑，韻商而舍徵，好羶而惡焦，嗜甘而逆苦。白、黑、商、徵、羶、焦、甘、苦，彼之名也；愛、憎、韻、舍、好、惡、嗜、逆，我之分也。」

註二六　〈聲論〉第四答云：「夫唯無主於喜怒，亦應主於哀樂，故歡戚俱見。若資偏固之音，含一致之聲，其所發明，各當其分，則焉能兼御羣理，總發衆情邪？」

註二七　見〈聲論〉第三答。

註二八　見〈聲論〉總論。

註二九　「太師箴」，見《嵇中散集》（臺灣中華書局）卷十，頁一。

註三〇　「明膽論」，前揭書，卷六，頁六。

註三一　湯一介先生認爲嵇康、阮籍乃繼承了兩漢以來的元氣論學說，而所謂「自然」者，就是無名無形的元氣。見氏著《郭象與魏晉玄學》，繁體字本，頁七六，谷風出版社。

註三二　牟宗三先生認爲「平和」與「和聲」之「和」不同，「平和」是「和」之殊義，即特殊色澤，包含在「和」裏頭，此解亦通，但和第七答的內容不能連貫。（見氏著前揭書，頁三五五）

註三三　間接引自蔡仲德先生的研究。見氏著前揭文，頁二九五。

註三四　〈聲論〉第七答結論所說：「淫之與正同乎心，雅鄭之體亦足以觀矣。」，此「體」字也是做「區別、區分」的意思。如理解不當，將對全文的立場有很大誤解。

註三五　曾春海先生即批評嵇康類比的不當，見氏著前揭文，頁二〇—二三。

註三六　「心距說」的內涵，請參見 Edward Bullough: "Psychical Distance" as a factor in art and an aesthetic principle，該篇文章許多美學讀本都有收入。

註三七　「音色」原是東方音樂中重要的因素與特質，像中國的古琴，如果脫離了音色，便無趣味可言。

註三八　見李澤厚、劉綱紀主編：《中國美學史》第二卷，頁二三三，臺灣谷風出版社。

註三九　同右，頁二三六。

註四〇　〈養生論〉，見《嵇中散集》卷三，頁三。

註四一　同右，頁五。

註四二　〈答難養生論〉，前揭書，卷四，頁五。

註四三　見馮友蘭：《中國哲學史新編》第四冊，頁九二—九三，人民出版社，一九八六。

註四四　〈養生論〉，前揭書，卷三，頁四。

註四五　于民：「中國審美認識與神祕的人體科學」，發表於《中國審美意識的探討》，頁二〇，中國戲劇出版社，一九八九。

註四六　見郭慶藩輯：《莊子集釋》（河洛圖書出版社）頁一四七。

註四七　徐復觀先生的大作：《中國藝術精神》並不認爲「氣」是獨立範疇，他說：「此處之氣，是對心齋的一種比擬的說法。心齋只有「待物」的知覺活動，而沒有主動地去作分解性、概念性的活動，所以他便以氣作比擬。」這與莊子的原意有距離。（見前揭書，頁七四—七五）。

註四八　參見楊儒賓：『從「以體合心」到「遊乎一氣」——論莊子眞人境界的形體基礎』，發表於東海大學文學院：《第一屆中國思想史研討會論文集》，民國七十八年十二月。

註四九　同右，頁一九一。

註五〇　同右，頁一九三。

註五一　其詳論，請參見霍士彼爾斯（John Hospers）：「音樂的內容」，收於 Melvin Rader 主編：A Modern Book of Esthetics。本文的概述乃參考該書中譯本：《現代美學文論選》，頁二八九—三〇七，文化藝術出版社。

註五二　其詳論，可參考滕守堯：《審美心理描述》，頁一五三—一六八，漢京文化事業有限公司。

註五三　參見蔡仲德先生前揭文，頁二五八；吳甿：稽康「聲心異軌」論及其音樂美學，頁五二，鵞湖月刊，一二四期，一九八五年十月。

註五四　Edward Hanslick: The Beautiful in Music，該書二、三章收入 Morris Weitz 主編：Problems in Aesthetics，頁三八一—四一〇，本文中譯間接引自吳甿先生前揭文所引。

註五五　「音聲」這裏僅指音調。若解爲音樂，與原意不合。（參見蔡仲德先生前揭文，頁三〇六。

註五六　漢斯里克：《音樂中的美》，頁四〇—四一。間接引自霍士彼爾斯，前揭書，頁三一一。

註五七　前揭書，頁一九〇。

註五八　前揭書，頁九二。

註五九　前揭文，頁五二。

註六〇　見氏著前揭書第十八章。

註六一　同右，頁二六八。

註六二　《南華眞經副墨》，卷二下，頁三，無求備齋莊子集成續編，册七，藝文印書館。

※本文作者**林朝成**先生現爲臺灣大學哲學研究所博士候選人。

「禪」對中國繪畫思想及技法之影響

何　乾

壹　禪宗綜論

一、「禪」之意義

㈠「禪」之探討

「禪」，甚難言也，詞章之學，義理之學，考據之學，名相之學，舉凡衆諸分析之學術理論，以及瑜伽練氣之異術奇功，均難以言「禪」。蓋欲明禪，也必須盡棄其所學能然後可。蓋「禪」，乃不可以識識，不可以知知。黃龍死心云：「知之一字，衆禍之門。」依語言之原則，乃先思後言，而言於思後，一涉思想，卽落下乘，與眞如之味不合。故「禪」不宜直說，惟宜心照。故宗門說法，僅及標月之「指」，予當機者，因指見月，澈悟本原。至於「眞月」，則難以言宣者也。若以文字寫「禪」，則猶如拔箭射虛空，看似一一中的，實則皆呈盲箭，無一命中，因虛空非可中故。

「禪」之本質，乃離文字相，離語言相，離心緣相者，是故開口便錯，動念卽乖，難以究釋。「

禪」之境界，吾人皆知爲「言語道斷，心行處滅」，因「禪」實有異於一般言談思維之層次，故一落言談、解說、理論，不啻衢途蹞步，繆以千里矣！故德山云：

窮諸玄辯，若一毫置於太虛，竭世樞機，似一滴投於巨壑。

實爲名言至理也。然爲啓發初基之權宜方便，雖「妙高頂上，不可言傳，然第二峰頭，略容話會」，故於下節，乃以權宜方便略言「禪」義。

㈡釋「禪」

1. 就語音而言：「禪」源於梵文語音（Dhyana）及巴利文語音（Jhana），漢譯爲「禪那」，簡譯爲「禪」。現代中國讀（Chan），日本則讀爲（Zen）。「禪那」之語根，由「思維」或「靜」演變而來。

2. 就印度古禪義而言：尼建連若提弗怛羅（Nirgranto Jnati putar）創立「禪那教」，以苦練修行爲主，故名「禪那」，釋尊設立波羅密教綱，其第五波羅密，即爲「禪那」，且爲修練方法之通稱。釋迦所設種種宗教，無論大小二乘，空有二宗，皆以「禪那」爲主法。

3. 依禪之實體言：其義爲「定」，即「三昧」，「三摩地」，「三摩提」，佛教初期修行禪定之總稱，中國則譯爲「總持」，「等持」，「等至」，「調直定」，「正心行」等。

4. 依禪之修行言：其義爲「靜慮」，「思維修」，即靜止念慮散亂之意。

5. 依禪之修行結果言：其義爲「功德叢林」。

6.依禪在印度時而言：可稱爲「瑜伽」。佛教唯識學派，亦以「瑜伽」爲名，其意爲「相應」，即用數息觀將心念集於一境，專念一物。

7.就佛教之立場言：即爲「舍摩他」（止）及「毘體舍那」（觀）。「定」相當於「止」，以寂靜爲義。「禪」相當於「觀」，以正見爲義，止與觀，猶車之雙輪，缺於一或偏於一則不可。佛典云：

所謂此者，謂止一切境界相，隨順奢摩他觀察義故，所謂觀者，謂分滅因相生滅相，隨順毘體舍那觀奇義故。（註一）

故「止」，即爲制止精神散亂，而使之鎮定，將心集中於一境義。「觀」，即基於「止」之境界，而觀照一切對象之實相，即使澄清之心境，不致過於鎮定，而致沉入半睡眠之狀態。後世有以「止觀雙修」以代「禪」者，尤以天臺宗之「止觀」，即脫胎於「禪」也。

二、禪宗史略

㈠禪之起源

1.釋尊正覺與禪之起源

釋尊於三十四歲時，向四方高僧求道，先後經跋迦婆、阿蘭維賀蘭……等，認爲終非究竟，遂覺已無可拜之師，歷遍摩揭陀國內，而至謳棲頻螺村之苦行林，與隨行五人力修一麻一麥之苦行，太子終覺其非，乃別五比丘，獨自渡河至伽耶，在菩提樹下之金剛寶座上，端坐思維，終於三十五歲十二月八日晨，觀東方之明星，終成就得「無上正覺」，卽「阿耨多羅三藐三菩提」，從此稱「釋迦牟佛陀」。釋尊徹見心源，成就無上正覺，乃體現絕對之大我，卽「天上天下唯我獨尊」之義。釋尊「成就正覺之心」，卽「禪之心」，此卽「禪之起源。」

2.禪以心傳心之起源

昔世尊在靈山會上，拈花示衆，衆皆默然，時維迦葉尊者破顏微笑。世尊曰：吾有正法眼藏，涅槃妙心，實相無相，微妙法門，不立文字，教外別傳，如今付與摩訶迦葉。」（註二）

釋尊拈花，乃無言之大說法，無言之大眞理，可謂道之頂峰，理之極致，非語言可道出，亦非文字可表達，於八萬衆中，唯迦葉尊者契理契機，遂成續燄傳燈之初祖。

㈡禪宗正傳

自迦葉以後，二傳阿難，阿難傳商那和修，由是祖祖相傳，至二十八祖菩提達摩時，遠觀震旦有大乘氣象，乃渡海東來，是爲中土之初祖，印度卽止此不傳。於當時印度，不重史實之記載，諸祖於印度之行誼，難以獲悉，惟祖師之名號以及各祖師之傳法偈，傳佛祖心燈，餘則無從稽考矣。景德傳燈錄載：達摩於梁武帝時，渡海東來廣州至南京，因與武帝問答不契，遂渡江至河南嵩山之少林寺，面壁九年。後遇立雪求道並斷臂表心切之慧可，始傳衣法。可傳僧燦，燦傳道信，信傳弘忍，忍傳慧能，卽爲中國禪宗開山祖，亦稱六祖。自達摩至弘忍，授受之際，均以楞伽經印心，至弘忍乃改付金剛經，衣鉢傳至六祖卽止。慧能得法後，自黃梅發足南行至廣東，因時機未熟，隱藏獵人隊中甚久，後於廣州聞兩僧論風動幡動，慧能以「仁者心動」觸聞印宗法眼，慧能實告，遂卽披剃現比丘相。旋至曹溪南華寺倡「見性成佛」之宏旨。時有黃梅首座之神秀，於北方宏禪，主修漸法，遂成對峙之局。然漸教不久卽告式微，天下言禪者，盡歸曹溪矣。

慧能門下，龍象輩出，得法弟子四十三人，以青原行思、南嶽懷讓二人盡得曹溪法脈。靑原傳石頭希遷，遷傳藥山維儼及天皇道悟，儼傳洞山良价，价傳曹山本寂而成「曹洞宗」。悟道龍潭崇信，信傳德山宣鑑，鑑傳雪峰義存，存傳雲文文偃及玄沙師備，偃卽「雲門宗」。備三傳至法眼文益卽「法眼宗」。南嶽懷讓傳馬祖道一，一傳百丈懷海，海傳潙山靈佑及黃蘗希運，佑傳仰山慧寂，仰山與潙山稱「潙仰宗」。運傳臨濟義玄，成「臨濟宗」。臨濟至南宋時分「黃龍慧南」，「楊岐方會」二派。禪發展至此，可謂登峰造極。至唐宋潙仰卽急，宋初法眼亦滅，曹洞不振，雲門至北宋亦絕。惟「臨濟宗」與「曹洞宗」歷唐宋元明清，法脈延綿至今不衰，且益見其隆盛開展。

三、禪法之演變

㈠禪門傳法，重在以心印心，隨機接引，如：

二祖乞達摩安心：

摩云：「將心來，與汝安。」

二祖：「覓心了不可得。」

摩云：「我與汝安心竟。」（註三）

於是達摩卽印可付衣法。

(二)

三祖請二祖懺罪：

二祖：「將罪來，與汝懺。」

三祖：「覓罪了不可得。」

二祖：「與汝懺罪竟。」（註四）

於是二祖付三祖衣法。

(三)

四祖向三祖求解脫：

三祖：「誰縛汝？」

四祖：「無人縛。」

三祖：「旣無人縛，何更求解？」（註五）

四祖遂悟，乃得衣法。

(四)

道信問弘忍姓名：

道信：「子何姓？」

弘忍：「性卽有，不是常性。」

道信：「是何姓？」

弘忍：「是佛性。」

道信：「汝無姓耶？」

弘忍：「性空，故無。」（註六）

道信默識其法器。「姓」與「性」同音，弘忍答法，表示其觀點。

㈤

六祖偈見五祖：

五祖：「汝何方人，欲求何物？」

六祖：「弟子是嶺南新州百姓，遠來禮師，惟求作佛，不求餘物。」

五祖：「汝是嶺南人，又是獦獠，若為堪作佛？」

六祖：「人雖有南北，佛性本無南北，獦獠身與和尚不同，佛性有何差別？」

五祖令六祖隨衆作務。

六祖：「慧能啓和尚，弟子自心常生智慧，不離自性，卽是福田，未審和尚教作何務？」

五祖：「這獦獠根性大利，汝更勿言，著槽廠去！」（註七）

五祖默識六祖爲法器，並認六祖之見可用。

五祖欲傳衣法予見性者，命衆徒呈偈：

神秀：「身是菩提樹，心如明鏡臺，時時勤拂拭，勿使惹塵埃。」

慧能：「菩提本無樹，明鏡亦非臺，本來無一物，何處惹塵埃。」

其後五祖爲六祖說金剛經，慧能言下大悟，遂得衣法。（註八）

㈥

青原行思初見六祖卽問：

青原：「怎樣，不墮階段？」

六祖：「你曾作什麽來？」

青原：「聖諦亦不為。」

六祖：「落何階級？」

青原：「聖諦不為，有何階級？」（註九）

六祖予青原首座。

㈦

南岳懷讓拜見六祖：

六祖：「從何處來？」
懷讓：「從嵩山安和尚處來。」
六祖：「何物到此？」
懷讓：無法回答。至三十一歲時開悟：
懷讓：「某甲有個會處。」
六祖：「如何？」
懷讓：「說一物卽不中。」
六祖：「需修證否？」
懷讓：「修證則不無，污染則不能。」
六祖：「此不染污，是諸佛所護念，汝已如是，我亦如是。」
六祖默許其法器，卽授懷讓密印，宏傳禪法於南岳。（註一〇）
(八)
溈山初參百丈懷海於深夜：
百丈：「看爐中有火否？」
溈山：「不見火。」百丈起身掘得火種。
百丈：「汝看，此爲何物？」　溈山言下大悟，後溈山與仰山慧寂成立「溈仰宗」（註一一）

(九)

曹山初參洞山：

洞山：「近離何處？」

曹山：「從西院來。」

洞山：「奢黎名什麼？」

曹山：「某甲。」

洞山：「向上更道。」

曹山：「不道。」

洞山：「為何不道？」

曹山：「不名某甲。」(註一一)洞山許之，隨從數年，密室承旨。

(十)

雲門文偃初參睦州：

睦州：「說！說！」

雲門：「擬議不答。」

州逐雲門於門外，將門關閉，三次受逐，雲門第三次扣門：

睦州：「何人？」

雲門：「文偃也。」

睦州稍開門，雲門跳入，一足被挾於門隙中。

雲門：「痛」！豁然開悟。（註一三）

㈩

法眼文益，參於羅漢桂琛而得心印，「法眼」乃觀取諸法之眼，菩薩具有法眼，能知諸法眞相而度衆生，文益開悟後，於江西臨川，大宏禪法。（註一四）

㈪

臨經義玄出家黃檗會下，首座睦州見臨濟道行佳。

睦州：「汝來此多久？」

臨濟：「三年餘。」

睦州：「曾去參問否？」

臨濟：「無，如何參問？」

睦州：「汝去問佛法大意。」

臨濟：「未獲回答，及被打三十棒，問話無用，反被痛打。」

睦州：「再去問一次。」

臨濟：「去問三次，均失敗，此地無緣，吾去矣！」

黃檗：「命臨濟參大愚。」於是臨濟乃參大愚。
大愚：「汝從何處來？」
臨濟：「從黃檗處來。」
大愚：「黃檗如何教汝？」
臨濟：「我問其佛法大意，被打三次，未知犯何罪？」
大愚：「汝錯，彼愛汝，甚懇切，仍言何罪？」（註一五）

遂大悟。自達摩至六祖，平日師生問答，語句坦率，直顯心要，可謂極平實。六祖以後，門徒衆多，根器不同，以平實坦率接引，不足應需要，於是機鋒轉語，棒喝交馳，隨機施展，臨事應變，揚眉豎拳，發問被打，逐出門外，當面熄燭，手握惡棒，而心懷仁慈，皆爲旁敲側擊，暗喩禪機也。

元明之際，變亂頓仍，棒喝引機，不足適用，於是有「參話頭」之法起而代之。六祖之告慧明曰：「不思善，不思惡，正與麼時，那個是明上座本來面目？」此爲參話頭最佳典型，直至大慧宗杲，高峰玄妙，始專以話頭接引初基。其法乃擇一毫無意義或略具可疑之語句，命究其所以，因不明故有疑情起，乃由大疑深疑，而得大悟深悟。言參話頭詳盡莫如「博山警語」，內詳述參話頭之諸多方法及錯誤，俾有所規避與遵循，甚益後學。

【附註】

註一　言見大乘起信論。
註二　見大正藏卷四，頁二九三。
註三　見景德傳燈錄。
註四　見景德傳燈錄。
註五　見景德傳燈錄。
註六　見景德傳燈錄。
註七　六祖壇經行由品。
註八　六祖壇經行由品。
註九　禪宗語錄。
註一〇　禪宗語錄。
註一一　禪宗語錄。
註一二　禪宗語錄。
註一三　禪宗語錄。
註一四　禪宗語錄。
註一五　禪宗語錄。

貳 中國禪宗精神—惠能之核心禪法

一、惠能之行誼及其得法、宏法、護法

惠能生於唐貞觀十二年，二月八日午夜，取名惠能。父姓盧名行瑫，母李氏，原籍范陽（今河南省內）於唐高祖武帝三年九月，惠能之父，因官遭貶職，流放至嶺南。惠能三歲喪父，老母携遺孤，移居南海新州（今廣東新興），母子相依爲命，以賣薪渡日。

惠能二十四歲時，一日於市賣柴予一客，待送柴畢而至門外時，忽見一客誦經，惠能一聞經，立即開悟：

惠能：「客誦何經？」

客曰：「金剛經。」

惠能：「何處來？」

客曰：「自黃梅東禪寺五祖處來。五祖勸人持金剛經，卽自見性，直了成佛。」

惠能深慕之。然有宿緣，得一客贈銀十兩，師返家安置母畢，立卽啓程起黃梅參拜五祖，深受五祖讚賞，祖著入碓坊，作破柴踏碓之勞役，令其苦修。歷八月餘，五祖欲知門下見性心得，令門下呈偈，悟者可得衣鉢。

神秀偈：「身是菩提樹，心如明鏡臺，時時勤拂拭，勿使惹塵埃。」

因全偈皆著相，五祖云未見性。

惠能偈：「菩提本無樹，明鏡亦非臺，本來無一物，何處惹塵埃。」

五祖三更爲惠能說金剛經，至「應無所住而生其心」，惠能言下大悟，遂得衣鉢，惠能南行至廣東，曾藏於獵人隊中，後於廣州法性寺，惠胸提示二僧爭論風動幡動，遂受印宗剃度成爲和尚。後於曹溪大宏「見性成佛」之旨，天下望風景從。禪庭極爲隆盛。武太后及唐中宗下詔迎惠能入京，惠能請辭，並蒙賜舊居爲國恩寺。惠能宏揚禪法，得法弟子四十三人。於先天二年七月一日，自曹谿歸國恩寺，八月六日沐浴齋罷，對徒衆作最後說法：

兀兀不修善，騰騰不造惡，寂寂斷見聞，蕩蕩心無着。

惠能端坐自三更，奄然遷化。

二、惠能禪法以「無念、無相、無住」為基

「三無」——無念、無相、無住，爲頓教之宏基，最重要之綱領，最高之指導原則，如人之神經中樞然。諸如「自性之呈現」，「自性之保任」，「自性之妙用」，「見性成佛」，均以「三無」爲最重要之根基。惠能云：

善知識，我此法門，從上以來，先立無念為宗，無相為體，無住為本。無相者，於相而離相，

無念者，於念而離念，無住者，人之本性。（註一）

㈠**無念**：卽於念而離念，世間萬念呈現，然主體性之自性，不受客體所煩惱，保持昭明靈覺，來去無滯，縱橫自如，故能躋至佛之地位。惠能云：

……善知識，悟無念法者，萬法盡通，悟無念法者，見諸佛境界，悟無念法者，至佛地位。（註二）

㈡**無相**：卽於相而離相，雖萬相現前，主體性之自性，常保清淨，不爲客體萬相所迷，故能使一相不立，惠能云：

善知識，外離一切相，名為無相，能離無相，則法體常清靜。（註三）

㈢**無住**：人之本性，指於諸法上，無留滯，此乃主體性與生俱來之本能，故言人之本性，吾人於諸法，念念不住，善惡三世，皆莫思量，則此心自無縛無住而得大自在，惠能云：

內外不住，來去自由，能除執心，通達無礙，能修此行，與般若經無差別。（註四）

三、惠能禪法以「明心見性」為宗

㈠**自性**

1. 自性之本態：自性本屬淨明虛靈，人之本源有靜寂之性，永恒不變，能判別是非善惡者。斐休云：

血脈之屬必有知，凡有知者必同體，所謂真淨明愚虛徹靈通，卓然而獨存者也。是衆生之本源，故曰「心地」；是諸佛之所得，故曰菩提；交徹融攝，故曰「法界」；寂寞常樂，故曰「涅槃」，不濁不灟，故曰「清淨」，不妄不變，故曰「真如」；離過絕非，故曰「佛地」；護善遮惡，故曰「總持」；隱覆含攝，故曰「如來藏」；……統衆生而大備，爍辟昏而獨照，故曰「圓覺」；其實皆一也。（註五）

自性本屬永恒不滅，與生俱來卽完整無缺，爲極清淨之體，不爲任何外力所能改變，故惠能云：

何期自性本自清淨，何期自性本不生滅，何期自性本自具足，何期自性本無動搖，何期自性能生萬法。（註六）

2.自性之妙用：自性本自具有一切智慧，常保任自性，則自性卽能虛明靈覺，保任自性，卽能見性成佛，惠能云：

吾所說法不離自性。（註七）

須知一切萬法，皆從自性起用。（註八）

善知識，菩提自性，本來清淨，但用此心，直了成佛。（註九）

3.自性之保任：吾人常於生活中，切勿念人之是非善惡，爲人光風霽月，爲師友所信任，不染一切煩惱，使心靈自在。惠能云：

但見一切人時，不見人之是非善惡過患，卽是真性不動。（註一〇）

勿令彼有疑，卽是自性現。（註一一）

若無塵勞，智慧常現，不離自性。（註一二）

㈡**明心見性**

1.明心見性之義：明白自己之心地，明白自己淸淨之心，判別是非之眞心，分別善惡之自覺心。見到自己之本來面目，自己與生俱來善良之天性，固有之性德，離一切迷妄之覺性，離疑，離垢，離塵之自覺，能生萬法之自性。

2.明心見性之正確方法：

⑴「絕去煩惱」——人彼煩惱，則自性汚濁，不能自主，主體之自性無法呈現，惠能云：

若開悟頓教，不執外修，但於自心常起正見，煩惱塵勞不能染，卽是見性。（註一三）

⑵「信任自己之自性智慧」——自性之智，與生俱來，因著相而迷，故須常堅信自己本性之智。惠能云：

若起真正般若觀照，一剎那間俱泯，若識自性，一悟卽至佛地。（註一四）

⑶「對任何事物不執著」——人常固執己見，常見人之過，不見己之過，見己之是，不見人之是，惠能云：

無憶無着，不起誑妄，用自真如性，以智慧觀照，於一切法不取不捨，卽是見性「成佛道」（註一五）

⑷「常使心念靈活自如」——心念停滯，思維卽告遲鈍，任何想法，卽呈膠著，故須心念暢

通，惠能云：

念念無滯，常見本性。（註一六）

(5)「絕去人欲」——宋儒云：「存天理，去人欲。」可見人欲乃人之大患，天理不彰，卽爲人欲所蔽，惠能云：

性中各自離五欲，見性刹那卽天眞。（註一七）

(6)「須自心內求」——人性總爲向求尋覓，常覺自身不足向外期求，以致辜負自家之寶藏。惠能云：

不悟，卽佛是衆生，一念悟時，衆生是佛，故自萬法盡在自心，何不從自心頓見眞如本性？（註一八）

(7)「斷滅欲念，保心淸淨」——人之欲念，眞如恒河之沙，雜念終日紛陳，使人心混亂而不淸淨。惠能云：

悟無念法者，萬法盡通，悟無念法者，見諸佛境界，悟無念法者，至佛地位。（註一九）

(8)「持誦經典」——經典乃佛說之語錄，故須經常持誦，以保心靈淸淨，內心虔敬。惠能云：

持誦金剛般若經，卽得見佛性。（註二〇）

(9)「可求助於善知識」——世人迷於萬相，煩惱乃因雜念失却是非善惡判別之自覺天性。惠能云：

菩提般若之智，世人本自有之，只緣心迷不能自悟，須假大善知識示導見性。（註二一）

四、惠能禪法以「頓悟成佛」爲旨

(一)惠能之自悟

1.聞經開悟：惠能二十四歲，以賣薪爲生，於市中聞人誦經，心卽有所悟，惠能云：

……此身不幸，父又早亡，老母孤遺，移來南海，艱辛貧乏，於市賣柴。時，有一客買柴，使令送至客店，客收去，能得錢，却出門外，見一客誦經，惠能一聞經語，心卽開悟。（註二二）

2.諸佛妙理，豈關文字：惠能有夙緣，得客贈銀十兩，於二十四歲時安頓老母後，卽逕赴黃梅參拜五祖，自黃梅得法，返抵韶州時，遇劉志略居士，聽其姑無盡藏尼讀涅槃經，並爲之解經義。

無盡藏尼：「以難解文字問惠能。」

惠能：「文字不識，義卽請問。」

尼：「字尚不識，曷能會義？」

惠能：「諸佛妙理，豈關文字？」

3.自心常生智慧，佛性無差別：人人皆有佛性，人性平等，佛性無二，人人具是。惠能初參拜五祖：

五祖：「汝何方人？欲求何物？」

惠能：「弟子是嶺南新州百姓，遠來禮師，惟求作佛，不求餘物。」

五祖：「汝是嶺南人，又是獦獠，若為堪作佛？」

惠能：「人雖有南北，佛性本無南北，獦獠身與和尚不同，佛性有何差別？」(註二三)

4.本來無一物：自性本無任何相，本無任何汚濁，故自性常無相，而常清淨。惠能偈：

菩提本無樹，明鏡亦非臺；本來無一物，何處惹塵埃？(註二四)

5.米熟久矣，尤欠篩在：字義表面，米早夠白，尙待一篩，暗喩爲：「悟與覺已久，只求和尚印證，按「篩」，亦暗喩「師」也。

五祖：「求道之人，為法忘軀，當如是乎？」

五祖：「米熟也未？」

惠能：「米熟久矣！猶欠篩在。」(註二五)

6.應無所住而生其心：五祖知惠能開悟已久，只求印證，於是令惠能三更入室，爲其說金剛經。壇經云：

視以杖擊碓三下而去，惠能卽會祖意，三鼓入室，祖以袈裟遮圍不令人見，為說金剛經，至「應無所住而生其心」，惠能言下大悟「一切萬物不離自性」。(註二六)

7.非風幡動，仁者心動：惠能得法後，於廣州法性寺，聞兩僧爭論風動幡動，惠能提示，觸開印宗法眼，惠能據實以告，遂受披剃，現比丘相。壇經云：

一日思維：「時當弘法，不可終遯。」遂出至廣州法性寺，值印宗法師講涅槃經。時有風吹幡動，一僧曰：「風動」。一僧曰：「幡動」。議論不已，惠能進曰：「不是風動，不是幡動，仁者心動。」一衆駭然。（註二七）

㈡惠能之悟他

1.人迷於心，不見自性：世人迷於萬相，而不能自拔，失去自性之眞如來性，自覺之智慧，惠能云：「爲自心迷，不見內性。」（註二八）

2.自念須保持明朗而呈現智慧：人有種種慾念，迷種種相，執於種種心思，故心靈晦暗，而智慧無從顯現。惠能云：

智如日，慧如月，智慧常明，於外著境，被自念浮雲蓋覆自性，不得明朗。（註二九）

3.迷心外見，修行覓佛難見自性：世人多向外覓而少有向自己內部寶藏覓求，此爲不能見自性之原因。惠能云：

般若之智，亦無大小，為一切衆生自心迷悟不同，迷心外見，修行覓佛，未悟自性。（註三〇）

4.邪見障重不得見性：障見卽異常偏執者，但見人之過，從未見己之過者，失却善惡判別之正覺難以見性。惠能云：

元有般若之智與大智人更無差別，因何聞法不自開悟，緣邪見障重，煩惱根深猶如大雲覆蓋於日，不得風吹，日光不現。（註三一）

5.一切萬法皆從心出：自有般若之智，世人不知內求，古人云：「思之不得，再三思之，思之思之，鬼神告之。」此實爲自性之智告之也。惠能云：

外無一物而能建立，皆是本心生萬種法，故經云：「心生種種法生，心滅種種法滅。」（註三二）

6.與韋刺史說功德義：韋刺史問六祖功德義：

韋刺史問：『弟子聞達摩初化梁武帝，帝問云：「朕一生造寺度僧，布施設齋，有何功德？達摩言：「實無功德。」弟子未達此理願和尚為說。』

惠能答：『實無功德，勿疑先聖之言！武帝心邪，不知正法，造寺度僧，布施設齋，名為求福，不可將福便為功德。功德在法身中，不在修福。』

惠能云：「見性是功，平等是德。自性建立萬法是功，心體離念是德，不離自性是功，應用無染是德，內心謙下是功，外行於禮是德……念念無間是功，心平行直是德；自修性是功，自修身是德。」（註三三）

惠能所言，將「修福」與「修功德」分得非常清楚，使人耳目一新。

7.為門人解釋疑難：六祖除當衆說法外，並使門人個別開悟：

(1)與法海說「卽心卽佛」（註三四）

(2)與法達解「心迷法華轉，心悟轉法華。」（註三五）

(3)與智通說「三身四智」義及「見性」（註三六）

(4)與志道說「涅槃經」(註三七)

(5)與智隆說禪定(註三八)

(6)以「惠能沒技倆」，以正「臥輪有技倆」之非(註三九)

(7)與志誠說「住心觀淨」及「長坐不臥」之誤，並說「自性之戒定慧義。」(註四〇)

(8)與神會說「自知自見」及「落知解」之繆(註四一)

(9)與薛簡說「道無明暗」，「道由心悟」，「無二之性」，及「一切善惡莫思量」(註四二)

9.悟卽能成佛：悟卽爲見性，能見性卽能至佛位，因有清淨、具足、不生不滅，本無動搖，能生萬法之自覺也。惠能云：

不悟卽是衆生，一念悟時，衆生是佛。

前念迷卽凡夫，後念悟卽佛，前念着境卽煩惱，後念離境卽菩提。(註四三)

(三)惠能頓悟成佛之勝境

1.自識本心而自成「自心佛」：自己識自本心，自淨本心，自修其行，於時時均能自淨自己之心意，心地無非，心地無亂，心地無痴，念念自淨己心而成就「自心佛」。惠能云：

此事須從自性中做起，於一切時，念念自淨其心，自修其行，見自法身，見自心佛，自度自戒，始得不假到此。(註四四)

2.自識本性自成「自性佛」：吾人了悟自性，佛在心中，不假外求，得見自性，當可見自性之法身，人人本具有，將見佛性，即見佛智慧功德可成之報身，以及應衆生之機緣而成之佛身，自然了悟自性，當自成「自性佛」以應之。惠能云：

但悟自性三身，即識自性佛。（註四五）

3. 自識自身自成「三身佛」：吾人應於自身中見自性，三身佛皆在自性中，世人全在外覓三身佛，其實皆在自性中有。惠能云：

汝等聽說，令汝等於自身中見自性有三身佛，此三身佛，此三身佛從自性生，不從外得。（註四六）

五、惠能禪法以「不着亦不捨」為用

(一)恰恰用心時，恰恰無心用

參禪學道，最忌用心刻劃及用機心，不能用知解，重行證不重知證，重行解不貴知解。黃檗云：

我此禪宗，從不教人求知求解。（註四七）

一求知解，即須用機心，學道不可用機心，用行證工夫，則常自有「恰恰用心時，恰恰無心用，無心恰恰用，常用恰恰無」之境地！

(二)禪不依文字亦不離文字

神會云：「聲聞修空住空被空縛，修定住定被定縛，修靜住靜被靜縛，修寂住寂被寂縛」。故不主坐禪，亦不離坐禪，時時保持「不着亦不捨」之精神去處理一切事物，以免一着便住，即成執障，如人學書，臨王羲之書法，若執於字形，卽死於字形之下。如人學書，臨王羲之書法，若執於字形，卽死於字形之下。如唐太宗云：「得其骨力，結體雖變可也。」雖然較執於字形者爲佳，然執於骨力，亦死於骨力之下，天下之書道，豈爲「字形」、「骨力」所限？故執於任何方法，卽死於任何方法之下。故禪宗之可貴處，卽在卽法離法，卽道離道，卽立卽破，尋求活法而不執着於「任何之某一法」，追求與宇宙同體同變化，瞬息萬變之法，自成千變萬化之道，故禪宗始終主掃蕩，斬截一切執着，是故實相須掃，無相亦須掃，實法須掃，無法亦須掃，有我須掃，無我亦須掃，有物須掃，無物亦須掃。掃得無形無影，斬得萬絲盡斷，方得神光現前，融於大化，立後有破，破後有立，立破循環不已，此亦生命之演進現象也。然初基者，先宜不捨，待之相當火侯後，再談立破可也。

禪不依修，亦不離修，不立文字，亦不捨文字，迄證佛地，便自無用，未證以前，用作橋樑，亦未始非方便之門，然而四方學者，終身執迷於此橋樑者，不在少數也。

【附　註】

註　一　六祖壇經定慧品。

註　二　六祖壇經般若品。

註　三　六祖壇經般若品。

註　四　六祖壇經般若品。

註五　裴休圓覺疏略序。
註六　六祖壇經行由品。
註七　六祖壇經頓漸品。
註八　六祖壇經頓漸品。
註九　六祖壇經行由品。
註一〇　六祖壇經坐禪品。
註一一　六祖壇經般若品。
註一二　六祖壇經般若品。
註一三　六祖壇經般若品。
註一四　六祖壇經般若品。
註一五　六祖壇經般若品。
註一六　六祖壇經疑問品。
註一七　六祖壇經附囑品。
註一八　六祖壇經般若品。
註一九　六祖壇經般若品。
註二〇　六祖壇經般若品。
註二一　六祖壇經般若品。

註二二　六祖壇經行由品。
註二三　六祖壇經行由品。
註二四　六祖壇經行由品。
註二五　六祖壇經行由品。
註二六　六祖壇經行由品。
註二七　六祖壇經行由品。
註二八　六祖壇經懺悔品。
註二九　六祖壇經懺悔品。
註三〇　六祖壇經般若品。
註三一　六祖壇經般若品。
註三二　六祖壇經附囑品。
註三三　六祖壇經疑問品。
註三四　六祖壇經機緣品。
註三五　六祖壇經機緣品。
註三六　六祖壇經機緣品。
註三七　六祖壇經機緣品。
註三八　六祖壇經機緣品。

註三九　六祖壇經機緣品。
註四〇　六祖壇經頓漸品。
註四一　六祖壇經頓漸品。
註四二　六祖壇經護法品。
註四三　六祖壇經般若品。
註四四　六祖壇經懺悔品。
註四五　六祖壇經懺悔品。
註四六　六祖壇經懺悔品。
註四七　黃檗希運傳心法要。

叁、與禪畫之融合

一、禪門重視繪畫，以畫宏禪

(一)敦煌壁畫乃禪畫之先河

東漢明帝東平十年，蔡愔偕西域僧歸，傳來佛像，旋建白馬寺，畫千乘萬騎遶三匝圖於壁，是爲「佛像」，「佛寺」「壁畫」三大藝術之始。

敦煌壁畫，多以維摩經、淨土經中之意而作畫者，自東晉、隋唐、至南宋，於敦畫壁畫中，有豐富禪畫發展之資料，東晉以後，經典翻譯漸多，影響敦煌壁畫之題材，如「維摩示疾」、「涅槃圖」、「洗象圖」等。敦煌壁畫乃中國古代美術之集大成，代表北魏至元代中國美術之發展，乃古代佛教文化藝術之顛峰，使吾人可見到藝術之莊嚴、神聖，因爲由一流畫家所描繪，是故屬於神亦屬於人，其顯示出高古之風格，精微豐富之色調，以及佛教思想之內蘊，予禪門藝術有極崇高之啓示。然敦煌壁畫至唐代「風格突呈改變」，據張大千先生云：

佛教到了中國，為使中國人發生崇敬思想而起信，虬髯瘦骨的印度人…到了唐代，都變成中國人了，自漢代以來，都以超脫的竟境來畫的…完全是站在雲端着世界，如飛鳳雲龍等，都是超現實…到佛教進入中國，中國圖案作風，接着又是一變，這一變，可說是由超脫的反歸於內省的，從敏慧的進入大澈大悟的境界。線條是動中見靜，色彩中是鬧中有定，題材是廣大超逸的。(註一)

上述之「大澈大悟」、「線條動中見靜」、「色彩鬧中有定」，「題材是廣大超逸。」此特色無疑是受禪宗重大影響，毋庸爭辯。

(二)禪林藝術高僧人才輩出

唐代最能對文學藝術發生影響之佛教思想，卽爲惠能門下所發展之禪風。慧能禪髓，源於「自性般若」超越之慧悟，對藝術神思有極大之啓發，故中國詩人墨客，對禪宗發生濃厚之興趣，繼則漸以禪滲入詩書畫之中，於是「金碧輝煌、富貴榮華」之畫面，一變而爲「反樸歸眞，洗盡鉛華」之水墨畫風。王維云：

夫畫道之中，水墨為上，肇自然之性，成造化之功。（註一）

王維於三十餘歲卽奉佛茹素，思想眞璞，不慕榮利，隱居輞川，以佛道、琴、詩、畫自娛。繼而發展至王洽、張璪之潑墨，梁楷神來之減筆，以及米芾之米家墨戲所成山水煙雲，徐文長、陳白陽之花鳥，禪門藝術傑出高僧：巨然、懷素、牧谿、玉澗、石濤、石谿、宏仁，八大；以天縱之才，揮灑胸中靈氣，渾厚而圓融。

㈢禪林藝術高僧以禪法入畫

繪畫過於謹細，反而失去禪之妙用，故畫人爲了達成以畫宏禪之本懷，乃運用巧思，就其繪畫思想截取片段，藉高超之畫藝，使觀賞者明其畫外之意，如此以禪法入畫，雖然畫面是山水，仍如其心中之禪法，石濤禪師詩云：

吾寫此紙時，心入春江水。江花隨我開，江月隨我起。把卷坐江樓，高呼日子美。一笑水雲低，開圖幻神髓。（註二）

二、禪宗思想影響中國繪畫

㈠禪宗思想影響中國繪畫風格

王維開創之禪畫，至宋則全而發展，方豪云：

宋代佛教對繪畫之另一貢獻，即為禪的心物合一境界與禪的空靈境界，使畫家不僅知實傳神，且知妙悟，即所謂「超以象外」；……論畫者，喜言唐畫尚法，宋畫尚理，所謂理者，應為禪家之理，亦即畫家所謂氣韻。（註四）

故知宋代山水畫，大膽運用虛白，使畫面空靈淸淨，與禪宗明心見性有關也。

㈡佛禪經典影響中國繪畫

敦煌壁畫，乃藝術與佛禪經義之融合，故有十六經觀圖，涅槃變……等壁畫，故研究禪畫，須自佛禪經典研究，因禪宗畫藝之構想，多源自經義，所謂「藝與道合」，即此意也。譯述經典之重要人物，爲東晉道安，慧遠，鳩摩羅付，尤以羅什之貢獻最大，所譯經論三百餘卷中，大智度論、阿隔陀經、法華經、般若經，皆對佛教藝術有極重大之影響者。

三、藝林高士深契禪理

元代至正十二年至洪武七年，兵連禍結，凡十八寒暑，雲林自存之道，料已甚艱，常從祥公、明公、希遠首座遊，進參禪學，流連僧寺，一住必旬日，篝燈木榻，肅然晏坐，由此可知，倪雲林終以禪悅爲味，直悟心源，故其發爲詩文書畫，不粘不礙，一皆歸於枯淡幽寂之境，成爲元代四大家之一。

四、著名畫人以佛禪為繪畫題材

「王維」——廻抱處僧舍可安」，「名山寺觀襯樓閣」，「古寺蕭條，掩映松林佛塔」。(註五)

「唐寅」——「茂林古寺，樓觀可安」，「僧投遠寺」。(註六)

「郭熙」——「松門山寺深」，「野寺山邊斜」，「亂山藏古寺」。(註七)

「李成」——「古寺蕭條，掩映松林佛塔」。(註八)

「韓絀」——「畫僧寺道觀者，宜横抱幽谷、深岩、峭壁之處。」(註九)

上列畫家，均爲極著名之畫家，其山水畫之題材，多爲蕭寺，古塔，佛塔，策杖老僧，唐宋人山水畫，多以寺塔入畫，可見佛教對中國繪畫影響之深。

五、藝林高手參與佛像製作

「東漢」——洛陽白馬寺，以及千乘萬騎繞三匝圖，爲壁畫、佛像、佛寺之始。

「三國」——吳曹不興，範寫西國佛像，盛傳天下。

「西晉」——衞協作七佛圖。張墨作維摩詰圖。二人爲畫聖。

「東晉」——顧愷之作佛像於南京瓦官等。載逵佛像亦妙。

「南朝」——顧駿之作佛畫於永嘉王法寺。陸探微有阿難、維摩圖數十種。謝靈運於浙西甘露寺作佛畫。

「齊」——毛惠秀作釋迦十弟子圖。

「梁」——張僧繇畫盧舍那佛像。

「北齊」——曹仲達爲佛畫大家，稱「曹衣出水」。

「隋」——展子虔畫十寺。鄭法士畫十寺。

「唐」——吳道子、盧稜伽、王維、周昉、孫位、皆佛像大家。

「南唐」——周文炬、釋貫休、丘文播均爲佛像高手。

「北宋」——李公麟、賈師古、梁楷、皆爲佛像專家。

「明」——吳彬、尤求均長於佛像。

「清」——丁鸛鵬、丁觀鶴兄弟爲佛畫家。

六、禪與畫相同

一、禪家與畫家皆以明心見性爲目的

宋代著名畫家十九皆精禪理，彼等心中之山水與禪家心中之山水相同，當時「簡靜荒寒」之畫意，亦卽禪家最精微之表現，李成之寒林、郭忠恕之潑墨、郭熙之雲煙，許道寧之峰巒，米元章之墨戲，燕文貴、高克明、趙令攘、趙子固、范寬、馬遠、夏珪、巨然……之畫，均深藏禪家之機鋒，尤

以范寬，卜居終南太華之日，危坐山林四顧，以求天趣。禪宗藉山水之啓悟以明心見性爲目的，山水畫家表現完成，亦以明心見性爲不二法門。

二、畫禪一致

依歷代評論家之見，「詩禪一致」，乃嚴滄浪集大成，而「詩畫一致」，則王漁洋所主張，「畫禪一致」，則非畫禪室董其昌莫屬，董其昌云：

文人畫自王右丞始，其後董源、巨然、李成、范寬以及大小米，元四家。李派粗硬無士人氣，王派虛和蕭瑟，此猶慧能之禪，非神秀所能及也……。（註一〇）

此後沈灝亦云：

禪與畫俱有南北宗，分也同時，氣韻復相敵也。南則王摩詰，裁構高秀，出韻幽淡，為文人開山。若荊、關、宏、張、董、巨、二朱、子久、叔明、松雪、梅叟、迂翁、以至明之沈、文、慧燈無盡……（註一一）

七、「禪畫」面目初探

一、自「宗教立場」言：禪畫具佛教教義之畫，爲佛教繪畫之一。

二、自「思想」而言：禪畫乃闡揚禪法、顯露禪機、依禪境、具禪意、表悟境、表禪趣之畫。

三、自「國畫觀點」而言：爲畫法中別出神解之畫。

四、自「畫格」而言：禪畫乃逸格之畫。

五、自「筆墨技法」而言：禪畫爲寫意畫、或大寫意畫、潑墨畫、破墨畫、隨意點染之畫、信筆揮灑之畫、筆墨極簡之畫、逸筆草草之畫、迅筆飛動而空靈犀利之畫、憑心靈波動而振筆揮毫之畫、大膽潑墨如萬馬奔騰之畫、筆鋒疾勁一瀉千里之畫。

六、自「效用」而言：作育禪慧，爲參禪學道，明心見性，直了成佛之方便途徑或方便教具之一。

【附　註】

註　一　見「大成雜誌」第二期。

註　二　王維「山水訣」。

註　三　中國畫論類編，「石濤論畫」。

註　四　方豪「七十自定稿」。

註　五　王維山水訣。

註　六　六如畫譜收「荆法山水賦」。

註　七　郭熙「畫意」。

註　八　李成「山水賦」。

註　九　韓紬「山水純全集」。

註一〇　董其昌「畫禪室隨筆」。

註一一　沈灝「畫麈」。

肆、禪畫之核心思想「一畫」

一、「一畫」產生之先決條件

一、物：

對物須透過最精密之窮現極照，而得物之天，物之性，必須學得如蘇東坡之觀照——「身與竹化，得竹之性」如郭照之——「心與山水合一，山水羅列於胸中」，文與可之——「身與竹化，盡得竹之性」，黃山谷之——「得物之生命精神，心與物之精神融而爲一」，晁補之之——「深入物之特性，心與物冥」，蘇東坡之——「觀人時而陰察之，得人之天」，曾無疑之——「觀草蟲，而得草蟲之天」。

二、心：

必須如劉彥和之——「疏瀹五藏，澡雪精神」，如莊子心齋——「虛，同於大通，」並使全部器官虛而共同感而通之，如蘇東坡之——「空故納萬境」。

三、手：

筆墨，立意、構圖、寫生，均精熟至極，不致影響極虛靜之心對物之窮極觀照。技法熟練如莊子之「指與物化而不與心稽，如莊子疱丁解牛之——「行其所當行，止其所當止」，懷素之「心手相師」以致「可得手應心」亦可「得心應手」。

二、「一畫」之精義：

自己極其虛靈而能納萬境之心，卽自己本自淸淨能生萬法之「自性」，復經窮觀極照，進入物之中心，而與物之「天性」融合爲一，透過自己的手使精熟至極之技法——自行其所能，自止其所止，而成「不見其所畫之所以成」之畫，謂之「一畫」。

三、「一畫」之思想：

一、「一畫」之根源性

任何繪畫，必須經過「宇宙卽吾心，吾心卽宇宙」並經過手之極熟練之技法表達，始可成爲充滿靈性、天性、人之自性、物之天性，以及充滿生機之畫，設若不經一畫之途徑，必爲無靈性、無生機之畫，故石濤云之。

一畫者，衆有之本，萬象之根。（註一）

二、「一畫」之變化性：

山川萬物，經過人之天性與其天性冥合，而有變成另一種生機生意之山川萬物，與原來之山川萬物不同，而且經過一畫之途徑所選擇過之山川萬物之風神與容貌，其生機生意必超過其他山川萬物，因注入人之天性之故。故石濤云：

夫畫，天下變通之大法也，山川形勢之精英也。（註二）

三、「一畫」之中心性：

「心爲宇宙，宇宙卽心」，透過熟練技法之一畫，一落在紙上，其餘諸畫，亦必如形成「一畫」之方法隨之落紙，心與物冥之「一畫」之理一旦具備，其餘繪畫之理，亦必依「一畫」形成之理，而追隨歸附，此必然之道也。石濤云：

一畫落紙，衆畫隨之，一理才具，衆理附之。（註三）

四、「一畫」之主動性：

「受」乃承受自己之心性作畫，卽承受自己本自具足能生萬法之自性以作畫，亦卽遵從自引之主體性作畫，亦卽能作得主。所作之畫，始有價値。「識」：乃古人之見識與見解，應置於參考之地位，始不致喧賓奪主，本末倒置，如受識位置平等，受識互顯時，則主體性不顯，如以受置於主位，識置於參考地位，此乃一畫之精神。故石濤云：

古今至明之士，藉其識而發其受，知其受而發其識不過一事之能，其小受小識也，未能識一畫之權擴而大之也。（註四）

五、「一畫」之融合性：

山川之形勢遼濶，煙雲萬里，各種形勢之峯巒排列，不一而足，吾人如取其局部作普通之觀賞，欲如此卽得山川之精神，卽飛仙亦不能處理週洽，如以「一畫」之心與山川融合之理，對山川作窮觀極照，必可進入山川之內部，而得物之天性，而與山川融而爲一。孟子云：「盡物之性，可以參天地之化育。」故由一畫之理與山川融合，同理亦可與天地萬物融合爲一矣。故石濤云：

且山水之大，廣土千里，結雲萬里，羅峯列嶂，以一管窺之，卽飛仙恐不能周旋也，以一畫窺之，卽可參天地之化育也。（註五）

六、「一畫」之統一性：

不經一畫之繪畫，旣無山川之性，亦無自己之性，所得之畫，必爲無生命之併湊及無生機之組合，故自毫無意義可言，透過心與山川冥合，而以熟練技法所形成之「一畫」之理，必能進入山川之內部，而得山川之形與天性融合爲一，融合後之山川必爲生機活潑者，因而寫出之畫，亦必爲生機活潑之畫。故石濤云：

我是一畫，能貫山川之形神。（註六）

七、「一畫」之體用性：

經過心與物冥之「一畫」精神，是一切字畫，先前卽應有之根本思想，而「字畫」是有一畫觀念後，所產之生之富有生機之技法，所作成之作品。僅知技法之創作，而忘記「一畫」此一根本思想，猶如子孫失去祖宗之聯繫關係。故石濤云：

一畫者，字畫先有之根本也。字畫者，一畫後天之經權也。能知經權而忌一畫之本者，是由子孫而失其宗支也。（註七）

八、「一畫」之有限與無限：

歷代畫人，並非不以法從事與習，無法則對世人無任何限制，乃變爲無門可入，然心與物冥能產生無窮畫法之「一畫」，亦非以「無限」作爲對於人之限制，亦非以一畫之法來限制人，應順乎自然可也。故石濤云：

古之人未嘗不以法為也，無法則於世無限焉，是一畫者，非無限而限之也，非有法而限之也。（註八）

四、「一畫」之呈現

「一畫」，皆人所用虛靜至極之心，復窮極觀照，而入山川萬物之內部，得其性而更與其冥合相能爲一，故透過極熟練之手，即呈有生命而活潑生機之繪畫。此皆人人可行，人人可爲，皆在人之精神中，皆潛伏於人之生命之內，是人之不爲也，非不能也。故石濤云：

一畫者，衆有之來，萬象之根，見用於神，藏用於人，而世人不知，所以一畫之法，乃自我立。（註九）

夫畫者，藏於心者也。（註一〇）

五、「一畫」的境界

吾人所畫之山川萬物，經過「一畫」之人性與山川萬物之性融合，及熟鍊之筆墨所繪出有生機靈性之畫，故一般無「一畫」觀念繪成之「畫」，一經「一畫」之繪畫法，便顯得生機盎然，猶如「脫胎換骨」，非畫人自身被畫脫胎也。畫之千變萬化，皆從「一畫」產生，故謂「自一以分萬」，「一畫」乃繪畫精神，賴作品得呈現，由萬種變化凝成一幅一物，故謂「自萬以治一」，筆墨由一畫始靈始神，始能使人與萬物融合爲一，畫成生機活潑之畫，自然「技法」與「畫意」、「畫面」皆呈極生動之象，到達繪畫之巔峯，故石濤云：

脫夫胎，非胎脫也，自一以分萬，自萬以治一，化一而成絪緼天，下之能事畢矣！（註一一）

六、「一畫」之修養

「一畫」須經窮觀極照，始能使吾人之心靈進入山川萬物之內部，而得物之天性，進而與之融合，故對山川萬物之「窮觀極照」，乃「一畫」之先決條件，否則「一畫」即不可能形成，故石濤云：

山川萬物之具體，有反有正，有偏有側，有聚有散，有近有遠，有內有外，有虛有實，有斷有

連，有層次，有剝落，有豐致，有飄渺，此生活之大端也。（註一二）

七、「一畫」之效用

㈠「一畫」可消除畫況之障礙

畫人得繪畫之方法，則自無障礙，繪畫時有障礙，則自然無畫法，然實則，畫法必經過「一畫」之觀念，始可產生，繪畫之障礙，亦透過「一畫」之觀念，而消退。

古今之繪畫法之障礙不能解決畫出有生機之畫，皆因「一畫」之道理不能明白所致，明一畫之理，則繪畫法之障礙，自不在心目中，而畫可從心隨意繪出，畫能從心所欲，而畫法之障礙，自必遠去。法執，障執於心中一念不起，而繪畫方法所以成立之根本道理，盡得之矣，繪畫之道彰顯，一畫之目的亦達成。故石濤云：

法無障，障無法，法自畫生，障自畫退。

古今法障不了，由一畫之理不明，一畫明，則障不在目，而畫可從心，畫從心而障自遠矣。法障不參而乾旋坤轉之義得矣，畫道彰矣，一畫了矣。（註一三）

㈡「一畫」使山川萬物之形質統一，並顯於人心

心與山川萬物，未經窮極觀照，故未能冥而合一，因外以索形，內思以求質，則形質相離，不能把握，反成人之障礙。一無不明，則萬物各以其本來之天性，呈現於人之心中，更與人之天性合而為

一。

得繪畫之規矩方法運行，即得山川萬物之實質，得筆墨之法，即得山川萬物之外形，而忽略形中之道理，則形爲無質之形，理反因形而泯滅。又若僅追求山川之質，而不得筆墨表現之法求得山川之外形，則質與形分離，而法又隱微而不可見，是故古人皆知由質形相離所產生之式微危險性，因「一畫」乃由形質相融相即而成，透過「一畫」，必定獲得形與質之自然融合與統一。故石濤云：

一有不明，則萬物障；一無不明，則萬物齊。

得乾坤之理者，山川之質，得筆墨之法者，山川之飾，知其飾而非理，其理危矣，知其質而非法，其法微矣，是故古人知其微危，必獲於一。（註一四）

(三)「一畫」可使尺幅之畫管攝宇宙山川萬物

心物相莫之「一畫」，因與一畫以外者隔斷，故其本身，自成一極完滿自足而富生機活潑之世界，尺幅大小之畫，全由「一畫」之理所形成，自必充滿宇宙山川萬物之生機於尺幅之中，故一畫可使尺幅大小之畫，管攝宇宙山川萬物。故石濤云：

尺幅管天地山川萬物。（註一五）

(四)「一畫」乃繪畫始終不能分離之根本原理

行遠與登高，均起步目前之方寺土地，而漸行至無窮遠，登至無窮高，經「一畫」之理作繪畫之起步，完成無量數之筆墨所成之畫，繪畫筆墨之開始運用，由「一畫」之理開始，繪畫之筆是運用終了，亦由「一畫」之理終結。然「一畫」之理，自然爲畫人之精神沒入自然對象之中與對象融合，亦必與此對象外之其他世界隔斷，自身卽成圓滿之世界，故可謂「收盡鴻蒙之外」一語之註脚。故石濤云：

行遠登高，悉起膚寸，此一畫收盡鴻濛之外，卽億萬萬筆墨，未有不始於此，而終於此。（註一六）

「始於此」，「終於此」，亦卽六祖云：「一卽一切，一切卽一」之意。亦正如永嘉禪師云：

一性圓通一切性，一法徧含一切法，一月普現一切水，一切水月一月攝。（註一七）

㈤「一畫」能使繪畫在無方法中變爲有方法

「一畫」未出現之前，一切繪畫皆爲拼湊式，無生命意義之表現，可謂無方法，待「一畫」出現，經由極虛靜而能納萬境之心，透入山川萬物之內部，而得山川萬物之天性，與之融合，故有無窮之境，藉精熟筆墨寫出無窮之畫。故本無繪畫之方法，經「一畫」，而成萬境萬畫，自必成萬法，此卽自無法變有法。概山川萬物各異，法亦因之而不同，然皆歸於「一畫」之理，而彼「一畫」所含攝貫徹。故石濤云：

立一畫之法，蓋以無法生有法，以有法貫衆法也。（註一八）

㈥「一畫」能使筆神墨靈形成生動之繪畫

使筆運墨，自然成爲變化神妙之絪縕狀態，然一般之用筆運墨，未經「一畫」之觀念，故不能使人之天性與筆墨之性融合，而成出神入化之筆，靈動之墨，於是不能分曉出變化神妙之繪畫形態，成爲混沌無形之繪畫，打開混沌無形之僵局，惟透過「一畫」，始可使筆神而墨靈，自然立卽將此混沌無形之繪畫，變爲生機活潑形態畢呈之繪畫。故石濤云：

筆與墨會，是為絪緼；絪緼不分，是為混沌。闢混沌者，舍一畫而誰耶。（註一九）

八、「一畫」獲得之正確方法

自上述「一畫」之先決條件，先必使「心」澡雪至虛靈至極，並直承受自己本自具足能，能生萬法之「自性」，然後始能對山川萬物作窮觀極照，而終盡將「山川萬物之天性」，並卽與之融合，經精熟至極之「手」，使「心」，「物之形神」與「運筆墨幾可參乎造化之手」，「三者融合爲一」，「一畫之精神」遂卽現前矣！故曾影響石濤八大最大之董其昌云：

看得熟，自然傳神，傳神者必以形，「形」與「心」「手」相湊而相忘。神之所托，樹豈有不入畫者，特畫收之生綃中，茂密而不繁，峭秀而不塞，卽是一家眷屬耳。（註二〇）

董其昌之「形與心手相湊而相忘」與石濤之一畫之精神有相通之處，亦董其昌受石濤八大之敬仰處。

【附 註】

註 一 苦瓜和尚書語錄，「一畫章」。

註 二 苦瓜和尚書語錄，「變化章」。

註三　苦瓜和尚書語錄，「了法章」。
註四　苦瓜和尚書語錄，「尊受章」。
註五　苦瓜和尚書語錄，「山川章」。
註六　苦瓜和尚書語錄，「山川章」。
註七　苦瓜和尚書語錄，「兼字章」。
註八　苦瓜和尚書語錄，「了法章」。
註九　苦瓜和尚書語錄，「一畫章」。
註一〇　苦瓜和尚書語錄，「一畫章」。
註一一　苦瓜和尚書語錄，「絪縕章」。
註一二　苦瓜和尚書語錄，「筆墨章」。
註一三　苦瓜和尚書語錄，「了法章」。
註一四　苦瓜和尚書語錄，「山川章」。
註一五　苦瓜和尚書語錄，「脫俗章」。
註一六　苦瓜和尚書語錄，「一畫章」。
註一七　永嘉大師證道歌。
註一八　苦瓜和尚書語錄，「一畫章」。
註一九　苦瓜和尚書語錄，「絪縕章」。

註二〇 董其昌「畫禪室隨筆」。

伍、禪畫之修養

一、行萬里路讀萬卷書

㈠飽讀詩書與飽覽自然以廣見聞

禪畫之作，非全於巧，讀書養性，至關緊要；山谷云：

余謂東坡書，學問文章之氣鬱鬱芊芊，發於筆墨之間，此所以他人終莫能及耳。（註一）

清盛大士云：

若偈促里門，踪跡不出百里外，天下名山大川之奇勝未經寓目，胸襟何由開拓？（註二）

故知筆墨之事，必須充實學問，並遊歷名山大川，始能胸羅宏富，而使運筆墨之不滯也。

㈡參求內典

禪宗筆墨之事，宜參究內典，禪畫之思想，多出自內典也，禪畫悉皆由佛禪典籍之意寫成，故佛禪典籍，可謂禪畫之源頭活水，而禪畫之的目，亦即闡揚禪法也，禪典禪法之不修，禪畫之意何由？更如何作育禪慧，以爲初機學道之便耶？故參究禪典，始可使禪畫思想源源不竭，禪畫有以維摩經、涅槃經之意義作畫者。

二、親近自然與結交方外人士

㈠親近自然之生機

蕭雲從云：

結茅蓮花峰下，烟雲變幻，寢食於兹，胸懷樂甚。因取山中諸名勝，制為小册。（註三）

漸江又云：

日曳杖橋頭，看對岸山色。（註四）

故作禪畫，須常與自然接近，漸江大師之日曳杖橋頭，蕭雲從之結茅蓮花峰下，皆欲親近自然之意。

㈡廣結方外人士

文人墨客，多喜以詩載禪，以禪入畫，禪之機鋒，亦藏於畫中。吾人與方外人士交往，亦可了解禪機之灑脫生動，更可詰經問義，增廣內學修養，更廣禪畫言外意之禪機，開展禪畫境界。如白居易之禮參鳥窠禪師，歐陽修向明教禪師之請益，韓愈因大顛禪師之啓迪，而文采益佳，李翺得藥山禪師之助，而得悟入眞理，蘇東坡得照覺禪師啓發，而成千古傳誦之名句：其贈東林長老有云：

溪聲盡是廣長舌，山色無非清淨身；夜來八萬四千偈，他日如何擧似人。（註五）

三、保任自性

㈠善養自己之天性

詩畫之事，皆重性情，其實禪畫最重培養性靈，經常保持一己之赤子之心，保守自性之清淨，然自性本自清淨，皆爲係世塵俗所染故，煩惱意氣塵勞不染，自得清淨，故石濤云：

新盛街頭花滿地，紛粧巷口數花鈸。如為我醉呼濃墨，瀟灑傳神養性天。（註六）

故石濤寫蘭，畫得花之性，兼能瀟灑傳神，而其善養天性亦爲筆墨之助力也。

㈡常持率眞放曠之風

禪宗詩畫，讀之感人，皆因禪門藝士，性情眞摯，率性而爲，行筆自然，超塵拔俗之氣，撲人眉宇，使人愛不忍釋，令人不勝神往也，且觀石濤之詩：

憶昔相逢在黃栢，座中有爾談天臺，卽今頭白兩成翁，四顧無人冷似鐵。攜手大笑菊花叢，縱觀書畫江海空。烘光晃夜如白晝，酒氣直透兜率宮。主人本是再來人，每於酒後見天真。客亦三千堂上客，英風颯颯多精神。拈禿筆，向君笑，忽起舞，發大叫，大叫一聲天宇寬，團團明月空月小。（註七）

觀上詩之氣概，可見石濤之率眞瀟灑之天性，正如其畫之縱筆直掃，有如筆挾風濤，一瀉千里之勢也。

四、培養高標絕俗之品格

㈠畫品決定於人品

筆墨之超塵與否，恒視畫人之品格而定，吳仲圭、倪雲林、石濤、八大之畫格之所以高，皆因彼等有絕俗之品格。張庚云：

大癡為人坦蕩灑落，故其畫平淡而沖濡，在諸家最醇，梅花道人孤高而清介，故其畫危聳而英俊。倪雲林則一味絕俗，故其畫蕭遠峭逸，刊畫雕華。王叔明未免貧榮附熱，故其畫近於躁。趙文敏大節不惜，故其書畫皆撫媚，而帶俗氣。若徐幼文之廉潔雅高，陸天游方方壺之超然物外，宜其超脫絕塵，不囿於畦畛也。（註八）

元代畫家之作品，雅俗分明，品格高卓，孤高絕俗，一望可知，皆因行筆運墨，即其性之所在也。

㈡人格之昇華影響作品之創意

人皆好言作品須有創意、創新、新面目，有變化，然創新、新面目，仍非藝術之終極目的，因一有所執，有執必迷，乃禪宗之大忌。何則？因「爲創造而創造」，「爲求新而求新」，即成爲執，由是必迷於詭誕狂怪之途，使其遠離人生，以致遠離人性，終至遠離藝術之本性，藝術乃爲人性透過物性而昇華出更豐富之生生不已之生機生命，如此自然有新面貌出現，此時不言創造而自然顯示創造，不求變化，而自然呈現變化矣！

五、以「養氣」與「蒙養」提昇禪畫之層次

㈠畫有氣概由於養氣

養氣須先重靜，而禪亦重靜慮，故養氣須靜始成，淸王東莊云：

未動筆前要興意遠，已動筆後要「氣」靜神凝。（註九）

故畫之養氣，最關緊要，因畫無氣則無神矣，石濤云：

作書作畫，無論老手後學，先以「氣」勝得之者，精神燦爛，出之紙上，意懶則淺薄無神，不能書畫。

盤礴睥睨，乃是翰墨家生平所養之「氣」，峥嶸奇崛，磊磊落落，如屯甲聯雲，時隱時現，人物草木，舟車城郭，就事就理，令觀者生人山之想乃妙。（註一〇）

石濤讀萬卷書，行萬里路，彼藉天地之「氣」，以養其盤礴之「氣」，而又以盤礴之「氣」發萬物之神奧。他之遊覽名山大川乃攝取川岳之氣，成其落筆之「氣」靜神凝。

㈡蒙養可使筆神而墨靈

禪畫之修養，「蒙養」亦爲要著，「蒙養」卽針對蒙，而以「養」使其修正，養者，卽使畫人從利欲世俗之中，超拔而出，恢復心原有之虛靜本性，然後通過虛靜之心之窮觀極照，以把握山川萬物之形相之生機活潑，透過精熟技巧而成畫。運墨，必須極虛之心與墨之性融合而使之有生機活潑，運墨始能靈，卽石濤云：「墨受於天」，卽墨承受人之天性。而「筆」亦須得其生機活潑之性，始能達神靈，而成筆參造化。石濤云：

墨非蒙養不靈，筆非生活不神。（註一一）

【附　註】

註　一　黃山谷文集。
註　二　清盛大士「谿山臥遊錄」。
註　三　蕭雲林「題畫」。
註　四　清弘仁「山水圖題畫」。
註　五　蘇東坡全集。
註　六　石濤「題蘭竹册頁」。
註　七　大滌子「題畫詩跋」卷一。
註　八　張庚「圖畫精意識畫論」。
註　九　王昱「東莊論畫」。
註一〇　中國畫論題編、「石濤論畫」。
註一一　苦瓜和尚畫語錄、「筆墨章」。

陸　禪畫之意境

一、「靜」

禪畫境界，首宜重靜，卽有「靜氣」之意也，有靜氣卽予人清明愉快之感，令觀者有心身安頓之思。如：

王維詩：『晚年唯好「靜」，萬事不關心。』（註一）

寒山詩：『默知神自明，觀空境逾「寂」。』（註二）

故詩人畫家，皆同好「靜」。又王昱云：

未動筆前要與高意遠，已動筆後要氣靜神凝。（註三）

氣靜神凝，在禪畫中嘗被言及，因氣靜神凝爲畫道，亦爲禪道也。王維之畫，既無吳道子之狂熱，亦無李思訓之嚴謹，而用其瀟灑且蘊藉之筆觸，傳達出高雅溫和之美，使人悠然而生恬靜之感。

二、「簡」

八大之畫之特色，卽爲簡化，簡化之意，卽爲「意筆畫」更擴大，其簡之程度，由千筆變爲百筆，由百筆變爲十筆，更由十筆化爲兩三筆。八大、靑藤、收謬、梁楷、石恪貫休……著名畫家用簡筆之原因，略述如下：

㈠簡筆所費時間極少。短時間內可表多種意境。
㈡使心思不必顧到用筆，而支配其想像，遂可心遊萬仞。
㈢使思想單純而眞純，而無雜念。可畫取物之天性。

㈣使意境迅速呈現，以了心願，常用迅振如挾風濤之筆。

㈤不必過於耗神，故有瀟灑磅礴之氣。縱筆直掃而形具。

畫人對於院畫、界畫，似有先天性之不欲多作，咸認爲：

(1)增不如減——（「減筆爲上」梁楷」）

(2)多不如少——（「少則得，多則惑」老子）

(3)繁不如簡——（「蕭散簡遠」蘇東坡文集事略）

(4)密不如疏——（「缺月掛疏桐」蘇東坡卜算子）

(5)集不如稀——（「月明星稀」曹孟德詩）

薛生白云：

莫將畫竹論難易，剛道繁難簡更難；

君看蕭蕭祇數葉，滿堂風雨不勝寒。（註四）

而薛生白本人爲友寫蘭，亦僅一花一蕊及數葉而已。

三、「空」

畫有空處，猶如有靈氣往來，畫貴對內可開拓，對外可通流，如是之畫，則實中有虛，虛中有實，風雲、霧、雨雪、流水、人物皆可自由往來也；「空」較畫之實境，更形重要。清笪從光云：

空本難圖，實境清而空境現，神無可繪，真境逼而神境生，位置相戾，有畫處，多實贅疣，虛實相生，無畫處皆成妙境。（註五）

又明之李日華云：

『古人于一樹一石，必分背面正昃，無一筆苟下，至於數重之林，幾曲之徑，巒麓之單複，借雲氣為開遮，沙水之迂迴，表灘磧為遠近，語其墨暈之酣，深厚如不可測，而定意觀之，支分縷析，實無一絲之棼，是以「境地愈穩」，「生趣愈流」，多不致偪塞，寡不致凋疎，濃不致濁穢，淡不致荒幻，是曰「靈空」，是曰「空妙」，以其出沒，「全得造化真機耳」（註六）

達「空」之境界，笪重光主「實境清而空境現」，「虛實相生，無畫處皆成妙境」。李日華則曰「境地愈穩，生趣愈流」，「空靈、空妙」之出沒，全得「造化之天機」也。

四、「雅」

清沈京騫云：

古淡天真，不著一點色相者高雅也。

不著一點色相，已近禪味，蓋禪爲超越「境我」，超越「色相」者。巨然之雪景圖，瑩湛高雅。八大山人之畫，筆簡形具，著墨無多，幽雅高古。王維崇尚水墨，得自然之性，閑靜淡雅。牧谿平沙落雁，煙寺晚鐘，絪緼一片，遠近迷濛，近處稍見痕跡，遠觀渾然無色相，眞「高雅」之筆墨也。高雅乃盡脫塵俗，可謂不食人間煙火，飲梅花之泉，啖野叢之果。禪京超越人間煙火薰染所形成之心境，即爲「雅」，亦可謂「禪悅」也。

五、「清」

畫得「清」境，最爲感人，古木寒潭，令人悠然神往，石濤高潔，性靈空清，與其出生地之清湘，兩相湊泊，於是淸湘不僅爲其所誕生之地，亦其畫境之所托也，「淸」之境界，於石濤畫中經常顯露，石濤云：

小水有「清」音，得者寸心是（註七）。

「清」入枯腸字字寒。（註八）

畫驅懷抱入「清」新。（註九）

有德渾忘「清」勝骨。（註一〇）

俗不濺不「清」。（註一一）

而心淡若無，愚去智生，俗除「清」至也。（註一二）

六、「淡」

參禪須在「平淡處悟妙諦」，畫人筆墨，自亦宜「淡」，古人論萬物之病，皆由於濃，解濃之法，莫以「淡」為最佳。「參禪」淡至極，可領略至「無功之功」，及「無味之味」。「畫」淡至極，亦可呈現「無形之形」，以及「無名之形」。

元代畫家倪雲林，其設色之「淡」，達於「忽」，由忽達於「遠」，由遠而達於「略」，由略而達於「無」。「更由無中可見其色澤」，「枯中可見其嫵媚」。故李日華云：

墨彩欲無情轉濃。（註一三）

黃崇惺亦云：

雲林畫筆枯而腴。（註一四）

此即李日華主「自無處見意」，黃崇惺則謂「枯處見腴」也。

七、「寒」

八大山人之畫，雖出於董其昌，然著墨更為簡賅，寄其荒寒之思。花鳥初出於青藤，後則以一己之意，以筆簡形具為之，寫其寂寞寒悽之境。

石濤之山水畫，亦露蕭條荒寒之韻，以寄其寂寥冷清之意，石濤詩云：

何處行春木末亭，孤蹤難望雨花星，
紛紛車馬如流水，暗暗山川沒骨青。（註一五）

於其江山暗澹之畫，可知石濤畫意清冷蕭疏，然亦見其遺世獨立，胸羅造化，不懷不隨之俯仰之節，至情感人。石濤又有詩如下：

前朝剩物根如鐵，苔蘚神明結老蒼。
鐵佛有花近佛面，寶城無樹失城隍。
山隈風冷天難問，橋外波寒鳥一翔。
搔首流連歸興嬾，生涯於此見微茫。（註一六）

八、「奇」

八大山人畫，雖出青藤，而無文長之狂，白陽之似，其特色在其「變形奇致」之中，不失法度而有蘊藉含蓄之韻。其「奇致之風」，由於精簡及高度概括之手法，有以致之。

石谿之山水，則爲雲峯石跡，迥絕化機，此乃因其筆墨高古，「奧境其闢」之所致也。

石濤詩畫，空靈飄逸，然其畫隨其心之波動，時生變化，鄭板橋云：

石濤畫法，千變萬化，「離奇蒼古」，又能秀細妥帖，比之八大山人，殆有過之而無不及。（註一七）

清汪硯山對石濤畫作之超塵絕俗，奇境突出，其稱許云：

清湘恣肆，「破格標奇」，具廣大之神通，括羣能而皆善。大力包舉，山水另闢途徑，窠臼脫而別趣舍，邱壑羅而生氣出（註一八）

對石濤、八大影響極大之青藤、白揚，爲明代藝術之極峰，隨意點染，卽露天機，縱筆直掃，合於天造。皆因寓筆墨之雄渾於飄逸之中，致筆參乎造化。

石濤八大，皆爲明朝宗室，雖出於青藤、白揚、玄宰，然八大以更其簡練雄渾之筆，寫其「方眼游魚」，「怒目飛鷹」，「潑墨荷葉」、「飛筆菖蒲」，雄肆奇放，其花押及署名之筆力勁道，尤具遒勁與雄肆。石濤則以縱橫奔放之筆，大刀濶斧，磅礴睥睨，寫出其「廬山觀瀑圖」，更是筆挾風濤，墨瀋淋漓，縱筆橫掃，寫出墨梅之千年老幹，千變萬化之梅花，筆勢雄勁、八面生姿，更以快筆飛動，空靈犀利之筆，於崇山巨石之隙縫中，點出其「沒天沒地當頭劈而點。」眞可謂雄渾高絕，嘆爲觀止矣。

九、「雄」

十、「逸」

「逸」——乃高潔之「節操」，渾厚之「性情」，宏富之「學識」，成熟之藝術「思想」，超卓之藝術「風格」，以及高絕之藝術「技法」之神奇會合：

㈠自繪畫之思想處言「逸」之境界

元代四大家之一倪雲林云：

作畫，不過寫胸中逸氣耳。（註一九）

明末清初，藝林四大高僧之一漸江云：

雲林「逸興」自高孤，古木虎堂面太湖，曠覽不容塵土隔，一痕山影淡如無。（註二〇）

明末高僧石濤云：

論畫者如論禪相似，「貴不存知解，入第一義」，方為高手，否則落第二義矣。（註二一）

故知倪高士乃主寫「胸中逸氣」，漸江則謂「逸興自高孤」，「淡如無」，石濤主「貴不存知解入第一義」，以言「逸」。

又惲道生云：『「逸品」之畫，筆似近而遠愈甚；筆似無而有愈甚，嫩處如金，秀處如鐵，所以爲貴，未易爲俗人言也。』（註二二）

又惲正叔云：

「高逸」一種，蓋欲脫盡縱橫習氣，澹然天真，所謂「無意為文」乃佳，故以逸品置神品之上，若用意模仿，去之愈遠。（註二三）

惲道生又云：

「逸品」，其意難言之矣！殆如盧敖之遊太清，列子之御冷風也；其景三閭大夫之江潭也；其筆墨如子龍之梨花槍，公孫大娘之劍器，人見其梨花龍翔，而不見其人與槍劍也。（註二四）

又惲道生仿雲林逸品謂：

蛩在寒砌，蟬在高柳，其聲甚細，而能使人聞之有刻骨幽思，高視青冥之意。故「逸品之畫」，以「秀骨而藏於嫩」，以「古心而入於幽」，非其人，恐皮骨俱不似也。(註二五)

又云：

「逸品」於高士之外，甚尠其倫。然芝草胡以「無根」？醴泉胡以「無源」？請於此際參矣！(註二六)

又方亨咸云：

「逸」也者，軼也，軼於尋常範圍之外，如「天馬行空」，「不事羈絡」為也，亦自有堂構窈窕，所謂「教外別傳」，又曰「別峰相見」者也。(註二七)

又倪雲林又云：

余之竹，聊以寫胸中逸氣耳！豈復較其是與非，葉之繁與疎，枝之斜與直哉？或塗抹久之，他人視以為麻為蘆，僕亦不能強辯為竹，真沒奈覽者何。(註二八)

惲道生主「似近而遠」，「似有還無」，「舞劍而不見其人」，「秀骨而藏於嫩」，「古心而入於幽」，「自根源參之」；方亨咸則謂「天馬行空」，「不事羈絡」，「教外別傳」，「別峰相見」；倪雲林則主「寫胸中逸氣」，「不分心於形似」，各具其識見以言「逸」。

(二)自繪畫之筆墨處言「逸」之境界

倪雲林云：

郭恕仙遠山數峰，勝小李將軍寸馬豆人千萬，吳道子「半日」之功，勝李思訓「百日」之功，皆以「逸氣」勝故也。（註二九）

又云：

僕之所謂畫，不過「逸筆草草」不求形似，聊以自娛耳。（註三〇）

又云：

燈下作竹樹，傲然自得，晨起展視，全不似竹，迂笑曰：「全不似處」，不容易到耳。（註三一）

惲道生又引香山翁曰：

須知千樹萬樹無一筆是樹，千山萬山，無一筆是山，千筆萬筆，無一筆是筆，「有處恰是無，無處恰是有」，所以為「逸」。（註三二）

倪雲林謂「飄逸之筆，遠勝刻劃」，「逸筆草草，無心顧及形似」，惲道生則謂「有處還無，無心顧及筆墨。平實而言之，若求「逸品」，首重纖塵不染，備極精熟之筆墨，於章法筆墨之外，求平易之矜貴，簡略中之精采，刊盡雕華，蕭遠峭拔，幽淡天眞，以無累之神，運神靈之筆墨，安閒恬靜，超越對待，平淡自然，一如梁楷之潑墨，巨然之空靈，牧谿之迷濛無相，玉澗之雲烟漂渺，貫休之以夢入畫，青藤之落筆卽見天機，石恪之狂草鈎勒，董其昌之墨瀋淋漓，石濤之雄渾參乎造化，八大之簡筆合乎天造，石谿之奧境奇闢，漸江之空靈荒寒，皆爲禪林藝術之逸品也。

【附　註】

註　一　王右丞全集，「酬張少府」。
註　二　寒山詩集。
註　三　清王昱「來莊論畫」。
註　四　薛生白引「麓台題竹詩」。
註　五　清笪從光「畫荃」。
註　六　明三百家尺牘卷四、七十八頁。
註　七　大滌子「題畫山詩」。
註　八　大滌子「題畫梅册」。
註　九　大滌子「題梅竹小幅」。
註一〇　周盛題「石濤新竹幽蘭小品」。
註一一　苦瓜和尚畫語錄「脫俗章」。
註一二　苦瓜和尚畫語錄「脫俗章」。
註一三　李日華「竹論嬾畫」，一三頁。
註一四　黃崇惺「草心樓讀畫集」。
註一五　石濤「金陵懷古册」。

註一六　石濤「題竹梅小幅律詩」。
註一七　鄭板橋文集。
註一八　汪硯山「楊州畫苑集」。
註一九　惲南田「南田畫跋」。
註二〇　漸江上人「題畫詩」。
註二一　石濤「自題山水畫」。
註二二　「賴古堂名賢尺牘新鈔」卷七、一七三頁。
註二三　惲南由「南由畫跋」。
註二四　惲南田「南田畫跋」卷一、第一頁。
註二五　「玉几山房畫外錄」卷上、三三頁。
註二六　「玉几山房畫外錄」卷下、第五頁。
註二七　「玉几山房畫外錄」卷上、三二頁。
註二八　何良俊「四友齋畫論」四十頁。
註二九　惲南田「南田畫跋」卷三、第一頁。
註三〇　何良俊「四友齋畫論」，四十頁。
註三一　沈顥「畫塵」。
註三二　惲南田「南田畫跋」卷一，第一頁。

柒　禪畫之創作

一、禪畫高度精熟技法之類型

㈠禪畫用筆之勝義

石濤論用筆，至爲入微，分「三操」、「三入」、「三格」、「三勝」、「且觀」石濤大師云：

用筆有「三操」：一操立，二操側，三操畫，有立有側有畫始「三入」也。一在力，二在易，三在變。力過於畫則神，不易於筆則靈，能變於畫則奇，此「三格」也。一變於水，二運於墨，三受於蒙，水不變不醒，墨不運不透，醒透不蒙則素，此「三勝」也。筆不華而實，筆不透而力，筆不過而得。如筆尖墨不老，則正好下手處，此不擅用筆之解，唯恐失之老，究竟操筆之人，不背其尖，其力在中，中者，力過於尖也，用尖而不尖，地力得矣，用尖而識尖，則畫入矣。（註一）

㈡禪畫落筆前、落筆時、落筆後之要領

石濤對落筆之前、時，後均有特殊步驟及方法，石濤大師云：

⑴落筆前——寫畫凡未落筆，先以神會。

⑵落筆時——勿促迫，勿怠緩，勿陡削、勿散神、勿太舒。務先精思天蒙，山川步武，林木位

置，不是先生地，後布地，入於林出於地也，以我襟合氣度，不在山川林木之內，其精神駕馭於山川林木之外。

(3)落筆後——隨筆一落，隨意一發，自成天蒙。處處通情，處處醒透，處處脫塵，而生活自脫天地牢籠之手，歸於自然矣。（註二）

(三)禪畫之運腕要訣

石濤大師論運腕之要訣爲：虛靈、截揭、實、虛、正仄、疾、遲、化、變、奇、神。石濤云：

腕若虛靈，則畫能折變；筆如截揭，則形不癡蒙，腕受實，則沉着透徹，腕受虛，則風舞悠揚，腕受正，則中直藏鋒，腕受仄，則欹斜盡致，腕受疾，則操縱得勢，腕受遲，則拱揖有情，腕受化，則渾合自然，腕受變，則陸離譎怪，腕受奇，則神工鬼斧，腕受神，則川嶽薦靈。（註三）

(四)禪畫之任意運筆

石濤曾寫花卉，任意使筆，隨意逢緣。石濤云：

墨團團裏黑團團，墨黑叢中花葉寬，試看筆從烟裏過，波瀾轉處不須完。（註四）

「筆從烟裏過」，可見其運筆之率意任運，揮灑自如之氣，眞令人敬佩之至。又石濤詩云：

丘壑自然之理，筆墨過景隨緣。

以意藏鋒轉折，收來解趣無邊。（註五）

㈤禪畫之濕筆法

石濤使用「濕筆」作畫之天才，至爲高絕，其同時可控制微渺細膩，不可測之「水」、「墨」、「色」三者間之變化。作山水，則力滲化成烟雲之形狀，無明顯之輪廓，眞可謂：「羚羊掛角，無跡可求。」其先用墨略鈎數筆，趁其未乾，立卽以水墨或花青水塗染，利用其模糊，以表山川之氤氳氣象。明清之際，董其昌之水墨，筆參造化，墨法已達巓峯，待石濤出，雖石濤得益於董，然以後石濤之墨法，則勝董，更邁越前賢，而同歸於大化，故石濤

自一以治萬，自萬以治一，化一而成絪縕，天下之能事畢矣！（註六）

上述之語，實乃石濤大師自己筆墨之寫照也。

㈥禪畫之禿筆法

石濤大師之花卉，皆信筆點染，筆勢遒勁超卓，墨法雄渾，筆鋒銳利非凡，隨意鈎畫花瓣，葉片全用「禿筆」輕點，美國愛倫堡石濤大展；石濤自題畫：

粘「禿筆」，用淡墨半乾者，向紙上直筆空鈎，如蟲食葉，再用焦墨重上，看陰陽點染，寫樹亦然，用筆以錐得透為妙。（註七）

石濤大師之言，眞爲出之肺腑，可謂度人之金針，夜航之寶筏，欲參究禪畫之筆墨技法者，於此實應再三致意焉。

㈦禪畫之簡筆法

八大山人之筆墨，可稱禪畫中之奇簡者，線條隨在皆呈現圓而遒勁，精闢簡捷，予人肅穆、莊重、安定、剛健更有一悟即至佛地之感，其縱橫睥睨，大刀濶斧之筆觸，顯雄渾高卓之美。謝堃論八大：

……至寫生花鳥，點染數筆，神情異具。（註八）

八大山人畫簡於「色」，簡於色所及之面，簡於「線」，簡於線所組成之「形」，更簡於形所組成之「經營位置」，均以表現其「意境」與「氣韻」爲目的。此外如石恪之「六祖調心圖」，梁楷之「潑墨仙人圖」、「李白行吟圖」，牧谿之「煙寺晚鐘圖」皆爲禪畫簡筆之逸品。

㈧禪畫運墨之特殊技法

石濤大師之精品，多爲水墨，其用墨無論淡墨、潑墨、濃墨、破墨、積墨、焦墨，尤以「焦墨重上於淡墨上」之特技以及「潑墨與沒骨而雜飛白」之絕藝，眞可謂：「匹夫而爲百世師，一潑而爲天下法，其所有以參天地之化，闢禪畫之運。」石濤大師之墨法，雖曾出於青藤，然石濤之絕藝，實已凌越青藤之上：

滃然而雲，鎣然而雨，泫泫然雨露，始所謂陶之變也。」（註九）

今觀石濤大師之詩，即可知也：

何地堪投足？東西南北人，風萍原不緊，海鶴故難馴，墨潑雲千嶂，瓢懸雨一春，金陵棲定

處，雙錫是天親。（註一〇）

可見石濤大師墨法之雄渾高絕，可「墨潑雲千嶂」，尋丈巨幅，圖面之雄偉，可謂嘆觀止矣！

二、禪畫隨禪心起伏而成千變萬化之技法

㈠禪畫之隨緣成形

石濤寫畫雖得自古人，然其後超神畫變，以主體性之自性作主，置古人識解於「參考」地位，故有千變萬化之筆法與形相。石濤大師云：

古人寫樹葉苔色，有深墨濃墨，成分字個字一字品字么字，以至攢三聚五，梧葉松葉柏葉柳葉等……吾則不然，點有雨雪風晴四時得宜點，有反正陰陽襯托點，有夾水夾墨一氣混雜點，有含苞藻絲纓絡連牽點，有空空濶濶乾遭沒味點，有有筆無墨飛白如烟點，有焦似漆邋透明點，更有兩點未肯向學人道破，有沒天沒地當頭劈面點，有千嚴萬壑明淨無一點。噫法無定相，氣概成章耳。（註一一）

「法」即「一畫」，「一畫」乃心融萬物，經精熟筆墨而成，故無定相無定形，亦即畫稿無窮，畫之技法無窮也。

㈡禪畫之迅捷運筆

梁揩之「李白行吟圖」，「一如狂草，瞬間即成」，妙在不經意而又見其規矩森嚴，可謂筆參造

化。

石濤「秦淮憶舊圖」，用筆「沉着痛快」，絕無火氣。

清松泉老人評論文同畫竹：「以濃墨爲葉，妙具急風之勢，似有蕭瑟之聲。」(註一二)

石濤畫，多有奔放雄渾者，魄力恣肆，筆意酣暢，筆勢飛舞盤旋，動能撼人，幻入空濛，使人悠然意遠，如「黃山觀瀑圖」、「石濤十二通景」。皆用此技法。

八大山人之撻筆法，更形高絕，花卉石荷，用筆忽起忽落，變化無窮，荷葉用淡墨，荷梗則筆走龍蛇，以長筆直下，對形採高度概括，甚難增減移動其任何一筆，花卉落筆卽見化機，千古一人而已。

㈢禪畫之信筆得天趣

禪門奇藝，可謂「掀天揭地」之詩歌、「震雹驚雷」之狂草、「似山非山」之園林、「落筆見機」之繪畫、「手闢鴻濛」之圍棋定石、「手撥天籟」之琴藝。

禪畫大家，心與天合，手如造化，信乎成形，宋人詩句云：

「信乎」拈來都是竹，亂葉更枝戛寒玉。却笑洋洲文太守，早向從前構新局。我有胸中十萬竿，一時食作淋漓墨，為風為龍上九天，染遍雲霞看新綠。

又吳昌頌評八大山人畫云：

雪個寫花卉，「信手」寫筆，不知其起訖，而神味已至，此他人枝枝葉葉為之仍未至也。(註一三)

平實而論，文同之「身與竹化」，而八大之對自然之觀照，「體察入微」，二人之心，與道同機，早已達形、心、手，相湊相忘，渾然一體之境，故可信筆成山川萬物也。

(四)禪畫之放筆直掃

石濤畫雖亦得自臨摹，然其師古人之心，而不執着古人之跡，得古人之精神後，作為參考，而以自己之性靈率意為之，方有自己面目，石濤亦經歷練，然後藝高膽大，放筆而為，自成妙境，石濤云：

> 此道見地透脱，只須「放筆直掃」，千巖萬壑，縱目一覽，望之若驚雷崩雲，屯屯自起，荊關耶，董巨耶？倪黃耶？沈趙耶？誰與安名？余嘗見諸名家，動輒仿某家，法某派，書與畫天生，自有一人執一掌人之事，從何處說起。（註一四）

(五)禪畫之隨意揮灑

八大山之畫，皆多隨意之筆，據南昌郡志載八大：

> 笑益啞啞不可止，既而大醉，每欷歔流涕，或備紙筆，牽袂捉矜索畫，則墨瀋淋漓，經意揮灑，「忽作雲山」，「忽作竹石」，毫無所愛惜……（註一五）

石濤之畫，多為水墨，禪宗思想最忌執着，故用筆運墨，悉隨意為之，石濤云：

> 「隨筆一落」、「隨意一發」，自成天蒙，處處通情，處處醒透，處處脱塵，而生活自脱天地牢籠之手，歸於自然矣！

八大山人之册頁，尤多隨意揮灑之作，謝堃云：

……尤愛所作便面，以淡二團異加嘴爪，便成二雛鳥共棲待哺狀，令人絶倒也。（註一七）

又石濤題詩云：

風姿雪艷之中，「隨意點綴」，何物不成清賞所，旣有寒木，又發春花，新尚書亦應笑而首可。（註一八）

三、禪畫落筆之時機

(一)興酣落筆

禪畫大家作畫，尚不拘小節，不論與事實是否合理，惟重意趣，興之所至，揮毫立就，故石濤大師云：

空山無人，左右都散，獨坐無事，弄筆亦快。（註一九）

八大山人曾就「簡筆水仙」，此畫成後不久，卽爲石濤所見，卽於圖上題詩：

金枝玉葉老遺民，筆研精良迥出塵，

「興到」寫花如戲影，眼空兜率是前身。（註二〇）

又詩云：

「興酣落筆」許誰顛，詩成問字有青蓮。（註二一）

(二)隨興而遊戲於筆墨之外

禪畫大家，往往隨興之所至，遊戲於筆墨之外，石濤大師有弟子吳又和，石濤於題跋中，曾言及其弟子：

新安之子吳又和，豐溪人也，「遊戲於筆墨之外」，珍重其書而不珍重其畫。十餘年來，人間浪跡者多，每「興到」時，舉酒數過，悅巾散髮，「狂呌數聲」，「潑墨十斗」，「紙必待盡」，終不書只字於畫上，今觀此紙，氣韻生動，筆法值空，欲令清湘絕倒，故書數字其上。

八大山人曾寄石濤「大滌草堂圖」，石濤得圖後，曾作詩其上，對八大有極高之推崇。

西江山人稱八大，「往往遊戲筆墨外」；
心奇迹奇放浪觀，筆歌墨舞真三昧；
有時對客發癡顛，「佯狂索酒呼青天」，
「須臾大醉草千紙」，書法畫法前人前；
……………………………………………………」（註二二）

四、禪畫技法之「氣」之運用問題

在禪畫之筆墨技法中，關於「氣」之運用，並未明指，石濤之畫法則為：「法無定相，『氣概』

成章耳。」（註二三）其重點仍在「氣」字上。石濤詩云：

大道龍麟髣髴成，祇今片墨「氣」如生。

披襟試向高軒望，風雨千尋起自鳴。（註二四）

佛禪壁畫之釋道人物，需高度以「氣」運筆之技法，人物之毛髮鬚髯，馬之鬃尾，細若毫芒，千絲萬縷，然「兩線不得重疊」，佛像圓光，須「運氣」「一筆勾出」，並不得引繩爲規，宮殿樓閣，不得用矩尺，均須以「氣」運筆，始克全功。李陽冰之玉筋、郭忠恕之樓臺，趙孟頫之調良圖……皆爲傑作。

唐人運用「心志」之力發揮「運氣」之技巧，宋人重對物之觀照，沈宗騫云：

昔人云：「筆力能扛鼎，言其「氣」之「沉着」也，凡下筆定以「氣」爲主，「氣」到便是力到，下筆便若筆中有物，所謂下筆有神者也。（註二五）

禪畫大師，並未言「氣」之運用，四僧亦未明言，由沈宗騫之「言其氣之沉着也」一語，故知「氣」之運用，首在沉着。禪畫大家，心如止水，心不爲塵勞所累，澡雪淨盡，了無機心，形、心手相湊而相忘，必能自然從容運「氣」，以竟全功也。

五、禪畫特重心手相應

常人皆言「得心應手」，而不重「得手應心」，然二者俱重要，對於一藝之初基，尤應以後者爲先務，其實一般技藝之大家，皆先求「得手應心」，然後求心手齊頭並進者，從未有重心而輕手也。故大家之能「得心應手」，正「先」由「於得手應心」，技術工夫，習物能應，眞積力久，學化於才，熟而能巧，專特技巧不成大家，非大家不需技巧也，更非若需技巧卽不成大家也。人之靈智，「充滿全身」，無處無精神，無處無理智，故「手」之靈，必不亞於「心」之靈，「手」乃人類一切文明之實際行動創造者，「手」協助「心」之處甚多，諸如紙筆之軟硬度，石刀之軟硬度，紙筆之吸水墨性……等，均需「手」以協助心，石濤云：

「臨摹俱備」、「古者識之具也」。

卽爲主先求「得手應心」之意。此爲百藝初基之急務也。懷素自敍云：

心手相師勢轉奇。

故「心手」實應相師，相互影響，相互爲用，一如筆墨之相互相成之意也。故凡習藝之無成，皆落「眼高手低」之陷井，故學者與其慕杜甫之詩能「下筆如有神」，毋寧學杜甫之「讀書破萬卷」易收效，天才如石濤者，仍「搜盡奇峰打草稿」，豈非先求「得手應心」，次求「得心應手」哉？

六、禪畫常用對法以破技法之執

禪宗思想，重流暢不滯，尤忌執着，故畫中常「參錯」以表示之，惠能云：

無情五對：天與地對，日與月對，明與暗對…………此三十六對法，若解用，卽貫通一切經法

………。（註二六）

此惠能之對法也，其意卽避免執着，然亦與畫道相通。李日華云：

每見梁楷諸人寫佛道諸像，「細入毫髮」，而樹石點綴，則「極灑落」，若略不俟思者，正以像旣恭謹，不能不借此以助雄逸之氣耳。至吳道子以「描筆」畫首面肘腕，而衣紋「戰掣奇縱」，亦此意也。（註二七）

張彥遠云：

「王維畫物，不問四時，桃杏蓉蓮，同畫一景。」（註二八）

王維畫物，不問四時，此皆意在不着相，勸世人不執着相，亦以畫宏禪也。

七、禪畫之新奇構圖

石濤大師，在其「蹊徑章」，說出其構圖之原則：

㈠對景不對山——山之古貌如冬，景界如春。

㈡對山不對景——樹木古朴如冬，其山如春。

㈢倒景——如樹不正，山石倒，或山石正，樹木倒。

㈣借景——如空山杳冥，無物生態，借以疏柳嫩竹，橋梁草閣。

㈤截斷——山水樹木，剪頭去尾，筆筆處處，皆用截斷。

㈥險峻——人跡不能到，無路可入。圖中險峻，在峭峰懸崖，棧道崎嶇之險，須見筆力之妙。

上述之構圖，其實皆通「惠能對法」，如㈠㈡之春與冬。㈢之正與倒，㈣無物生態與疎柳嫩竹，㈤即惠能之「出入離兩邊」，㈥以平夷顯險峻。

八、禪畫落筆前之心境

禪畫大師，在落筆前，其心境實乃非爲作畫而作畫，爲作畫而作畫，即呈執着，「執」即死於句下，須無機心，不着象以求，無心幻化。所成形相，皆「偶然」而成，皆「偶然」得之，始未着象，終亦不着象，「信手拈來」，「任意運成」，依心而起，迅疾而成形，放筆直掃，隨意點染，皆由「不着相」故，石濤大師云：

畫家不能高古，病在舉筆只求花樣，從摩詰打到至今，字經三寫，烏焉成馬？冤哉。（註二九）

「只求花樣」，即爲著相，執着，不能心物相冥，即成境我對立，而成拼湊，「一畫」盡失矣！

九、禪畫技法之最高境界

㈠禪畫之筆墨合一

禪畫名家，對任何筆墨技法，均能作高度概括，精練異常，常精於「瘦筆」——即行筆之速度迅疾，而僅使筆毫於紙面上，造成細之組合，予人有尖銳之感。精於「破筆」——行筆速度極快，筆毫於紙面上施以重壓，水墨乾濕不一，而造成之效果，予人有沉着，雄渾，遒勁之感。精於「乾筆」——卽乾筆之破筆，予人有筆挾風濤，而帶飄逸之感。精於「斷筆」——行筆速度極快，筆毫施壓之差別甚大，於有意無意之間速成。予人有縱橫睥睨，顯露生命之躍動之感。行筆速度之快慢，筆壓之輕重，水份之乾濕，變化差異甚大，於造形上，加入延長、反覆、變化等要素，而呈獨特之律動，藉此種律動，顯露山川萬物無窮之生機。

禪畫技法之骨幹，仍在筆鋒之力量，及其無窮之變化，用筆之豐富變化與水墨之混合，使禪畫大家之筆已非純為筆，墨已非純為墨，而為筆墨合一之高度境界。

㈡**禪畫用墨如已成，操筆如無為**

禪畫作者，皆經「一畫」之觀念而成，故用墨可謂全無斧鑿痕，梁楷之「潑墨仙人圖」，牧谿之「遠浦歸帆圖」，石濤之「揭州墨梅圖卷」，用墨可謂「羚羊掛角，無跡可求」，其用筆法，皆為無為而無不為而為之，無為可集虛，「虛」便可容，有容乃大。禪畫大家，用墨皆承其自己之天性，率意而為，濃淡枯潤，自運自成，八大山人之「墨荷」，石濤之「蘭竹」，徐謂之「榴實圖」，漸江之「黃山圖」，石谿之「水高水長圖」，董其昌之「夏木垂陰」、牧谿之「洞庭秋月」……皆其中之佼佼者。

㈢**禪畫將各種技法融合為一**

禪畫大家之技法，不同於明淸之畫人，皴是皴，擦為擦，點歸點，染係染，而是將此等技巧，全部融化爲一。皴間以擦，點間以染，點染兼施，皴擦互用，皴點交馳，皴染齊施，擦中帶點，點中有擦，於是筆出由心，墨成意外，五墨並呈，六彩同生，水色交光，烟嵐縹緲，淋漓濃淡，合乎天造。如大風堂藏之石濤「金陵勝跡册」，至樂摟藏石濤「黃硯旅詩意册」，王方宇藏：八大「五松山水」及「艾虎圖」：皆爲技法融合爲一之傑作。

(四)禪畫超越筆墨工具

禪畫高士能超越此筆工具者，首推米襄陽，而米芾早歲，卽與禪之關係密切，米芾與禪有文字淵源——米芾文：

不昧因果，則法存性空；不證因果，則法滅性空……所以寒影對空，紅爐點雪，如如不動，全體相呈者也。(註三〇)

又翁公綱云米芾與禪關係之密切：

志林云：「米元章晚年學禪有得，知淮陽軍未卒，先一月，作親朋別書，焚其所好書畫奇物，造香枬木棺，飲食坐臥書判中，……及期，擧拂示衆曰：「衆香國中來，衆香國中去，人欲識去來，去來事如許，天下老和尚，錯入輪迴路。」遂擲拂含笑而逝。(註三一)

米襄陽得禪法之助，故其詩書畫，落筆卽成天趣，以一文人之身，而躋於著名畫家之林，成爲北宋四大畫家之一，史稱：李、郭、范、米，米芾落墨有如神助，空靈縹緲，後高房山，方方壺，元四家，徐青藤、董其昌、四僧八怪均直承米芾之墨法。又趙希鵠云：

米南宮多遊江浙間，每卜居必擇山明水秀處，其初本不能作畫，後以目所見日漸模倣之，遂得天趣，其作墨戲，不專用筆，或以「紙筋子」、或以「蔗滓」、或以「蓮房」皆可為畫，畫紙不用膠礬，不肯於絹上壁上作一筆。(註三二)

米芾之畫，得力其「率眞自然之天性」，雖萬乘之前，亦解衣脫帶，旁若無人，故終能超越此筆墨工具，復取材於大自然，而以紙筋、蔗滓、蓮房作畫，遊戲於筆墨，作筆墨所不能作之畫。實則宇宙之大，山川之廣，萬類之生機生命，確有乎非筆墨所能賅。故石濤云：

筆墨乃性情中事，於依稀髣髴中，「有非筆墨所能傳者」，惟吾雲逸先生能靜討得之，是以請正。(註三三)

(五)禪畫之超越宇宙

禪畫名家之運墨技法，無所不包，無所不含，因其包容廣濶，故其含攝性廣濶如海，故稱「墨海」，故禪畫名士，將山川形勢抱負於墨海之內。而用筆時，縱橫直掃，雄渾卓立如山，故又稱「筆山」，禪畫作者能以筆力駕馭山川之形勢，而其心與天合，筆墨參乎造化，故山川實不能限制其筆墨，而其筆墨足以涵馭山川。禪畫大家之偉大人格以及氣攝山河之胸襟氣魄，完全滲入擬注於筆墨之中，故其筆墨能造山川之形，駕馭山川之勢。故石濤云：

墨能栽培山川之形，筆能傾覆山川之勢，未可以一邱一壑而限量之也。古今人物，無不細悉，必使墨海抱負，筆山駕馭，然後廣其用。所以八極之表，九土之變，五嶽之尊，四海之廣，放

之無外，收之無內。（註三四）

禪畫高士之筆墨，窮極造化，駕馭宇宙，故宇宙皆爲其筆墨，而其筆墨亦同歸於大化矣：

〔雜阿含經〕——「以四大海水爲墨，以須彌山爲樹皮，現閻浮提草木爲筆，復使三千大千刹土人盡能畫寫舍利弗智慧之業。」（註三五）

〔分別功德論〕——「以須彌爲硯子，四大海水爲書水，以四天下竹木爲筆，滿中土人爲師，欲寫身子智慧者，向不能盡。」（註三六）

〔貫休〕——「我恐山爲墨兮磨海水，天與筆兮書大地。」（註三七）

〔裴休〕——「筆冢低低高似山，墨池淺淺深如海；我來恨不已，爭得青天化作一張紙，高聲喚起懷素書，搦管研朱點湘水。」（註三八）

〔五燈會元〕——「長江爲硯墨，頻寫斷交書。」（註三九）

〔張來〕——「黃梨丹柿已催寒，一月西風積雨乾，紺滑秋天稱行草，却憑秋雁作揮翰。」（註四〇）

〔王質〕——「希聲絕想忘言處，海水墨山書不全。」（註四一）

〔楊萬里〕——「古人浪語筆如椽，何人解把筆題天，崑崙爲筆點海水，青天借作一張紙。」（註四二）

「銀筆書空天作紙，玉龍拔地海成秋。」（註四三）

「瀟湘之山可當一枝筆，瀟湘之水可當一滴硯……好將湘山點湘水，洒滿青天一張紙。」（註四四）

〔詞林摘艷〕——「指滄溪爲硯，管城豪健筆如椽，松烟得太山作墨硏，都做了草聖傳」（註四五）

〔趙翼〕——「誰把虛空界畫粗，生將別恨怨黃姑，青天爲紙山爲筆，倒寫長江萬里圖。」（註四六）

〔李商隱〕——「削筆衡山，洗硯湘江。」（註四七）

十、禪畫題跋之重要內涵

禪畫題跋之詩文，旣不可黏泥畫意，亦不可遠離畫意，更不可道破畫中含蓄，禪畫題跋有三型：

㈠不卽不離，不拘不背，不着亦不捨，運其權用，顯策一義，禪畫家移之於畫，明代畫人最喜用之，徐青藤最擅此道，全用禪師口吻。八大亦仿之。

㈡用禪宗語錄偈體，石谿則最喜用，一本僧人本色。漸江諸賢，則以文雅勝。

㈢多彩多姿，無所不包，神妙莫測，有青藤八大之長，有石谿之厚，有漸江之雅。此型則以石濤爲最精。於明淸之際，題跋一道，無人能與石濤並駕矣。

石濤題跋：

度索山光醉月華，碧空無際染朝霞，
來風得意乘消息，變作夭桃世上花。

石濤題跋，自然灑脫，無斧鑿痕，以靈雲禪師感悟內容立言，最後拈「似有還無」點出宗旨，可見其空靈自然，靈雲禪師參潙山見桃花悟道：

三十年來尋劍客，幾回葉落又抽枝，
自從一見桃花後，直到如今更不疑。

【附　註】

註　一　中國書論類編，「石濤論畫」。
註　二　石濤在舟中寫雲山圖軸題。
註　三　苦瓜和尚畫語錄，「運腕章」。
註　四　羅家倫，石濤畫「叢竹蔽天芙蓉出水大幅」之題詩句。
註　五　日本橋本關雪收集：「大滌子題畫詩跋」。
註　六　苦瓜和尚畫語錄，「絪縕章」。
註　七　石濤自題畫。
註　八　謝堃書畫所見錄。
註　九　徐文長文集。
註一〇　天式閣後集。
註一一　中國畫論類編「石濤論畫山水」。
註一二　淸、松泉老人「墨緣彙觀錄」。
註一三　吳昌碩「題八大山人畫」。

註一四　中國書畫類編、「石濤論畫」。
註一五　南昌郡志。
註一六　石濤上人年譜。
註一七　謝堃「書畫所見錄」。
註一八　石濤題「石濤與王原祈合作畫」。
註一九　中國畫論彙編「石濤論畫」。
註二〇　石濤題「八大山人畫水仙」。
註二一　石濤「題吳又和畫」濤
註二二　石濤「題大滌草堂圖」。
註二三　中國畫論類編「石濤論山水畫法」。
註二四　石濤「題山水」。
註二五　沈宗騫「芥舟學畫編」。
註二六　六祖壇經「附囑品」。
註二七　李日華「紫挑軒又綴」。
註二八　沈括「夢溪筆談」引「張彥遠畫評」。
註二九　中國書論類編，「石濤論畫」。
註三〇　米芾「天依懷禪師碑」。

註三一　翁方綱文集。
註三二　趙希鵠「洞天清錄」。
註三三　中國繪論類編「石濤論畫」。
註三四　苦瓜和尚畫語錄「兼字章」。
註三五　雜阿含經卷三十六之三。
註三六　分別功德論卷四之一。
註三七　貫休「觀懷素草書歌」。
註三八　裴休「懷素臺放歌」。
註三九　五燈會元卷十八。
註四〇　張來「張右史文集」。
註四一　王質「雪山集」。
註四二　楊萬里「誠齋集」卷二十四。
註四三　楊萬里「誠齋集」卷二十九。
註四四　楊萬里「誠齋集」卷三十七。
註四五　詞林摘艷卷九。
註四六　趙翼「甌北詩鈔」。
註四七　李商隱「樊南甲集序」。

※本文作者**何乾**副教授任教於淡江大學中文研究所。

試論漢詩、唐詩、宋詩的美感特質

柯慶明

一、前　言

每個時代是否有每個時代的文風？若有，我們又是根據什麼來區分這些時代？是因爲它們有着特異的政治條件或社會狀況？或者我們相信有一種神秘的時代精神貫穿於其間，使一切的文化事物都沾染上了特殊的時代的印記？但其實我們瞭解每一個作品都與其他的作品不同，卽使是同一個作者的同一個時期，甚至同一天的作品，假如它們是作品而不是複印，它們都必然不會完全一樣。因此所有的概括形容，討論的都是方便的分類，用類型的近似來取代個別作品的獨異實體。因此我們在作概括性的討論之際，我們往往正是在虛構，甚至是創造了，若加以追根究柢終不免是獨斷的，一種分類。它永遠得面對一種質疑：這些獨斷的分類眞的代表事物或歷史的原貌？尤其具有評價意味的文藝作品，哪些作品才代表那個獨特的時代，更是可以因爲信仰、品味、興趣與立場的差異，而言人人殊。

我們必須承認：歷史的整體，往往是無法爲我們所絕對掌握的。因爲對任何歷史的討論，總是選擇性的，也是簡略化了的。因爲以簡馭繁是我們瞭解歷史現象的唯一途徑，否則無窮無盡的歷史資料勢必淹沒我們。「生年不滿百，常懷千歲憂」的結果，我們勢必只能以一年半載的閱讀來追認上下數千年異代同時的浩如瀚海的事件與遺跡。因此，探究歷史又何嘗不是一種創作「歷史」。尤其時隔事異，發生在個人本身尚且不免有「情隨事遷」「已爲陳跡」之歎，對於遙遠的異代異地的古今才人之幽微心思所凝結而成的文藝作品，我們若是稍具自覺，亦必然對於自己的種種辨析、諸多論斷，不能不深自猶疑。但是這種猶疑並不該阻止我們去嘗試瞭解歷史，瞭解文藝，瞭解文藝作品的歷史發展的努力；否則我們所剩下的就只是癱瘓一切的懷疑，以及甚至是自我吞噬的虛無。畢竟對我們所有知識之性質與限制的自覺，正來自一種更加認眞的積極的求知精神。

雖然我們未必就是掌握了歷史的全貌，掌握了事物的完整眞相，但是有些事情，我們却可以確定它曾在某個時代發生或存在，而且由這些部分的確定，產生對於某些事情的認知與論斷。例如：我們可以確知宋詩和宋詞雖然產生在同一時代，甚至同一作者的同一時期，但它們的風格却有着顯然的不同；東坡詩和東坡詞在韻味上是各有偏重的：於是我們可以相信，同一個政治、社會背景仍然可以滋生不同類型的藝術，同一個神秘的時代精神在要貫穿一切文化現象之餘，仍不免受到文類文體自身的傳統、規律、與各自發展的階段、狀況的阻礙與折射。所以，文藝作品的時代性不能只由普遍的歷史背景或時代精神去探討去詮釋，我們必須考慮文體文類自身的內在規律與發展變化的過程。如果說：「通古今之變」原就是歷史認識的一種目的，那麼認知一種文類文體在各個不同時代的美感規範的演化流轉，似乎也正是文藝歷史的合宜正當的工作。

在辨認一種文體文類的衍化轉變的過程，觀察其特殊的美感風格，探究其中所蘊涵的美感規範，或許是最直接也最有效的方法。自然在每一特殊美感風格的形成，作爲其中美感規範的最主要成分，顯然包括了以下兩種因素：一是注意的題材；一是觀照事物、整理經驗的傾向與方式。前者如盛唐的邊塞詩與中唐的社會詩，注意的是性質根本不同的事件；後者如：同是一個項羽，配合了各篇情調的統一與完整，可以在「項羽本紀」、「高祖本紀」、「淮陰侯列傳」中，各自被呈現爲一個英勇善戰的悲劇英雄、一個暴虐無道的罪魁禍首，或是因爲具有極不相稱之弱點而不免於滑稽的背景人物。也就是說：經驗、事件、甚至題材，雖然自有其意義與性質，但是出現在文藝作品中它們仍然還得經過創作者的詮釋、辨認、並且加以轉化的賦予嶄新的意義。而這種加以轉化賦予意義的詮釋方式，往往不是偶然的，反而是社會性的。正如大體相同的鷄鴨魚肉等原料，却可以調烹出不同口味的川菜、湘菜、粵菜、臺菜等等來。這正來自美感規範中的觀物方式對於題材之原始性質的轉化和處理。在探討各個時代的差異之際，也許所注意的題材的分歧是更容易察覺的，所以，樂府、詠懷、玄言、山水、宮體等等觀念早就成爲我們辨識傳統詩歌歷史的時代標記，並且經由這些因所注意的題材之不同而形成的里程碑，我們也進一步能夠將作品和它的歷史背景與時代精神繫連在一起，獲致的往往不只是文藝歷史而更是整體「歷史」的某種瞭解。但是觀物的方式與轉化經驗爲藝術這方面的美感規律，則似乎較少與整體的「歷史」發生關連，因此雖然透過文藝歷史的觀察，它們也往往自有相當明顯的時代性，甚至因時代先後而有不同發展的歷史性。但是這種時代性或歷史性一般說來較少受到近代學者的注意，而傳統的詩話亦僅止於直覺的掌握，而較少作分析性的闡明。這一方面固然由於觀物的方式與轉化經驗爲藝術的美感規律，沒有注意選取不同題材的美感規律那麼明顯易見；另一方面亦因在這種類型的規律上若有沿襲承繼的現象，亦比較不易覺察，難以辨認出模擬的痕迹，這正是一般詩論中所謂「師其神而不襲其貌」的「活法」，既然文藝創作總是不免始於取法和由模擬入手，其結果亦使這方面規律的時代性、歷史性混淆參雜，面目較難凸顯。同時，題材的選取與注意的規律，我們可以很容易經由題材的性質與範疇加以形容與指認，在概念的創製上並不必須透過一套完整的美學理論體系，卽可優爲之而且足以勝任愉快的對於現象加以描述。但在觀物以及藝術處理上的規律方面，則一直有着術語觀念的匱乏與創製亟須一套完整美學理論的困難。因此在這方面，近代以來除了像梁啓超的「中國韻文裏頭所表現的情感」等少數著作略有觸及，幾乎還是一片尙待開發的處女地。

這種工作，一方面似乎更宜就作品的本身，依其時代先後，透過對比與分析來加以探究；一方面實在亦需要暫時的忽略其與整體的「歷史」的關連，而先行構設出一套美感類型的理論，方才能夠清晰的加以詮釋與描摹。而且，若眞要完整的探討中國詩歌美感規範和實際風格的歷史發展，事實上正是徹底重寫一部中國詩歌史的艱鉅工作。這自然不是筆者目前的學力所敢奢望，更不是此文的短小篇幅所能負荷。因此，本文的構想只是嘗試就漢詩（以東漢的五言詩爲代表），唐詩（以盛唐詩爲代表），宋詩（以盛宋詩爲代表）中所曾經出現過的若干作品，透過它們的處理相同的情感經驗——別離，來探討它們所各自呈現的美感範疇的不同類型，以及其中觀物和整理經驗的不同方式。自然這些類型未必完全始於本文所討論的各個時代——例如盛宋詩實在是承襲了中唐詩的某些精神而發揚光大的；而這些類型的風格是不是就足以代表那個時代更是大有商榷的餘地。但是一者承襲傳統詩話的一般應用——例如習慣上總是多強調爲唐詩宋詩之別，而少强調爲盛唐中唐之分——；再者，這些風格在中國詩歌歷史上的出現與發展，亦確乎有此先後差異的關係；而正如前述從事這類工作，事實上需要先行發展出某種美感類型的理論來作探討描述的工具，因此本文最主要的興趣，正在是否可以嘗試爲中國詩歌構設出一種足以描述其風格發展的美感範疇與類型的理論來？當然卽使是純粹出於一種理論構設上的興趣，本文也是極爲粗疏的，因爲就是只爲了發展出一個基本架構，此處也已經遺漏了一個絕對不可忽略的階段——魏晉六朝。事實上爲了觀念陳述條理上的淸晰，本文正是有意的忽漏了漢代的樂府以及魏晉六朝的發展；唐詩的初、盛、中、晚之分；宋代的西崑、江西、江湖、四靈、遺民等派，更遑論元、明、淸詩的發展。自然若要勉强辯解亦可以說這些被遺漏的階段，正是由前一個主要的大典範過渡到下一個主要的大典範之間的中間類型，所以它們沒有前者基本，將來亦可以利用前者的基本分類再造作出各種適宜的次級分類來。但在此處筆者寧可視爲是自己學力不足、思慮不周的一種限制。終究這只是一種嘗試的起步，一張草圖的起筆。以上種種的疏解，其實並不在意圖豁免一己之謬誤粗陋的譏評，而是在拋磚引玉，提出問題，寄望於後來居上的賢者。

二、一些基本觀念

美，只要我們面對文學藝術的歷史就會發現，並不是只有一種。美的異質性從早期的秀美與崇高的對立開始，美學理論家就不僅是在辨認美與非美的性質，事實上更在辨析美所可能具有的種種差異的範疇。經由這種種範疇的差異，尤其文學作品中悲劇與喜劇的美感經驗中顯然包涵的痛苦與醜惡的成分，我們發覺基本上以秀美爲基準所發展出來的美的觀念顯然是太狹隘、太局限，根本不足以解釋或描述文學藝術史的事實。因此，爲了我們處理詩歌之美感類型變異的需要，我們似乎可以不去爭論諸如：美是主觀或客觀的之類的問題，而暫時將「美」定義爲事物或藝文作品中所呈現的特別引人注意，令人發生感覺，甚至產生感動的素質。尤其在藝文作品中，這類素質，往往正是作者在創作之際所意圖捕捉的美感經驗的焦點與特質，也同時更是他企圖在此作品中呈現或凸顯的意旨或意義之所在。因此在藝文作品中，美，正是作者的主觀思感透過對於客觀事物的性質，（這包括題材事物以及媒材事物自身的種種性質），所作的種種安排、運用，因而達成的效果。假如我們在藝術文學的歷史中發現，藝文作品往往呈現某種風格近似的「時代」性，那麼或許我們可以假定各種藝術或文學的類別與體製，事實上已經形成某種「時代」性的「美」的知覺或觀念。這種「時代」性的「美」的知覺與觀念，往往形成一種「典範」，而在習而未察的情形之下，自然而然的成爲文學家、藝術家據以尋找事物性質，甚至形成一己思感，以表現在合宜的藝文體類的思感方式與習慣。（這種「典範」的規範作用，可以不只發生在博藍尼所謂的支援意識的層面，也可以在焦點意識的層面，所以文藝史上才充滿各種當時流行的題材。）同時也創造出各種藝文體類的該「時代」性的特殊的「美」的類型。（註一）掌握一個藝文體類的「時代」性風格，正是掌握作品中共同近似的這種「美」的類型，以及進一步去探討它們背後所可能共有的是何種「美」的「典範」、遵循的又是那些「美」的規律。在這種工作中，美學理論家所發展出來的美的範疇的觀念，似乎是很有幫助，但是也有目標並不相合的限制。在美學理論家尋求其理論體系的完整、概念分析的明晰與邏輯性之際，他們所發展出來的種種美的範疇或許有其超驗的不容置疑的放諸四海皆準的眞實，但文藝歷史所處理的正是「時代」性的「美」的偏好、偏愛，甚至是偏見的事實。所以，我們只有另行發展出更具描述性（較不具有先驗的規範性，但仍在歷史過程中有其經驗事實的規範性）的「美」的類型的觀念來應用，雖然美的範疇的種種理念，仍然有助於我們辨析、探討，甚至描述種種歷史時代中所盛行的「美」的類型的各種性質。因此本文將一方面借助一些既有的美的範疇的概念來描述，一方面更嘗試擬構出若干的「美」的類型的觀念來掌握漢詩、唐詩、宋詩的美感特質。

在我們探討一個歷史時代的某一藝文體類的美感特質時，有一種情形可以使得實際狀況變得複雜：雖然我們可以假定在每一個歷史時期，可能有其獨特的「美感」上的偏好與偏愛，甚至因此形成那個時代的「美」的偏見，（也就是那個時代所特殊瞭解的如此才是「美」的觀念），因而有意無意間促成了該一時期該一體類的作品呈現出某種近似的「美」的類型。但是由於歷史的承襲關係，前於此一時期的歷史上各個時代的作品，經過篩洗而以其圓熟的型態繼續存在；這些作品一方面吸引當代的藝術家、文學家，認識一些已然成功甚或是輝煌燦爛的「美」的類型，並且誘使他們去加以吸收與消化

——這通常是得經過一種模仿與學習的過程；同時這些歷史上已然存在的「美」的類型，會因時代的繼續邁進而有一種日益添加增長的累積現象，而導致越是後起的時代在仿效的可能與實踐上越是複雜，越具多樣化。另一方面這些已成歷史傳統的經典作品，又往往會迫使繼起的藝術家、文學家，爲了發展自已的面目，而必須禁止自已再去重複已然高度成就且四處充斥的「美」的類型。因此前此的歷史上的偉大作品，往往又成爲一種壓迫當代藝術家、文學家向邊緣開拓以求一已之發展空間的「美」之核心禁區，成爲一種在「美」的知覺和類型上非求新變不可的基本壓力和原始動力。這誠如蕭子顯「南齊書」「文學傳論」所謂：「在乎文章，彌患凡舊，若無新變，不能代雄」。上述的這兩種情勢的並存往往就造成了一種創作與欣賞，認知與追求之間的分裂，一方面對於「美」的欣賞或認知，也就是對於如何是「美」的觀念，可能是一種範圍日漸擴大、基礎日漸深廣的過程；另一方面在創作之際所尋求的「美」的領域或類型，却更像是一羣代代遭受放逐，而必須在更加遙遠的新的邊疆、新的荒蠻的殖民地創建家園的拓墾者一樣，往往更因其艱辛尋獲，而執意的對於此一新發現的處女地表現出一種專注甚至不免深具排他性的忠誠與熱愛。因此卽使在觀念認知的領域，他們對「美」的瞭解上可能是更加廣濶，但在實踐追求的領域，則可能是更加專情、更加偏狹，而使得某一種新的「美」的類型，或者是雖然已經出現但始終未受重視的「美」的類型，得以茁壯發展而蔚爲大國。因而往往可以形成一種認知上的「美」的觀念和創作上的「美」的類型並不一致的矛盾現象。在這種矛盾的狀態中自然會發生對傳統、既存的「美」的類型的模仿與排斥，學習與背離雜然並存，並且在學習、模仿的風格上可能是日益繁雜多樣，但每一個時期眞正創新的「美」的類型，則傾向於單一與近似，——這自然也因爲此一類型尙有大加開發的可能，自然沒有繼續流徙的必要——。這種仿古與變新並陳的現象，不但可能發生在不同的作者、不同的集團之間，也可能發生在同一作者自身，尤其是不同的階段。這自然會導致我們決定此一時期的「代表」風格的困難。因爲仿古不但可以是多樣的，而且在數量上這類作品可能是遠要多於開新的作品，不但就時代整體而言是如此，有時候就作者本人也是如此。同時許多師法傳統風格，表現既有的「美」的類型的作品，往往就其本身而論也可以達到某種圓融完整的境地，就如一些幾可亂眞成功仿造的古董，若忘記它的歷史淵源，亦自大有可觀。這也就是仿製的作品往往可以在異國異地，甚至在整個歷史淵源的線索斷裂之餘的異代，一樣的受到尊崇。因此在文學藝術的「歷史」論述中，我們輕忽那些圓熟的重複既有「美」的類型的傳統風格的作品，而偏重展示新的美感知覺，開發新的「美」的類型的作品，並且以這些新開發的「美」的類型來「代表」這些「時代」，視爲是這個「時代」的基本成就與主要風格，就不是毫無商榷或爭論餘地的。特別是歷史發展的淵源與線索並不一定總是清楚或完整的；尤其在歷史過程上的創新，更不是一種必然放諸四海皆準爲大家所重視的價值。但是以新變的「美」的類型，作爲那個「時代」的成就與代表，却是本文論述的基本立場。

就以上述種種限制之下的意義，我以爲漢詩基本上表現的是一種「素美」；唐詩表現的是一種「優美」；宋詩表現的則是一種「畸美」。漢詩所表現的，基本上是一種情意倫理之美；唐詩所表現的是一種美感形象化的情景交融之美；宋詩所表現的是一種經過疏離之後的造作之美。唐詩所注重的美的範疇是秀美與雄渾；宋詩所注重的美的範疇是抽象、滑稽、怪誕，有時候則偏向清冷、疏淡、衰殘；而漢詩所注重的美的範疇，爲了我們的特殊需要，我們可以稱之爲：溫厚。因此就以與所描寫的人生情境的距離關係而論，漢詩所寫是境內之感，唐詩所寫是境緣之觀，宋詩所寫是境外之思。因之，漢詩以情勝，唐詩以景勝，宋詩以意勝。漢詩的思維方式，出以直感，近於賦；唐詩的思維方式，出以想像，近於興；宋詩的思維方式，出以幻想，近於比。

三、以離別主題的作品爲例

對於上述的種種論斷，或許我們可以藉一些表現了相同或類似的人生情境的各個時代的作品來加以闡釋，此處我們所首先選取的是一些以離別爲主題的例子：

與蘇武　　李　陵

良時不再至，離別在須臾。屏營衢路側，執手野踟蹰。仰視浮雲馳，奄忽互相踰。風波一失所，各在天一隅。長當從此別，且復立斯須。欲因晨風發，送子以賤軀。

嘉會難再遇，三載為千秋。臨河濯長纓，念子悵悠悠。遠望悲風至，對酒不能酬。行人懷往路，何以慰我愁？獨有盈觴酒，與子結綢繆。

攜手上河梁，游子暮何之？徘徊蹊路側，悢悢不能辭。行人難久留，各言長相思。安知非日月，弦望自有時？努力崇明德，皓首以為期。

送友人 李白

青山橫北郭，白水遶東城。此地一為別，孤蓬萬里征。浮雲遊子意，落日故人情。揮手自茲去，蕭蕭班馬鳴。

贈汪倫 李白

李白乘舟將欲行，忽聞岸上踏歌聲。桃花潭水深千尺，不及汪倫送我情。

送別 王維

山中相送罷，日暮掩柴扉。春草明年綠，王孫歸不歸？

臨高臺送黎拾遺 王維

相送臨高臺，川原杳無極。日暮飛鳥還，行人去不息。

送元二使安西 王維

渭城朝雨浥輕塵，客舍青青柳色新。勸君更盡一杯酒，西出陽關無故人。

辛丑十一月十九日既與子由別於鄭州西門之外馬上賦詩一篇寄之 蘇軾

不飲胡為醉兀兀，此心已逐歸鞍發。歸人獨自念庭闈，今我何以慰寂寞！登高回首坡壠隔，但見烏帽出復沒。苦寒念爾衣裘薄，獨騎瘦馬踏殘月。路人行歌居人樂，童僕怪我苦悽惻。亦知人生要有別，但恐歲月去飄忽。寒燈相對記疇昔，夜雨何時聽蕭瑟？君知此意不可忘，慎勿苦愛高官職。

蕪湖口留別弟信臣 梅堯臣

少也遠辭親，俱為異鄉客。昨日偶同歸，今朝復南適。南適畏簡書，叨茲六百石。重念我當去，送我江之側。溪山遠更清，溪水深轉碧。因知惜別情，愈賒應愈劇。

示長安君 王安石

少年離別意非輕，老去相逢亦愴情。草草杯盤供笑語，昏昏燈火話平生。自憐湖海三年隔，又作塵沙萬里行。欲問後期何日是，寄書應見雁南征。

在上列的詩中，傳爲李陵「與蘇武」詩三首雖然一般的學者早已認定，它的年代不可能那麼早，但視爲東漢的作品則是確然無疑的。因爲五言詩到東漢方始成熟，這三首詩卽使推斷爲東漢的作品，並無礙於它們作爲「漢詩」之典型的代表性。就離別的主題而言，一般表現的不外是：離別的情感，離別的景象，以及離別經驗所具有的意義之體認。雖然這三個層次或重點並不彼此排斥，並且更通常的情形是三者融貫爲一個難分難辨的整體，但是仔細體察，我們還是可以感覺，漢詩的表現偏重在離別的情感，唐詩的表現偏重在離別的景象，宋詩的表現則偏重在離別經驗所具的意義之體認。

在三首「與蘇武」詩裏，首先値得注意的是它們所抒寫的內容，似乎就是一個充滿了離情別緒的人物的所思所感所見所聞，完全沒有中立於或外在於此一情緒之外的事物的描寫，所以一開始就是：「良時不再至，離別在須臾」，詩的敍述傳達的是主人公念茲在茲對於離別的感受。而此一離別的感受，又跟聚會的體驗成一相反相成的對比。詩中的意識一開始就充滿了敍述者對於聚會的珍惜——「良時」、「嘉會」，然後急轉直下：「不再至」、「難再遇」（註二），於是無盡的幽愁暗恨就自然湧現。王國維說得好：「有我之境，以我觀物，故物皆着我之色彩。」此處正是以離情別緒觀物，故物皆着離情別緒之色彩。所以出現的離別景象的敍述，皆一再的强調構成離別的「分」與「合」的兩個互相矛盾的因素，而使這兩個衝突的因素彼此激蕩而迸濺起離情的波濤來：「衢路」是「分開」的地點，「執手」是人與人在此一文化中的最爲親密的「聚合」的表示，而在「分」與「合」交接的空間：「野」，人物陷入一種情緒勝於行動的兩難式的狀態：「屏營」、「踟躕」——「屏營衢路側，執手野踟躕」。而正如一開始：「良時不再至，離別在須臾」，除了强調了「聚合」之美好——「良時」，以及因此隱涵的「分別」之痛苦——「不再至」；同時「良時」、「不再至」、「在須臾」更强調了在此特殊的情緒下，所深切感受的，合、分，與分合之際的時間的久暫——「不再至」的分離之久與「在須臾」的聚合之暫。這種基於深情厚意所益形感受到分合的空間距離與時間倉促之感，終於在「仰視浮雲馳，奄忽互相踰。風波一失所，各在天一涯」達到近乎自然命運的體認。「浮雲馳」、「奄忽」「風波」都强調了聚合的匆促、短暫、不定；但「各在天一涯」的「在」却暗示了分離的確定與長久。聚合在此被强調爲只是一種內在卽已蘊涵了分離因子的「互相踰」，而進一步在「風波一失所」中甚至否定了「互相踰」中所原來具有的「聚合」的因子，因此達到的是恒常、確定的，不可跨越的、長久的分離的意識：「各在天一涯」。這種在自然景象中發現彼此分合命運的情狀，似乎一方面有類於唐詩的景象塑造，另一方面亦接近宋詩的對經驗所具意義的捕捉。但有一顯然的分別是：此處的景象除了强調那種分合的性質與命運，以及由此性質與命運的意識而更加引發的一種別離的哀感之外，並未如唐詩的表現景象本身所具的美感特質；或如宋詩所掌握的是此一離別經驗的離合之外的意義——例如爲何離別，這是第幾次或在哪種人生情況下的離別。由於漢詩的這種似乎只有當下現前的反應，因此卽使是景象的塑造，甚或意義——命運性質——的探討，都成爲只是更深一層情感的抒發，因爲它始終籠罩在詩中主要情緒情感的範圍，而並未作獨立於此一情感之外的景象的刻劃或經驗意義的探究。而整首詩的結構原則依循的正是這一特殊情感的發展變化歷程。在「與蘇武」詩的第一首中，全詩正由聚合的「良時」的卽將消失的意識，在短暫的別離前的暫聚中，一層又一層的意識到分隔別離的到來與必然，一方面一層層的加深了那離別的哀愁，而同時與此一別愁纏結的正是聚合的歡樂，以及經由此一彼此歡喜之情所衍生的臨別之際的依依之意：「長當從此別，且復立斯須」；以及戀戀不捨之情：「欲因晨風發，送子以賤軀」。「且復立斯須」的小駐，除了「立」還保持着最低度的景象感，事實上此一動作已完全被「長當從此別」的意識所精神化、情感化了，在「且復」的無可奈何性的虛字的運用，以及「長」「別」和「斯須」的對比下，顯現的正完全是一種情意而非景象的表現。影響所及是「欲因晨風發，送子以賤軀」中的「晨風」和「賤軀」的形象性亦大爲減弱。在「欲因…發」與「送子以…」的强調中，固然兩句本身已是偏重在依依戀戀的情意的表現，但是「晨風」不但呼應了「良時」的對於時間的因情感而滋生的念茲在茲的高度意識，而且誠如曹植「七哀詩」所謂的「願爲西南風，長逝入君懷」，「因晨風發」正有一種附貼追隨的纏綿意致在此一景象中；尤其「軀」而强調爲面對對方的自謙自抑的「賤」，原就使此處的「軀」被强調爲一意念性的詞語，再加「送子」的「送」原卽有「送行」與「贈送」的雙關涵意——特別在「送子以……」的句法中，更使人產生「贈送」之義的錯覺——，因而兩句主要表現的就是一種對於對方依慕追附，甚至不惜投擲交付自己的一種纏綿的情思與意願——「欲」。整首詩的扣人心弦之處，正在貫穿於其中全心全意投入的親愛歡好之情，以及因而於離別之際所轉化而出的別愁離緖，纏綿中有悱惻，悱惻裏有纏綿。詩中人的情深意厚完全透過其沉溺於別離情境中，擬似自然反應的心思流轉中層層迴蕩而出。因此，它的表現方式固然有類於梁啓超所謂的「迴盪的表情法」（註三），但它的表現性，却全在不露匠意、不見用心的直接模擬沉浸在情感中的心意流轉的自然歷程，而透過在此心理歷程所透顯的情感的深摯、純厚、誠篤等倫理性質來感動讀者。因此它雖然也出現意象，甚至使用較比抽象的語句，但基本上讓我們感覺的仍是「爲情造文」（註四），是「在心爲志」的「發言爲詩」，是「情動於中而形於言」，甚至是「不知手之舞之足之蹈之」的「不知」——不自覺的自然流露（註五）。當王國維在「人間詞話」中論「詞家多以景寓情，其專作情語而絕妙者，……此等詞求之古今人詞中，曾不多見」之前，原有「昔人論詩詞，有景語、情語之別；不知一切景語，皆情語也」一則，後來在發表時刪去，顯然就是他意識到：並非「一切景語，皆情語也」。事實上在後來中國的詩歌發展中，確實可以有並非情語的景語，甚至這種獨立於情感之外的景象的自足的美感性質，還可以在神韻傳統中成爲詩歌所追求的理想。但是在漢詩之中，確實我們可以同意它的「一切景語，皆情語也」，並且它往往能夠「專作情語而絕妙者」正因爲它的表現性來自情感流露的心理歷程與所流露的情感所具的倫理品質。前者爲情感之「姿」，後者爲情感之「質」。這種對於情感之「姿」的模擬，掌握情感流露中情感內在所蘊涵的矛盾衝突的戲劇性，以及情感定向流動層轉的自然韻律，同時自然而然呈露出情感本身合於文化理想的倫理意涵的「質」，使得宋代的嚴羽，一方面肯定：「漢魏晉與盛唐之詩則第一義也」；一方面也確認：「漢魏尚矣，不假悟也；謝靈運至盛唐諸公透徹之悟也」，明顯的意識到漢詩與唐詩的不同，以及漢魏詩的無法以盛唐詩的思維方式寫作。「不假悟也」正是「不知手之舞之足之蹈之」的「不知」。我們可以透徹的觀照我們自身的情感，但是誠如老子所謂：「道可道，非常道」，由於「觀我之時，又自有我在」（註六），當我們去觀照自我之際，我們已是觀照者的我而非被觀照者的我，因此觀照之所得遂已被客觀對象化了，而無復生生不息的主體心靈本身，更無法顯現情感原始狀態的意識情緒的自然流轉。因此將情感流轉的歷程呈現於文字，固然是一「模擬」的問題，但是却必須出以不自覺的無心的自然流露，否則一旦有意，一旦自覺，在「詩言志」的觀念下，馬上就顯得「假」，就是「不誠」，也因此必須「不知」而且「不假悟」方能「不假」。由於「詩言志」的理念，漢詩中的對於情感狀態中的情緒意識流轉的「模擬」，以及透過此一「模擬」而以情感狀態中的「姿」與「質」來感動讀者的表現方式，遂無法使用具有「虛假」、「不誠」意涵的「模擬」之觀念來表達，同時更無法發展爲一種文學上的模擬的理論。所以歷來論漢詩，或者强調：「凡讀漢詩，先眞實，後文華」，「古詩十九首：

情眞，景眞，事眞，意眞。澄至清，發至情。」（元陳繹曾「詩譜」）注重它爲眞情的表現；或者如清費錫璜「漢詩總說」所謂：

> 三百篇後，漢人創爲五言，自是氣運結成，非人力所能爲。故古人論曰：「蘇李天成，曹劉自得。」天成者，如天生花草，豈人翦裁點綴所能彷彿？如鑄就鐘鏞，一絲增減不得，解此方可看漢詩。

強調它的非經人力有心工巧所得，因爲若詩是眞情實感的流露，必然它是出於人生情境的自然反應：

> 漢人詩未有無所爲而作者，如垓下歌、舂歌、幽歌、悲愁歌，白頭吟，皆到發憤處爲詩，所以成絕調；亦不論其詞之工拙，而自足感人。「後人絕命多不工，何也？只爲殺身成仁等語誤耳。

同時它的語言亦必出以平淺明白率意自然，如明謝榛「四溟詩話」所謂：

> 古詩十九首，平平道出，且無用工字面，若秀才對朋友說家常話，略不作意。如「客從遠方來，寄我雙鯉魚。呼童烹鯉魚，中有尺素書」是也。及登甲科，學說官話，便作腔子，昂然非復在家之時。若陳思王「游魚潛綠水，翔鳥薄天飛。始出嚴霜結，今來白露晞」是也。此作平仄妥帖，聲調鏗鏘，誦之不免腔子出焉。魏晉詩家常話與官話相半，迨齊梁，開口俱是官話。官話使力，家常話省力；官話勉然，家常話自然。夫學古不及，則流於淺俗矣。今之工於近體者，惟恐官話不專，腔子不大，此所以泥乎盛唐，卒不能超越魏，進而追兩漢也，嗟夫！

並且由於表現的重點在透過以語言模擬自然流轉的心理歷程來呈露特殊的情感激盪，因此一些評論者往往強調：「漢魏之詩，辭理意興，無迹可求」（清黃子雲「野鴻詩的」）；或「漢魏詩只是一氣轉旋，晉以下始有佳句可摘，此詩運升降之別。」（清沈德潛「說詩晬語」）。不論是「眞」、是「至情」、是「到發憤處爲詩」、是「說家常話，略不作意」，是「一氣轉旋」，是「辭理意興，無跡可求」，都反映了傳統評論者對漢詩的以情感之掙扎或激盪的心理歷程爲模擬的表現重點的體認；但是因爲所模擬的只是獨白式的心理歷程，一般並不視爲是一種模擬，反而視爲是「詩言志」，「情動於中而形於言」的最佳典範。事實上漢詩誠如沈德潛「說詩晬語」所言：

風騷既息，漢人代興，五言為標準矣。就五言中較然兩體：蘇李贈答、無名氏十九首，是古詩體；廬江小吏妻、羽林郎、陌上桑之類，是樂府體。

以模擬戲劇性（某一顯然特殊的人生情境中）的「獨白」或「對話」，而可以區分爲兩類：古詩體和樂府體。兩類在經由話語模擬人物在特殊人生情境下的情感激盪的心理歷程的方式上初無二致，只是樂府體爲多人的心聲而彼此有糾葛或事件的發展，古詩體不同於樂府體的「重唱」，爲單人的「獨唱」，雖有個人心意的發展，但事件並無糾葛或發展，這自然已是抒情文學和敍事文學在文類上的分歧。但是戲劇性獨白的方式，畢竟在抒情上和「以景寓情」的比興的表現方式是有所不同的。前者仍是一種對於心理歷程情感狀態的「模擬」；後者則已偏重在憑藉外界景象來作內心情意的「象徵」，而不只是把心意外在化爲語言，事實上要更進一步外在化爲景象了。由於「模擬」與「象徵」的思維方式的根本差異，往往使得唐宋以後的詩人或文人深自感覺與漢詩的寫作甚至欣賞皆有一種斷層：

詩惟漢詩最難學，最難讀。極頂才人，到漢人輒不能措手，輒不能解隻字，有強解者，多屬皮裏膜外，止堪捧腹。漢詩卽贊歎亦難盡，高古雄渾等語，俱贊不著也。（淸費錫璜「漢詩總說」）

這種現象亦可以由沈德潛所謂「樂府體」的敍事詩，在漢魏以後幾乎是後繼乏人，只有寥寥可數的幾位作者，可見一斑。因此，「詩言志」的理念，在後來的發展中，大家並沒有注意其「在心爲志，發言爲詩」，以語言直接模擬心志的可能意涵，只是確定了「詩」在本質上是抒情的，進一步排除了往敍事發展的可能。在陸機「文賦」的「詩緣情而綺靡」的主張裏，固然肯定了詩的抒情性質——緣情；但他的「綺靡」的主張似乎早已接受了猶如王弼「周易例略」的：

夫象者，出意者也。言者，明象者也。盡意莫若象，盡象莫若言。言生於象，故可尋言以觀象，象生於意，故可尋象以觀意。意以象盡，象以言著。

以象表意，言在寫象的觀念，雖然他強調的重點已是踵事增華的「綺靡」之上了。後來詩人如王昌齡的主張必須用心於「搜求於象，心入於境，神會於物」（唐音癸籤），更是明顯的以「興象」爲詩歌表現的重點。這一點我們將在討論唐詩時進一步詳述。此處所想指陳的只是：由於西洋文學與其理論的參證，我們似乎可以藉用他們的涵義極廣的「模擬」一詞，指出漢詩不論古詩體或樂府體，其實表現的方式，皆在直接以語言模擬情感激盪下的心理歷程，卽使是古詩體都近似於戲劇性獨白。但是由於「詩言志」的傳統理念，使一般人認定在詩中，說話者卽是作者本人，詩中所言，卽是作者眞實的人格心志的表現，因此情感的「眞誠」與情感的「倫理品質」，就成爲詩中之言，亦卽是詩的瞭解與評量的標準。由於有此傳統上的基本差異，我們寧可用「直感」而不用「模擬」來指陳漢詩的思維方式，我們希望「直感」一詞既可以反映人物身處某一特殊情境之先決條件，又可表明一種在此特殊情境之下情感激盪的自然流露，心理歷程的直接顯現。在傳統的術語中，李仲蒙所謂：

> 敍物以言情，謂之賦，情物盡也；索物以託情，謂之比，情附物也；觸物以起情，謂之興，物動情也。

假如這裏的「物」，至少在「賦」的部分上，可以解釋爲所遭遇的特殊情境，那麼敍述所面對的情境，並且直接以語言顯示在情境中的情感反應與心理狀態的「敍物以言情」，以及情境與情感的直接一起表現的「情物盡」，似乎就是最近於漢詩的內容與思維表現方式了。所以陸時雍「詩鏡總論」遂以爲：

> 十九首近於賦而遠於風，故其情可陳，而其事可舉也。虛者實之，紆者直之，則感寤之意微，而陳肆之用廣矣。夫微而能通，婉而可諷者，風之為道美也。

陸時雍重視風體的「深婉」與「諷諫」，强調：「詩人一歎三咏，感寤具存，龐言繁稱，道所不貴」因此不免要批評：「西京語迫意鋟，自不及古人深際」。但是他的批評漢詩的不「紆」、不「婉」，正是體認到了漢詩敍述特殊具體情境的「直」，批評漢詩的不「微」、不「虛」，正是有見於漢詩的重在呈現情感激盪的心理歷程的「感」，而不在於「諷諫」的「能通」之「寤」了。因此當他轉換了價值判準之際，他不禁亦得承認：「五言在漢，遂爲鼻祖，西京首首俱佳」，而感歎：

蘇李贈言，何溫而戚也！多唏涕語，而無蹶蹙聲，知古人之氣厚矣。古人善於言情，轉意象於虛圓之中，故覺其味之長而言之美也。後人得此則死做矣。

事實上漢詩的美感效應正發生在直接「言情」之際，它所顯現的心理歷程在情意上的深厚與溫婉，在心念意識轉折變化上的虛圓與靈活，所以陸時雍不免要補充的說：

詩之佳，拂拂如風，洋洋如水，一往神韻，行乎其間。班固明堂諸篇，則質而鬼矣！鬼者，無生氣之謂也。

以前引的傳李陵「與蘇武」詩而論，只有情深意摯的人，才會一心一意的感覺彼此相聚的時刻是「良時」，因而劈頭就因「離別在須臾」而說：「良時不再至！」。也正因體認對方在自己的心目中的絕對獨特的地位與意義，才會强調彼此的交往爲「嘉會難再遇」（一本作「嘉會難兩遇」，就更凸顯了這種獨特性），而甚至感覺「三載爲千秋」，視彼此聚會的時日爲永恆！但就在這近乎永恆不改的無上幸福之感的「三載爲千秋」之下，立刻銜接的正是逆轉「千秋」爲「三載」的分離之醒覺：「臨河濯長纓」，以及在這種醒覺之下油然而生的無限的思懷與若有所失的感觸：「念子悵悠悠」。而在這種若有所失的憑空眺望，感受到的正是無限的空虛，以及這無限的空虛中流溢而至的不盡哀傷：「遠望悲風至」，以至「對酒不能酬」。在詩中戲劇性的獨白的第一人稱，卽使在尙未眞正分離，正在最後的「酬酢」的時刻，已經被卽將分離所造成的無限空虛與哀傷所襲擊，而感覺無法勝任施行分離時刻的「酬對」。在這種鉅大的空虛與憂傷的壓迫下，他同時正體會到了「嘉會」的已然在精神層次的走向了終結：「行人懷往路，何以慰我愁？」但也在這種終結的體認中，醒悟了把握最後聚首的珍貴時刻，而忍不住要强調、珍惜：「獨有盈觴酒，與子結綢繆」了。由「三載為千秋」而「念子悵悠悠」，由「臨河濯長纓」而「遠望悲風至」，由「對酒不能酬」而「獨有盈觴酒，與子結綢繆」，不僅情深意厚，更是層層轉折，在情思意念的變換之中，展現為無盡搖曳橫生的丰姿，眞是經由心理變化的發展歷程，具現了人物善感多情的心靈之美！所以漢詩的美，其實是它所表現的性情品質的美！它的「驚心動魄，可謂幾乎一字千金」（註七），正在其所表現的心靈情感本身的溫柔敦厚，豐盈感人，而不在所謂句法的巧妙，景象的美麗等方面。「良時不再至」，「嘉會難再遇」都是再平常不過的直陳句法。「執手野踟蹰」、「仰視浮雲馳」、「臨河濯長纓」、「遠望悲風至」等等的景象，亦談不上有何綺靡偉麗，但是却都深具表現情感的潛能。「臨河濯長纓」的身體動作，連綴以「念子悵悠悠」的內心感受；「遠望悲風至」的外在知覺，配合上「對酒不能酬」的內在感懷，就在彼此的轉折與張力中爆發為無限情意的表白。而「長當從此別」的深切意識與直截表達，亦使緊接其下的看似平常的「且復立斯須」橫生波瀾，具有了無限的纏綿的意致。這固然可以藉陸時雍所謂的：

善言情者，呑吐深淺，欲露還藏，便覺此衷無限。

來加以解釋，但誠如他接着强調的：

此事經不得着做，做則外相勝而天真隱矣，直是不落思議法門。（註八）

基本上還是來自情意本身的深摯，性格天機的自然溫厚。若非全心全意念茲在茲的人，如何會於「攜手上河梁」的此刻，卽已念及：「遊子暮何之？」；而於「徘徊蹊路側」之際，體驗的正是「悢悢不能辭」？在「行人難久留」，分別的時刻，却已「各言長相思」了？而這種性情的淳厚或許可以在第三首的結尾：

> 安知非日月，弦望各有時？
> 努力崇明德，皓首以為期！

看出一點端倪。這是一種不在命運面前屈服，堅決不放棄希望的精神。所以，第一首結束在「欲因晨風發，送子以賤軀」，第二首結束在「獨有盈觴酒，與子結綢繆」，反映的都是在無可奈何中的可奈何，在否定情境中的繼續肯定。正如「悲壯」與「滑稽」是在西方文學與美學中所習見的具有倫理性質的美感範疇與類型。這種倫理精神同是也是美感類型，也許我們可以依「溫柔敦厚，詩教也」的理解，稱之爲：「溫厚」。而正如「悲壯」，往往來自勇於承擔命運，擁抱絕望而在絕望中奮力行動。以同是離別的題材而言，荆軻刺秦王，易水送別之際的「渡易水歌」：

> 風蕭蕭兮易水寒；壯士一去兮不復還！

就充分的顯現了這種悲劇意識，而爲「悲壯」美感的絕佳例證。「溫厚」却是在近乎絕望的情境，不放棄希望：「安知非日月，弦望各有時？」而表現爲另一種意志的堅決：「努力崇明德，皓首以爲期！」假如「悲壯」總是包涵着一種勇於死亡的精神，那麼「溫厚」也許就是敢於生活的意志（Courage to be）的表現。漢詩中的這種「溫厚」的精神，正一再的以不可斬絕的纏綿裏，努力生存，熱愛生命的型態出現：在古詩「行行重行行」中，女主人公在「浮雲蔽白日，遊子不顧返；思君令人老，歲月忽已晚」的深切的意識下，却決意：「棄捐勿復道，努力加餐飯」。在傳蘇武詩「結髮爲夫妻」中，在征夫卽將「行役在戰場，相見未有期，握手一長歎，淚爲生別滋」的悲苦情境下，却發爲：「努力愛春華，莫忘歡樂時，生當復來歸，死當長相思」的堅執。它們都一方面表現了情意綿綿的無限「溫柔」，而也在這種「溫柔」的不可斷絕中，展現了堅持的「敦厚」的力量。所以，在「長歌行」中「常恐秋節至，焜黃華葉衰。百川東到海，何時復西歸？」的命運意識，並不導致絕望與虛無，反而是：「少壯不努力，老大徒傷悲！」的惕勵。「溫厚」所顯現的正是深情熱愛中自有的一種不可磨滅，不可轉移的力量！

當一個人的心靈浸潤在「溫厚」的深情厚愛中，自然就會影響到他的心念意識，所以或者會「多唏涕語」，但却必定「而無蹶蹙聲」，某些不相應，不相容的心情與意念就成爲不可思議，因爲這不但牽涉到情感素質的統一，也牽涉到人格品質的統一。關於這一點，沈德潛「說詩晬語」論「廬江小吏妻詩」，或許是個最好的說明：

> 中別小姑一段，悲愴之中，自足溫厚。唐人棄婦篇直用其語云：「憶我初來時，小姑始扶床。今別小姑去，小姑如我長。」下節去「殷勤養公姥，好自相扶將」，而忽轉二語云：「回頭語小姑，莫嫁如兄夫。」輕薄之言，了無餘味，此漢唐詩品之分。

雖然這裏的差異，未必就是「漢唐詩品之分」，但却足以說明漢詩的美感特質正深切的依賴於它所反映呈露的人物的情感素質與倫理品質，因爲人格乃是美感表現的焦點。所以，蘭芝別小姑的一段前，先有「新婦起嚴粧」與「上堂拜阿母」，而在「却與小姑別，淚落連珠子」的告別語中，不但有「小姑如我長」的感傷，「勤心養公姥，好自相扶將」的勸勉，更有：「初七及下九，嬉戲莫相忘！」緣盡而情義不變的表白。所以說漢詩的表現性近於模擬，美感集中在人物情懷品質之美，展示的往往是可以稱之爲「溫厚」的美感範疇，它直接就是情意的表現，而不只是「緣」於「情」而已，並且爲了和後來强調必須「綺靡」以動人的「詩」之美感特質有所區別，我們基於它基本上是以情感品質與心理歷程的「本色」感人，因而稱其美感性質爲：「素美」。

當我們將注意由漢代的例詩轉到唐代之際，首先我們就會意識到近體與古體的差異。假如說「古詩」除了固定的五言句式和押韻現象，以及句數大抵是雙數等可以算是「不自然」的（「樂府詩」連句式與句數的要求都沒有）；那麼近體詩却首先在句數，其次在平仄，接著是對仗的要求上，都使它不再是「自然」的語言，而是一種格律或規則化的人工編織下的產物。言說(speech)和文章（text）之間的差異，明顯的橫亙在二者之間。於是詩就有了更明顯自覺的作法和作法的討論。「詩」不再是「情動於中」，「不知手之舞之足之蹈之」的「在心爲志，發言爲詩」的直接呈現心理歷程的「言」。若以芮挺章「國秀集序」開篇卽稱引：

昔陸平原之論文曰：「詩緣情而綺靡」，是彩色相宣，烟霞交映，風流婉麗之謂也。

爲例，唐人心目中的「詩」，大抵已不再是「志之所之」而是「緣情而綺靡」的產物，因此棄「本色」就「風流」，務以「麗詞」「麗句」爲尚。所以，皎然「詩式」對於「詩」的「緣情」而「綺靡」的理解就是：

夫詩工創心，以情為地，以興為經，然後清音韻其風律，麗句增其文彩。如楊林積翠之下，翹楚幽花，時時開發。乃知斯文，味益深矣。

所謂「以情爲地，以興爲經」就是「緣情」；而「清音韻其風律，麗句增其文彩」則爲「綺靡」。基本上他們視「詩」爲「文」之一種，只是「味益深」而已。因爲視「斯」爲「文」，加上種種體勢格律的限制，自然一方面不再可能模擬心理歷程的自然變化與發展，因此也就失去了心理歷程發展變化中的自然統一；另一方面由於偏重麗詞麗句的結果，就更有如何併湊四句、八句……以爲一詩，併湊部分以爲整體的問題，就不免要討論所謂：「取境」、「明勢」、「明作用」、「明四聲」……等問題，而可以歸結爲「詩有四深」：

氣象氤氳，由深於體勢。意度盤礴，由深於作用。用律不滯，由深於聲對。用事不直，由深於義類。（註九）

當我們一讀李白「送友人」或王維「送元二使安西」，首先面對的就是「青山横北郭，白水遶東城」，「渭城朝雨浥輕塵，客舍青青柳色新」。一映入眼簾的就是「彩色相宣」的「青」、「白」、「青青」，以及「烟霞交映」的「山」、「郭」、「水」、「城」、「朝雨」、「輕塵」、「客舍」「柳」，加上「横」、「遶」、「新」的强調與形容，自然就形成一種豐富複雜的「婉麗」景象。而這些景象只是送別的背景，但或者使用對句，或者驅遣意象，却直接强調的是此一背景本身，在空間上或時間上，在靜態上或動態中的感覺性，使它們的景象本身就是一種可作美感觀照的對象。卽使不與「送別」的題旨相關，亦卽足以品賞不已，玩味不盡了，完全合於「意新語工」，「狀難寫之景，如在目前；含不盡之意，見於言外。」(註一〇)的標準。「背景」不是「本事」，却於此大作文章，正是一種美感焦點的偏離，這不僅是「本色」與「風流」的差異，其實更是「賦」與「興」的差異，也就是「敍物以言情」，「情物盡也」；和「觸物以起情」，「物動情也」的差異。由於不直接「言情」，必得採取「觸物以起情」的表現方式，「取境」就成爲作詩的基本用心：

> 夫詩人之思初發，取境偏高，則一首舉體便高；取境偏逸，則一首舉體便逸。……取境之時，須至難至險，始見奇句。成篇之後，觀其氣貌，有似等閑，不思而得，此高手也。……高手述作，如登衡巫，覿三湘鄢郢山川之盛，縈迴盤礴，千變萬態。或極天高峙，崒焉不羣，氣騰勢飛，合沓相屬。或脩江耿耿，萬里無波，淡出高深重複之狀。古今逸格，皆造其極妙矣。(皎然「詩式」)
>
> 詩思有三：搜求於象，心入於境，神會於物，因心而得，曰取思。久用精思，未契意象，力疲智竭，放安神思，心偶照境，率然而生，曰生思。……
>
> 欲爲山水詩，則張泉石雲峰之境，極麗極秀者，神之於心，處身於境，視境於心，瑩然掌中，然後用思，了然境象，故得形似。……

夫置意作詩，卽須凝心，目擊其物，便以心擊之，深穿其境。如登高山絶頂，下臨萬象，如在掌中。以此見象，心中了見，當此卽用。如無有不似，仍以律調之定，然後書之於紙。會其題目、山林、日月、風景為真，以歌詠之。猶如水中見日月，文章是景，物色是本，照之須了見其象也。

詩貴銷題目中意盡，然看當所見景物與意愜者相兼道。若一向言意，詩中不妙及無味。景語若多，與意相兼不緊，雖理道亦無味。昏旦景色，四時氣象，皆以意排之，令有次序，令兼意說之為妙。……至於一物，皆成光色，此時乃堪用思。所說景物，必須好似四時者，春夏秋冬氣色，隨時生意。取用之意，用之時，必須安神淨慮，目覩其物，卽入於心，心通其物，物通卽言。言其狀，須似其景，語須天海之內，皆入納於方寸。（王昌齡「詩格」）

在這種「取境」的過程，由於相信「取境偏高，則一首擧體偏高」，因此往往「高手述作，如登衡巫，……或極天高峙，……或脩江耿耿……」，必須「如登高山絕頂，下臨萬象，如在掌中」，「用意於古人之上，則天地之境，洞焉可觀」，「凝心天海之外，用思元氣之前」，「語須天海之內，皆入納於方寸」，因此所描述的「背景」，一方面皆必須海涵地負，深孕「具備萬物，橫絕太空」，「天地與立，神化攸同」的「雄渾」的美感特質（註一一），事實上皆是「天地之境」的生活世界的親切與生動的感受。一方面它又必須能夠「觸物以起情」，「江山滿懷，合而生興」（註一二），以便能夠在「物動情也」的情形下「隨時生意」，而達到「詩貴銷題目中意盡」的目的，因此必須「看當所見景物與意愜者相兼道」，而不能只是廣大的「天地之境」或生活世界的遠眺或綜觀的展現，而必須同時凸顯某一具有情意之象徵或情緒之觸媒的物象的表現，而這一物象往往具有「極麗極秀者」，「如楊林積翠之下，翹楚幽花，時時開發」的性質，因而在美感範疇上呈現爲「秀美」的特色。但是不論是「雄渾」是「秀美」，往往都呈現爲强調形色俱全，動靜兼備的「風流婉麗」的深具感覺性的形相美感，因此爲了與漢詩的只具情意之反映却缺乏感覺色澤美感的「素美」相區別，我們統稱這種風格爲：「優美」。

在前引幾首唐代的例詩，取境一方面皆具「天地之境」的「雄渾」，例如：「送友人」中的「青山」與「白水」在橫亙平面空間的廣濶與展開，配上「青山」、「北郭」、「東城」本身的向上垂直的空間暗示，而終於結合了「浮雲」、「落日」，就成了一個無限開濶而且流動不已的世界景象。「臨高臺送黎拾遺」中我們更是淸楚的看到作者如何有意經營一個開濶博大的宇宙：由「臨高臺」本身的垂直面向的空間的暗示，而銜接以「川原杳無極」的近乎誇張性的强調，無限空間就展現在讀者面前了，「川」本身的奔流不息的動態，加上「杳無極」的開濶的「原」上，再續以「日暮飛鳥還」、「日」與「鳥」的循環性的運行飛翔，整個就形成了一個生生不息的大化流行的宇宙。然後在這博大流動的宇宙中，一個焦點凸出了，先是「相送」的「臨高臺」，再來就是「行人」以及他的呼應「天行健」的「去不息」。同樣的「送友人」中「靑山橫北郭，白水遶東城」山橫水遶的地理景觀，襯托出來的却是「孤蓬」；「浮雲」、「落日」的高遠空間，切入的竟是「揮手」；因而全詩結束集中在「蕭蕭班馬鳴」的近景的特寫。「送元二使安西」則藉通徹上下的「朝雨」造成了一種空間的垂直廣袤的籠罩性，然後透過「渭城」與「西出陽關」的對照，形成了一種無限廣大的水平空間的暗示，但却在這廣大却又動盪（朝雨）的世界中，凸顯出「客舍」，「客舍」的楊「柳」，楊「柳」顏「色」的「青青」，以及「勸君更進」的「一杯酒」。而「送別」一詩，也在「山中」、「日暮」、「明年」的廣袤的時空的綿延中，凸顯出「柴扉」的「掩」、「春草」的「綠」，與「王孫」的「歸」來。「秀美」的景象，或景象的「秀美」性質或部分，就總是在「雄渾」的背景中凸顯出來，而成爲前景的焦點或畫龍的點睛。在這種融合了「雄渾」背景與「秀美」前景的「優美」景色中，人物的形象與動作也有意無意的被「優美」化了，或者他們以典故：「王孫」；或比喻：「孤蓬」出現，或者只以部分動作的特寫：「揮手」、「掩」、「盡」，或者在對比中跟著被形象化：「行人去不息」，出現在「日暮飛鳥還」之後，就令人產生「飛鳥還」「行人去」的相提並論，等値化的形象構作的效果。像「贈汪倫」則人物的行動本身被戲劇情境化了：「李白乘舟將欲行，忽聞岸上踏歌聲」，詩中不直寫汪倫來送行，却寫在乘舟欲發時刻，汪倫以「踏歌」，「聲」先於人到來。送行而出以「踏歌」，正是刻意表現人物之「風流」，灑脫自在，無拘無礙。同樣的，人物的情意也跟著形象化、「優美」化了。「遊子意」以「浮雲」，「故人情」以「落日」，甚至隱含的離情別緒亦以「蕭蕭班馬鳴」來表達。「汪倫送我情」，也以「桃花潭水深千尺」的「不及」之體認來表達。「桃花」原即「秀美」；而「潭水」一旦「深千尺」則亦由「秀美」而轉爲「雄渾」了。唐詩服膺的顯然是「美是形相的直覺與表現」的美學理念（註一三）。而所以爲「美」的「形相」，一方面則又是「秀美」或「雄渾」

的形相，一方面則又必須成爲情意的觸媒或象徵。所以殷璠「河嶽英靈集序」以爲：

理則不足，言常有餘，都無興象，但貴輕豔，雖滿篋笥，將何用之！

王昌齡亦强調：

自古文章，起於無作，興於自然，感激而成，都無飾練，發言以當，應物便是。凡詩，物色兼意興為好，若有物色，無意興，雖巧亦無處用之。如「竹聲先知秋」，此名兼也。

由於景象（象）必須同時是情意（興）的觸媒或象徵，因此一方面要求「娛樂愁怨，皆張於意而處於身，然後用思，深得其情」，「張之於意而思之於心，則得其眞矣」；一方面則主張用「天然物色」，用「眞象」：

詩有天然物色，以五彩比之而不及。由是言之，假物不如真象，假色不如天然。如此之例，皆為高手。如「池塘生春草，園柳變鳴禽」，如此之例，即是也。中手倚傍者，如「餘霞散成綺，澄江淨如練」，此皆假物色比象，力弱不堪也。(註一四)

因此描寫情景，利用「應物便是」的「眞象」來觸引「感激」，兼表「意興」的「興」的表現方式就成爲唐詩的主要手法。因此在離別主題的詩歌中，「雄渾」的背景，亦不僅是「雄渾」的美感而已，因爲在別離時刻，空間景象所喻示的距離與阻隔；時間景象所暗示的分合之久暫，歲月的流逝，生命的短促，美好時光的不再，以及地域景象所具有熟習與新異……等等足以喚起情感意興的要素，都成了唐詩在別離主題的詩歌，由離情別緒偏離而著力於模山範水，甚至刻劃姿態動作之際，强調與表現的重點。終究唐詩是「緣情」的，仍然是「以情爲地」，但並不直寫其情，「以興爲經」，貫串而成的却是「搜求於象，心入於境，神會於物，因心而得」的「興象」所成的「意境」。而「境」必有賴於「觀」，因此我們以爲它們所表現的正是出以「想像」的「境緣之觀」。它們所表現的始終是身臨其境，但却是「觀我之際又自有我在」的「形相」的直覺體驗，因此既是「想像」的表現，又是最直接的美感觀照的型態，因而「詩必盛唐」自有它的內在的成因。嚴羽就因爲掌握到了唐詩的這種特質，因此以「妙悟」來解說「形相的直覺」的美感觀照，並且對於這種美感觀照的「想像」性質加以强調，所以說：

盛唐諸人惟在興趣，羚羊挂角，無迹可求，故其妙處，透徹玲瓏，不可湊泊，如空中之音，相中之色，水中之月，鏡中之象，言有盡而意無窮。（註一五）

王昌齡說得更直接：

猶如水中見日月，文章是景（影），物色是本，照之須了見其象也。

唐詩的「優美」正在雖出於「興」，却是深得「物色」之「趣」；而當「物色是本」被「照之」「了見其象」之際，「下臨萬象，如在掌中」，自然能使「具備萬物，橫絕太空」者「返虛入渾」，舉重若輕，而達到「攢天海於方寸」在寥寥數語中創造「雄渾」，而其「雄渾」亦自能夠融會「秀美」而達到互補相成之功。這樣的「雄渾」與「秀美」融合爲一的「優美」風格，也許在離別的主題中，我們還該以李白「黃鶴樓送孟浩然之廣陵」爲例：

故人西辭黃鶴樓，煙花三月下揚州。
孤帆遠影碧空盡，唯見長江天際流。

當嚴羽「滄浪詩話」以「盛唐諸公大乘正法眼者」，而主張「大抵禪道惟在妙悟，詩道亦在妙悟」，因而强調「夫詩有別材，非關書也；詩有別趣，非關理也。而古人未嘗不讀書，不窮理，所謂不涉理路，不落言筌者上」，而重申「詩者，吟詠情性也」的旨趣之際，他實在是對「至東坡、山谷始自出己法以爲詩，唐人之風變矣」的宋詩深有所感：

近代諸公作奇特解會，遂以文字為詩，以議論為詩，以才學為詩。以是為詩，夫豈不工？終非古人之詩也。蓋於一唱三嘆之音，有所歉焉。且其作多務使事，不問興致；用字必有來歷，押韻必有出處，讀之終篇，不知着到何處，其末流甚者，叫噪怒張，殊乖忠厚之風，殆以罵詈為詩。詩而至此，可謂一厄也，可謂不幸也。

我們假如不必一定同意他的出以「截然謂當以盛唐爲法」的批評立場，至少仍然可以透過他的批評意識到宋詩與唐詩的差異。當唐詩放棄了「詩言志」的手法，而充分的往「詩緣情而綺靡」的道路上發展時，詩歌的整體結構就放棄了漢詩的模擬情志的心理歷程，而有「體勢」、「作用」、「聲對」、「義類」諸問題，大抵的解決是以「心入於境」、「處身於境，視境於心」，「目擊其物，……深穿其境」，然後在「江山滿懷，合而生興」的「專任情興」中，「神會於物」，「搜求於象」，以至「契意象」、「了然境象」、「了見其象」，透過「興象」與「意境」的統一，而出以「高手作勢，一句更別起意，其次兩句起意，意如湧烟，從地昇天，向後漸高漸高，不可階上也」，「皆須百般縱橫，變轉數出，其頭段段皆須令意上道，却後還收初意」來表達。因此寫作的過程就成了：

夫作文章，但多立意。令左穿右穴，苦心竭智，必須忘身，不可拘束。思若不來，卽須放情却寬之，令境生，然後以境照之，思則便來，來卽作文。如其境思不來，不可作也。（註一六）

基本上正是一個「境生」「意立」的「境思」的觀照與表現。

嚴羽對於宋詩的批評，正在於宋詩放棄了這種以「妙悟」而「令境生」，「然後以境照之，思則便來，來卽作」，從結構上不免是「羚羊挂角，無迹可求」，但以內容論則是「言有盡而意無窮」的「境思」；反而遵循了語言在日常應用上的述說論證（discourse）結構，採取了「涉理路」、「落言筌」的述說方式。因此嚴羽忍不住要批評宋詩是「以文字爲詩，以議論爲詩，以才學爲詩」。雖然他同意這些作品也是深具藝匠或用心的產物：「夫豈不工，終非古人之詩也！」這種對於宋詩之具有日常語言之論述結構的認識與批評，亦見於「對牀夜語」所載：

劉後村克莊云：唐文人皆能詩，柳尤高，韓尚非本色。迨本朝則文人多，詩人少。三百年間，雖人各有集，集各有詩，詩各自爲體，或尚理致，或負才力，或逞辨博，要皆文之有韻者爾，非古人之詩也。

不論是「尚理致」或是「逞辨博」，强調的皆是它們的充分發揮了語言論述之功能與特質。而「

負才力」則正是「以才學爲詩」，「多務使事，不問興致」的結果，恰與「妙悟」相反的寫作方式的表現。當與漢詩比較，唐詩乃以境象爲主，並不特別着重在「吟詠情性」，但是由於象以興生，境與意合，兼以「意是格，聲是律，意高則格高，聲辨則律淸，格律全，然後始有調」(註一七)對於聲調的講求，因此仍無礙嚴羽視爲「一唱三嘆之音」。因而，當唐詩與宋詩比較時，「詩者，吟詠情性也」就成爲唐詩的優點，而「蓋於一唱三嘆之音，有所歉焉」就成了宋詩的缺點。所以，楊愼「升菴詩話」亦以爲：

唐人詩主情，去三百篇近；宋人詩主理，去三百篇却遠矣。

劉大勤「師友詩傳續錄」亦記載王士禎的答話，以爲：

唐詩主情，故多蘊藉；宋詩主氣，故多徑露，此其所以不及。

以上的批評固然是一種美感偏好的選擇，但在對宋詩的有所見的同時，也正是對於宋詩所反映的新發展的美學理念與規範的拒絕接受。這種美學理念或許可以藉程顥「偶成」一詩來略作說明：

閒來無事不從容，睡覺東窗日已紅。萬物靜觀皆自得，四時佳興與人同。道通天地有形外，思入風雲變態中，富貴不淫貧賤樂，男兒到此是豪雄。

首先宋代或許是另一個對於「形而上者之謂道」具有高度自覺與熱情的時代，而這種自覺一方面反映於自「萬物靜觀皆自得，四時佳興與人同」的體驗中察覺「道通爲一」(註一八)，甚至「渾然與天地萬物同體」(註一九)，另一方面則轉化爲「閒來無事不從容」的心性的操持與「富貴不淫貧賤樂」的德行的踐履，甚至以此爲「男兒到此是豪雄」的判準。在這種時代文化理想的影響之下，並非「佳興」，不是「自得」，未能「從容」，甚至未臻「富貴不淫貧賤樂」的情感反應與表現都成了負面的現象，因而邵雍「伊川擊壤集序」强調：

> 近世詩人，窮慼則職於怨憝，榮達則專於淫泆。身之休慼，發於喜怒；時之否泰，出於愛惡。殊不以天下大義而為言者，故其詩大率溺於情好也。噫！情之溺人也甚於水！

因而主張去掉「情累」的「以道觀道，以性觀性，以心觀心，以身觀身，以物觀物」，而創作「因閑觀時，因靜照物，因時起志，因物寓言，因志發詠，因言成詩，因詠成聲，因詩成音」「曾何累於性情哉？」的詩歌。整個寫作過程的構想，正跟王昌齡的主張大相徑庭：

> 夫文章興作，先動氣，氣生乎心，心發乎言，聞於耳，見於目，錄於紙。意須出萬人之境，望古人於格下，攢天海於方寸。詩人用心，當於此也。

> 興發意生，精神清爽，了了明白，皆須身在意中。若詩中無身，即詩從何有？若不書身心，何以為詩？是故詩者，書身心之行李，序當時之憤氣。氣來不適，心事不達，或以刺上，或以化下，或以申心，或以序事，皆為中心不決，衆不我知。由是言之，方識古人之本也。

由此我們大略可以看出雙方在美學預設上的基本差異。唐詩即使不算完全「主情」，至少仍然遵循「緣情」的原則，表現的仍以個人的「中心不決，衆不我知」，己身「當時之憤氣」的「興發意生」。因此不免要「露才揚己」，所以不但繼承了「綺靡」的原則，更發展爲「意須出萬人之境，望古人於格下，攢天海於方寸」的「用心」。一方面追求高遠「雄渾」之意境，一方面重視苦思獨創，以求超越前人，「用意於古人之上，則天地之境，洞焉可觀」：

凡屬文之人，常須作意。凝心天海之外，用思元氣之前。巧運言詞，精練意魄，所作詞句，莫用古語及今爛字舊意。改他舊語，移頭換尾，如此之人，終不長進。為無自性，不能專心苦思，致見不成。

所以對於唐代的詩人而言，物象有「綺靡」或者說：「風流婉麗」與否之分，意境有「洞觀」「天地」，「凝心」「天海」與否之別，言詞有「巧運」「安穩」與「爛字舊意」之異。因此不論是物象，是意境，是言詞都是具有一種美感價值差異，甚至價值階層性的判斷，因而也就有了一種選擇的判準與方向。爲了方便，這或許可以稱之爲第一義的美學，强調美感正有賴於事物的客觀屬性，因此美感價值亦就存在於事物現象自身，美感的觀照正以接納、揀擇、運用這些客觀性質來達成「妙造自然」，在「精練意魄」中創造一個「鹹酸之外」的「醇美」境界。(註二一)

但在「道通天地有形外」，「道通爲一」的形上觀照下，不但「萬物靜觀皆自得」，如蘇軾在「超然臺記」所謂的：

凡物皆有可觀，苟有可觀，皆有可樂，非必怪奇瑋麗者也。

否定了事物在美感價值上的差異性或階層性，而且誠如趙湘「本文」所說的：

靈乎物者文也，固乎文者本也，本在道而通乎神明，隨發以變，萬物之情盡矣！詩曰：「本支百世」，禮謂：「行有枝葉」，皆固本也。日月星辰之于天，百穀草木之于地，參然紛然，司蠢植性，變以示來，罔有豚者。嗚呼！其亦靈矣，其本亦無邪而存乎道矣。

一切事物的美感性質：「靈」、「文」，都是「本在道」，「其本亦無邪而存乎道」。從這種角度，萬物的美感性質：「萬物之情」，亦僅是「道」的「隨發以變」，只要能夠「無邪」，能夠「通乎神明」，則一切「參然紛然，司蠢植性，變以示來，罔有豚者」都呈現了同一道體的作用，因而也就呈具了相同的美感價值，事物客觀的差異性因而就消融而只有「道」的「隨發以變」，「變以示來」的「變態」之差異，並且在「思入風雲變態中」之際，眞正重要就是要在一切的「變態中」，體察到其與「天地有形外」的「道通」。因而在這種「道通」中達到「富貴不淫貧賤樂」的操守與「閑來無事不從容」的心境。這也就是蘇軾在「超然臺記」可以由「凡物皆有可觀」而推出「吾安往而不樂」，因而反過來辨析說：

夫所為求福而辭禍者，以福為可喜而禍可悲也。人之所欲無窮，而物之可以足吾欲者有盡，美惡之辨戰乎中，而去取之擇交乎前。則可樂者常少，而可悲者常多，是謂求禍而辭福。夫求禍而辭福，豈人之情也哉？物有以蓋之矣。

因而以「道通天地有形外」的超然心境立說，以爲：

彼遊於物之內，而不遊於物之外；物非有大小也，自其內而觀之，未有不高且大者也。彼挾其高大以臨我，則我常眩亂反覆，如隙中之觀鬥，又烏知勝負之所在？是以美惡橫生，而憂樂出焉，可不大哀乎？

因此就形成了一種，或許可以稱之爲第二義的美學：強調在「閑來無事」的「從容」「靜觀」中，「萬物」「皆自得」，皆具有相同的美感價值；而美感價值的產生：「皆有可樂」，正來自人類的能以「遊於物之外」的「超然」心境，從事「誠爲能以物觀物，而兩不相傷者，蓋其間情累都忘去爾」的美感觀照的結果。而這種美感觀照的特點正在不「以心觀身，以身觀物」，「視身如丘井，頹然寄澹泊」的「靜觀」。以此「靜觀」而作詩，則不「牽於一身而爲言者」(註二二)，表現的因此從某種意義言，是「不以物喜，不以己悲」(註二三)，忘懷「四時」美惡與個人憂樂的美感情緒：「佳興」；從另一種意義言，則既已超越了個己的好惡悲歡，則此種「佳興」亦就是「人同此心，心同此理」(註二四)的「與人同」的道心的表現。因此蘇軾在「送參寥師」一詩中就進一步詮釋這種「靜觀」的作用，以及由此而產生的美感特質：

欲令詩語妙，無厭空且靜。靜故了羣動，空故納萬境。閱世走人間，觀身臥雲嶺。鹹酸雜衆好，中有至味永。詩法不相妨，此語更當請。

所謂「空且靜」自然就是程顥所謂的「靜觀」或「道通」，而「靜」與「羣動」或「空」與「萬境」的關係，正如趙湘所謂的「日月星辰之于天，百穀草木之于地」，正是「道」本之于「物」文的關係，因而「人間」萬事，「雲嶺」百態，甚至「世」與「身」都成爲這以道心觀照的「觀」「閱」的對象，這些對象或者爲「鹹」爲「酸」，但誠似「萬物靜觀皆自得」，在這種「空」「靜」的「觀」

「閱」之下，卽成爲雖然「參然紛然」「雜衆」但皆爲「好」，而終究充溢或貫串的却是「空」「靜」道心的「至味永」。這種「至味永」也就是他在「書黃子思詩集後」所謂：

> 予嘗論書，以謂鍾、王之迹，蕭散簡遠，妙在筆墨之外。……至於詩亦然。蘇、李之天成，曹、劉之自得，陶、謝之超然，蓋亦至矣。……李、杜之後，詩人繼作，雖間有遠韻，而才不逮意。獨韋應物、柳宗元發纖穠於簡古，寄至味於澹泊，非餘子所及也。

「蕭散簡遠，妙在筆墨之外」，「天成」、「自得」、「超然」，以至「發纖穠於簡古，寄至味於澹泊」的「遠韻」。這不但是周紫芝「竹坡詩話」所引申的：

> 作詩到平淡處，要似非力所能。東坡嘗有書與其姪云：「大凡為文，當使氣象崢嶸，五色絢爛，漸老漸熟，乃造平淡。」余以不但為文，作詩者尤當取法於此。

並且也是梅堯臣「讀邵不疑學士詩卷……」所主張的：

> 作詩無古今，唯造平淡難。譬身有兩目，瞭然瞻視端。

或者歐陽修一再稱譽梅堯臣的：「子言古淡有眞味，大羹豈須調以虀」（「再和聖俞見答」），「聖俞覃思精微，以深遠閑淡爲意」，「梅翁事清切，石齒漱寒瀨。……心意雖老大，有如妖韶女，老自有餘態，近詩尤古硬，咀嚼苦難嘬。又如食橄欖，眞味久愈在。」（「六一詩話」）其實都是「譬身有兩目，瞭然瞻視端」，由觀照的景象轉移到觀照的眼光，正是出於「空」「靜」的道心的第二義美學的表現與强調，基於這種第二義的美學，宋詩的美感特質正在「閱世」「觀身」之際的「觀點」

的轉換，以及「鹹酸雜衆好」的美感範疇的擴大，而使「閑來無事」的所思以及「佳興與人同」的所感，皆能入詩，使詩的領域擴到了迥非良辰美景，高情遠意之日常生活的覃思精微中。

但是離別經驗却是最具情感性，也是最具個人性的，如何可以第二義的美學來表現呢？就在這裏我們正可以看到宋詩所以往抽象、滑稽等美感範疇，甚至疏淡，衰殘等範疇發展的緣由。在蘇軾「與子由別於鄭州西門外」一詩，蘇軾首先以「靜觀」的自我，表現了他與沉溺於離情別緒中的「感情」的自我的疏離，並且以「靜觀」的自我的角度，將「感情」的自我「滑稽」化了：「不飲胡爲醉兀兀」。「靜觀」的自我可以接受「感情」的自我的「心」：「此心已逐歸鞍發」，但却有意拒斥「感情」的自我的「情」。「滑稽」、「怪誕」、甚至「抽象」，正都反映主體心靈對於成爲客體的事物對象的拒絕完全的認同，因而强調了對象的某種異常，某種缺陷，某種醜惡或恐怖，或者是有意的忽視了對象的個體的自存，僅將它歸納而消失於普遍的形式或律則中。「不飲胡爲醉兀兀」正是「靜觀」的自我對於「感情」的自我的「情」的不可「理」解。可以「理」解的是外在的，客觀性的情況：「歸人猶自念庭闈，今我何以慰寂寞！」特別强調了寫作之際的事實情況：

時東坡赴鳳翔，子由送至鄭州，復還京師侍父。（註二五）

因此在敍述了更爲特殊的具體情境的同時，也强調了離別雙方的情感狀態的差異。這首詩雖然是「馬上賦詩一篇寄之」是寫給蘇轍的，但一開始却强調、稱呼蘇子由爲「歸人」並且以「庭闈」代稱他們的父親。事實上正是將蘇轍的復還京師侍父「普遍」化，利用普遍的通稱，達成了論述（discourse）的效果，其實正是一種「抽象」的「理」解的表現。因爲所有的「理」解，正都來自以普遍的律則或形式，解釋特殊個體或現象，而將個體或現象所引起的困擾或迷惑，消融到已知的律則與形式中。因而就消除了個體或現象的怪異性。「歸人猶自念庭闈」是正常的，而對比之下：「今我何以慰寂寞！」就顯得怪異了。他並沒有客觀的指出：他到鳳翔是赴任判官去的。因此也不妨說：「赴任猶自念官衙」。接下來離別之際的瞻望景象，可以是「瞻望弗及，泣涕如雨」（註二六），可以是「遠望悲風至」，「念子悵悠悠」，可以是「孤帆遠影碧空盡，惟見長江天際流」，亦可以是「平蕪盡處是春山，行人更在春山外」（註二七），這都是足以令人與離情別緒交融的情景。但是「登高回首坡隴隔，惟見烏帽出復沒」卻深具喜劇意味。特別要加上「登高」以及「回首」的動作，已經使得瞻望不再是一種完全沈溺於離別的情緒與瞻望所見的景象的深觀諦視的狀態，反而成了一種追求的行動，而追求的所得竟然强調的是「歸人」的消解爲「烏帽」，並且在「坡隴隔」之際，因爲隨著馬行的顚簸而呈現爲「烏帽」的「出復沒」，由懷思的對象主體轉化爲物品的「烏帽」，而這一頂「烏帽」不但取代了人物，並且看到的景象——「惟見」——，只是「烏帽」像變戲法的在「坡隴」上「出復沒」，這種「物性」的取代了「人性」，而且其形象本身並不具特殊的美感——「烏帽」——，尤其出現在「登高回首」的追求之後，都使得此處充滿了喜劇性的「滑稽」效果，而沖淡轉移了離別的惆悵與憂傷。這正是另一次的以「凡物皆有可觀，苟有可觀皆有可樂」的「自得」之「靜觀」的自我，取代了「感情」的自我。

接著又由「烏帽」而聯想到「苦寒念爾衣裘薄」，更進一步「幻想」「猶自念庭闈」的「歸人」，

「獨騎瘦馬踏殘月」。當我們在這裏使用「幻想」（Fancy）一語時，正要與「想像」（Imagination）有所區別。（註二八）在「惟見烏帽出復沒」之際的白天，事實上是無法見到「歸人」的「獨騎瘦馬踏殘月」的。尤其我們可以想像的是歸人的在殘月之下的獨騎瘦馬而行，但却無法眞實的想像按照字面直述意義下的「獨騎瘦馬踏殘月」，這都不免已是一種「想入非非」的「索物以託情」，一種廣義的「情附物也」的「比」；但是又將「比」當作實有其事來敍寫來反應。正如全詩一開始的「不飲胡爲醉兀兀」的「醉兀兀」原來不是實情實景，却一本正經的奇怪，質問：「不飲胡爲醉兀兀」，這正是一種以喻爲眞的「幻想」。同樣的「苦寒念爾衣裘薄」也不是實情實景，否則一開始就會有知覺有表現，事實上它正是由「人」消解爲「烏帽」，少掉的正是「衣裘」，以及其「出復沒」所可知而不可見的「騎」「馬」；因而想到了「苦寒」，而離合引生出來「獨騎瘦馬踏殘月」的「幻想」。並且是在文字上誇張了「苦」、「寒」、「薄」、「獨」、「瘦」、「殘」等「清冷」、「衰颯」美感素質的「幻想」。正如所「踏」未必是「殘月」，所「騎」未必是「瘦馬」，而「念庭闈」的「歸人」的心情未必是孤「獨」。整個的「幻想」正是有意的將「歸時休放燭花紅，待踏馬蹄清夜月」（註二九）的風流豪宕，强調轉釋爲淒慘悲苦。當事實上沒有那麼愁苦悽慘時誇張了它的悽慘愁苦，正是一種令人產生「滑稽」的喜劇性的慰解的方式。所以接下去才會是「路人行歌居人樂」的歡快的論述。而宋詩的「清冷」甚至「衰颯」美感的追求，雖說是承襲了晚唐流行的賈島姚合的清苦詩風而來。但以被東坡譏爲「郊寒島瘦」的孟郊賈島而論，他們的「寒」不過是「天色寒青蒼，北風叫枯桑」（孟郊「苦寒吟」）；「瘦」亦僅是「秋風吹渭水，落葉滿長安」（賈島「憶江上吳處士」）仍然是「天地之境，洞焉可觀」，「江山滿懷，合而生興」，却未必如「苦寒念爾衣裘薄，獨騎瘦馬踏殘月」的全將注意力集中在人物的描寫上，而於十字中整整用了六個「清冷」的字眼，反而不若郊島輩在他們的「寒」「瘦」中自有「語須天海之內，皆入納於方寸」的宏壯。所以，不僅是「清冷」而幾乎是近於「衰颯」或「蕭瑟」了。

「路人行歌居人樂」一方面是提出來與「獨騎瘦馬踏殘月」平衡的普遍性的論述，因此就有「抽象」的「說理」或「議論」的性質，另一方面在它所反映的「萬物靜觀皆自得」的觀點之餘，「路人」的「行歌」其實既非實景，也無必然，只是類似「居人」的「樂」的「比喻」式的形容，然後又作了以喻爲眞的描寫，正是透過這種「比」與「幻想」的方式，宋人將「說理」與「議論」轉化爲形象的語言。因而一首詩中的語言形象就各自釘住原來的語言「論述」，而無法形成一個統一視點的「天地之境」了。所以，「路人行歌居人樂」與「獨騎瘦馬踏殘月」：分屬兩種境界，正如「惟見烏帽出復沒」又與「獨騎瘦馬踏殘月」情調有別。卽使在「此心已逐歸鞍發」，强調的是「歸鞍」而非「歸騎」，已經令我們產生彷彿「日暮倒載歸，酩酊無所知，復能乘駿馬，倒著白接䍦」是敍述者乘馬醉歸的錯覺，然後在「歸人猶自念庭闈，今我何以慰寂寞」的對比之際，我們才清楚原來「歸鞍」是「歸人」子由所騎。全詩的結構正不在單一視點之下的「意」與「境」的統一。而是以語言的論述辯證，在多種觀點的頡頏辯論中發展、推演，以期最終具有結論性的意義的發現與產生。所以在沉溺性的「今我何以慰寂寞」、「苦寒念爾衣裘薄，獨騎瘦馬踏殘月」之餘，又再以「靜觀」的自我，提出「路人行歌居人樂」的事實，甚至藉助旁人的觀點：「僮僕怪我苦悽惻」。在相隔僅只兩句之處，兩度出現「苦」字，但却由感傷的「苦」，轉而化爲批評：「何苦」的「苦」，正是强而有力的表現了這種兩個自我之間的辯論關係。因而進一步深入這種辯論：「亦知人生要有別；但恐歲月去飄忽。」「感情」的自我終於被說服，而自己採用「抽象」、「說理」的「論證」形式，同意了：「亦知人生要有別」，但却亦以「論證」的形式，反過來辯護爲：「但恐歲月去飄忽」。因而將注意與焦點，由兩個自我的辯證，轉化前面已經喩示的「我」、「爾」的關係，並且仍是一種「說服」的形態。因而前面的兩個自我的辯證亦同時成爲「說服」的舉證，而以「寒燈相對記疇昔，夜雨何時聽蕭瑟？」的往事作爲最强而有力的舉證：

子瞻自注曰：「嘗有夜雨對床之言，故云爾。」王注曰：「韋蘇州『與元常全真二生詩』：『那知風雨夜，復此對床眠。』次公曰：「子由與先生在懷遠驛常讀韋詩。至此句，惻然感之，乃相約早退，共為閒居之樂。正在京師同侍老泉時近事，故今詩及之。」(註三〇)

並且在「寒燈」、「夜雨」的刻意强調時，重複了前面的「苦寒」的「寒」。但是「相對」不過「寒燈」；共「聽」「夜雨」不過「蕭瑟」，所「記」的「疇昔」與所盼的「何時」，終究皆已浸染了「苦寒」「寂寞」「悽惻」的情緒與情調，相形之下，離合實在並不眞正構成所謂悲歡的差異。所因而雖然歸終到：「君知此意不可忘，愼勿苦愛高官職」，整體看來却是種相當寒素的生命體認。所以，配合了「愼勿苦愛高官職」正是「富貴不淫貧賤樂」的平淡超然的情懷，雖然不免有種種偶然泛起的情緒的波瀾。難怪蘇軾後來在謫居黃州所作的「定風波」詞，所能盼望或肯定的亦僅是：「回首向來蕭瑟處，歸去，也無風雨也無晴」了。

相同的「理性」的操持與「淸冷」「平淡」的表現，亦見於梅堯臣「蕪湖口留別弟信臣」與王安石「示長安君」二詩。信臣，堯臣同高祖弟。在這首詩中，前四句幾乎以完全平直的語句，敍述了兩人的離合：「少也遠辭親，俱爲異鄉客。昨日偶同歸，今朝復南適。」雖然在「少也」的「也」字的運用，多少洩露了淡淡的感傷，而在「異鄉客」的「俱爲」的强調中，暗暗了隱含著彼此的同情共感。在「昨日偶同歸」的「偶」字裏，强調了聚會的無心，而於「今朝復南適」則强調了聚散的匆匆之餘，一個「復」字暗示了離別反是常態。所以在近乎客觀冷靜的敍述中，其實眞正反映並不特別是離別的哀傷，而是遠離故鄉之羈旅異鄉的流移的命運。因此接下去就以「南適畏簡書」的「畏」字暗示了對於這種命運的感觸。但是「畏簡書」其實又是用的「詩經」「小雅」「出車」的典故：

昔我往矣，黍稷方華。今我來思，雨雪載塗。王事多難，不遑啓居。豈懷不歸，畏此簡書。

因此雖有「懷歸」之意，對於流移命運的「畏」亦不能多作聯想與引申。而且强調兩次的「南適」，「適」在「往」之意義外的多重意涵，亦使我們不能有太多負面的聯想。並且梅堯臣很明白的强調了另一種積極肯定的情緒與事況：「叨茲六百石」。因此此詩的前半六句，幾乎就是散文式的敍述，有客觀的情境，有主觀態度上的辯證，但是既無形象物色，亦無情景意境。正是「以文字爲詩」，

「以是爲詩，夫豈不工，終非古人之詩也，蓋於一唱三嘆之音，有所歉焉。」但這種客觀理性的敍述，未嘗不是一種「閱世走人間」的超然的「空且靜」，平淡中自有「至味永」，假如以「富貴不淫貧賤樂」的操持來看。因此信臣的相送，亦只是「重念我當去，送我江之側」的平靜自然的行誼與敍述。尤其不用「江濱」、「江浦」之類較具意象性的詞語，反而用「江之側」，正是有意的散文化（古文化），觀念化，與「抽象」化，而刻意造成一種「簡古」或「古淡」的風格。而到了「江之側」必然會見到的「溪山」，梅堯臣却不讓它們成爲兩人身臨其中的「境」。而却條舉目張的陳述爲：「溪山遠更清，溪水深轉碧」，成爲客觀事理之觀察的對象，因而很理智的證明了：「因知惜別情，愈睽應愈劇」，並且總結了兩人「惜別」的意義。但是若我們仔細的思索了：「溪山遠更清，溪水深轉碧」與「惜別情」的「愈睽應愈劇」的關係，就不免會理解，在「江之側」或許有「山」有「水」，但何來「溪」？「溪山」「溪水」都不免是「說理」的「比」，以及以喻爲眞的「幻想」，其實是出於「造作」而非眼前景的觸物起興。並且恐怕正是先有「惜別情」「愈睽應愈劇」的結論，因而衍生的論證，以及景象的構設。而兩人的「惜別情」亦只是「應」愈劇，而非「乃」或「是」愈劇，尤其梅堯臣亦只是「因知」而非「實覺」或「深感」。在面對情感性的情境，不表情感却論情感之「理」，正是「以心觀心，以身觀身」「曾何累於性情哉？」的超然的「思入風雲變態中」，自然也就是一種「尚理致」、「逞辨博」的表現。

王安石的「示長安君」，因「長安君，公妹也」(註三二)，所以不至大談「惜別情」之「理」。但是

「少年離別意非輕，老去相逢亦愴情」的出以「普遍」性的直述，實在亦已有了「理致」在其中，尤其其中辨析了「少年離別」與「老去相逢」的兩種情緒的比較。而詩中只有「杯盤」、「燈火」、「湖海」、「塵沙」、「雁南征」等意象，但始終不讓它們構組爲整體的「情境」，相反的讓它們只成爲語句中形容的語詞，就仍然有意要保持「以文字爲詩」。因而就使「情意」停留在「字面」，而無法具有一種「言有盡而意無窮」的深切感人的力量。所以，「意非輕」，「亦愴情」終於只有停留在「字面」，而對比間的「理致」就顯然勝於連續發生的「傳情」了。同時「供笑語」和「草草杯盤」，「話平生」和「昏昏燈火」在情調上其實構成分岐，「笑語」「平生」之際，而轉移注意於「杯盤」之「草草」，「燈火」之「昏昏」，卽使不算分心旁顧，亦正有意以「物」之粗陋暗淡，沖淡「情」之濃郁溫馨，反映的正是一種「疏淡」「蕭瑟」、「蕭散簡遠」的情懷，而「自憐湖海三年隔，又作塵沙萬里行」，誠如李璧註，可以視爲是由：「樂天詩：『雲雨三年別，風波萬里行』」蛻化而出。而「湖海」既成「三年隔」的形容，則僅成「比」義，並不具有海濶天空的「天地之境」。「塵沙萬里」本有略顯「雄渾」的可能，但作爲「行」的修飾語，再加上「又作」的强調，遂又只成「字面」上略加翻新的「用古語及今爛字舊意」，只是更爲浩蕩，更爲工切，所謂「意新語工」的「以才學爲詩」，「負才力」、「逞辨博」的表現而已。「欲問後期何日是，寄書應見雁南征」，一方面似乎答非所問，一方面却是藕斷絲連，其實是「君問歸期未有期」，却出以轉折迴環的「幻想」的表達：「寄書應見雁南飛」，當然由「應見」而言，則此一「幻想」又是「理」的表達了。當然李璧註由「塵沙萬里行」，「寄書應見雁南征」以爲：「此詩恐是使北時作」，則「寄書應見雁南征」遂更工切，而不僅是由「劉長卿詩：『離亂要知君到處，寄書須及雁南飛』」（註三二）蛻化而出了。這首詩雖然明言：「自憐」，但却在結語至少在字面上是正面的「寄書應見雁南征」，並不願多所陷溺，正如「笑語」「話平生」之際，要強調「草草杯盤」、「昏昏燈火」、「景」皆成爲「情」的平衡制約的力量，雖然比較「精微」，我們還是可以感覺到「靜觀」的自我「覃思」的作用。或許「岳陽樓記」中的「滿目蕭然，感極而悲者」與「把酒臨風，其喜洋洋者」的「江山滿懷，合而生興」的「二者之爲」，與「不以物喜，不以己悲」的操持，不僅是「情景交融」與「情景制衡」的差異。「想像」的實景總是情感的象徵；「幻想」的虛景，正是理致的構設。並且它們的差異，也正是唐詩與宋詩在基本美學素質與方向的差異吧！

【附註】

註一　「典範」（paradigm）的觀念，請參閱 Thomas S. Kuhn, The Structure of Scientific Revolutions, The University of Chicago Press, 1963, 1970雖然 Kuhn原來是用在科學研究上，但其實是從藝術史的風格變遷獲得的靈感，此處是一種還原意義的借用。博藍尼的「焦點意識」與「支援意識」的觀念，可參閱：Michael Polanyi and Harry Prosch, Meaning, The University of Chicago Press, Chicago 1975

註　二　見王國維「人間詞話」。
註　三　見梁啓超「中國韻文裏頭所表現的情感」。
註　四　見劉勰「文心雕龍」「情采篇」。
註　五　以上引句，俱見「詩大序」。
註　六　見樊志厚「人間詞乙稿序」。
註　七　見鍾嶸「詩品」。
註　八　見陸時雍「詩鏡總論」。
註　九　見皎然「詩式」。
註一〇　此爲梅堯臣的主張，見歐陽修「六一詩話」。
註一一　見司空圖「二十四詩品」。
註一二　見王昌齡「詩格」，與前段引文俱見「文境秘府論」南卷，此處採據羅根澤「隋唐文學批評史」的考證。
註一三　此爲義大利美學家克羅齊（Benedetto Croce）的主張，可以參閱朱光潛「文藝心理學」。
註一四　見同註一二。
註一五　見嚴羽「滄浪詩話」，本文中所用嚴羽的引句俱見「滄浪詩話」。
註一六　見同註一二。
註一七　見同註一二。
註一八　見「莊子」「齊物論」。

註一九　參見「河南程氏遺書」卷二：「仁者渾然與均同體」、「仁者以天地萬物爲一體，莫非己也」等語語。

註二〇　見同註一二。

註二一　見司空圖「與李生論詩書」。

註二二　「誠能……」以下諸引句，除「視身……」見蘇軾「送參寥師」外，俱見邵雍「伊川擊壤集序」。

註二三　見范仲淹「岳陽樓記」。

註二四　參見「孟子」「告子」篇。

註二五　見戴君仁先生「宋詩選」注。

註二六　見「詩經」「邶風」「燕燕」。

註二七　見歐陽修詞「踏莎行」「候館梅殘，……」

註二八　Fancy 和 Imagination 的區分，首見於 Samuel Taylor Coleridge 的Biographia Literaria，是 Coleridge 詩歌理論的重要觀念，但是此處應用則較爲接近 T. E. Hulme，"Romanticism and Classicism" 一文中的用法。

註二九　見李煜詞「玉樓春」「晚妝初了明肌雪，……」

註三〇　見高步瀛「唐宋詩舉要」注。

註三一　見李壁「王荊文公詩箋注」。

註三二　見同註三一。

※本文作者**柯慶明**教授任教於臺灣大學中文系。

羅蘭・巴爾特文學社會學論述評析（註一）

何金蘭

一、羅蘭・巴爾特：複性的文化工作者

大部份的文化研究工作者都會承認，評析羅蘭・巴爾特（Roland Barthes 一九一五—一九八〇）的著作並不是容易的事，不僅是因爲巴爾特的文學活動多采多姿、千變萬化，我們很難把他定位在某一個領域之內，也因爲他沒有一個或數個固定的理論、派別，總是不斷轉移，而他的著作可說是卷帙浩繁，主題也隨時改變，更因爲巴爾特在他自己的作品中，大半都會附帶某種程度的解釋，讓研究者在評述他時，總感覺或是無法對他有一個全盤的了解，或是多少在重複他的話而了無新意。巴爾特本人的文學活動集中體現了各種文學研究態度與方式的交互作用。正如惹內特(Gérard Genette)所分析的：巴爾特的作品在外表上看起來是非常多樣的，不論是他的研究對象（文學、服飾、電影、繪畫、廣告、音樂、社會新聞等等）或是研究方法及意識形態均如此。

的確，從巴爾特的第一部著作《書寫的零度》（Le Degré Zéro de l'écriture 1953）開始到一

九六四年的《批評文集》（Essais Critiques）之間，他所呈現出來的多變多樣令人驚訝，《書寫的零度》還帶着濃厚的薩特、馬克思主義色彩，探討文學的社會地位和作家在歷史中的責任，《批評文集》卻已是研究文學和社會生活的語言及結構的結構主義者，這中間還經歷過《米什雷畫像》（Michelet par lui-meême 1954）一書的巴什萊爾（Gaston Bachelard）實體論心理分析；他加入《通俗戲劇》（Théâtre Populaire）雜誌時，極力引進布萊希特（Berthold Brecht）的戲劇及其理論，而被視爲一名不妥協的馬克思主義者，同時又特立獨行地爲「新小說」辯解，詮釋霍布·葛列葉（Robbe-Grillet）的《橡皮》（Les Gommes）和《窺視者》（Le Voyeur），令人以爲他是新小說理論家和霍布·葛列葉的正式發言人；一九五六年的《神話學》（Mythologies）則諷刺現代社會生活中的小資產階級意識形態，儼然是馬克思主義色彩一種新的「日常生活批判」；一九六〇年完成，一九六三年收入《論拉辛》（Sur Racine）一書而引起與畢卡爾（Raymond Picard）之間那場著名論戰的分析拉辛戲劇長文，則似乎又回到弗洛伊德式的心理分析上去。（註二）我們看到巴爾特在短短的十一年時間之內吸收且應用了當時主導整個文壇和學術界的重要學說流派，從存在主義一直到結構主義，同時還賦予它們新的內涵和意義。到他後期轉向符號學或文本理論的著作，諸如《時裝體系》（Système de la Mode 1967），S/z（1970），《符號帝國》（L' Empire des Signes 1970），《巴爾特論巴爾特》（Roland Barthes par Roland Barthes 1975），《戀人絮語》（Fragments d'un Discours Amoureux 1977），《描像器》（La Chambre Claire 1980），就更清楚地呈現他在文學和文學批評中所開啓的新風格或文體，或如他所說的，一種「書寫」（Ecriture，本文中有時亦譯爲「寫作」）類型以及新的質疑態度和研究角度及方法。

然而，不論是那一個時期（存在主義、馬克思主義、心理分析、結構主義、符號學、文本論）的巴爾特，我們在檢視他的作品時，會發現它們都有一個共同點：那就是巴爾特的中心關懷是社會，是呈現於社會中的衆多面相，文學與人類生活其他方面的各種聯繫，是文學藝術——擴大來說是文化，包括精緻文化和大衆文化——與社會之間的關係，其象徵及其意義。

因此，當法國名記者尙謝爾（Jacques Chancel）於一九七五年二月十七日在電臺訪問巴爾特時，雖表示要定義巴爾特這個人實在不容易，但仍然如此向聽衆介紹他：

> 您是社會學家、作家、教授、文學評論家、符號學家，還要加上說，您有上百萬個要思考要進行的事情……。（註三）

巴爾特自己也曾多次表示，他實際上一直都在社會學的範圍之內。在一九五六至一九六三年之間，他曾在國家科學研究中心研究社會學，當時研究的是服飾社會學，或更正確地說，是服飾的社會符號學，後來的成果就是《時裝體系》一書的出版；一九六二年，他在高等研究實踐學校開了門新課：「符號、象徵和表象的社會學」（Sociologie de Signes, Symboles et Représentations），他說：

> 我想做的是符號學（所以有「符號」和「象徵」），但我又不願離開社會學（所以有「集體表象」，這是涂爾幹社會學的術語）。（註四）

正因爲巴爾特與文學社會學的關係密切如此，許多研究者在論巴爾特時，都不忘指出這一點，如美國學者庫茲韋爾（Edith Kurzweil）說巴爾特不但是「存在主義者、馬克思主義、結構主義者，語言學家、文本批評論者，而且他還把社會學和文學批評結合起來」（註五）。另一美國學者羅伯特·休斯（Robert Scholes）亦指出：「毫無疑問，他是文學結構主義者中最注重社會學的一個人。例如，他在現代法國人的衣著、家具、食品、以及日常生活的許多其他方面，都發現了積極發揮著作用的編碼活動」（註六）。另外，於一九五八年以《文學社會學》（Sociologie de la Littérature）一書爲這一類研究正名的法國學者艾斯噶比（Robert Escarpit），更肯定巴爾特在文學社會學領域中的地位。他在《文學性與社會性》（Le Littéraire et le Social）一書中，對已有的文學社會學研究進行分析時，認爲可以分成四個不同的角度和方向，並列舉每一種研究的代表研究者，巴爾特是其中之一：

(1)從文學性出發，運用社會學方法以達到一種社會化的文學性；如韋勒克（Rene Wellek）、盧卡奇（György Lukács）、高德曼（Lucien Goldmann）及霍格特（Richard Hoggart）四人的研究。

(2)是以薩特（Jean-Paul Sartre）為典型代表的觀點，特別是他的《什麼是文學？》（Qu'est ce que la littérature?），雖和第一類一樣從文學性出發，但卻是運用一種同步分析文學性和社會性的辯證方法，將文學性置於社會性之中。

(3)以美國學者巴尼特（J. H. Barnett）和伯里遜（B. Berelson）的研究工作為典型，這是建立在一種藝術社會學或是傳播心理社會學之上，從社會性出發，包容進文學資料之後，又重新回到社會性的研究態度。由於對文學資料的理解方式有多種，在現代語言學索緒爾派的語言學家中，艾斯噶比特別推崇巴爾特的研究成果，認為巴爾特的所有著作都是和文學社會學直接有關，特別是一九五三年出版的《書寫的零度》以及一九六四年的《批評文集》。

(4)第四種態度是從社會性出發，經由尚未十分確定的途徑以達到文學性。(註七)

而由艾斯噶比所領導的波爾多研究小組，在他們文學社會學的研究中，也有不少研究者是以巴爾特的理論或研究方法作爲他們研究工作的出發點。(註八)

本文之所以不採取結構主義或符號學的角度而選擇巴爾特的文學社會學論述作爲研究對象，也是基於同樣的認知上。誠如艾斯噶比所指出的，在巴爾特的著作中，以《書寫的零度》和《批評文集》最能突顯巴爾特的文學社會學論述(註九)；因此，我們將以這二部作品作爲本文的主要探討對象，其他作品則爲論證的輔助資料。

二、羅蘭·巴爾特的文學社會學論述

(一)文學語言的歷史情境

巴爾特的文學社會觀，在他的第一部著作《書寫的零度》中即已很清楚地提出論述。巴爾特在答覆狄波多（Jean Thibaudeau）的訪問中告訴後者說，他是在結核病療養院期間（一九四三—一九四五）爲療養院的期刊寫了幾篇有關卡繆的《異鄉人》（L' Etranger）（註一〇）的文章，從這得到「白色」書寫的概念，這也就是「書寫的零度」的概念。根據巴爾特自己的話，一九四五至一九四六年期間，他閱讀馬克思和薩特著作並受到他們的影響，因此嘗試「介入『文學形式，並把薩特主義的介入觀馬克思化，使它有一個馬克思式的解釋，這也是《書寫的零度》中相當明顯的企圖。他寫這本書是想『證明文學語言必介入政治與歷史』（註一一）。他在書中闡述書寫的歷史，認爲長久以來，書寫一直是資產階級的專利，直到十九世紀才因資本主義的發展而打破這種資產階級唯我獨尊的局面：

> 正是從這時候開始，書寫變得多樣化起來。從此以後每一種書寫，精雕細琢的、民衆主義的、中性的、口語的，都需要一種最初的行動，根據這行動，作家接受或摒棄他的資產階級條件。（註一二）

巴爾特論述「書寫」和歷史之間的關係，他肯定有一種形式性的現實存在著，它獨立於語言和風格（style）（或譯爲文體）之外；巴爾特並企圖指出形式的這個第三維面帶有一種附加的悲劇性，使作家與其社會產生聯繫。巴爾特以埃貝爾（Jacques Hébert 1757-1794，法國大革命時代一政治家，《杜歇納神父》編輯）在編每一期的《杜歇納神父》（Pere Duchêne）時總要用上一些「見鬼」和「媽的」的字眼爲例，來說明書寫和環境的密切關係。他認爲這些粗俗字眼事實上並不意指（signifier）什麼，但却表示（signaler）著某種意思，它蘊含著當時的整個革命的情勢。這種書寫的例子讓我們看到，它的作用已不再只是交流或表達，而是將一種語言之外的東西强加於讀者，而這個語言外之物，它既是歷史，也是我們在歷史之中所採取的立場(註一三)。因此，對巴爾特來說，一切書寫均含有記號，就像埃貝爾的粗話一樣，它們指示著一種社會風尚，一種與社會的關係。卽使是最簡單的小說語言，像卡繆的《異鄉人》，也都以間接的方式，來表達文學與世界的關係。文學必須表達某種東西，這某種東西有異於文學的內容及其個別形式，那就是文學自身的界域，也正是文學之所以被稱爲文學的因素。巴爾特在此說明了文學語言的歷史條件，指出一切語言都爲人們歸之於它的意義所限，而且，語言是存在於一種特定的文化之中的，因而總是蘊含着對社會現實的種種假定。他指出，文學表現得最爲明顯的地方，正是在「歷史」被排斥之處；因此，要探索文學語言的歷史是可行的，但這歷史不是語言的歷史，也不是風格的歷史，而只是文學符號（signes de la littérature）的歷史，這種形式的歷史會得淸晰地顯現它與深層「歷史」的聯繫，但這種聯繫的形式是會隨着「歷史」本身而改變；我們不必求助於直接的決定論，卽可感受呈現在書寫之中的「歷史」。對巴爾特來說，歷史與意指性主體（sujet signifiant）深處的展開是不可分的，正是由於這個意指性主體，歷史才可解讀。他說：

歷史使作家面臨著必須在語言的若干種道德之間作作一選擇：歷史迫使作家要根據他所無法掌握的諸可能因素來意指（signifier）文學。(註一四)

巴爾特分析了古典時期以降的文學；他認爲從十七世紀到十九世紀的法國文學，由於資產階級意識形態的統一而產生了一種獨特的古典寫作方式，其特徵主要是對再現性語言功能的信任，這類書寫指示着一個熟悉的、秩序井然、可理解的世界，由於它蘊含着普遍性和理解性，所以它也是政治性的；而且因爲人的意識尚未分裂，故形式也不可能分裂。直到一八五〇年左右，作家不再是普遍性的見證而成爲一種不幸意識，即是作家不再假定作品本身具有普遍意義，而認爲必須把寫作只看作寫作，就是自覺地與文學及其有關意義和秩序鬪爭而成爲一種不幸的意識時，他的第一件事便是選擇形式：他或是繼承或是拒絕過去時代的書寫。因此，巴爾特認爲，從福樓拜（Flaubert）至今日，整個文學已成爲一種語言的問題。書寫在經歷過所有漸進的固化階段之後——從早先夏多布里昂（Chateaubriand）時，書寫是一種自戀、自己看自己那樣的目光的對象，到福樓拜時因勞動價値觀而成爲制作、手法的對象，最後到馬拉美（Mallarme）因致力於語言的破壞而成爲謀殺的對象，書寫終於達到它最後一個變體：「不在」（absence）。巴爾特稱這種「不在」（或缺席）的書寫爲中性的書寫，也即是書寫的零度，比如像卡繆，白朗壽（Maurice Blanchot）或蓋洛爾（Jean Cayrol）等人的書寫，或是葛諾（Raymond Queneau）的口頭語言書寫等均是。（註一五）

㈡書寫本身及其歷史維面

正因爲巴爾特曾斷言「文學語言必介入政治和歷史」，書寫的意義因而不僅僅是政治內容或者是作家公開的政治承諾（介入）問題，而且也是作品介入文化的文學世界秩序的問題。和薩特一樣，巴爾特也認爲作家的社會影響和政治影響可以使社會革命化。他早年所受的馬克思主義影響，一旦與諸如卡繆在《異鄉人》中使用的「白色書寫」結合之後，便成爲「書寫的激情」的最後表現，它不但瓦解資產階級意識，同時也使書寫不但含有意義（signifier），而且也要表明（signaler），甚至客觀的寫作形式與風格也會帶有其語言所具有的寓意。(註一六)

對巴爾特來說，一部文學作品，不論它是一種結構（structure）或是結構化行動（structuration）形成的結果，總一定是以語言制成；也就因而承繼了語言符號的雙重作用：意指和表明。作家必須作一選擇，以使語言適用於他的社會；但無論何種選擇，其原初必是意識形態式的，因而作品便必然地要在歷史之中錨定。然而，這種歷史維面的明顯事實，却以一種不可避免的形式機制現象出現。由於文學語言本身的結構，它不能廻避歷史：就如巴爾特在《書寫的零度》中提出的「書寫」概念，文學作品不能意指什麼而不同時表明什麼，作家在他作品中納入被他的社會命運所要求的迫切需要，就像埃貝爾的《杜歇納神父》例子。如此一來，書寫也就是作品的歷史本質。卽使在《書寫的零度》出版後十三年，一九六六年，巴爾特出席高德曼在比利時布魯塞爾自由大學社會學研究所所舉辦的「文學與社會」學術會議時，仍然認爲：

> 文學信息的形式本身是與歷史和社會有着某種關係，但這種關係是個別的、特定的，並不必然涵蓋其內容的歷史和社會學。(註一七)

巴爾特在許多場合解釋書寫這個概念，它是一種在觀念表達上很複雜的意識形式，其方式既是被動、又是主動的，既是社會性、又是非社會性，而且既呈現個人生活、又不是呈現個人生活的。在討論語言結構和風格與文學及書寫之間的關係時，巴爾特認為語言結構是在文學以內，而風格則幾乎是在文學以外：意象、敍述方式、詞彙等都是產生自作家的自身和過去經歷，並漸漸成為其藝術的規律。風格是作家的「事物」（chose），是他的光彩榮耀，也是他的囚牢。風格是作家的孤獨。風格雖和社會無涉，却是透明地向社會顯現，它是一種個人的封閉的過程，却絕不是一種選擇或對文學進行反省之後的結果。風格雖產生自作家神秘的內心深處，是文學慣習的私人部分，却又延伸到作家的控制之外（註一八），而在語言結構和風格之間，存在着另一種現實，那就是書寫。唯有在書寫這個形式上，作家才能明顯地將其個性顯示出來，因為，他正是在書寫這裏介入文學的。巴爾特以為語言結構和風格都先於一切語言問題，那是時代和生物性個人的自然產物；可是書寫不一樣，書寫只在語法規範和風格穩恒等因素的確立之外才能眞正形成，進而變成一套完整記號，那是人的行為的選擇，對某種善的肯定，由此使作家介入一種幸或不幸的表現和交流之中，並使其言語形式和他人的廣泛歷史聯繫起來。因此，巴特爾說：

語言結構和風格都是盲目的力量，書寫則是一種歷史性協同行為（un acte de solidarité historique）。語言結構與風格都是對象；書寫則是一種功能：它是創作與社會之間的聯繫，它是被其社會目標所轉變了的文學語言，它是束縛在人的意圖中之形式，因而也是與歷史重大危機聯繫在一起的形式。（註一九）

既然書寫是一種歷史性協同行為，是創作與社會之間的聯繫，與歷史息息相關，為何有些作家分處不同時代却有着相同的書寫，而同一時期的作家，又有彼此迥異的書寫呢？巴爾特對這一點的解釋是：即使被語言現象和風格變化所分開，例如梅里美（Mérimée 1803–1870）和費尼龍（Fénelon 1651–1715），但他們二人都運用着具有相同意圖性的語言，不論對形式或內容，都表示了相同的觀念，他們接受相同的規約秩序，可以說在他們身上發生了相同的技巧反應，雖然二人相距一個半世紀之遙，却以同樣姿態運用同一工具，儘管表面有些差異，但運用的情況和方式都是一樣的；換句話說，那就是他們具有相同的書寫。與此相反的，如果兩人具有根本上就不同的寫作，儘管他們運用着同一歷史階段的語言，也會在格調、敍述方式、目的、寓意和語言的自然性等方面都會顯得截然不同，巴爾特以梅里美和羅特蒙（Lautréamont），馬拉美（Mallarmé）和塞林（Céline），紀德（Gide）和葛諾（Queneau），高羅岱（Claudel）和卡繆（Camus）這幾對幾乎是同時代的一對對作家爲例，認爲他們儘管有共同的時代和語言結構，但這些在完全對立的書寫之前已然無關緊要；而且，正是他們書寫的對立本身作了區分彼此的明確根據。因此，巴爾特以爲書寫是一種含混的現實，一方面，它是由於作家面臨他所處的社會，由於他與社會接觸才產生的；但另一方面，書寫又以一種悲劇性的逆轉，使作家從這種社會目的性，返回到他創作行爲的工具性根源。正如前面所說，古典書寫的統一性延續維持了數世紀之久未曾改變，但現代書寫的多樣性，自百年以來，却已明顯的在文學活動中擴增到了無以復加的程度，法文書寫的這種分裂現象，正是由於整個歷史的重大危機才應運而生的。（註二〇）

要剖析書寫的歷史維面，我們可以從分析十九世紀法國文學的兩大特徵得到最清楚的說明。巴爾特認為十九世紀是法國小說和歷史突飛猛進，也是彼此關係最密切的時期。當時的小說中，凡敍述時態一定用簡單過去時（passé simple），而人物，總是以第三人稱敍述。

關於第一個特徵：簡單過去時，這個時態在法語口語中已消失，它是敍事體（Récit）的標誌，標誌着一種藝術，是純文學「禮儀」的組成部分，但不再有表時態的作用。依照巴爾特的解釋，這種簡單過去時會使動詞無形中成為一個因果鏈系的一部分，由於它在時間性和因果性之間維持着一種含混性，所以可以引起一種事件開展的進程（déroulement），也就是敍事的可理解性。基於這種特性，它因而是構造世界的理想工具，是有關宇宙演化、神話、歷史和小說的虛構時間，背後永遠隱藏有一位造物主或敍事者。它表現一種秩序，一種欣快感，呈現的世界淸楚明朗而熟悉，時時刻刻為一位創造者所聚集保持，現實也因它而變得既不神秘也不荒謬。簡單過去時的秩序形象，構成了作家與社會之間衆多的形式規約（pactes formels）之一，以證實作家的正確和社會的安詳公正。這樣一種時態在小說中自然有其用途，但又令人不能容忍，因為它是一種明顯的謊言。它描繪出來的，是一種「似眞性」的場域，建立一個可信的連續性內容，但其虛幻性却暴露無遺。巴爾特指出它和資產階級社會的普遍意義神話有關，而小說，正是這種社會的特定產物。因此，巴爾特認為在資產階級勝利的年代裏，小說文類蓬勃發展並不是偶然的事情；因為資產階級社會發現，要表達其絕對價值，只有小說才有它所需要的形式材料，用以制作一個資產階級社會獨有的普遍意義的神話，而簡單過去時這個敍述時態，作為能夠完全合乎邏輯聯繫整個故事情節和過程的工具，正好可以把實際社會中的錯綜複雜完全去除，表現成一個完善、安定和諧的十全十美世界。

至於第二個特點：第三人稱，也有這種模稜含混的功能。一般來說，在小說中，「我」是旁觀者、目擊者，而「他」是演員；第三人稱就像敍事時態一樣，標明和完成小說事實（fait romanesque）；沒有第三人稱，就無法產生小說，或就會有摧毀小說的意願。第三人稱跟簡單過去時一樣，專供小說藝術調遣，並爲消費者指供一種可信的虛構性之保證，却又同時不斷地顯露出其虛假性。因此，這個小說性的、傳奇性的「他」，用來意指小說中人的狀況，但其存在的眞實性已簡化至最低程度。這是一個最好的方法，既能傳遞人造的虛假價値，強加一種威信於其上，而仍然維持其可信性。巴爾特對這種雙重作用作了一個絕妙的說明：

它（小說書寫）的任務是安裝面具，並且同時將其指明出來。（註二一）

與第三人稱相比之下，第一人稱「我」，就沒有那麼含混不清，但也因此較不具小說性。巴爾特認爲，第三人稱是社會與作者之間一種可理解性契約的記號，但它也是作家以他希望的方式來建立世界的主要手段。因此，它不僅是一種文學經驗，而且還是聯繫創作與歷史或創作與存在的人類行爲。巴爾特指出第三人稱永遠是作爲某種程度的「個人否定性」來表達的，就其實現一種更富文學性和更欠缺存在性的狀態而言，無疑的，「他」是勝過「我」的。我們在巴爾特一九七五年出版的自傳《巴爾特論巴爾特》可以看到類似的情形。這位曾宣告〈作者之死〉（La Mort de l'Auteur）（註二二）的作者，在書中一連串的「諺語」（maximes）形式之中，「我」經常以「他」的面具出現，好像是主詞代名詞的移位就足以抹殺「我」的在場似的。巴爾特並且不忘在書前事先提醒讀者說，要把書中所說的一切，看成是由一位小說人物所陳述（註二三），正好也爲他在〈訪問記〉（卽對狄波多的〈答覆〉）中所說的：「一切自傳都是一部不敢說出名字的小說」（註二四）作一註脚。

在十九世紀的書寫悲劇中，巴爾特指明說第三人稱是其最固執的記號之一，因爲在歷史的壓力之下，文學根本就與消費它的社會完全脫節。一八五〇年是一個分水嶺，我們看到巴爾扎克（一七九九－一八五〇）世界中所呈現的歷史激烈複雜，卻是首尾一致、安全確實，代表了秩序的勝利；而在福樓拜（一八二一－一八八〇）世界中，我們感受到的是一種藝術，爲了逃避良心的譴責，猛烈地攻擊規約性，甚至企圖將其摧毀。第一位以第一人稱寫小說的是普魯斯特（Marcel Proust 1871-1922），他的作品展現了朝向文學所作的漫長且緩慢的努力。尋求探索一種不可能的文學，巴爾特以爲那正是現代主義的開始。（註二五）

從以上的分析，我們可以看到小說可以把生命變成命運，把記憶變成有用的行爲，把一段時延變成有方向有意義的時間，但是這些轉變只有在社會的注視下才能完成。在小說符號表現出來的意圖裏，我們認識了以藝術嚴肅性把作家和社會聯繫起來的契約關係。而小說中的簡單過去時和第三人稱，正是作家用以揭示他所戴面具的必然姿態；其模稜含混性的根源，就是書寫。書寫，在最初時是自由的，可是，巴爾特認爲，它「最終會成爲把作家與歷史連結在一起的鏈索，而歷史本身也是被束縛住的：社會給作家刻上了明確的藝術標記，以便更牢靠地引他進入他自己的異化之中」。（註二六）書寫把作家與歷史聯繫在一起，而對書寫本身在歷史中的演變，巴爾特的看法是，書寫的轉變是有一種歷史性節奏的，但這節奏只能在一個可能性整體內部才會實現，它必須遵守文學的定律：「轉變的進程與其說是在演變（évolution）的層次上，不如說是在轉移（translation）的層次上：可以說是因爲可能性的轉變連續衰竭，歷史便被召來調整這些轉變的節奏，而不是轉變的形式本身；也許是有某種文學信息結構的內生變異使之如此，類似於支配着時尚改變的那種變異」。（註二七）

㈢書寫的零度之一：白色書寫

繼資產階級社會特有的書寫之後，工業革命、資本主義的誕生，都帶動了意識形態的多樣化，這一切自然都會質疑文學眞正的本質；書寫也相繼嘗試各種不同的轉變以因應「歷史」各時期的變動。有的書寫是一種托辭（alibi），有的則是一種失敗。最先出現的是由藝匠－作家（écrivain-artisan）提出的勞動－書寫（écriture-travail）：戈蒂埃（Gautier）、福樓拜、梵樂希（Valéry）、紀德（Gide）等人「構成了一種法國文學的手工業行會，在這裏，形式的勞動成爲團體的標記和財產」。（註二八）接着有失敗受挫的政治性書寫，巴爾特稱之爲「警察化書寫」（écriture policière），還有標記一個宣言的知識性書寫：

採取一種書寫（或更明確地說，接受一種書寫）即是省卻了選擇的一切前提；即是視該選擇的理由為理所當然。（註二九）

巴爾特認爲這種知識性書寫只能構成一種他所謂的副文學（para-littérature）而已。至於共產主義作家，他們是第一個也是唯一還支持使用資產階級書寫的羣體，因爲「無產階級的藝術準則不可能與小資產階級的藝術準則不同……還因爲社會主義式的現實主義之必然導致一種規約性的書寫」，而且也因爲他們認爲這是「被看成是比它的實際過程具有較小的危險性」（註三〇）的一種書寫。

在形式漫無秩序、語言字詞混亂、純文學威脅着一切不是純然建立在社會言語(parole sociale)基礎上的語言、語言面臨解體而導致書寫的沉默之時，馬拉美明確地表達了歷史的這一脆弱時刻，他在稀疏的字詞周圍創造一片空白，在這片空白裏，言語掙脫了它的社會性和受責難的諧和，不再像過去那樣充分發聲。巴爾特稱馬拉美的這種空白有如一種謀殺，這種藝術具有與自殺相同的結構。但是這並不等於文學就再無退路，文學仍可到達樂土之門，卽是無文學的世界之門，這就有待作家們來證實了。（註三一）

在衆多企圖掙脫文學規約的努力之中，巴爾特認爲我們可以有一個解決方法，那就是創造一種「白色」書寫，一種擺脫特殊語言秩序中一切束縛的寫作，它是一種中性的書寫，卽是零度的書寫：

> 中性的書寫產生得較晚，是在現實主義之後才由卡繆一類作家發明出來，與其說是一種逃避的美學，不如說是由於對一種最終純潔的書寫之研究。（註三二）

可以說，只有在制作一種擺脫所有意識形態決定性的言語之時，作家才可以實現文學的完整實存。因此，白色書寫被定義爲一種透明的語言，「自願失去對典雅或藻麗風格的一切依賴，因爲這二者會重新把時間因素引入書寫，而時間卽是由歷史導出、而爲歷史所持有的「一種力量」（註三三），而白色書寫正是文學性那種不表時態的形式。事實上，意識形態是一部作品的歷史錨定之特徵，不僅在內容層次上如此，在形式的層次上更是如此。所以，書寫若能置身於「歷史」之外，它才能抽像化，才能實現一個完全的文學本體論定義；換句話說，文學理想只能存在於書寫的零度上，「零度」意指語言中沒有任何特徵；就和法文動詞裏的直陳式，是介於虛擬式和命令式之間的零度語式一樣，是一種「無語式」（amodale）的形式；而零度書寫在根本上就是一種直陳式書寫，或者說，是無語式書寫，它就像新聞式的書寫，可以置身於各種呼喊和判決之中而自己絲毫不介入其中，是由它們（呼喊和判決）的「不在」（absence）所構成：

> 但是這種「不在」是完全的，它不包含任何隱蔽處或任何秘密。我們可以說這是一種無動於衷的書寫，或者是一種純潔清白的書寫。這指的是透過依賴一種同樣遠離真實語言和文學語言的「鹼性」語言來超越文學。這種透明的言語首先由卡繆在《異鄉人》一書中運用，它完成了一種「不在」的風格，這幾乎是一種理想的風格的「不在」。（註三四）

白色書寫因而是一種「不在」的「零度」語言，傳統的文學技巧都帶有社會目的的特性，與之相比，零度書寫自然就是純潔的書寫；書寫簡化歸結爲否定的形式，語言的社會性或神話性都被摒除，代之以形式的中性和無活動力的狀態，思想因此仍能保持其全部職責，不必承擔不屬於它的歷史中那些形式的附帶約束。由此可見，語言的零度屬性是唯一可以擺脫「歷史」重負的文學語言，白色書寫因而以它的現代文學歷史特性，爲文學性建立起普遍性的定義來。

在衆多現代小說中，巴爾特認爲卡繆的《異鄉人》是企圖達到那種中性的、非感情化、完全無動於衷的書寫境界之典範例子。書中男主角對周遭一切事物包括母親死亡所表現出來的是「不介入」的態度。薩特把卡繆的「白色書寫」看作是拒絕承諾（介入）使命，巴爾特則認爲它是按照歷史規律地介入了另一個層次，因爲嚴肅的文學必須對自身、對文化那種使世界秩序化的規約加以質疑，其根本的潛力也正表現於此。然而，也「沒有那一種書寫是永遠革命的」（《書寫的零度》頁五十五），因爲對語言和對文學規約的每一次反叛，最終都會成爲一種新的文學方式。

如果寫作眞的是中性，語言不是一種討厭的、難以制服的行爲，而且能達到純方程式狀態，面對人的空白存在時，它僅只有一種代數性內涵的話，那時文學就可望被征服，人的問題可以敞開，作家會永遠是一個誠實的人。不幸的是，巴爾特認爲再沒有什麼比白色書寫更不可靠更不忠實的了，因爲，在原先的「自由」之處，規律性正漸漸形成，一套僵硬凝固的形式越來越扼封論述的最初清新性；因此，達到經典水準的作家，於是又成爲他原初創造的模仿者，社會從他的書寫中制訂出一套方式，並且使他成爲他自己一手創造的形式神話的囚徒。（註三五）

㈣零度之二：文學語言的社會化

要掙脫文學語言慣習，除卡繆《異鄉人》那種全然的透明性（transparence totale）書寫，代表作家「不介入」的極致之外，巴爾特認爲還有另外一個解決方法，那就是「文學語言的社會化」，另一種書寫零度；而葛諾（Raymond Queneau 1903-1976），就是把文學語言社會化實現到最高程度的作家。

巴爾特在分析書寫和言語（parole）關係的歷史時，認爲百餘年來的作家，並未了解到我們並不是只有一種，而是有若干種不同的說法語方式。十九世紀的作家，如巴爾扎克，蘇伊（Eugène Süe 1804-1857），莫尼埃（Henri Monnier 1799-1877），雨果（Victor Hugo 1802-1885）等人，他們雖然也喜歡在小說中運用一些在發音和詞彙上脫離規範的不規則形式，譬如小偸的黑話、農民的土話、德國的俚語、看門人的特有語言等。但是當時這種社會語言事實上只是附着於基本語言之上的一種裝飾，以增加其戲劇性、趣味性而已，並不曾眞正的涉及說這一類話的人，情感因素的作用是其原因。直到普魯斯特出現之後，作家才眞正的把某些人物與語言完全混合爲一體，以具有明顯特性、濃度和色彩的言語來彰顯他們所創造的人物。巴爾特在比較巴爾扎克和普魯斯特的人物時指出，前者的人物往往被輕易地簡化爲社會力量的各種關係，後者的人物則凝聚在一種特殊語言的濃密之中，也只有在這個層次上，我們才能看到書中人物的全部歷史情境，諸如其職業、社會階級、成就、出身和生物學特點等。作家開始在書中採用人們實際說着的語言，把語言看作是包容了整個社會內容的基本對象，不再當它是一種裝飾性的描繪。

正因爲如此，書寫以人們的實際言語作爲作家的思考場所；文學成爲一種傳達淸晰訊息的行爲，不再是一種驕傲或避難處。然而，巴爾特以爲，建立在社會言語之上的文學語言，是永遠擺脫不掉限制住它的描述性質。因爲，在社會實際狀況中，語言的普遍性是一種聽覺現象，而不是口頭表達現象。因此，重建藉着想像而模仿出來的口頭語言，事實上最終只會揭示社會矛盾的內容。因爲，書寫代表作家眞正進入他所描繪的狀況之中，而描繪又永遠是「表達」的問題，因而文學還是文學，文學不曾被超越。對一位作家來說，對實際語言的理解乃是最具有人性的文學行動。整個現代文學都夢想能達到一種與社會語言的自然性相結合的文學語言。可是，巴爾特指出，即使描繪模仿得再成功，終歸也只是一些複製品而已。(註三六)

在現代文學中，葛諾是一位把文學語言成功地社會化到極致的作家，其作品證明了書寫論述是有可能在各方面都受到口頭語言的影響的。巴爾特認爲，在葛諾的小說中，他的文學語言之社會化能夠同時涉及每一層面：不論是拼寫法或是詞彙，以及不很引人注意但却更重要的敍述方式等各方面。葛諾的這種書寫，顯然不是在文學之外而是在文學之內，因爲在社會中永遠會有一部份人在閱讀、消費他的書寫；但這種書寫並不具有普遍性，只能說是一種經驗，或一種消遣。儘管如此，巴爾特認爲說，至少，這還是第一次，在法國文學裏出現這種情形：書寫並不就是文學；在葛諾的例子裏，文學爲形式所排斥：它變成只是一個類別（catégorie）而已；文學在葛諾的小說中變成反諷（ironie），語言在此構成一種深刻的經驗。也許應該說，葛諾的文學語言社會化使文學公然地被導向一個問題：語言的問題。這種現象讓我們看到：

……一種新人道主義的可能領域具體呈現出來：作家語言與人類語言的相互協調，取代了現代文學長久以來對語言的懷疑態度。只有當作家的詩作自由存在於語言情境內部，這語言情境的局限是社會的局限，而不是一種規約或公衆的限制時，作家才可以說自己充分地完全介入：否則的話，介入永遠都是虛有其名而已，……正因為沒有任何思想是無言語的，所以形式就是文學責任最初和最後的要求，也因為社會紛亂多爭，必然的、而且也必然被導引的語言，會為作家建構一個分裂的情境。（註三七）

在這樣一個語言分裂、書寫擴增的情境裏，作家被迫要作選擇。處身現代如此一個處處充滿新穎特徵的世界，如果作家仍然使用過去那種雖華美却已死亡的語言去報導描寫它，他一定會感受到一種悲劇性的差異，來自他身處的歷史地位和他所能掌握的語言，「所見」與「所為」之間的差異。資產階級社會已成過去，現在的平民世界在他眼前形成一個眞眞正正的自然，而且這個自然在說着話，在發展着一種活生生的語言，作家却被它排除在其外。巴爾特認為書寫的悲劇就是因此而產生，因為有自覺的作家應該會起來反抗這些祖傳的、強而有力的記號；這些記號來自陌生的過去，却把文學——作為儀式規約的文學——強加於他。書寫變成一種僵局，也是社會本身的僵局。對作家來說，尋求書寫的無風格或口語風格，零度或口語度數，就是預期一個絕對齊一均質的社會狀況；巴爾特明白指出，在平民世界具體而非神秘或有名無實的普遍性之外，是不會有普遍性的語言的。和整個現代藝術一樣，文學書寫同時具有歷史的異化和歷史的夢想：

作為一種必然性，文學書寫證明了語言的分裂，而語言的分裂和階級的分裂又是不可分的；而作為一種自由，文學書寫就是這個分裂的良知，也是希望超越這種分裂的努力。文學書寫雖不斷為自己的孤獨感到歉疚，却仍然渴望一個不再是疏離紛亂的語言至福境界。(註三八)葛諾正是企圖超越這種分裂而致力於把現實中實際的社會口語記寫成文學語言的作家。

(五)社會化語言書寫範例分析

爲了清楚地闡釋作家與文學語言之間的抗爭和口頭語言書寫之特性，巴爾特寫了一篇精采的文章：《薩西與文學》(Zazie et la littérature)(註三九)，詳細分析葛諾文學語言的社會化度數。巴爾特認爲葛諾那種令人叫絕的文學書寫，和跟文學的直接搏鬪，在一部題爲《薩西在地下鐵上》(Zazie dans le métro)(註四〇)的小說裏表現得最爲淋漓盡致。

當然，葛諾並不是第一位與文學抗爭的作家，但他的特點是在於與文學作了一場短兵相接的肉搏戰。巴爾特以爲葛諾的作品都能「緊緊切合」文學神話，他意象鮮活地比喻葛諾文學之迷人有如一座廢墟：

書寫形式的莊重結構依然挺立，但却已被蟲蛀得千瘡百孔：在這樣一個有節制的破壞裏，某種新穎但曖昧含混的東西醞釀形成，那是對形式價值懸而未決的判斷，就如廢墟的美一樣。(註四一)

但是巴爾特並不認爲葛諾在採取這樣一種書寫時是懷有報復心理的，因爲，嚴格地說，葛諾的小說並不屬於諷刺嘲弄那一類作品。

在《薩西在地下鐵上》，文學與破壞文學的敵人竟然能夠同起同坐，這種現象在書中很顯著，最爲特殊，也最令人訝異。從文學結構的角度來看，巴爾特以爲《薩西》是一部「構築完美」的小說，我們可以從書中找到評論界最樂於清點和讚美的所有「優點」：它的結構屬古典類型，因這是一段在有限時間之內（一次地鐵罷工）發生的故事；時延（durée）屬史詩類型：它是一段路線，一系列的車站；它有客觀性（故事是以葛諾的觀點來敍述）；人物的分配均勻（主角、配角和跑龍套）；社會情境和背景完全一致（巴黎）；敍述進程的變化和平衡（有敍述有對話）等。可以說，從斯湯達（Stendhal 1783-1842）到左拉（Emile Zola 1840-1902）之間法國小說所有的技巧全部集中於此。(註四二)這一點使《薩西》一書具有一種「熟悉性」，它在一九五九年出版能風行一時是不足爲奇的，因爲它的讀者不一定會以保持距離的方式來讀它。

然而，巴爾特指出說，在這樣一部看起來結構完美的小說裏，葛諾却在每一次當傳統小說的要素凝成（像液體漸漸變稠）之後又立刻把它拋開，讓小說的「安全性」置於一種「落空」或「解體」（「欺騙」，「失望」déception）之下：文學的本質因此而不斷地變質，就像牛奶分解敗壞一樣。一切事物在此都具有雙面性，那正是「落空」的基本主題，也是葛諾特有的主題。小說中的每一事件都從未被否定過，可是它永遠都是才一安排發生便立卽加以否認，它永遠都是被「均分」的，就有如月亮神秘地具有兩個互相對抗的面。葛諾的高明之處在於：這些「落空」之處，也正是使傳統修辭學發揚光大之處。舉例說，在思想層面的修辭上，雙重性形式在書中不勝枚擧：反用法（書名本身就是一例，因爲薩西從未搭上地下鐵），不明確性（到底是先賢祠還是里昂火車站，榮民院或惠伊營房，聖教堂或商業法庭？）相反角色的混淆（「癟土」既是色狼也是警察），年齡的混淆（薩西「老了」），而性別的混淆更加倍增添了謎樣的色彩，因爲主角賈碧岩本身的性別倒錯並不是很明確，但口誤最後又却是事實（麥思芬（女）最後變成麥塞爾（男）），否定的定義（「不是街角那一家的咖啡館」），同語反複（「被其他警察抓上車的警察」），嘲諷（「小女孩虐待大人」）等等。所有這些修辭格未被挑明，但充滿在故事情節的脈絡中，產生了一種驚人的解構作用。結構的修辭以滑稽模仿（parodie）姿態如猛火般攻擊文學的褶襉。所有的書寫類型都被葛諾用上：史詩、荷馬、拉丁、中世紀、心理學、敍事體；在語法時態方面也如此，那是傳奇神話最偏愛的時態：史詩般的現在時和傳統小說的簡單過去時。這些例子證明葛諾小說中的滑稽模仿在此的表現是「輕微」的，只稍稍掠過，「只是一片人們在文學衰老的表皮上刮下的鱗片而已」。（註四三）

《薩西》一書中對文學最具挑釁性的是葛諾的「發音拼字寫法」，把口語以記寫的方式將其發音拼寫出，比如 skeutadittaleur（正常寫法是 ce que tu as dit tout à l'heure），巴爾特認爲它的出現只是爲了確保某種怪誕效果；可是它是的的確確入侵且攻下了綴字法禮俗的神聖圍牆，而我們知道，這禮俗的社會性起源卽是社會階級的界域。葛諾在此以一個新的、冒失的、自然的，也就是說不純正不合規範的字，取代了原來「誇張地穿着正字法長袍」的字。這一點表明了「書寫的法蘭西特性受到懷疑，高貴的法國語文，法蘭西的溫柔說話方式突然之間解體成一連串無國籍的字彙，以至於偉大的法國文學在一聲爆炸巨響過後，只剩下一堆碎片」。（註四四）

此外，巴爾特也指出（事實上，《薩西》一書的讀者都很清楚而且津津樂道）葛諾一個引人注意的新嘲諷手法，是主角小女孩薩西以蠻橫的口氣說出的「拿破崙個屁」(Napoléon mon cul) 這樣一個結句（clausule）令圍繞她的大人深感痛苦、不安；還有那隻鸚鵡常常重複的一句話：「你胡扯，你胡扯，你就只會胡扯」也多少是屬於同類的「洩氣」技巧。但小說中被「洩氣」的，不是「整個」語言；葛諾在書中把目標語言和後設語言區分得很清楚，完全符合符號邏輯最嚴格最權威的定義。目標語言是建基在行動之中的語言，使事物「產生作用」，是第一及物語言，薩西就活在這種語言裏，只要她一說話，就是與眞實的及物接觸：比如，薩西「要」她的可樂、她的牛仔褲、她的地下鐵，全是以命令方式或表達願望方式的語氣說出，因此她的語言便可以掩飾嘲諷。而後設語言則是一種多餘的、不動的、說教式和了無意義的語言。目標語言的命令和表達願望的主要語式是直陳式，是爲了要「再現」眞實實際的「動作零度」，而不是爲了要改變或修飾這眞實，這也是葛諾企圖要在小說中努力做到的，將社會中的語言如實的重現小說之中。至於後設語言，巴爾特認爲它能在論述(discours)的周圍發展出一種補充的、倫理的、或是哀怨的、情感或權威的意義出來，而這也正是文學的本質。（註四五）

對葛諾來說，文學是言語（parole）的一個類別，因此也是「存在」的一個類別，它與整個人類有關。誠然，小說中有一大部分是語言專家的文字遊戲，但我們看到的是，並不是寫小說的人在說這些言語，而是計程車司機、妖媚的男舞者、酒吧老闆、修鞋匠、街上聚集的人羣，這整個「眞實」的世界把他們的眞實言語沉浸在偉大的文學形式裏，透過文學的代理去體驗他們的關係和目的；因此，一種語言的實存遠比一個眞正的社會性還佔强勢。在葛諾的眼裏，並不是「民衆」擁有語言的烏托邦文學性，而是薩西，一個不眞實的、神奇的、浮士德式的創造人物，因爲她是一個孩童和成熟的超凡結合，是前面還口口聲聲說「我還年輕，我在成人的世界之外」，後面又立即接着說「我活了好久好久了」的矛盾結合，她的天眞純潔並沒有清新性，是一種脆弱的童貞，一種隸屬於小說後設語言的價值而已。（註四六）

書中的嘲諷是否會損及這部小說的嚴肅性？巴爾特分析說，書裏的嘲諷「掏空」嚴肅，但嚴肅又「包含」了嘲諷，兩者之間，沒有誰贏得了誰，《薩西》是一部兩難推理的眞正見證作品，它使嚴肅和嘲諷背對背，永遠無法打敗對方。這一點解釋了批評界對這部小說的分歧意見：有人認爲這是一部非常嚴肅的作品，有人却認爲這個看法非常可笑，因爲小說本身毫無價值，第三種意見則覺得它既不嚴肅也不滑稽，而是根本「沒有看懂」。巴爾特認爲這正是這部作品的目的，它呈現語言那種無可掌握的荒謬本質來摧毀一切有關於它的對話。巴爾特比喻作者葛諾和嚴肅以及嚴肅之嘲諷三者之間的關係，就像是剪刀石頭布一樣，總是永遠有一個會追抓另一個；這是一切口語辯證的典範。（註四七）

在這樣一部與文學規約激烈格鬥的作品裏，最能凸顯葛諾的現代性、卽是與傳統文學書寫不同的，巴爾特認爲應該是下面這個特點：

他的文學不是一種「擁有」或「盈實」的文學，他知道我們不能以「財產」的名義便置身外面來「認清真相」，而必須整個投入我們所要證明的「空虛」內裏……而文學就是「不可能的語式」本身，因為只有文學自己才能講它的「空」，而在說出之時，它又重建了一個「盈滿」。葛諾以他的方式置身於這個矛盾的中心點，這矛盾正可用來定義我們今日的文學：他接受文學的面具，但又同時以手指明它。這是一件非常難做的事情，是令人羨慕的，但也許因為成功了，所以在《薩西》一書中才有這個最後而且珍貴的反常現象：一部顯明奪目的滑稽劇，却又能純淨化以一切的挑釁性。可以說，葛諾在為文學進行心理分析時，也同時分析了他自己的心理：葛諾的作品蘊含了文學一個相當可怕的心理意象（Imago）」（註四八）。

㈥文學、書寫、文本・閱讀性和寫作性

從上面的分析，我們看到葛諾在《薩西在地下鐵上》中創造了一個具雙重性的客體，適用於兩種閱讀。作品本身是一個完美的結構，繼承了古典主義三一律（時間、地點、行動的一致）的技巧，因此讀者可以從這樣一個角度去讀它。但另一方面，小說中的另一些因子使小說本身也是這種技巧的解體，拒絕繼承傳統的手法；特別的是，這解構是來自其內部，也就是巴爾特說的「安置／落空」，葛

諸自己指出正在建構中的客體，因此，葛諸是一個新原型（Prototype），與大革命前舊制度下的作家剛好相反，他代表了另一類型作家，在他們創造他們的客體之同時也注視着它，文學的歷史在這個接合點周圍又接合上：被製造的客體也成為被注視的客體這樣的一個時刻。從這分析也可以看到後來成為巴爾特思想中重要的一點，那就是文學可以相信有一段它可以不必思考文學本質的時間，今日的文學具有一種雙重性：

> 文學開始感到自己是雙重的：它既是客體也同時是注視這客體的目光，是言語，也是這言語的言語，是目標文學也是後設文學。（註四九）

巴爾特以為，法國大革命後，言語就不再是作家的獨有專利。在〈最後的快樂作家〉（Le Dernier des écrivains heureux）一文中，巴爾特指出作家、作品與「歷史」之間關係密切，而伏爾泰之所以是一個快樂的作家，那是因為他生逢其時。伏爾泰作品中那種「抨擊小冊子」（Pamphlet）文體的特徵，正是與十八世紀法國作家的處境直接有關聯。那個時代正好處於資產階級提升、蒙昧主義後退和國家進步的交叉點上，作家因而有幸與「歷史」發展的方向同時前進。正是這一點解釋了伏爾泰那種輕率的諷刺在二十世紀是行不通的：

> 種族歧視的罪大惡極，由國家組織而成，人們用意識形態的辯解來掩飾它們，這一切會將今日的作家引至比寫抨擊小冊子更遠的做法，要求他一種哲學思考而不只是諷刺，要求他作解釋而不只是引起驚訝。（註五〇）

因此，語言被他人佔用和有其他目的、特別是政治目的的語言，其作用便產生了二元性。第一類人是作家（écrivain），對他們而言，寫作行動是不及物的，寫作只通向他自己。第二類則視寫作行動爲及物，對他們來說，寫作是一種方法、一種手段，用以走向他物，他們是書寫者（écrivant）。前者的言語是一種姿態，一種表演，一種表現，而後者可經由其他事物證明自己。但是巴爾特認爲我們永遠不可能只在這一邊或只在那一邊，因爲我們「寫作」，但我們也寫「某些東西」，因此，巴爾特稱之爲「書寫者—作家」（écrivain-écrivant）：

總而言之，我們的時代誕生了一種混合類型：書寫者—作家。它的作用無法不自相矛盾：它既挑釁也同時將其消除。……在整個社會的範圍內，這新集團具有一種「補充」功能：知識份子的書寫像一種非語言的矛盾記號那般運作，這種書寫可以使社會活在無體系（無制度）的傳達交流美夢中：寫作而無須撰寫，傳達純粹的思想而無須產生任何多餘訊息，這就是書寫者—作家爲社會實現的原型。（註五二）

然而，即使作家一直企圖與文學規約抗爭，擺脫一切歷史的包袱，已有意識形態束縛和固定僵化的書寫形式以達到理想的零度書寫，但是，不論是卡繆的白色書寫或葛諾的語言社會化書寫，巴爾特都承認沒有那一種書寫可以是永遠「革命」的，而葛諾也只是一個特殊的、個別的例子，不可能成爲像資產階級社會中那種普遍性神話（見上文）。

一九七三年三月十三日廣播電台播放的訪問中，那鐸（Maurice Nadeau）與巴爾特討論〈文學往何處去〉的問題，但巴爾特認爲這問題似是而非，根本不能成立，勉強要回答的話，只能說「走向死亡」。然而，「文學」一詞是十八世紀末才出現的字，與從前所稱的純文學（belles lettres）不同，因此，要談「文學」，便應該將它放回它的背景裏去，在一個社會性背景中，才不致於產生歧異：

這是非常重要的，因為文學不是一個沒有時間性之物，一個沒有時間性的價值，而是一整體在一特定社會中的實踐和價值。（註五二）

巴爾特所理解的文學並不是一系列作品，而正是這種在社會中的寫作實踐蹤跡。他於一九七七年元月七日在法蘭西學院「文學符號學」講座上所發表的著名《就職講演》中，就概述了他自己的基本文學觀點，他說：

唯一可做的選擇仍然是——如果我可以這樣說的話——用語言來弄虛做假和對語言弄虛做假，這種有益的弄虛做假，這種躲躲閃閃，這種美妙的詭計使我們得以在權勢之外來理解語言，在語言永久革命的光輝燦爛中來理解語言。我把這種弄虛做假（Tricherie）稱作文學。我所理解的文學並不是一組或一系列的作品，甚至不是一個交流或教育的一部份，而是一種實踐的蹤跡底複雜字形記錄：我指的是寫作的實踐，因此，對於文學，我要關心的是文本，也就是構成作品的能指之織體（tissu des signifiants）。（註五三）

巴爾特曾在許多不同場合或文章中强調說，他只有在「有待核實」的情況下才接受「文學」一詞，他比較喜歡用「書寫」（écriture）或「文本」（texte），因爲文學是存在於一個語言的世界裏，而語言是多種、紛歧的。文學性語言是一種特別的語言，因爲在社會現實中，還有許多其他語言，甚至有一些直至今日仍然是脫離文學的語言。因此，與其他眞實語言比起來，文學性語言的位置是遠離中心點的，但它也是超驗的，它既是一個構成部分，也是所有語言的綜合。(註五四)而且，文學的本質，假設它存在的話，它也只能存在於一種很普遍的形式機制之中。作品的形成，作品所帶來的訊息，都無法不爲「歷史」和社會——文化情境所決定：

因此，毫無疑問的是有一個偉大的文學「形式」，它涵蓋了我們所知道的有關人類的一切。這個（人類學的）形式當然也容納了內容，各種習俗和輔助形式（「類別」），它們會因不同的歷史和社會而彼此迥然不同。(註五五)

在這樣的歷史、社會中，個人一旦出生，他便立卽進入一個早在他之前就已存在的意指性結構，他必須同化，才能像一個「主體」那樣進入語言、文明和文化的世界。在這個世界裏，「作家給予社會一種公開的藝術，它的準則爲一切人所知；而作爲回報，社會可以接受這個作家」(註五六)；「作家是一位公衆實驗家」（《批評文集》頁十）。可是，寫作對巴爾特來說，是無法在沒有「緘默」的情況下進行的：

寫作是某種方式「如死人那樣緘默」，是變成一個連「最後辯解」都拒絕他的人；寫作，是自頭一刻起卽將此最後辯解都獻給了他人。(註五七)

這也是「作者之死」的一種詮釋。因爲一部作品或一個文本的「意義」是不能夠自己產生的；作者所能做的，永遠只是生產「意義」的根據，也就是形式，然後由世界去塡滿它（《批評文集》頁九）。所以，對巴爾特而言，文學作品本身卽具有多重意義，也因此沒有任何歷史能使它枯竭：「一部作品之所以『永恒』，並不因爲它把一個獨一無二的意義强加於不同的人身上，而是因爲它對同一個人提供許多不同的意義，……作品向人建議，人則支配它」。（註五八）

在《S／Z》一書中，巴爾特就區分了閱讀性（讀者性，可讀性）（lisible）和寫作性（作者性，可寫性）（scriptible）的文本。可寫性文本爲讀者呈現豐富的內涵，提供複性的意義：「文本越具複性，越不會在我閱讀之前就已完成」（註五九），也就越具有可寫性，因爲是我，一位讀者，在閱讀當中重寫這些文本；相反的，可讀性文本就不會有這種可以重新再寫的可能，它們停留在一個意義之內不會變動，那是死亡的文本，古典時期的作品；這也是現代書寫與古典書寫的分別。而這個「文本」的概念，導至巴爾特後來對文學概念的轉變，注意到現代文學那種徹底的變化，並且視文學如一種「記號過程」（Sémiosis）來探討，而不再是從前那樣視如「模仿」（Mimésis）或「科學」（Mathésis）了。

三、羅蘭·巴爾特：可寫性的文本

一九八〇年二月二十五日，巴爾特參加一個包括有密特朗，郎格（Jacques Lang，現任法國文化部長）及數位知識份子在內的午餐聚會之後，步行返回法蘭西學院，於學院前穿越馬路時被一輛卡車撞倒，送醫住院一個月，三月二十六日逝世。(註六〇)綜觀巴爾特至去世前的文化活動，我們不難發現他不僅變化多端，而且也是一位矛盾重重的人；要評估這樣一位人物，往往令人難以下筆。因此，對巴爾特的評價便有許多不同的看法，有些彼此之間甚至完全相反。

根據美國結構主義文學理論家卡勒爾，巴爾特在法國以外的地區有很高的聲望，特別是在美國的文學批評界有很大的影響力：「在法國以外，巴爾特似乎是繼薩特之後的法蘭西知識分子的領袖人物。他的著作被翻譯成各種文字，並獲有廣大的讀者羣。批評界的一位對手維恩·布茲稱他爲『一個也許是今日對美國文學批評界影響最大的人物』，但他的讀者羣却遠遠超出了文學批評家的範圍。巴爾特是一位國際性人物，一位現代思想大師。」(註六一)

另外一位也是美國文學理論家的蘇珊·桑塔格(Susan Sontag)在〈寫作本身：論羅蘭·巴爾特〉一文中，對巴爾特也相當推崇。她在文章一開頭就說：「教師、文學家、道德家、文化哲學家、急進觀念的鑒賞家、多才多藝的自傳家……；在二次大戰後從法國湧現的所有思想界的大師中，……羅蘭·巴爾特是將使其著作永世長存的一位」。(註六二)

與上述二位學者持同樣看法的人當然不在少數，但也有部份人對巴爾特猛烈攻擊。一九六五年，畢卡爾，一位著名的大學教授，拉辛研究專家，發表了《新批評還是新騙術？》(Nouvelle critique ou nouvelle imposture? Pauvert, 1965)，反對巴爾特論拉辛時所用的精神分析學表述，引發了1場古典作家和現代作家之間的大論戰，也讓巴爾特後來出版《批評與眞實》(Critique et vérité

1966）來答覆畢卡爾並提出他的結構主義「文學科學觀」。另外，博米耶（René Pommier）自一九七八年寫了《解碼夠了！》（Assez décodé!）之後，又於一九八七年出版《羅蘭・巴爾特，厭透了！》（Roland Barthes, Ras le bol! Guy Roblot）及一九八八年的《羅蘭・巴爾特的《論拉辛》》（Le《Sur Racine》de Roland Barthes, SEDES），極力詆毀巴爾特，自認有足夠的證據可以證明《論拉辛》是「人類愚蠢巔峰之一」，因爲這位「直至今日大部份評論家仍公認的『大師』」的書中文章絕頂的笨，不連貫，不嚴謹，非常荒謬。

我們當然不同意博米耶的說法。無可否認的，巴爾特的文字言論曾經影響無數學子及從事文化工作者。雖然在他去世之後人們不再那麼狂熱，但他的著作仍然暢銷，討論他的學術會議或論文仍在舉辦或出版。一九九〇年九月，葛爾威出版了一部非常詳盡的《羅蘭・巴爾特》(註六三)傳記；一九九〇年十一月二十二日至二十四日在法國西南部波城（Pau）大學舉辦了一個羅蘭・巴爾特專題學術研討會：「十年之後的巴爾特：一種論述的現況」，有來自世界各國的專家學者出席，熱烈討論；有關巴爾特的研究文章繼續不斷出現。這一切都證明巴爾特的影響力至今仍然強大。

從《書寫的零度》開始到最後一部《描像器》，巴爾特展現出來的是豐富多采、風格獨特、不落窠臼，極具獨創性的文人風範。他在《巴爾特論巴爾特》一書中說過：「他常常用到一種哲學，大概是叫做多元論（Pluralisme）。……我們必須解除對抗和範例，要同時多元化意義和性愛：意義將會增多、擴散，而性愛則不再受限於任何類型……」。(註六四)巴爾特正是這樣一位多元化的文士，也就是我們前面所說的「複性」。他繼承了蒙田的傳統，是出色的隨筆散文家，他也是獨特的文學社會學家，典型的結構主義者、符號學的推動者、文本論的奠基和提倡者、傑出的作家和批評家。著名符號學家克莉思蒂娃（Julia Kristeva）在〈如何對文學說話〉（Comment Parler à la littérature）一文中推崇「巴爾特是現代文學研究的先驅和奠基者，他使文學實踐存於主體和歷史的交叉點上；把這一實踐當作社會架構中意識形態分裂的徵兆來加以研究，在『文本』範圍內，他以符號學方式來探索那種象徵性控制這一分裂的準確機制」。（註六五）

也許，在經過前面對巴爾特寫作、研究活動的分析論述之後，我們難免會懷疑：巴爾特吸收且運用了各家各派的理論學說，到底有那一些是他自己個人的？我們認為，巴爾特的過人之處，就是在於擅長擷取各家之長，再透過他自己獨特的分析觀點和方式，應用到範圍極廣的各種不同類型或領域的研究上去。朱弗（Vincent Jouve）在《巴爾特論文學》（La Littérature selon Barthes）中說：

> 巴爾特的天才就是在於把許多不同甚至相反的批評思想結合成一個充滿活力而且極富變化的體系。把形式主義和布萊希特的疏離效果理論、心理分析和結構主義結合在一起，應用語言學的嚴謹來為文本的享樂理論辯解，這一切都需要細膩的分析和非常特殊的綜合能力才辦得到。（註六六）

葛爾威在論巴爾特的優點時也有同樣的看法：「他最大的才華是他的攝取能力，能將週遭的理論變成支持他直覺的支柱。……巴爾特一直不斷地使別人的理論屈從於他的心境和本能。」（註六七）

因此，我們認爲，巴爾特不能算是一位理論家，但由於他這種特殊的研究角度、態度和方法，倒是對社會學、語言學、符號學、結構主義和文本分析等領域都有不少的貢獻，其中最大的貢獻是將文學引進人文科學，建立了他的文學科學觀；他也教給我們知道，日常生活中多少平凡不過的事物都是符號學中的符號，而且充滿社會意義。

卜吉林（Olivier Burgelin）在巴爾特去世之後曾感嘆說，他的死所造成的空虛出乎想像的巨大，一個獨特的、敏感的聲音突然靜默，世界變得完全平凡乏味。（註六八）但事實上，巴爾特的聲音並未停止，因爲，他仍透過他的著作在說話。我們同意葛爾威的看法：巴爾特是一種觀點、一種聲音、一種文體、一種直覺（註六九），但我們更認爲他是一個深具獨創性、清新的可寫性文本，一個創造性文本，讀者在閱讀他的作品時，除了享受閱讀的快樂之外，並能同時參與創作、重寫他的文本；正如他所說的，「永恒」的文本是能爲同一個人提供許多不同意義的文本。

【附　註】

註　一　此爲 Discours 一詞的中譯。此詞亦有「話語」，「言談」，「敍述形構」等不同的翻譯。

註　二　見惹奈特（Gérard Genette）《修辭格 I》（Figures I）瑟伊（Seuil）出版社，Paris, 1966，頁一八五，一八六。

註　三　法國無線電台第 K1159 號錄音帶。此據葛爾威（Louis-Jean Calvet）的《羅蘭・巴爾特》（Roland

Barthes) Flammarion 出版社，Paris, 1990，頁二五〇。

註　四　見 Tel Quel 期刊第四七期，一九七一年，頁九六—九七。原爲巴爾特爲電視台錄製的訪問，整理成文字題爲《答覆》。

註　五　見尹大貽譯庫茲韋爾《結構主義時代——從萊維・斯特勞斯到福科》頁一六二，上海譯文出版社，一九八八。

註　六　見劉豫譯《文學結構主義》（原著爲 Structuralism in literature），三聯書店出版，北京，一九八八，頁二三五。

註　七　《文學性與社會性》，Flammarion 出版，Paris, 1970，頁三八—四〇。

註　八　同上書，頁八。

註　九　巴爾特的《文本的快感》討論文本，讀者、作者、批評家之間的關係，但因此書出版於一九七三年，比《文學性與社會性》晚三年，故艾斯噶比在書中未提及。事實上，我們以爲，巴爾特大部份的作品都有不同程度的文學社會學論述。

註一〇　譯爲《局外人》更能表達書中人物那種完全不介入的狀態，也更符合巴爾特「白色書寫」的概念。唯因此地習慣譯作《異鄉人》，故仍保留此譯名。

註一一　Tel Quel No. 47, P. 91-92。

註一二　《書寫的零度》瑟伊出版社，Paris，一九七二年版，頁四五。

註一三　同上書，頁七。

註一四　同上書，頁八。

註一五　同上書，頁十。

註一六　同上書，頁十。

註一七　見巴爾特《語言的微響》(Le Bruissement de la langue)，瑟伊出版社，Paris, 1984，頁一三七。

註一八　《書寫的零度》頁十二。

註一九　同上書，頁十四。

註二〇　同上書，頁十四—十七。

註二一　同上書，頁二十八。

註二二　原刊於Mantéia，一九六八年，現收入《語言的微響》頁六一—六七。

註二三　見《巴爾特論巴爾特》(Roland Barthes par Roland Barthes) 瑟伊出版社，「千古名家」叢書，Paris, 1975。

註二四　見 Tel Quel No. 47, P. 89。

註二五　《書寫的零度》頁三十一。

註二六　《書寫的零度》頁三十二。

註二七　《語言的微響》頁一三八。

註一八　《書寫的零度》頁四十七。

註二九　同上書，頁二十。

註三〇　同上書，頁五三。

註三一　同上書，頁五五。

註三二　同上書，頁四九。

註三三　同上書，頁五七。

註三四　同上書，頁五六。

註三五　同上書，頁五七。

註三六　同上書，頁五八，五九。

註三七　同上書，頁六一。

註三八　同上書，頁六四，六五。

註三九：收錄於《批評文集》頁一二五——一三一。

註四〇　筆者於一九七六—一九七七年間曾將此書譯成中文，先在「青年戰士報」連載，後來交源成文化圖書供應社於一九七七年八月出版，唯書名被出版者改爲《文明謀殺了她》，與原書名相差甚遠，且完全背離原作者的反諷寓意，但當時筆者力爭無效。書中描寫一位十二、三歲的外省女孩，在巴黎兩天一夜之間所發生的許多光怪陸離事情。小說最特別的一點是傳統文學技巧與反傳統的「安置／落空」（卽一面用傳統技巧，一面又立刻攻擊瓦解）結合書寫形式，以及小說中俚語—也就是社會的實際言語之使用。他在小說中讓他許多不同的人物說著不同的特別的語言。葛諾把書中文學語言社會化到了極致的程度。

註四一　《批評文集》頁一二五。
註四二　同上。
註四三　同上書，頁一二七。
註四四　同上。
註四五　同上書，頁一二八。
註四六　同上書，頁一二九
註四七　同上。
註四八　同上書，頁一三二。
註四九　同上書，頁一〇六。
註五〇　同上書，頁九五。
註五一　同上書，頁一五三，一五四。
註五二　見《論文學》，巴爾特訪問記，格勒諾布爾大學出版社，Grenoble, 1980，頁八，九。
註五三　《就職講演》(Leçon)，瑟伊出版社，Paris, 1978，頁十六。
註五四　《論文學》，頁九，十。
註五五　《批評文集》，頁二六六。
註五六　《書寫的零度》，頁四八。
註五七　《批評文集》，頁九。

註五八 《批評與眞實》（Critique et Vérité），瑟伊出版社，Paris, 1966，頁五一，五二。
註五九 S／Z，瑟伊出版社，Paris, 1970，頁十六。
註六〇 據葛爾威《羅蘭·巴爾特》，頁二九四，二九五。
註六一 見方謙譯卡勒爾（J. Culler）著《羅蘭·巴爾特》，三聯書店出版，北京，一九八八，頁一，二。
註六二 據李幼蒸譯《符號學原理》，三聯書店，北京，一九八八，頁一八二。
註六三 筆者曾撰文評介此書。見一九九〇年十一月三十日聯合報聯合副刊。
註六四 《巴爾特論巴爾特》，頁七十三。
註六五 Tel Quel No. 47, p.27, 28.
註六六 《巴爾特論文學》，子夜出版社，Paris, 1986，頁一〇五。
註六七 葛爾威著《羅蘭·巴爾特》，頁三一四。
註六八 同上書，頁三一五。
註六九 同上書，頁三一二，三一四。

＊本文作者**何金蘭**教授任教於淡江大學中文系。

中西比較文學之省思

陳長房

我們在討論中西比較文學與學術機構的結合、比較文學的研究方法，比較文學與文學史的關係，比較文學與文學理論的頡頏，乃至比較文學與跨越學科的整合等問題時，實在已經勾勒出我們所寄望於中西比較文學研究的未來遠景。不少學者提出許多灼見眞知，無不期待九十年代東西文學的交鋒，能運籌帷幄，掌握更有效的策略（註一）。然而值得我們警覺的是，無論何種論述言談（discourse）恐怕都潛藏著一些意識形態的偏見或文學傳統的成規；而且，任何批評也都難免同時包含洞見與不見（insight and blindness），有待繼起者不斷的質疑與對話。準此，以下個人所提亦可視爲「一己之見，無可避免的「單音獨鳴」（monoglossia），對於各家學者的意見，或呼應認同，或增補修正，或指出可能忽略的盲點，或驚督其中新意，並藉此爲未來比較文學研究的策略提供一些芻議。芻議也者，自然暗指生澀、混沌，尚待轉圜的建議，預留許多空隙，庶幾能讓來者本諸「同中」求「異」，引生「對話」的立場，爲老話憑添新意，衍生駁雜不同的衆聲喧嘩（heteroglossia）。

在從事中西文學比較研究之際，確實存留許多轇轕繁複的問題（aporia），治絲益棼，牽扯於密織的語言、詮釋、權力、經濟、意識型態、性，以及對未來憧憬等陳述網絡中，而其間所暴露的不少「謎思」(myth)尤其值得我們省思再三。舉例言之，在從事文學研究時，我們對於「本文」(text)的詮釋是否能找到所謂「客觀」、「絕對」、「正確」的閱讀策略？所謂詮釋團體所揭櫫的「洞見」與「盲點」的分際在那裏？此外，當我們在進行中西文學的比較時，是否可能找到所謂「面面俱到」(holistic views)或「一以貫之」(syncretic approach)的觀點？而在我們探索這樣的文學研究時，我們到底將「中國文學」置於何種地位呢？「核心」文學抑或「邊陲」文學(註二)？「中原」文學抑或「外緣」文學？舉例言之，在世界文學的地圖裏，中國文學難道不是時常淪落於「異類」「非」西方的文學框架中討論嗎？然而，在我們將焦距對準亞洲文學時，「中」國文學又何嘗不是一改其原來遭壓抑、扭曲、和邊疆的地位，轉而立刻置於廟堂之高，縱橫捭闔，總是予人睥睨攘臂目無「他」國之態。無疑的，「非我」族類的「其他」亞洲文學，難免又被貶抑爲「邊陲」文學。

我們在從事比較研究，時常受制於「中心」「權威」的詮釋影響而不自知。不論比較的範疇如何文學技巧的援引，題材密織網絡之指涉，作品之出版與銷售，語言之運用與採擷，乃至最後月旦評騭作家作品之地位，在在常奉「權威」性的論證爲圭臬，此種服膺大一統，唯「名人」馬首是瞻的現象不免令人興起定於「一」尊，喁喁「獨白」寂寥的感喟。比較文學的策略運用，原應不斷維持互動對話(而非對立)、衝擊激盪的關係，庶幾乎在「中」「外」文學滙聚交流中，塑造出百家爭鳴，萬壑爭喧的氣象。畢竟，人類文明的發展，文學的推演，絕非奠定於排他獨大的基礎上。世界文學間的矛盾齟齬，榮枯消長，改寫重組，實乃再造未來人文成就之嚆矢。文學作品斷無截然劃分，不假他求，圓融自主的可能（註三）。一言以蔽之，文學作品本非冷然矗立之紀念碑，憑其岑寂靜默怎能揭露亙古恒存的意義？文學作品或文學理論的比較探索，持續的相互觀照，相互瞭解，或補苴修正，或遞嬗輪替，最後或能臻至多重文學典範融合共存的境界（fusion of horizon）（註四）。

不同文學所發展出來的文字活動，自然大相逕庭，對於觀念或事物也有可能衍生出相異的指涉。問題是從事比較文學面臨的困境在於大家終究必須依賴文字來表白、開展自我。我們無法認定比較文學研究者使用的那一套書寫規範必然比研究對象作品來得完美周全或較少缺憾。但是，如果我們能夠接受，所有的「論述」皆是在語言文字的成規之下互爲指涉（intertextual），所有的「論述」皆不斷和其前時代或同時代的其他「論述」互相串連、鬪爭，也隨時在玩弄著剽竊、移植的遊戲，我們也許可以比較清楚的「窺視」到文字媒介的特質，並進而瞭解何以每一比較文學的論述，無可避免的必然引起或大或小的衝突，或此起彼落的傾軋聲音（註五）。

所有閱讀、討論的作品，都是以寫印在白紙上的人爲符號——文字——的形式出現，無可否認，人類發明的書寫符號（乃至所有的語言陳述）總有其不足、缺陷、罅隙、裂縫，現代文學理論對語言文字如何中介讀者、批評家、甚至作者間的種種活動，討論甚詳（註六）。比較文學的學者在字斟句酌的計較不同作品背後的風格、文體、技巧的同時，或在探討他人論述辯證之際，恐怕要保持自我批判「自我解構」的自覺，避免忽略文字本身的媒介特質所引起的變形與誤解。透過模糊不透明的文字之窗，如何能夠完全檢視「比較文學」的活動。在比較文學的知識探討領域，研究論述言談，全是由不同大小，躐等層次不均，嘈雜混淆不堪的聲音交互編織而成。職是，任何「求眞」「求全」的文學陳述，皆無可如何的滑入「理體中心主義」（logocentricism）的泥淖中。而當學者感嘆中西比較文學研究的理論、方法和專題，多的是「舊衣的改裝」，亟欲另外製作新衣，還要找到國王，替他穿著新衣之餘，我們固然感動其「求全」的精神，但卻也困惑於這位學者企圖孤立本體，追索根源的努力，難道他的論述言談（當然包括每一個人自己的論述言談）豈不皆是後設語言（metacommentary）都有其意識型態的立場，也都早已爲人書寫言談過。這位學者過份強調研究文學的理想（「烏托邦」終不免墜入語言文字的深淵，成爲俘虜，在「架空」的意義上作「曠野中的呼號。」（cry in the wilderness）而不自知。難道多少文學研究的學者，不斷的書寫論述、添補更動，在各式後設語言的傾軋穿梭，豈不皆是爲「老話」（國王）憑添「新意」（新衣）？進而言之，難道我們忘記「國王」身上原是「寸縷未著」裸體赤身的尷尬場面嗎（註七）？

我們的論述約略涉及文學現象的萬態各殊，語言文字的繁複牽纏，以及從事文學研究的一些「玄思」。從事文學的比較，原不易奠基於「一」個詮釋的策略或文學理論。古／今文學本就網絡密織，不時應可交流溝通；新／舊、中／外的文學關係和文明思潮，何嘗不是輸來相將，互通有無；從事比較文學的研究，豈有自絕質疑駁斥，辯結對話的機會。爲了避免「蔽於一曲而闇於大理」之病，中西比較文學研究的學者惟有以恢廣開闊的視野，兼容並蓄的心態，磨洗出觀照多重軸心的文學世界。

【附　註】

註　一　請參閱袁鶴翔，「從慕尼黑到烏托邦——中西比較文學再回顧再展望」，《中外文學》，（十卷十一期（一九八九），頁四—三四：John J. Deeney, "Modern Develop-ments in Chinese-Western Comparative Literature Studies: A Golden Decade (1977-1987) for the Chinese School," *Tamkang Review*, 18, Nos. 1-4 (Autumn 1987- Summer 1988), 39-64; Anthony C. Yu, "Problems and Prospects in Chinese-Western Literary Relations," *Yearbook of Comparative and General Literature*, 23 (1974), 42-53; Douwe W. Fokkema, "New Strategies in the Comparative Study of Literature and Their Application to Contemporary Chinese Literature," in William Tay, Ying-hsiung Chou and Heh-hsiang Yuan, eds., *China and the West: Comparative Literature Studies* (Hong Kong: The Chinese University Press, 1980), 1-7; and Cecile Chu-chin Sun, "Problems of Perspective in Chinese-Western Comparative Literature Studies," Canadian Review of Comparative Literature, 13, No.4 (1986), 533-544, 547.

註　二　薩伊德（Edward Said）對於與「西方」的概念有一極精闢的論點：在他的一部幾乎已成經典的作品 *Orientalism* (New York: Pantheon Books, 1978) 他說：「每一個人在撰寫東方時必須將自己與東方呈現對立的狀態；傳譯成他自己的本文之後，這個地點將蘊涵他所採取的敍述聲音，他自己所建立的結構模式，在他本文中所流佈的意象、主題、母題——諸如這些的累積減趣以刻意的方式傳達給讀者包含了東方，並且，最後，取而代之，陳述或爲它說話」（頁二〇）。

註　三　參閱 Raymond Williams, *Keywords* (Fontana, 1976), pp.150-154; Michel Foucault, *The Order of Things* (Tavistock Publications, London 1970); pp.294-300；和 James Clifford, *The Predicament of Culture: Twentieth-Century Ethnoography, Literature, and Art* (Cambridge, Mass.: Harvard University Press, 1988).

註　四　Hans R. Jauss, *Toward An Aesthetic of Reception,* trans. T. Bahti (Harvester Press, Brighton, 1982).

註　五　參閱 Roland Barthes, *The Pleasure of the Text,* trans. R. Miller (Hill and Wang, New York, 1975); Htarold Bloom, *A Map of Misreading* (Oxford University Press, New York, 1971); and *Allegories of Reading: Figural Language in Rousseau, Nietzsche, Rilke and Proust* (Yale University Press, New Haven, 1979).

註　六　參閱 Jacques Derrida, *Of Grammatology,* trans. G.C. Spivak (Johns Hopkins University Press, Baltimore, 1976). Spivak 女士所撰寫的導論精簡扼要的勾勒出德希達的「書寫符號」的觀念。

註　七　袁鶴翔，「從慕尼黑到烏托邦」，頁二五；和 Heh-hsiang Yuan, "East-West Comparative Literature: An Inquiry into Possibilities," in John J. Deeney, ed., *Chinese-Western Comparative Literature: Theory and Strategy* (Hong Kong: The Chinese Ulniversity Press, 1980), 1-5; 8-23.

※　本文作者**陳長房**教授任教於淡江大學英文系。

論先秦儒家美學的中心觀念與衍生意義

顏崑陽

一、引　言

中國的文化思想大都是先哲面對實際存有所做的反省判斷，很少是純抽象思惟的理論建構。因此，一家之學往往在歷史進程中開放性地發展，不斷吸納著當代的實存經驗與其他學說，而獲致再創造性的詮釋。其終極關懷的問題儘管範疇不變，但各時期對此問題所做實質性的解答，卻不盡相同。討論中國的一家之學，所謂「本質意義」，假如完全脫離「發生意義」（註一），便很難獲致實質性的理解。因此，對一家之學的研究，分期斷代而考慮其文化處境，會使問題的解答，更爲具體而切實。「儒家美學」不是一種邏輯系統性的理論，脫離特定的歷史實存，不可能獲致確當性的認識。所以，我們將它劃定在先秦，就是依照這一階段的歷史實存，去理解儒家對於「美」的經驗與思考。

中國古代並無「美學」（Aesthetics）這一特定的學科，即使在西方，「美學」之從哲學分支出來，而成爲一門特定學科，也是從十八世紀的包姆嘉登（Alexander Baumgarten, 1714-1762）開始。他對美學這種知識的性質、研究範圍、目的，做出了明確的規定；簡要地說，美學包括了三個主要概念，即是藝術、美、感性認識(註二)。其後，西方美學主要的趨勢，便是逐漸放棄古典美學對於「美」所做存有論的形上思考，而多從認識論的入路將「美」視為感覺經驗活動去研究，並且把研究範圍集中在藝術美，因此西方的現代美學大多偏向於「藝術學」(Science of art)了。這可以說是美學的系統化、專業化，但相對的，也可以說是美學的窄義化。

假如，我們循著西方美學的入路，將「美學」做如此窄義的界定；然後以此為基本預設，進行美學史的詮釋，那麼面對上古階段時，首先便會遭遇到一個難題：這時期究竟有沒有美學？學者可能費了很大的心力，並且曲解史料，才證明這時期也有所謂美學；或最後可能判斷，這時期沒有美學。

因此，儘管有人認為：「任何美學史，都是從當代一定的美學理論出發」(註三)，但問題就在於從什麼「一定的美學理論」出發。歷史的解釋即使不是絕對的客觀，但也不是絕對的主觀。所謂「一定的美學理論」假如完全出於學者主觀的預設，以之做為確定的觀念模式，而去套取歷史，絲毫不尊存歷史經驗相對的客觀性；那麼「削足適履的謬誤」便恐難避免了。因為任何一定的理論，都必然系統化，而形成封閉性的概念畛域，對於「美是什麼」、「美如何存在」以及「美學是什麼」這等基本概念都必然提出特殊的主張而界定之。問題是歷史並不必然唯命是從地與之相應，這時當理論不肯放棄它的權威性時，歷史這雙腳只好被膨脹、削減或扭曲，以符合固定款式的鞋子了。然則，選擇理論與解釋歷史，只有通過彼此的循環修正，才可能獲致較高程度的符應。準此，我們首先就得讓「美學」從「藝術學」的固定界義中開放出來，讓它回到觀念的變遷歷程中，去獲致與各個時期相應的涵義。面對美學史，「美學」應該是一個開放性的名詞，它共通不變的界義只有一個：「美學是以美爲認識對象的學問」；至於更特殊、更實質的涵義，都已是各家理論獨自的規創。諸說並異，難定一準，以之爲個人理論的建構則可，以之爲解釋美學史的特定預設，則不免執泥了。

我們就以中國先秦時代而言，各家思想幾乎很少以「藝術」爲獨立對象進行專業性、系統性的思考。他們關懷的中心是人自身生命存有價値的問題，「藝術」只有在關涉到此一中心問題時，才會被以工具性或同體性的地位加以討論。換句話說，「藝術」並未獨立爲知識對象，更無以它爲特定範疇的哲學。假如採取「美學」就是「藝術學」的入路，對先秦美學便很難獲致確當而豐實的解釋，甚至會因此而誤認先秦美學非常貧乏。然而，這並不就眞的說先秦的思想家未曾思考到有關「美」的問題，只是他們對「美」的思考，乃是以人的生命存有爲入路，而不是直接以藝術自身爲入路。前者是根源性的問題，後者只是衍生性問題。因此，先秦美學的基本性格是存有論的，而非認識論的，他們並不像西方近代美學家，在藝術審美活動的界域中，去探討主體如何依藉感覺經驗作用於對象而獲致審美的效果。他們在美學上的中心觀念，乃是從個體自身的價値存有與個體和個體間合理的秩序去理解「什麼是美」以及「美如何存在」。然後推衍出去，才會觸及到人存與藝術之間的關聯。其因體致用，由本及末的思惟進路，完全相應於存有的因果邏輯。

我們做以上這樣的論述，是想指出假如在基本觀念上，讓「美學」一詞的界義從「藝術學」的範疇開放出來，先秦諸思想家從生命存有的層面而觸及「美」的思考，是很淸楚的事實；那麼先秦有「美學」，並且極爲精深的美學，根本不待證明，問題只是在於「什麼實質的美學」而已。

我們更想指出，從藝術學的入路，以硏究先秦美學，對先秦美學實質的內涵，很難獲致相應而深確的詮釋，不如轉從生命存有的入路，更能得到詮釋效果。我們前面說過，先秦美學的中心觀念，不是從藝術活動的層面對「什麼是美」、「美如何存在」進行直接的思考，而是從生命存有的層面對上述問題提出解釋。我們討論先秦的美學，應該直探其本，先釐淸中心觀念，然後再進一步去探討其與藝術活動的關係此類衍生性的問題。

先秦美學主要爲儒道二家，一般美學史皆無異議。本文只以儒家爲對象，以論述其美學的中心觀念是什麼。「中心觀念」一詞，指的是構成一種思想或理論首出性的觀念，也就是此種思想或理論之得以成立，必以某一個或相關聯的一系觀念爲根本依據。

儒家正式成立於孔子，但孔子是正統地承繼周代的禮樂文化，而發明其本質精神，故討論先秦儒家美學，孔子之前的史料，只要是與禮樂之實踐與詮釋相關者，皆得以納入儒家一系來討論。至於孔子之後，主要是以孟、荀爲代表。但我們並不落在歷史的進程中，分期或分家去解釋所謂儒家美學，而是提舉出他們共同思考的中心觀念，對他們的解答進行詮釋。

二、存有秩序美及其理據

周代以後，中國的哲學大體已經定位在以吾人自身生命存有價値爲中心的證悟。所謂證悟，即是由實踐經驗而具體解悟其理念，乃是主體涉入於存有而又超出於存有所做的當下決斷。包括人自身在內的宇宙萬物，乃是做爲「價値實體」的存有，而不是做爲「物質實體」的存有。因此，一切存有物，不從其「物質構造性」去認知其存有的本質，而由其「價値創造性」或「實用性」去肯斷其存有的本質，這種存有的型態，我們可以稱它爲「價値存有」。這種「價値存有」的觀念，正是構成周代禮樂文化的基本理據。

在此一文化思想特質之下，先秦美學自始便不從客觀物質構造性及主觀官能感覺經驗去認識所謂的「美」。換句話說，在先秦文化思想的特定意義下，「美」既不是物質客體結構上的屬性，也不是主體官能經驗上的快感。但是，這並非說先秦人不知道有這種由主體官能作用於物質客體而引生的「美」。《左傳・桓公元年》記載：

宋華父督見孔父之妻於路，目逆而送之，曰：「美而豔」。

「美而豔」可以是「孔父之妻」其軀體物質結構的屬性——例如五官與身裁的表象形式；也可以是華父督官能經驗上的快感，更可以是主客相交而成的判斷。又《國語・楚語》記載：

靈王為章華之臺，與伍舉升焉，曰：臺美夫。

「臺美」也同上述的例子一樣，乃是主體官能經驗作用於「臺」此一物質之表象形式所獲致的判斷。從官能經驗之所對，謂之「五色」、「五聲」、「五味」。從先秦史料來看，他們雖然在現實的存有中不斷地經驗著這種「美」，然而在理性的反省中，卻同樣不斷地對這種「美」提出貶責性的批判（註四），因此他們從未曾以這種「美」爲審美活動的完滿經驗或美學思想中的首出觀念。何以然？實際上，先秦時代所謂「五聲」、「五色」、「五味」，並不純然是指涉人們「直覺」之所對的物質客體的表象，因此審美判斷也就不是康德所謂「無關心的滿足」（註五）。它們是人們現實生活中，關連著「情欲」之滿足的種種物質材料。因此，對著五聲、五色、五味所產生的官能經驗，也就不純然是一種藝術性的審美享受，而可能是情欲的放縱與躭溺。這種情欲的放縱與躭溺，正是人們感性生命非理的盲動，一旦逾越「節度」，便足以墮毀理性價值理想的創造。人之所以爲人而不同於動物，也就在乎他本質上應該做爲創造價值理想的存有體。在這種存有觀念的基礎上，「美」做爲一種價值，它便不應該只是一種主體官能作用於物質客體表象形式的經驗，而是生命存有中一種理想性的價值。

「美」既不從物質性表象與主體官能經驗取得意義上的依據。那麼，它的眞義便必須從價值存有的本質去取得。而價值的存有基本上乃是個體精神生命朝向理想價值的無限創造，以及個體與個體在實現價值的過程中，通過合理的互動關係而建構的總體性秩序。此一秩序不是將個體視爲物質存有而在結構上的形式關係，乃是將個體視爲價值存有而在實踐行爲上的分位關係。當個體在價值分位的秩序上獲致良性的互動關係，就稱之爲「和」。《國語．鄭語》曾記載到史伯對鄭桓公云：「以他平他謂之和」。何謂「以他平他」？《左傳》昭公二十年，晏子對齊侯的一段話，可以相互印證。他說：

和，如羹焉。水火醯醢鹽梅以烹魚肉，燀之以薪。宰夫和之，齊之以味。濟其不及，以泄其過。君子食之，以平其心。

對於「和」的概念，晏子以調羹做具體的比喻，各種不同的素材，皆有其不同之性質與功能，也就像個體的存有皆有其不同的價值分位，「和」就是個體（他）與個體（他）之間獲致諧調性（平）的結合關係。其結合乃通過二種方式：㈠濟其不及，這是「補充」的方式；㈡泄其太過，這是「消滅」的方式。但不管是「補充」或「消滅」，都是「對立而統一」的原理，而其目的則是「全體價值的生成」。就個體言之，以「此」濟「彼」之不及，則「此」有所損，或以「此」泄「彼」之太過，則「彼」有所損。然而就彼此辯證融合的「全體」而言，則是由於均衡統一（平）而獲致價值的不滅。換句話說，普遍價值的存有，乃是依循著相對個體價值辯證統一的互動規律，而實現「生生不息」的目的。在這種「和」的存有秩序中，個體生命獲致一種不受壓迫、侵奪與消滅的和諧感，這種和諧的秩序以及感受就是「美」，我們可以稱之爲「存有秩序美」。此一美，就主觀方面而言，乃是精神性的感受，而不是官能性的感受，是與存在和諧秩序同質具現的經驗。

周代文化的「禮」，就其節文而言，是個體價值行爲的形式規範。而就其內在的性質及由此性質所具備之功用而言，即是「和」，即是存在的秩序性。《左傳·昭公二十五年》，子產曾闡述「禮」，說：

禮，上下之紀，天地之經緯，民之所以生也。

所謂「上下之紀，天地之經緯」即是宇宙整體存有的秩序。所謂「民之所以生」，也就是每一個體生命價值得以實現的根本依據。故孔子在《論語・學而篇》中說：「禮之用，和為貴。先王之道，斯為美」。

「和」是存有的合理秩序，也卽是「禮」的性能。但是，我們必須進一層追問，「和」之所以形成的依據是什麼？對於這樣的問題，在孔子之前，主導文化的士大夫們所做的解釋，多從宇宙論的進路，提出一客觀超越的宇宙原理爲依據。這種觀念時見於《左傳》、《國語》的記載。他們發現天生六氣，地生五行，但諸多元素卻依循著相互「補充」與「消滅」的自然規律，以維持均衡統一而生生不息的存有，這就是「天道」；而在「天人不二」的觀念上，他們解悟到「人道」應該以此原理爲依據。關於這時期士大夫對「和」的解釋，李澤厚與劉綱紀《中國美學史》已論述頗爲確當，我們不必再重複，玆引其說如下：

所謂「和」，就其實質來看，不是別的，就是自然規律與人的目的的和諧統一。古人對於這個統一的認識，經歷了一個漫長的過程。這個過程包含兩個基本的方面。首先，從雜多（顏按：卽指六氣、五行）的統一中認識「和」進到從對立面（顏按：卽指陰陽、剛柔等）的統一中認識「和」。開始，古人把世界看成是由雜多的因素構成的，這時對自然的合規律性的認識，主要表現在看到無限多樣的世界是由有一定數量的基本要素構成和產生出來的，對於數量關係給予了極大的重視。所謂「天六地五，數之常也」的說法，把世界構成的規律性聯繫於「數」的觀念。隨著社會實踐的發展，古人最後才從構成世界的雜多的要素中看到了普遍存在著各種互相對立的要素，產生了物「皆有貳」和「物生有兩」（史墨語，見《左傳》昭公三十二年）的思想。從前一階段由雜多的統一中去認識「和」進到後一階段從對立面的統一中去認識「和」這是一個重大的根本性變化，並對中國美學產生了極其深遠的影響，使中國美學從很早開始就努力從世界的根本規律——對立統一中去找尋「和」，找尋美。（註六）

古人這種解釋的進路，是通過哲學的思考，而爲「和」之所以形成找尋超越的理據。在孔子之前，這是當時佔有主流地位的觀念。另外，還有一個比較次要的解釋進路，也可以略做討論。什麼進路？這個進路基本上是生理學及心理學的思考，他的觀念架構是：物質給予生理感覺過度的刺激，必然會導致疾病，而生理疾病必然又會導致精神上的心智昏亂。個體心智昏亂則終必導致整體秩序的失和。就這種經驗邏輯反推回來，則整體存有秩序之「和」，必以個體心智之「和」爲基本條件，而個體心智之「和」，又必以外在物質的節制爲基本條件。這種觀念就其發生意義的言，乃是針對當時貴族生活物欲的泛濫提出警示。因爲從社會結構來說，貴族尤其是帝主，乃是存有秩序之是否和諧的主導者，假如他們不能節制物欲而導致心智昏亂，荒廢政事，則存有秩序必因此而瓦解。

《國語・周語》曾記載，周景王計劃鑄造一個聲量極高、音中無射的大鐘，以滿足聽覺上的享受單穆公卻加以勸阻，並從生理以至心理的經驗邏輯提出一套理論，他認爲：「夫樂不過以聽耳，而美不過以觀目。若聽樂而震，觀美而眩，患莫甚焉。夫耳目，心之樞機也，故必聽和而視正。聽和則聰，視正則明。聰則言聽，明則德昭。聽言昭德，則能思慮純固，以言德於民，民歆而德之，則民歸心焉」。於此同時，樂工伶州鳩也向景王提出勸告，他認爲音樂必須要質量適度，也就是「和平之聲」才能「以合神人」，假如「細抑大陵，不容于耳，非和也。聽聲越遠，非平也」，而「聲不和平」，必將「離民怒神」，導致存有秩序的瓦解。

這種觀念雖然不能從哲學上爲「存有秩序之美」尋求形上的理據，卻頗切近於現實的存在經驗而獲致心理學上的詮釋。

綜而言之，這一階段乃是從存有的和諧秩序以理解所謂的「美」。而存有秩序的和諧，其形成的依據是什麼？則大致上是從宇宙論及心理學的進路獲致理論或實踐上的解釋。這種進路是趨向主體心性外的客觀性思考。

三、主體人格美及其形上性格

前一階段之從自然宇宙構成與變動的規律，以解釋禮樂「和」的性質與功用，這種思惟基本上是由「天道」以規定「人道」，也就是由「實然」以規定「應然」的入路。然而，這種解釋顯然是將人之存有的和諧秩序視爲主體意志之外被決定的一種規律。問題是「禮」的究竟意義並不只是一種客觀實然如此的存在規律狀態；換句話說，他的規律不是自然而機械的，就如自然宇宙諸多元素全無意志地服從於必然的規律。人之不同於自然物，乃是他具有「意志」，以決定自身行動的價値目的。假如，他內在的心性不涵具自覺地認識價値應然之理的能力，以肯決其意志，那麼他的行爲是否符合於

「和」的秩序，根本沒有必然的保證。準此，則保證人於存有的價值分位上能合乎「和」的秩序，其最首出性的依據，就不是客觀的宇宙自然規律，而是另有更根源性的因素了。

孔子無疑地承認了「禮」的文化，承認了「和」的存有秩序，更承認了這種「存有秩序美」，因此他才會說：「禮之用，和爲貴。先王之道，斯爲美」。然而，他對於這種「存有秩序美」之所以成立的依據，卻並不依循前一階段宇宙論的入路，而另有不同的思考，以提出更首出性的詮釋。

春秋以來，諸思想家所共同面對的時代問題即是「周文衰敝」；所謂「周文衰敝」，乃是「禮樂」已僵化爲空洞的形式。周公制禮作樂，以建構存有的秩序。而所謂存有秩序，即是道德上應然的倫理。整體存有秩序的建構，必須節制個體的非理盲動，而各安於合理的價值分位上，以形成良性的互動關係。問題是什麼因素能使個體的非理盲動得以節制？從外在形式來說，就是《禮記・中庸》所謂的「禮儀三百，威儀三千」所產生的規範作用。然而，問題還是存存，爲什麼個體必須接受這種種外在的規範？假如不是出於個體理性自覺的「自由意志」，那麼便只有依藉一種強制性的力量爲手段了。這強制的力量就是「刑政」，故《禮記・樂記》云：「禮以道其志，樂以和其聲，政以一其行，刑以防其姦，禮樂刑政，其極一也」。因此，西周盛世得以建構「禮」的和諧秩序，從現實上來說，當然必須依藉刑政的正常效力。然而，春秋以來，王權的式微，刑政不行，則「禮儀三百，威儀三千」也失去它的規範作用。習而行之者，只是徒具空洞的形式。僭而逆之者，更連起碼的形式也破壞了。而不管是那一種情況，都顯示著「存有秩序美」的瓦解。

面對這種存有的惡質化，從超越客觀的自然宇宙規律去解釋「禮」的理據，其實只是一種抽象概念的認知。而假如「禮」是做爲建構存有秩序的憑藉，它必須是實踐性的而不是知識性的。因此，爲「禮」找尋形上的依據，再也不能只是從存有主體之外，去空談一種缺乏實踐性的抽象概念。這個形上依據，必須就是「禮」之實踐動力的根源，它能實質地使存有個體節制非理盲動而各安於合理的價值分位，以實現和諧的秩序之美。

綜上所述，周代禮樂文化所給出美學上第一階段的觀念就是「美乃和諧的存有秩序」。孔子在繼承這一觀念之後，首要的問題，便是去思考「和諧的存有秩序美如何可能實現」。那麼，他提供了怎樣的答案？這個答案，可以先化約爲二層基本理念：第一，總體地說，和諧的存有秩序美，其終極理想的具現，是一外在形式與內在本質辯證融合的價值實在體。第二，分解地說，外在形式爲末爲用，而內在本質爲本爲體，故其實現的形上依據不從外求，乃內在於存有實體的本質。不過，整體的實現卻必須是體用相卽，本末不離。

「禮樂」在價值存有的意義上，它可以是指涉上述第二層理念分解而言的「外在形式」，從物質性的「器」到概念性的「儀式」，都包括在其中，這是「禮樂」的末節，只是一種工具而已。另外，它也可以是指涉上述第一層理念，終極具現的文化價值實體，也就是實質性的和諧存有秩序。而這二者也同樣是相卽不離——依藉「禮樂」的工具性作用，以實現「禮樂」的存有秩序，這秩序就是「美」。

以上這樣的陳述，是在理論上對孔子的美學做概括性的詮釋。假如落實在孔子的歷史處境，理解他所面對的文化現象問題，我們就會發現，第一層「禮樂」的意義，畢竟是孔子在價值存有上的終極理想，相對「禮崩樂壞」的現實層面來說，它只是做爲理念的存有，做爲等待實現的目的而已。這可以從孔子對「周文化」的讚美與嚮往而體會到，《論語・八佾篇》：

子曰：周監于二代，郁郁乎文哉！吾從周。

朱熹解釋說：「三代之禮，至周大備，夫子美其文而從之」。但我們必須再進一層理解，所謂「郁郁乎文」的「文」所指爲何？邢昺疏以爲指的是「禮文」，但「禮文」又是什麼？蔣伯潛的廣解以爲是「文物，指禮儀典制」。這樣的理解，只將「文」視爲有關「禮」的文獻，也就是我們上文所謂由物質性的器到概念性的儀式，這是禮的工具形式意義，卻不是實質的價值存有的意義。但孔子以「文」、「文章」去讚美先王時，並不僅從其外在的工具形式言之。在〈泰伯篇〉中，他也曾讚美堯，云：「巍巍乎！其有成功也。煥乎！其有文章」，說「其有成功」，已顯然是指政教實踐的成果，則「文章」當然也就是價值存有具體實現之後的文采，故云「煥乎」。「煥乎！其有文章」，意同於「郁郁乎文」。因此，在這一章中，孔子對周文的讚嘆，絕不會只就其外在的工具形式而言，乃是從整體價值存有的具現而言，這是包含著實踐效果的總評，換句話說，這「文」不是形式性的「虛文」，而是實質性的「實文」。只是到了孔子的時代，此一「實文」已經淪失，因此只能在理念中做爲範型而存在。從切實於文化處境而言，這層終極性的理念並不是孔子思考的重點，它只要被尊存在那兒做爲一切努力的目標就行了。因爲價值存有的問題，畢竟不僅是一種思惟中抽象的觀念而已，它必須能實踐出來，才有實質性的意義。所以面對「禮樂」已空洞化爲「虛文」的時代，孔子思考的重點，乃是在第二層的理念，也就是這工具形式的禮樂虛文，其根本的形上依據是什麼？如何實質地掌握到這形上依據，以使得「禮樂」成爲實文，而具現和諧的存有秩序之美？換言之，孔子迫切的問題，不是理論地思惟「和諧的存有秩序美是什麼」；而是實踐地證悟「和諧的存有秩序美如何可能實現」。在這種特殊處境與解決問題的入路之下，他首先便切中時弊地指出，「禮樂」不只是徒具虛文的工具形式，《論語・陽貨篇》云：

> 禮云禮云，玉帛云乎哉！樂云樂云，鐘鼓云乎哉！

「玉帛」與「鐘鼓」都是「禮樂」的工具形式，而且是最低層次的物質性工具形式——「器」。然而，孔子當代一般人卻偏執於這種工具形式，就此以爲是「禮樂」的眞實意義。在這樣的偏執之下，「禮樂」已失去其根本的形上依據，異化爲與人存本身無涉的物質性或概念性客體，當然也失去存有和諧秩序美的這層實質性意義了。準此，則在孔子的存有美學中，所面對「禮樂」一詞的涵義，往往指涉的是空洞化而只是工具形式的一般俗義。孔子的努力，也正是企圖使「禮樂」的意義能轉俗成眞。因此，「禮樂」必須放在價值存有中，通過具體的實踐而辯證解悟之，才能理解其眞、俗二義及其相卽關係。將「禮樂」一概視爲工具形式，正是孔子所要批判的俗義。

然則，「禮樂」不只是外在的工具形式，那麼它內在的本質，也就是它的形上依據是什麼？《論語・八佾篇》云：

人而不仁，如禮何？人而不仁，如樂何？

這是對「禮樂」形上依據是什麼所做反證式的判斷，從「人而不仁」以證悟「禮樂」之失其本質與功用。反過來說，「禮樂」之所以爲「禮樂」，進而具現爲存有本身和諧的秩序，其形上的依據便是「人而仁」，而不是一客觀超越的自然宇宙規律，這才是「存有秩序美」最首出性的因素。

「人」是價值存有的主體，這主體的實質意義不是由物質結構性所給定，而是由「仁」這種質性所給定。然而「仁」又是怎樣的質性？簡要言之：是價值的創造性。但孔子並沒有對「仁」做概念上確定的界說，他只落在價值存有的實踐上隨機說「仁」，我們大致可以歸納出幾個特徵：㈠是「仁」爲主體內在之性，故〈述而篇〉云：「仁遠乎哉！我欲仁，斯仁至矣」，朱熹的解釋是「仁者，心之德，非在外也」。㈡是這種「仁」性的發顯，從消極的進路而言，是「克己」的工夫，故〈顏淵篇〉云：「克己復禮爲仁」。這個「己」即是由形軀起念的自我，朱熹的解釋是「己，謂身之私欲也」。「私欲」是感性生命非理的盲動，「克己」即是超克此種私欲之我，這是內在理性逆覺發用的工夫。能「克己」然後能使個體存有從盲動中歸而安於合理的價值分位；此之謂「復禮」，故「仁」即是此一義理之性。㈢是這種「仁」性的發顯，從積極進路而言，即是「愛人」，故〈顏淵篇〉載樊遲問「仁」，孔子的回答是「愛人」。所謂「愛人」，更具體地說，就是〈雍也篇〉孔子所謂「夫仁者，己欲立而立人，己欲達而達人」，這顯然不只是情緒性的喜愛，而是對別人之存有價值理性地成全。以上三義即是「仁」性的基本特徵，在中國儒家思想史上的研究，已形成共識，無須再詳作論證。

理性對於感性生命所起的作用，不是排除或消滅，而只是導之於正。因為感性生命當其盲動之時，不必然成就正面的存有價值。存有的正面價值是由理性的肯認，才有必然的歸向。人做為現實生活的存有，根本不能排除或消滅其感性的生命；但人做為理想價值的存有，卻又必須依其理性才能實現。而人存的完滿意義便是感性與理性的辯證融合，因此所謂「仁」，從價值存有的實現來說，他不能只當作離絕感性生命的純理去認知，否則其本體性的意義便只是一虛掛的抽象概念，而道德也成為離絕情性的假相。故眞實的仁，眞實的道德，眞實的禮樂之本，必不離情性，乃是理性與感性圓融具現的人格，也就是〈雍也篇〉所謂「文質彬彬」的君子人格。

問題是這人格從其本質而言，是主體內在之所具而不假外求，但如不加以養成，卻不能保證必然發顯而具現。如何養成？回過頭來說，外在的禮樂又是必要的工具，故孔子屢言禮樂養成人格的功能，〈泰伯篇〉云：

興於詩，立于禮，成於樂。

又〈憲問篇〉云：

子路問成人。子曰：「若臧武仲之知，公綽之不欲，卞莊子之勇，冉求之藝，文之以禮樂，亦可以為成人矣。」

「臧武仲之知」、「公綽之不欲」、「卞莊子之勇」、「冉求之藝」，皆是感性生命之所具，也就是「文質彬彬」中的「質」的發用。「質」以「眞」爲其性格，並無善惡之定向。（註七）其價值之定向必待理性之自覺，而此理性之發顯，則須依藉禮樂「文」的功用，故《禮記・坊記篇》云：「禮者，因人之情而爲之節文」，又〈仲尼燕居篇〉亦云：「禮所以制中」，「中」就是前文所謂的「質」，就是〈中庸篇〉所謂「喜怒哀樂之未發」的眞實感性生命。準此，則圓融之人格的養成，必待禮樂爲工具。然後，再轉過來，此一人格之具現，又使工具形式的禮樂獲致眞實的本質，終而實現整體和諧秩序的存有；此一存有卽是禮樂文化的存有，這時「禮樂」便不僅是工具形式的意義，而已等同價值存有理想具現的本身。這是一種眞實而活生生的存有境界，在《論語・先進篇》中，曾點所描述而爲孔子所讚許的那種生活，就是此一存有境界具體的表現：

暮春者，春服旣成，冠者五六人，童子六七人，浴乎沂，風乎舞雩，詠而歸。

這種境界顯然就是個體生命圓融人格具現之後，又形成羣體生命和諧秩序的一種存有狀態。朱熹對此有頗爲精彩的詮釋：

曾點之學，蓋有以見夫人欲盡處，天理流行，隨處充滿，無少欠闕，故其動靜之際，從容如此而其言志，則又不過卽其所居之位，樂其日用之常。初無舍己為人之意，而其胸次攸然，直與天地同流，各得其所之妙，隱然自見於言外，視三子之規規於事為之末者，其氣象不侔矣。

論述至此，我們已可明白，當個體人格圓融具現時，其本身就是「美」，我們可以稱之爲「主體人格美」。而此一「主體人格美」又是集體生命存有和諧的「秩序美」的根本依據。這種存有論的美學分解而言之，有形式、本質之分，有體、用之別。然而，總體觀之，卻在存有的實踐過程中，體用相即，本末不離，終而具現爲體用不二的實存之美。

孔子雖未直接從「主體人格」說美，但此義已隱涵在他對價值存有的理念中。不過，他隨機說「仁」，皆於具體的存有活動中，由此內在理性之發用而說，並未就「性」的本體給予直接的規定。這就有待孟子進一層的發明了。

先秦儒家美學，孔子之後，孟、荀皆自主體人格肯認「美」，並以之爲「存有秩序美」的依據。就這層面來說，兩人的觀念並無二致。其間的差異，只在孟子由於主張「性善」，故人格美的本質乃性內之所具，此美之具現，是一種由內顯發的工夫。而荀子由於主張「性惡」，故人格美的本質非性內之所具，此美之具現是一種由外轉化的工夫。

儒家「主體人格美」正式的提出，當由孟子開始。在〈盡心篇〉中，就主體的人格進境論述，其中一個進境是「充實之謂美」。朱熹對這觀念的解釋是「力行其善，至於充滿而積實，則美在其中，而無待於外」，這也就是《禮記・樂記》中所謂「和順積中，英華發外」。良心善性是道德實踐的形上依據；而反過來，道德實踐由經驗的累積，不斷地轉悟爲內在的價值理念而形成具體的人格，使良心善性不只是一虛掛的本體存有。而這一人格，由於感性與理性獲致圓滿的融合，故感性生命的發動，皆由於理性道德意志的導正，即〈公孫丑篇〉所謂「志帥氣」，故能和順而中節，其施於四體之言行，皆予人一種不偏邪、不乖戾的和順之感，這就是「人格美」的具現。他在〈盡心篇〉中，將這種「人格美」的具現稱爲「生色睟然」：

君子所性，仁義禮智根於心，其生色也睟然，見於面，盎於背，施於四體，不言而喻。

「仁義禮智」等道德乃根於良心善性，「生色」是表現於四體之言行。「睟然」，朱熹解釋爲「清和潤澤之貌」。這種由心性之良善，自然發顯於四體言行，其所具現清和潤澤的形色，即是一種美。而所謂「仁義禮智」的道德之善，已隱涵其中而不待言詮矣。故所謂「人格美」實乃性內具在的本質，是由內而外的「生色」。

至於荀子，他從氣質性中本具的「情欲」以主張「性惡」，故〈正名篇〉云：「性者，天之就也；情者，性之質也；欲者，情之應也」。然而，這並不就表示他順性以斷定人的存有價值。他雖從現實層面承認「欲不可去，性之具也」，但同時又從理想層面主張「欲不可盡」。就其思想的終極關懷而言，荀子的美學仍不失其理想性，故〈勸學篇〉強調：「君子知夫不全不粹之不足以爲美也」。在這一基本觀念之下，他對於個體生命，亦不視爲一物質結構性的存有，故人物之美，其第一義也不是形體結構或主觀官能之快感。他在〈非相篇〉中，即反復貶斥形相之美，最典型的例子是「桀紂長巨姣美」，然而「身死國亡，爲天下大僇」。因此，他對於人物品鑑的原則是：

相形不如論心，論心不如擇術；形不勝心，心不勝術。術正而心順之，則形相雖惡而心術善，無害為君子也。形相雖善，而心術惡，無害為小人也。君子之謂吉，小人之謂凶，故長短小大善惡形相非吉凶也。

從價值存有而言，吉凶義近於美惡。因此，人假如做爲價值的存有，「美」就不是從物質結構性的「形相」獲致意義，而是從內在的心術獲致意義。顯然他也如孟子一樣肯斷了人格之美。問題是，他在〈性惡篇〉中明白肯斷：「人之性惡，其善者僞」，因此「美」就不是人性內在所具之本質，而是外力的轉化所成。〈禮論篇〉云：

性者，本始材樸也；僞者，文理隆盛也。無性則僞之無所加，無僞則性不能自美。性僞合，然後聖人之名一，天下之功於是就也。

「無僞則性不能自美」，則顯然「美」不是人性之本質，然而人格之美的表現，卻還是要以「性」爲實質材料，然後去其所惡，而加上「文理隆盛」之後，才得以成就。故「人格美」乃是「性僞合」的表現，必須依藉所謂「化性起僞」的工夫，才能完成。而「化性起僞」的憑藉工具，便是先王所制作的「禮樂」了。準此，則荀子觀念中的「禮樂」，並不以人性爲其形上本質的依據，而純爲一歷史文化發生意義上的外在產物（註八）。「禮樂」也因此徹底被客體化、工具化，而喪失了它與價值存有本身同質的意義了。

四、存有美學在藝術實踐與理論上的衍生意義

先秦儒家是從人的價值存有去解答「美是什麼」以及「美如何存在」這樣的問題。這是存有論的

美學，性質上實不同於「藝術學」。然而，這才是先秦儒家美學的中心觀念，前文已論述明白。接著，我們想再追問一個衍生性的問題：這種存有論的美學，其與藝術實踐及理論如何產生關係？又有那些實質性的關係？

不管中西方對於「藝術是什麼」給予多少不同的答案。「藝術是以感性形式表現人類存在經驗與價值意義的產品」，這大概是其中頗爲古老而通常的答案。我們只要看到先秦儒家對於詩、樂所做的論斷，便會同意他們對於「藝術是什麼」所給定的也正是如此的答案。儘管你可以對這種問題完全不讚同儒家的看法，而提出特異的主張；然而，你卻不能不承認，從歷史的事實而言，先秦以來的儒者都將藝術活動視爲整體文化的現象之一，它是吾人表現存在經驗與價值意義的產物。而存在經驗與價值意義的創造，又應然而必然地以人自身的精神生命爲主體爲根源。因此，藝術活動與人存實乃同體不二的關係。說得更明確一些，在儒家的觀念中，藝術並不只是做爲促成存有價值實現的工具而已，在它促成存有價值眞善地實現的同時，這眞善的存有價值也相對地使得藝術的感性形式能獲致理想的實質內涵而具現爲至美。然則，在儒家的觀念中，藝術的獨立意義，不在於脫離人存的本身而僅由其感性形式結構所獲致，而在於其感性形式與人存的本身圓融結合、同體不二所獲致。只是片面地認爲儒家視藝術爲工具而缺乏獨立意義，實爲儒學末流之偏見，或外道對儒家思想的簡化與誤解。這就如同前文所論，孔子並不只視禮樂爲工具，同時禮樂卽是存有理想價值體現的本身。假如，「仁」或「良心善性」爲體，而一切個殊的文化現象，如禮樂詩歌等爲用，從終極意義而言，皆是彼此存在著體用相卽不二而通體圓融的關係。

西方從存有論的進路對美之存在所尋求的形上依據，多爲超越而客觀的實體，它是理論知識上的抽象概念。因此，在藝術的實踐中並不能切實發用。這或許是西方近代美學捨棄形上玄談而直取實用進路的原因之一吧！而儒家以良心善性爲存有秩序美之得以具現的形上依據，此一形上依據並不只是理論知識上客觀而超越的抽象概念，而是主體內在心性之本有，爲理性價値之所以能夠實現的原因，乃實踐性之形上，而非知識性之形上。基於前文所述，從究極意義上說，藝術與存有是同體的關係；因此，此一良心善性不但在價値存有上做爲秩序美之具現的形上依據，同時在藝術實踐上也一樣做爲美之具現的形上依據。換句話說，在儒家的美學思想中，存有的「主體人格美」卽是構成藝術實質內涵之美的根源依據。存有中理想價値實踐的主體與藝術實踐中的主體具有同質性，藝術實踐從究極意義上說乃是「主體人格美」的發用。

綜合上面的論述，先秦儒家的存有論美學，雖不是直接以藝術做爲思考的對象，但是它與藝術實踐卻形成密切的關係。這種關係並不只是建立在理論形式邏輯的必然關係上，而是更根本的建立在存有價値實踐的因果邏輯的必然關係上。先秦儒家以存有而不以藝術做爲美學觀念的中心；然而爲什麼後世儒家系統的藝術實踐或理論卻必以它爲依據？這樣的問題，從以上的論述，已可以得到解答。

先秦儒家美學從存有上的意義衍生爲藝術上的意義，多表現在詩、樂的實際批評上。這些批評，雖然是以藝術爲對象，但其隱涵的觀念依據卻是上述的存有論美學，而不是以藝術爲獨立知識客體的美學。因此，從這些批評，我們可以理解到藝術與存有在實質上有些什麼關係。但這層面的意義枝節頗多，某些有關藝術效能的言論，其主要意義是在存有論的範疇中，將藝術活動視爲養成主體人格進而實現存有價值的工具，例如《左傳》昭公元年：「先王之樂，所以節百事」；《國語．晉語》：「夫樂以開山川之風也，以耀德於廣遠也」；《論語．泰伯篇》：「興於詩，立於禮，成於樂」……這些言論，其立義既不在於以藝術爲對象的批評，便不納入本節的討論範圍。在這裏，我們關懷的重點是先秦儒家們如何以存有論美學爲基礎引伸而用之於藝術批評，因而對藝術的本質形成與存有相應的規定。其中最主要的爲下列三個觀念：

第一，藝術既被視爲以感性形式去表現存有的經驗及價值意義，而理想價值的實現又以主體人格爲依據。因此，藝術卽是以此一存有的主體人格爲其內在本質，這種美學觀念很具體地表現在先秦儒家對於詩的批評上。他們批評詩歌，主要的進路便是集中在對作品所表現主體情志的詮釋與評價。《論語．爲政篇》：「子曰：『詩三百，一言以蔽之，曰：思無邪』」。孟子在〈告子篇〉與公孫丑討論〈小弁〉與〈凱風〉二首詩，也是就主體情志之是否合乎倫理分位與事態之應然而加以詮釋和評價。〈小弁〉之詩表現了人子由於父親重大過失而產生的怨情，親之過大而怨，乃是因爲重視親情；而重視親情卽是「仁」德的表現，故云「小弁之怨，親親也。親親，仁也」。而比較起來，〈凱風〉描寫母親的小過而人子卻無所怨。同爲親過，一怨一不怨，皆是「喜怒哀樂發而中節」的應然表現，故云：「〈凱風〉，親之過小者也；〈小弁〉，親之過大者也。親之過大而不怨，是愈疏也；親之過小而怨，是不可磯也。愈疏，不孝也；不可磯，亦不孝也」。從這種批評來看，詩歌內在本質乃是主體人格在存有價值分位上的情志表現，其美與不美，即視此情志之是否合宜而定。因此，從詩歌內在本質而言，其第一義的美與存有中的「主體人格美」同質，而絕對不是官能知覺作用於物質結構形式所生的快感。這種美在實質上包涵著主體性情之眞與道德之美，而爲吾人存有理想價値的具現。

第二，孔子之前的士大夫們已開始從「和」的觀念去解釋或評估音樂。音樂之所以美，乃是因爲它「和」的本質，《國語・周語》記載樂工伶州鳩對音樂本質的判斷是「樂從和」。這種觀念，到了總結儒家音樂美學的〈樂記〉，都一直沒有改變；〈樂記〉云：「樂者，天地之和也」，又云：「大樂與天地同和」。那麼，就音樂而言，「和」的本質如何構成？其構成的條件有二：

㈠是音樂作品中諸多音素的和諧統一。《尙書・堯典》云：「八音克諧，無相奪倫」，意指各個高低、清濁、短長不同的音素，依循規律而統一爲整體和諧的樂章。從原理上來說，這就是「雜多或對立因素的統一」，顯然是前述存有美學中，「和」之觀念的衍義。「和」本指整體存有的和諧秩序之美，將這觀念衍伸出去，音樂之美的構成，必須在內容上也能表現這種人存的經驗與理想價值，故〈樂記〉才會說「樂者，天地之和」、「大樂與天地同和」。而相對地，它的形式結構，也同一性質。終而以和諧的形式表現和諧的存有經驗與理想價值，以具現整體和諧的音樂之美。

㈡是音樂聲量的「適中」，或稱之為「平」。音樂要具現和諧之美，除了諸多因素之間的統一而外，還必須聲音本身「量」的適中。《國語・周語》云：「樂從和，和從平」。什麼是「平」？「細大不踰曰平」，也就是聲量大小適中，不能超過人聽覺的負荷，故又云：「大不踰宮，細不過羽」。這種觀念，其後被《呂氏春秋》加以闡揚，故專立〈適音篇〉，以討論音樂聲量的適中性，云：「太巨、太小、太清、太濁，皆非適」，而〈大樂篇〉則原則性地指出：「和出於適」。這種音樂美學觀念，也是從人的官能經驗反省思考而獲致生理學及心理學上的理論依據，顯然偏向音樂物理性功能的解釋。儒家從孔子之後，在存有論美學上，已走向主體心性論的進路，因此對於這種音樂美學觀念並沒有更為精密的發展。

第三，孔子在《論語・八佾篇》中，曾批評舜的〈韶〉樂是「盡美矣，又盡善也」，又批評周武王的〈武〉樂是「盡美矣，未盡善也」。此一批評引出美、善分合的問題，許多學者常就這段話，討論在孔子的美學觀念中，「美」與「善」究竟是區分或統一。

這種討論，必須先辨明範疇上是就「存有」或「藝術」而論。在存有論美學中，不管是從秩序或主體人格來說，美與善都是同體互涵地存在著，「善」即涵有「美」而「美」亦涵有「善」，彼此互為構成的條件。從主體人格來說，必由於道德的實踐（善）才能具現為「生色睟然」的人格之「美」，相對的也由於這「生色睟然」的人格之「美」，才使得「善」非只是抽象概念而能「不言而喻」地具現出來。因此，從主體人格完滿的存有本身而觀之，「美」與「善」是渾化地俱在，根本不能分割。說「美」

說「善」，只是概念指涉的分別，「善」是就人格於倫理關係中所實現的應然價值而說，「美」則是就人格依藉感性形式而全幅生命當下具體呈現而言。另外，從存有秩序而言亦然，必由於各個體在相對的倫理關係中實踐道德（善），然後才能具現和諧的「秩序美」；相對的，也由於和諧的「秩序美」，才使得「善」非只是抽象概念而能具現出來，故從整體存有完滿實現的本身而觀之，「美」與「善」亦是渾化地俱在，根本不能分割。說「美」說「善」，也同樣只是概念指涉上的分別而已。

在藝術美學中，審美判斷之所對，不是吾人生命存有的本身，而是一取得物質感性形式（藝術媒材）的藝術客體。這時，「美」可以不涵有「善」，而只由主體官能感覺作用於藝術客體的物質感性形式以獲致判斷。孔子對於「韶」、「武」之樂所稱「盡美」之「美」，即指此義，其實質完全不同於前述的「存有秩序美」與「主體人格美」，故朱熹將它解釋爲「聲容之盛」，意指樂舞中聲音之悅耳與舞容之悅目，我們可以稱它爲「藝術客體表象之美」。這種「美」，便與「善」區分，可以不必依待主體道德實踐（善）爲其內容而獨立具現。後世有些美學觀念將藝術從人的價值存有獨立出來，只視爲感覺經驗所直對的客體，便往往以這種「美」爲第一義，並將它視爲藝術的本質。然而，在先秦儒家所持藝術與人存同體不二的觀念中，這種「美」卻不是藝術之美的究極意義。雖然，孔子在評鑒韶、武之樂時，也曾意識到藝術客體具有這種獨立於人存的表象之美，但畢竟沒有究極地肯定它，因此孔子之後的儒家美學並未脫離其存有論的基礎，而純就此一「美」的意義獨立發展出一套專爲藝術而設的美學來。

「美」不能始終只是做爲抽象概念而存在，它必須取得感性形式以具現。這具現「美」的感性形式，我們可以稱它爲「美的表式」。那麼，上述人存本身所謂「秩序美」與「人格美」與藝術客體的「表象美」，其「表式」是否相同？我們的回答是並不相同，前者的表式，我們可以稱之爲「精神表式」；後者的表式，我們可以稱之爲「物質表式」。

「物質表式」指物質性結構形式以做爲具現美的感性形式，例如視覺之所對物體表象之線條、色彩等之結構形式，聽覺之所對聲音表象之韻律、節奏等之結構形式。人之存有，若做爲形軀之存有，則五官身裁等線條、色彩之物質結構形式，卽是美的「物質表式」，由此所具現之美，實爲「形體美」。先秦儒家非不知有此種「美」，然而由於他們視人之存有，是價値之存有，而實現此一價値的根源依據，不是形軀，而是理性之精神人格，故具現此「美」，絕不以形體的「物質表式」爲其感性形式的充分條件。它的充分條件是「精神表式」。然則，什麼是「精神表式」？它指的是精神表態以做爲具現美的感性形式。此一感性形式的實質涵義又是什麼？在本文中，我們是將它放在儒家存有論美學的脈絡回答這樣的問題。從普遍原則來說，此一「精神表式」卽是合乎禮的言行舉止。《論語・顏淵篇》載顏淵問「仁」，孔子的回答是「克己復禮」，顏淵進一步再「請問其目」時，孔子的回答是「非禮勿視，非禮勿聽，非禮勿言，非禮勿動」。準此，就一般概念而言，「精神表式」卽指主體精神人格外現之種種「視聽言動」，不過儒家更給予此種種「視聽言動」實質內涵的規定，也就是必須「合禮」而能具現仁性，具現人存的理性價値，這是「精神表式」的普遍原則。若從具體的行爲來說，則《論語》中所載孔子的各種言行，例如〈述而〉云：「子之燕居，申申如也，夭夭如也」、「子釣而不綱，弋不射宿」、「子食於有喪者之側，未嘗飽也。子於是日哭，則不歌」、「子與人歌而善，必使反之，而後和之」、「子見齊衰者，冕衣裳者，與瞽者。見之，雖少必作，過之必趨」等等，這都是具體呈現的「精神表式」；依藉它，我們便能感受到孔子生氣貫注而動靜合宜的人格之美。準此，則「精神表式」就儒家存有論美學言之，其實就是「禮文」，只是指的不是物質性的「禮器」或普遍概念性的「禮制」，而是與主體感性生命辯證融合而外現的「禮儀」或「禮貌」。司馬光在《溫國文正司馬公文集》卷六十〈答孔文仲司戶書〉中，曾解釋「古之所謂文者」，便包括「升降進退之容」。這「升降進退之容」的「禮文」，即是我們所謂「精神表式」。

依循以上的論述，我們可以明白，「物質表式」在美學意義上是官能經驗所感取之對象的物質結構形式，故爲一靜態性之表式，而「精神表式」則是精神經驗所感取之對象的視聽言動形式，故爲一動態性之表式。「物質表式」所具現之美可以不涵人存的價值內容而獨立由官能直覺感取。但是，「精神表式」所具現之美則必隱涵人存的價值內容，故其感取之主體亦非官能之「感性直覺」，而是人的道德本心所發顯之「智的直覺」。

問題是這二種表式，在美的具現中，是否完全沒有關係？首先，我們從存有主體的人格美的具現言之，主體人格美之具現必以「精神表式」爲其感性形式的充要條件。但是，「精神」雖爲實有，卻因其非物質性之具體存在，故爲抽象性之實有，其自身並無具體的感性形式，故「精神」之取得感性形式，竟須以「物質表式」爲必要條件；但二者的關係卻不是絕對同一，而是具現過程中的辯證超越，亦卽「精神表式」必須依藉「物質表式」才得以具體呈現，但它卻不完全等同於「物質表式」之本身。「物質表式」對它而言，只是表現的物質性工具，當「精神表式」具現完成之時，便超越此一物質性工具而存有。明白地說，人之涵具存有價值意義的所謂視聽言動的「精神表式」，必然要依藉形體的物質表式爲工具，才能表現出來；但它之所以爲「美」卻並不由於這「物質表式」本身靜態的結構形式，而是由於這「物質表式」的動態發用所傳導而出的精神人格所涵之存有的價値意義。以例言之，一個人「笑」的行爲之做爲「精神表式」，必然依藉形體物質表式中的「嘴」及相關的臉部結構形式爲工具，但就人格美而言，它之所以爲「美」並不由於這「物質表式」的靜態結構形式，而是由於其動態發用所傳導而出的精神性價值意向的善良——思無邪，由此言之，「精神表式」之爲感性形式是「象徵性」的而不是「實在客體性」的。凡象徵性之表式，必以一物質感性形式之符號爲工具，但其意義則必不等同於此工具之本身，而須超越此工具而解悟之，故「主體人格美」之獲致判斷，不只是「看見」，而是依藉「看見」或「聽見」進而「想見」。它不能經由結構形式之分解或官能感性直覺而獲致，而是置入於價値存有的情境中，經由官能經驗爲必要手段——「看見」或「聽見」，進而超越此種經驗之上，終究在「互爲主體」的解悟中「想見」之。

其次，我們再就藝術美的具現言之。藝術若只就其獨立於人存而爲官能感覺經驗之所對，則所謂「美」僅須依藉其媒材之物質表式，卽得以具現，這就是孔子論韶、武之樂時，由「聲容之盛」所判斷之「美」；但這不是儒家藝術之美的究極意義。其究極意義，應該是「盡美矣」之「美」與「盡善也」之「善」的辯證融合之「美」。孔子並沒有在語言陳述中，直接提出這一究極性的藝術之「美」；然而他在存有論美學中，以「文質彬彬」卽形式與內容辯證圓熟爲君子人格美的典型，從這一觀念衍生出來的藝術之美，其理想的典型，也應該是「文質彬彬」才對。故他所謂「盡善」、「盡美」實爲分解性的批評。若就藝術之究極的整體具現而言，則「美」（形式義）與「善」（內容義）應該是辯證融合地存在，而此辯證融合之後的藝術實體所具現者也應該是「美」，而且是究極意義的「美」，是藝術之所以爲藝術的眞正本質。準此，則孔子雖未在語言陳述中，直接提出這種「美」，並使用「美」這詞彙以指涉之，但其義則實已隱涵在他的美學觀念架構中。準此，則在藝術審美判斷中，這種由媒材物質表式所具現之「美」，分解地說，雖與「善」異質而爲二；然而整體地說，此「美」之與「善」卻存在著辯證性的關係。

在他評論韶、武之樂時，其所謂「美」固爲「物質表式」之具現。卽使其所謂「善」也應該是一分析命題，包涵了存有論美學中，「美」與「善」的二個概念。爲什麼？朱熹解釋「盡善」與「未盡善」時，云：「善者，美之實也。舜紹堯致治，武王伐紂救民，其功一也……然舜之德，性之也，又以揖遜而有天下，武王之德，反之也，又以征誅而得天下，故其實有不同者」。然則，孔子在這段話中「美」、「善」對舉，實爲區別藝術品的形式與內容而言之。但是，這內容乃是指舜與武王之人格狀態與當時的存有秩序，根據我們前文存有論美學中的論述，「善」不能始終做爲概念而存在它必須被實踐，因此從價值存有來說，當價值實現之時，不管就個體生命人格或整體秩序而言，「美」與「善」皆同體互涵地存在。那麼，韶、武之樂假如以此價值存有的經驗與意義爲其內涵，則孔子所謂「盡善」、「未盡善」的「善」，在實質上應該是隱涵著美、善二種性質的分析命題。

再接著說，我們前文討論過，在存有中主體人格與整體秩序之美的具現，其本身便是「精神表式」對「物質表式」的辯證超越。假如藝術是以媒材自身的「物質表式」爲工具而去表現價值存有的主體人格或整體秩序之美，則理論上來說，其內容本身便還有一重「物質表式」，卽人物或宇宙（指人文社會）的結構形式。不過，實際上這會因藝術個別類型而有所差異，在造型藝術中，例如繪畫、雕塑，甚至以描寫刻劃人物之具體形象爲主的文學作品，的確具有二重「物質表式」。但在抒情言志的藝術中，例如主題性音樂或抒情言志的文學作品，則因爲不是實存的重現，故由人物形體所構成的「物質表式」已失其工具性作用而被淡化掉，乃直接以「視聽言動」的「精神表式」具現之，其工具性的「物質表式」則由藝術媒材的構造替代了。然而，不管是那一種情況，從先秦儒家美學衍生的藝術觀念，所謂藝術，其整體具現，則必然是「精神表式」與「物質表式」的辯證融合。而從究極意義言之，「精神表式」必超越「物質表式」之外，具現價值存有的精神人格與秩序之美。而後世美學中，所謂「氣韻生動」，所謂「傳神」，所謂「作者人格卽作品風格」等觀念，也都可以從上述道理獲得解釋。

五、結　論

綜合以上的討論，對於先秦儒家美學，我們可以獲致下列幾個認識：

第一，先秦儒家美學是存有論的美學，而不是藝術學。他們是從人的價值存有的入路，去解答「美是什麼」以及「美如何存在」這種美學上的基本問題。

第二，對於上述問題，他們所給予的答案是：在孔子之前，士大夫們都認爲「美卽價值存有的和諧秩序」，可稱之爲「存有秩序美」。更明確地說，他們將人視爲價值的實在體而不是物質的實在體。當個體與個體在實現生命價值的過程中，通過合理的互動關係而辯證融合具現爲總體和諧的秩序。而在這種秩序中，個體生命也因而獲致不受壓迫、侵奪與消滅的存在感。這種和諧的秩序與存在感，就是「美」，它是禮樂文化實現的理想成果。至於此一和諧存有秩序之得以成立的理據，他們有的從宇宙論的進路，提出一客觀超越的原理——「雜多或對立因素的統一」；而有的則是從生理學或心理學的進路，提出節制物質及欲求以使個體身心平適而導致整體秩序和諧的觀念。這基本上都是由「實然」以定「應然」的思惟進路。

第三，孔子繼承「美卽和諧的存有秩序」，但卻進一步地去思考「和諧的存有秩序美如何可能實現」，也就是爲「美的存在」尋求最首出的形上依據。他並不依循前一階段宇宙論與生理學、心理學的進路，而轉向主體內在心性，提出「仁」德以解答這個形上的問題。至孟子，則遵循孔子的入路，而正式提出「主體人格美」的觀念，這就是美之存在的首出性依據，故具形上性格。荀子雖主張性惡，但也同樣肯斷人格美。但孟子之人格美乃內在良心善性之具現，爲人性的本質，乃由內而外之顯發。荀子之人格美，由於性惡之說，故非人性的本質，乃由外而內之轉化，不具首出之形上性格。

第四，上述「存有秩序美」與「主體人格美」二義，卽是先秦儒家美學的中心觀念。而兩者之間並非截然二元，實爲體用相卽的關係。

第五，儒家並未以藝術爲獨立對象而建構自成系統的美學，其有關藝術方面的美學觀念乃是由上述存有論美學衍生而來。「主體人格美」不只是「存有秩序美」的形上依據，同時也是藝術美的形上依據。因爲此一形上不是知識性的形上，而是實踐性的形上，所以在藝術實踐中，能「卽體發用」而具現爲包涵人存價值的藝術之美。基本上，儒家並不將藝術看作官能感覺經驗之所對的審美客體，而是表現人之價值存有的精神經驗與意義的創造品，故藝術與存有乃同體不二，其獨立意義不在於脫離人的價值存有，而在於與人之價值存有取得同體不二的關係。這種關係，其根本不是建立在理論的形式邏輯上，而是建立在價值實踐的因果邏輯上。因此，後世之藝術實踐者，雖不在理論上預設儒家的美學觀念，但只要能道德實踐而具現人格美，則其所發用而創造之藝術品，經後設反思，也都能與先秦儒家美學遙相通契，而獲致理論上的解釋。

第六，先秦儒家存有論美學在藝術實踐及理論上的衍生義，主要有三：㈠是以涵具道德的主體情志爲構成詩歌的本質；㈡是以「和」與「適」（或平）做爲音樂的本質；㈢藝術固然可以由其自身媒材形式獲致表象之美，但其終極圓融的具現，則仍然是形式與內容的辯證統一。

第七、「美」必然要取得感性形式而具現，此爲「美的表式」。在先秦儒家存有論美學的觀念中，「美的表式」不但是物質的，更是精神的。所謂「物質表式」指物質性結構形式以做爲美的感性形式者，它是主體官能經驗所感取之對象，是爲一靜態性之表式。所謂「精神表式」指精神表態以做爲具現美的感性形式，此一感性形式卽是涵具主體價值意向的「視聽言動」的行爲方式，就儒家而言，卽是「升降進退之容」的「禮文」。在存有論美學中，「物質表式」爲吾人之形體結構形式，而人格美與秩序美之具現，雖以它爲必要的工具，但非充分，其終極乃是「精神表式」依藉「物質表式」爲工具而辯證超越之，故「精神表式」實爲主體精神經驗所感取之對象，是爲一「象徵性」而非「實在客體性」的動態表式，只有在價值存有的情境中，「互爲主體」地解悟，始能獲致它的美感與意義。在藝術審美判斷中，孔子雖曾就韶武之樂而特出由媒材「物質表式」所具現之「美——所謂聲容之盛；但我們由「文質彬彬」的存有論美學觀念，應該可以推想孔子理想中的藝術之美，其究極的具現，必是「精神表式」（實質上卽是人存的經驗與價值，亦卽主體人格美與秩序美）對「物質表式」的辯證統一與超越。

【附　註】

註一　發生意義，指一種事物在歷史進程中之所以產生而所具備的意義。本質意義，指一種事物之所以成其爲事物而在本質上所具備的意義。參見勞思光《中國哲學史》第一卷第一章，友聯出版社。

註　二　參見劉昌元《西方美學導論》的〈導言〉，頁二，臺北聯經出版公司。

註　三　參見李澤厚、劉綱紀《中國美學史》的〈緒論〉，頁一四，臺北里仁書局。

註　四　這類史料很多，例如《左傳·昭公元年》載醫和云：「天有六氣，降生五味，發爲五色，徵爲五聲，淫生六疾」、又〈昭公二十五年〉載子產云：「氣爲五味，發爲五色，章爲五聲，淫則昏亂」、《老子》十二章云「五色令人目盲，五音令人耳聾，五味令人口爽」。

註　五　意指一個美的判斷，只要夾雜著欲望，夾雜著利害感，就會有偏愛而不是純粹的欣賞判斷。因此，眞正的審美判斷，必須完全不對這事物的存在有利害上的關心。參見康德《判斷力批判》上卷第一部分第一章第二節，宗白華、韋卓民譯，臺北滄浪出版社。

註　六　引自李澤厚、劉綱紀《中國美學史》第二章第一節，頁九六，臺北里仁書局。

註　七　參見顏崑陽〈論魏晉南北朝文質觀念及其衍生諸問題〉之二〈文質的基源意義及其所關涉的文學觀念〉，本文收入《古典文學》第九集，臺北學生書局。

註　八　《荀子·禮論篇》云：「禮起於何也？曰：人生而有欲，欲而不得，則不能無求；求而無度量分界，則不能不爭。爭則亂，亂則窮。先王惡其亂也，故制禮義以分之……。」如此解釋禮的起源，只是從歷史進程中說明其發生意義，但對於禮的本質及其超越依據，則全無說明，故在他觀念中，禮只是先王所制的一種外在產物。

註　九　「感性直覺」與「智的直覺」是康德對「直覺」所做的區分。人只具有「感性直覺」，至於「智的直覺乃是「靈魂心體之自我活動而單表象或判斷靈魂心體自己者」，故能認識「物自身」，但此種直覺非人心之所具，只當歸諸神心，參見牟宗三《智的直覺與中國哲學》第十六〈智的直覺之意義與作用〉。然而，就中國哲學而說，「智的直覺」並不歸諸神，它指的卽是人之價值存有中的實現（創造）原則，從儒家言之，卽是「遍、常、一而無限的道德本心之誠明所發的圓照之知。此『心知』之意義乃根據孟子所謂『本心』而說。非認知心，乃道德創生之心」，故人只要朗現主體良心善性，卽具有「智的直覺」能不依邏輯概念分析而具體直觀存有理想價值之自身而創造實現之。參見同上，第十八〈智的直覺如何可能？儒家『道德的形上學』之完成〉。

※ 本文作者顏崑陽教授任教於國立中央大學中文系。

梁啓超的小說美學建構

林明德

一、充實過程

在晚清文學運動中，「小說界革命」最引人注目。當時是梁任公「文章最有勢力的時代」（註一）他「用他那枝『筆鋒常帶情感』的健筆」（註二），肯定小說的身份與功能，並且透過系列文章鼓吹「小說界革命」，造成晚清文學的新趨勢。

任公不僅建立小說理論、提倡新小說與政治小說、創辦《新小說》雜誌，還親自參與創作與翻譯外國小說。從理論到實踐，他不愧是「小說界革命」的導師。

大致上說，任公的小說理論，約見於下列八篇文章，即：

(一)一八九七年《變法通議》：〈論幼學〉

(二)一八九七年《蒙學報演義報合敍》

(三)一八九八年《譯印政治小說序》

(四)一八九九年《自由書》：〈傳播文明三利器〉
(五)一九〇二年《中國唯一之文學報新小說》
(六)一九〇二年《論小說與羣治之關係》
(七)一九〇三年《小說叢話》
(八)一九一五年《告小說家》

這八篇依次發表，正可看出他有關小說理論的充實發展之歷程。其中有一共同理念是：喚起民衆與改良政治。顯然，他對小說的教育功能是相當肯定的。然而，此一觀念，可能受到康有爲「僅識字之人，有不讀經，無有不讀小說者」的啓示。至於有關小說理論的建構，則是逐漸充實，苦心孤詣的結果。

在〈論幼學〉一文，他提出七種課程：識字書、文法書、歌訣書、問答書、說部書、門徑書與名物書，以作爲幼學的教學方法，看法既周延又獨到。其中，說部書，就是指小說而言。之所以被列入的理由是：

古人文字與語言合，今人文字與語言離，其利病既縷言之矣。今人出話，皆用今語，而下筆必效古言，故婦孺農甿，靡不以讀書為難事。而《水滸》、《三國》、《紅樓》之類，讀者反多於六經。（寓華西人亦讀三國演義最多，以其易解也。）夫小說一家，漢志列於九流，古之士夫，未或輕之，宋賢語錄，滿紙恁地這個，匪直不事修飾，抑亦有微意存焉。日本創伊呂波等四十六字母，別以平假名、片假名，操其土語以輔漢文，故識字讀書閱報之人日多焉。今卽未能如是，但使專用今之俗語，有音有字者以著一書，則解者必多，而讀者當亦愈夥。自後世學子，務文采而棄實學，莫肯辱身降志，弄此楮墨，而小有才之人，因而遊戲恣肆以出之，誨盜誨淫，不出二者，故天下之風氣，魚爛於此間而莫或知，非細故也。今宜專用俚語，廣著羣書，上之可以借闡聖教，下之可以雜述史事，近之可以激發國恥，遠之可以旁及彝情，乃至宦途醜態、試場惡趣、鴉片頑癖、纏足虐刑，皆可窮極異形，振厲末俗。其為補益，豈有量耶？

他透過比較文學的觀照，言簡意賅的揭示了小說的特質與功能。基本上，小說必須能激發國恥，反映現實，振厲末俗。他一方面抨擊「誨盜誨淫」的傳統小說，一方面鼓勵文人重視並且投入小說的創作，其實，就是上述觀點的進一步發揮。在通俗小說不受重視，與狹邪、才子佳人小說、公案、俠義充斥的當時，任公對「小說」的看法，可謂特識。

〈蒙學報演義報合敍〉承繼上述的論點，不過情緒較爲激切。他認爲「今日救中國第一義」乃在「教小學敎愚民」，而最好的途徑，非藉「小說之力」不可，他說：

西國教科之書最盛，而出以遊戲小說者尤夥。故日本之變法，賴俚歌與小說之力。蓋以悅童子，以導愚氓，未有善於是者也。他國且然，況我支那之民不識字者，十人而有六，其僅識字而未解文法者，又四人而三乎？

這兩篇文章都強調小說的教育功能，但對於小說理論的建構，則付之闕如。然而，有關小說語言的通俗化，也就是在文學語言與生活語言的調適上，是他所重視的抑且發揮小說教育功能的先決條件。値得注意的是，所謂「今語」、「俗語」、「俚語」，其實就是「白話」。(註三) 從這裏可以看出，他的白話文學之主張，較胡適之早了十年。

一八九八年，「百日維新」失敗，十月，任公流亡日本，十一月在橫濱創辦〈清議報〉，繼續宣傳維新思想，特闢「政治小說」一門(註四)，以作爲國家改革的媒介。他同時寫了〈譯印政治小說序〉(註五) 來詮釋「政治小說」的功能。序文指出，「政治小說」始自泰西，由於一般人的心理「莫不憚莊嚴，而喜諧謔，故聽古樂，則惟恐臥，聽鄭衞之音，則靡靡而忘倦焉。」因此，擅長教育的人，往往能「因人之情而利導之」，例如：「在昔歐洲各國變革之始，其魁儒碩學，仁人志士，往往以其身之所經歷，及胸中所懷，政治之議論，一寄之於小說，於是彼中綴學之子，黌塾之暇，手之口下，下而兵丁而市儈而農氓而工匠而車夫馬卒而婦女而婦女而童孺，靡不手之口之，往往每一書出，而全國之議論爲之一變。彼美、英、德、法、奧、意、日本各國政界之日進，則政治小說，爲功最高焉，英名士某君曰：『小說爲國民之魂』。

反觀中國小說，雖然班固《漢書》〈藝文志〉早已列之於九流，不過，「自虞初以來，佳製蓋鮮。述英雄則規畫《水滸》，道男女則步武《紅樓》，綜其大較，不出誨盜誨淫兩端。陳陳相因，塗塗遞附，故大方之家，每不屑道焉。」

他還認爲小說可以彌補六經、正史、語錄、律例的不足，以當初「中國識字人寡，深通文學之人尤寡」的情況下，觀摩歐洲魁儒碩學、仁人志士啓發民智的不二法門，不外是：由政治小說入手。他例證政治小說在「各國政界之日進」所扮的角色，「爲功最高」，從而肯定「小說爲國民之魂」。他積極的呼籲「採用外國名儒所撰述，而有關切於今日中國時局者，次第譯之，附於報末，愛國之士，或庶覽焉。」他之所以抵制無補時艱的「誨盜誨淫」的傳統小說，正可以從這些激切焦慮的言論去瞭解。換句話說，他的觀點是來自時代脈搏的迴應。

由於這篇序文，觸發人們重視小說與時政的關係；引起大衆開始接受外國小說的興趣；而「政治小說」的新詞彙，也直接影響到晚清小說分類的風氣，像歷史小說、政治小說、哲理小說、冒險小說、寫情小說、傳奇小說、科學小說等時髦標籤爲之充斥市場。加以，他指明了翻譯小說的實際意義，對國內小說、戲劇的創作有很大的鼓舞作用；晚清翻譯小說的繁榮局面，和任公的倡導有相當密切的關係，是不容置疑的。

然而，這篇序文卻也涉及到幾個值得推敲的問題。當任公在一八九八年十月到達日本的時候，身爲一個政治改革的宣傳家，一定會留意到日本明治時代文學（尤其是「政治小說」）運動，在光緒二十五年（一八九九）的《夏威夷遊記》裏，他曾吐露：

（十一月）二十八日風復大作，船頭之桅為折，……余旣戒為詩，乃日以讀書消遣，讀德富蘇峯所著《將來之日本》及《國民叢書》數種。德富氏為日本三大新聞主筆之一，其文雄放雋快善以歐西文思入日本文，實為文界別開一生面者，余甚愛之，中國若有文界革命，當亦不可不起點於是也。蘇峯在日本鼓吹平民主義甚有功，又不僅以文豪者。

根據中村忠行先生的看法，梁任公曾私淑德富蘇峯，並以「中國の德富蘇峯」自期，譬如他那「筆鋒常帶情感」的「新民體」便是得自那個以 Thomas Babington Macaulay(1800-1859) 自比，而洋洋得意的蘇峯。由於這樣的機緣，使他接觸到蘇峯的弟弟德富蘆花——這位因《不如歸》的成功一躍成爲日本文壇寵兒，並進一步去翻譯他政治色彩濃厚的「科學小說」與「偵探小說」，如：《世界末日記》、《俄皇宮中之人鬼》(註六)等。任公對政治小說的興趣，這或許是個起始點。

至於序文中說到歐洲的小說家皆爲「魁儒碩學，仁人志士」，可能指萊頓 (Bulwer-Lytton) 與狄斯瑞理 (Benjamin Disraeli) 兩人，因爲他們都是明治時代很受日本喜愛的政治小說家：前者是官場上的貴族，後者是王公大人。一八七九年，曾在愛丁堡大學攻讀法律的織田純一郎翻譯了萊頓的 Erncst Maltravers, 1837. 頗受日人的歡迎，並且開創了日本「政治小說」的先河(註七)。這之外，他也一定受到日本主要政治小說家的影響，從而在《清議報》連載政治小說：例如，矢野文雄（一八五〇～一九三一）的《經國美談》，與柴四郎（一八五二～一九二二）的《佳人奇遇》等書。《清議報》結束後，任公又在一九〇二年春創辦《新民叢報》，仍於每期附載小說，如：《十五小豪傑》。並且發表了導致戲劇界革命的作品，如〈劫灰夢〉、〈新羅馬〉、〈俠情記〉等傳奇。

透過上述的分析，或許更能瞭解〈譯印政治小說序〉的意旨。其實，梁任公之所以呼籲翻譯政治小說，在於改革的工具從朝廷內閣轉到一般老百姓的瞭解上，因此，他要求一種可以繼承經典載道傳統的新小說。

一八九九，任公在《自由書》系列，推出〈傳播文明三利器〉，這篇短小精悍，發人深思的文章裏面的觀點可以說是審視明治維新究竟的心得，仍然強調小說，尤其是政治小說與國民、社會，馴致國家的關係，他說：

> 於日本維新之運有大功者，小說亦其一端也。明治十五六年間，民權、自由之聲，徧滿國中。於是西洋小說中言法國、羅馬革命之事者，陸續譯出；有題為自由者，有題為自由之燈者，次第登於新報中。自是譯泰西小說者日新月異；其最著者則織田純一郎氏之《花柳春話》、關直彥之《春鶯囀》、藤田鳴鶴氏之《繫思談》、《春窗綺話》、《梅蕾餘薰》、《經世偉觀》等其原書多英國近代歷史小說家之作也。翻譯既盛，而政治小說之著述亦漸起，如柴東海之《佳人奇遇》、末廣鐵腸之《花間鶯》、《雪中梅》、藤田鳴鶴之《文明東漸史》、矢野龍溪之《經國美談》（矢野氏今爲中國公使，日本文學界之泰斗，進步黨之魁端也。）等，著書之人，皆一時之大政論家，寄託書中之人物，以寫自己之政見，固不得專以小說目之。而其浸潤於國民腦質，最有效力者，則《經國美談》、《佳人奇遇》兩書為最云。嗚呼！吾安所得如施耐菴其人者，日夕促膝對坐，相與指天畫地，雌黃今古，吐納歐亞，出其胸中所懷魂礨磅礴錯綜繁雜者，而一一鎔鑄之，以質於天下健者哉！

從這段話可以知道，將近二年的「日本經驗」對任公當時或往後的文學理念，的確有相當深遠的影響。

大概有鑑於「附於報末」的小說，未能達到預期的效果，於是，任公積極創辦專門性的《新小說》雜誌，藉以大張「小說界革命」的旗幟。在《新民叢報》第十四號，他特別刊登一篇帶有廣告性質的〈中國唯一之文學報新小說〉，宣告《新小說》雜誌即將誕生的訊息。

在中國文學雜誌史裏，《新小說》的誕生，雖然未必是首創，但較之過去文人間筆墨往來的文學刊物，毋寧是唯一也是劃時代的。所以，阿英在《晚清文藝報刊述略》曾加以肯定：「《新民叢報》評云：『小說爲文學之最上乘，近世學於域外者，多能言之。但我中國此風未盛，大雅君子猶吐棄不屑厝意。此編實可稱空前之作也。』（《新小說》介紹）事實也是如此，新的小說刊物，至此始具完整規模。」

〈中國唯一之文學報新小說〉揭示了《新小說》的發行宗旨是：「專在借小說家言，以發起國民政治思想，激厲其愛國精神，一切淫猥鄙野之言，有傷德育者，在所必擯。」文中也再現任公始終一貫的小說理念：

小說之道感人深矣！泰西論文學者，必以小說首屈一指，豈不以此種文體曲折透達，淋漓盡致，描人羣之情況，抉天地之窾奧，有非尋常文家所能及者耶！

小說的魅力在此，任公的堅持也在此。接著，特別預告《新小說》計劃撰譯登載的小說篇目與內容，之外，還分別標上「歷史小說」、「政治小說」、「寫情小說」等名目，同時對各類型小說加以界定。

然而，更別出心裁的是，他特別開闢了「論說」一欄，這對中國小說界所引起的影響，是不容忽視的。他說：「本報論說，專屬於小說之範圍，大抵欲爲中國說部創一新境界，如論文學上小說之價值，社會上小說之勢力，東西各國小說學進化之歷史及小說家之功德，中國小說界革命之必要及其方法等。」顯然，他把小說理論的研究，當作小說的範圍，並且希望透過小說理論的研究，替中國小說開創「新境界」。這種看法是相當正確的。《新小說》雜誌出刊後，「論說」一欄一時成爲小說理論演出小舞臺，精采的小說智慧，如：梁任公的論述、狄楚卿的〈論文學上小說之位置〉，以及多人執筆的《小說叢話》等，都紛紛上場。

二、理論建構——小說界革命宣言

一九〇二年底，梁任公在橫濱創辦的《新小說》雜誌正式推出，發刊辭是〈論小說與羣治之關係〉。這篇三千多字的文章，不僅延續上述論文的重要觀點，並且在小說理論上，有了突破性的建構，具體的呈示新小說的肅穆意義。因此，它可以說是「小說界革命」的正式宣言了。他開宗明義的指出：

> 欲新一國之民，不可不先新一國之小說。故欲新道德，必新小說，欲新宗教，必新小說，欲新政治，必新小說，欲新風俗，必新小說，欲新學藝，必新小說，乃至欲新人心欲新人格，必新小說。何以故？小說有不可思議之力支配人道故。

具體而全面的說明小說不可忽視的影響力量。一般人認爲人類之所以嗜好小說，無非是：「以其淺而易解故」、「以其樂而多趣故」。他卻以爲這兩種看法，有所未盡：

文之淺而易解者，不必小說，尋常婦孺之函札，官樣之文牘，亦非有艱深難讀者存也，顧誰則嗜之？不寧惟是，彼高才贍學之士，能讀墳典索邱，能注蟲魚草木，彼其視淵古之文，與平易之文，一應無所擇，而何以獨嗜小說？是第一說有所未盡也。小說之以賞心樂事為目的者固多，然此等顧不甚為世所重，其最受歡迎者，則必其可驚可愕可悲可感，讀之而生出無量噩夢，抹出無量眼淚者也。夫使以欲樂故而嗜此也，而何為偏取此反比例之物而自苦也？是第二說有所未盡也。

經過一番「冥思窮鞫」之後，他終於找出兩個合理的解釋是：

凡人之性，常非能以現境界而自滿足者也，而此蠢蠢軀殼，其所能觸能受之境界，又頑狹短局而至有限也，故常欲於其直接以觸以受之外，而間接有所觸有所受，所謂身外之身，世界外之世界也。此等識想，不獨利根衆生有之，既鈍根衆生亦有焉。而導其根器使日趨於鈍，日趨於利者，其力量無大於小說。小說者，常導人游於他境界，而變換其常觸常受之空氣者也。此其一。人之恆情，於其所懷抱之想像，所經歷之境界，往往有行之不知，習矣不察者，無論為哀為樂為怨為怒為戀為駭為憂為慚，常若知其然而不知其所以然；欲摹寫其情狀，而心不能自喻，口不能自宣，筆不能自傳，有人焉和盤托出，澈底而發露之，則拍案叫絕曰：「善哉善哉，如是如是。」所謂「夫子言之，於我心有戚戚焉。」感人之深莫此為甚。此其二。

所謂「導人游於他境界，而變換其常觸常受之空氣」，以滿足人對「身外之身，世界外之世界」的生命憧憬，正肯定了小說「表達理想」之功能；至於將人「所懷抱之想像，所經歷之境界」，「和盤托出，澈底而發露之」，以覺識「行之不知，習矣不察」的生命經驗，也正肯定了小說「反映現實」之功用，這兩者才是「文章之眞諦！」但是，在諸種文體之中，既「足以移人」，又「能極其妙而神其技者，莫小說若。」所以，他論斷：小說爲文學之最上乘。並且進一步釐清，前者屬於理想派，後者屬於寫實派。中外小說大概不出這兩派的範疇。在中國小說發展史上，任公的這些小說美學的看法，的確前所未有。

他接著剖析小說「支配人道」的四種「力」：

一曰熏。熏也者，如入雲煙中而爲其所烘，如近墨朱處而爲其所染。《楞伽經》所謂迷智爲識、轉識成智者，皆恃此力；人之讀一小說也，不知不覺之間而眼識爲之迷漾，而腦筋爲之搖颺，而神經爲之營注。今日變一二焉，明日變一二焉，刹那刹那，相斷相續，久之而此小說之境界，遂入其靈臺而據之，成爲一特別之原質之種子。有此種子故，他日又更有所觸所受者，旦旦而熏之，種子愈盛，而又以之熏他人。故此種子遂可以徧世界，一切器世間有情世間之所以成所以住，皆此爲因緣也。而小說則巍巍焉具此威德以操縱衆生也。

二曰浸。熏以空間言，故其力之大小，存其界之廣狹；浸以時間言，故其力之大小，存其界之長短。浸也者，入而與之俱化者也。人之讀一小說也，往往既終卷後數旬而終不能釋然。讀《紅樓》竟者，必有餘戀有餘悲，讀《水滸》竟者，必有餘快有餘怒，何也？浸之力使然也。等是佳作也，而其卷帙愈繁事實愈多者，則其浸人也亦愈甚。如酒焉，作十日飲，則作百日醉；我佛從菩提樹下起，便說偌大一部《華嚴》，正以此也。

三曰刺。刺也者，刺激之義也。熏浸之力在使感受者不覺，刺之力在使感受者驟覺。刺也者，能入於一刹那頃，忽起異感而不能自制者也。我本藹然和也，乃讀林沖雪天三限，武松飛雪浦厄，何以忽然髮指？我本愉然樂也，乃讀晴雯出大觀園，黛玉死瀟湘館，何以忽然淚流？我本肅然莊也，乃讀實甫之琴心酬簡，東塘之眠書訪翠，何以忽然情動若是者？皆所謂刺激也。大抵腦筋愈敏之人，則其受刺激力也愈速且劇，而要之必以其書所含刺激力之大小爲比例。禪宗之一棒一喝，皆利用此刺激力以度人者也。此力之爲用也，文字不如語言，然語言力所被不能廣不能久也，於是不得不乞靈於文字。在文字中，則文言不如俗語，莊論不如寓言，故具此力最大者，非小說末由。

四曰提。前三者之力，自外而灌之使入；提之力，自內而脫之使出，實佛法之最上乘也。凡讀小說者，必常若自化其身焉。入於書中，而爲其書之主人翁。讀《野叟曝言》者，必自擬文素臣；讀《石頭記》者，必自擬賈寶玉；讀《花月痕》者，必自擬韓荷生若韋癡珠；讀《梁山泊》者，必自擬黑旋風若花和尚。雖讀者自辯其無是心焉，吾不信也。夫既化其身以入書中矣，則當其讀此書時，此身已非我有，截然去此界以入於彼界，所謂華嚴樓閣，帝網重重，一毛孔中萬億蓮花，一彈指頃百千浩劫。文字移人，至此而極。然則吾書中主人翁而華盛頓，則讀者將化身爲華盛頓，主人翁而拿破崙，則讀者將化身爲拿破崙；主人翁而釋迦、孔子，則讀者將化身爲釋迦、孔子。有斷然也，度世之不二法門，豈有過此。

任公認爲這四種「力」，作用極大，「可以盧牟一世，亭毒羣倫。教主之所以能立教門，政治家所以能組織政黨，莫不賴是。文家能得其一，則爲文豪，能兼其四，則爲文聖。有此四力而用之於善，則可以福億兆人；有此四力而用之於惡，則可以毒萬千載。而此四力所以最易寄者惟小說。」因此，他由衷感嘆：「可愛哉小說！可畏哉小說！」

基本上，梁任公所提出的小說美——四力說，是從心理學的觀點，加上佛學經驗，對於小說特性的一種分析。尤其對熏、浸、刺、提，四種力的產生與關係，層層轉進，由淺入深的論證，使他的小說美學，具有一定的理論根據與說服力。

最後，他談到小說與羣治的關係時，頗爲語重心長。在他看來，傳統小說所釋出的思想：羡慕狀元宰相、才子佳人、醉心科舉、追求名利、迷信妖巫狐鬼、反對修路開礦、想當江湖盜賊、沈溺聲色、消極頽廢、人情澆薄、風俗敗壞、及淪陷京國、啓召外戎等等，都是「中國羣治腐敗之總根原」。他批判的是：「陳陳相因，塗塗遞附，故大方之家、每不屑道」的小說。至於，他理想中的小說，顯然是能描寫新時代，表達新思想的。在一九二二年出版的《中國歷史研究法》，他曾說：「作小說者無論騁其冥想至何程度，而一涉筆敍事，總不能脫離其所處之環境，不知不覺，遂將當時社會背景寫出一部分，以供後世史家之取材。」(註八) 最能印證他所堅持的小說理念。

他指出「大聖鴻哲數萬言諄誨而不足者，華士坊賈一二書敗壞之而有餘」，如果讓「華士坊賈」繼續「握一國之主權而操縱之」，長此以往，「則吾國前途尚可問耶？」於是，他呼籲把中國社會改革的樞紐，放在「小說界革命」上，所謂「今日欲改良羣治，必自小說界革命始，欲新民必自新小說始。」

在中國小說史上，〈論小說與羣治之關係〉是相當重要的文獻，因爲它提升了小說的地位，喚起小說家提高國民的政治認識，推動晚清小說的創作與翻譯，引發小說理論的辯駁，造成中國小說史上一個最繁榮的時代。

值得注意的是，《新小說》雜誌創刊之後，不僅造成以小說爲主的雜誌相繼推出，連帶也影響這些雜誌的發行旨趣，例如：《繡像小說》(1903-1906) 在〈本館附印繡像小說緣起〉說明創刊宗旨：「稗國利民」、「藉思開化」，其實就是改良羣治；《月月小說》(1906-1908) 吳趼人的〈月月小說序〉旨在說明小說與羣治的關係。隨著小說雜誌的勃興，出現了許多小說與新小說，其中有不少人是在小說界革命的影響之下創作的，而小說數量也蔚爲大觀，根據阿英《晚清戲曲小說目》的統計，晚清小說戲劇的創作約有六百多種，其中十分之九是一九〇二年以後的作品，也就是《新小說》雜誌創辦之後，這些現象正好說明了和梁啓超「小說界革命」宣言的關係。

《小說叢話》刊在《新小說》雜誌「論說」一欄，在中國是「前此未有之作」，由大家聯合撰寫但又各自縱論的隨筆。任公談了十五則，（按：其中十二與十五則重覆）大多屬於戲曲（孔尚任《桃花扇》)的情節與印象式批評。其中，第二則是爲補充〈本館附印小說緣起〉而寫的：「吾以爲人類於重英雄，愛男女之外，尙有一附屬性焉，曰畏鬼神。以此三者，可以賅盡中國之小說矣。」另一則涉及「小說之神力不可思議」，似可視爲小說「四力」伸延的例證：

蔣藏園著《臨川夢》設言有俞二姑者，讀《牡丹亭》而生感致病，此不過為自己寫照，極表景仰臨川之熱誠而已。然亦可見小說之道，感人深矣。乃近有事實與此相類，而其癡想尤甚者。項倫敦《泰晤士報》載有〈讀小說而自殺〉一條，其文曰：「英國著名小說家瑪利女史所著《米的亞端》一書，極言有推理思想之人容易自殺，今者竟有讀此書而真自殺之人，卽同國一牧師之子名噹士者，一夜飽讀此書，慨然語其母曰：『此兒(指書中之人物)乃竟死耶？』若不勝感動者然。翌晨檢其寢室，則見其著乃父之法服縊死焉。搜其襟底，見有小字一行曰：『衣法服以赴天國，吾望之久矣，非自殺也。』」云云。噫！小說之神力不可思議，乃如此耶？(註九)

最後要談的是〈告小說家〉。這篇文章寫於一九一五年，與第一篇〈論幼學〉相差二十年，與第四篇〈論小說與羣治之關係〉間隔十四年之久。它是承繼以前的「小說觀」：「故其熏染感化力之偉大，舉凡一切聖經賢傳詩古文辭皆莫能擬之，然則小說在社會教育界所佔之位置，略可識矣。」顯然還是小說「四力」的美學。

他以爲「十年前之舊社會，大半由舊小說之勢力所鑄成」，於是「憂世之士」思爲補救之計，乃提倡小說之譯著以躋諸文學之林，用以移風易俗。「今日小說之勢力」比十年前增加「倍蓰什百」，「今後社會之命脈，操於小說家之手者泰半」，問題是，那時的小說文學，「其什九則爲誨盜與誨淫而已」。

在愛國心與政治熱已逐漸冷卻的當時，「黑幕報導」、「偵探小說」與「艷情小說」（卽鴛鴦蝴蝶派、禮拜六派）等作品橫行，比十年前小說界革命時，有過之而無不及，他擔心「社會風習，一落千丈」，數年之後，「中國殆不陸沈焉不止也。」所以，他苦勸作家不要造孽，以妖言迎合社會，阬陷全國青年讀者墮入無間地獄，戕賊國性；否則因果循環，必有惡報。

最後他呼籲作家「各還訴諸其天良」，共同爲社會爲國家盡點心力。這篇文章題目命名爲〈告小說家〉，是相當肅穆的，而內容又扣緊當時文壇現象、社會風氣立論，可見作者的用心是何等的良苦。儘管他比較十年前後的文學情勢，而予批判，可是他對小說與羣治之關係仍然是肯定的、一貫的。

三、理論影響

透過以上的分析，我們可以看出梁任公先生與晚清小說界的關係極爲密切。大致上說，他給予晚清文學的影響，可從四方面來談：

第一、提倡「政治小說」，爲晚清小說開創新局面，使「小說」取得合法的「身分證」，扭轉「

大方之家，每不屑道」的心理，而與詩、文同列莊嚴的地位。曾孟樸先生云：「似乎小說的地位，全仗了梁先生的大力，增高了一點。」（見胡適文存〈論翻譯〉附錄〈曾先生答書〉）

第二、喚起作家對「小說」的覺識。新小說作者的創作動機，與任公的看法完全一致：爲改良羣治。由於這點共識，造成了「一個最繁榮的小說時代」。吳趼人〈月月小說序〉云：

吾感夫飲冰子〈小說與羣治之關係〉之說出，提倡小說，不數年而吾國之新著新譯之小說，幾於汗萬牛充萬棟，猶復日出不已而未有窮期也。

這是實情之論。

第三、建立小說理論，引起廣泛的研討。在〈論小說與羣治之關係〉一文，梁任公先生試圖區分兩種小說：即「理想派」與「寫實派」，這種特識對中國小說理論有很大的貢獻。至於其他觀點，例如小說「四力」的美學，他但開風氣，引發後人作進一步的討論，使小說理論越來越精密。

第四、推動晚清小說的通俗化。爲了教育羣衆，改良社會救中國，梁任公先生強調「日本之變法賴俚歌與小說之力。」（蒙學報演義報合敍）、「文學之進化有一大關鍵，即由古語之文學變爲俗語之文學是也。各國文學史之開展，靡不循此軌道。中國先秦之文，殆皆用俗語，觀《公羊傳》、《楚辭》、《墨子》、《莊子》，其間各國方言錯出者不少，可爲佐證。故先秦文界之光明，數千年稱最焉。尋常論者，多謂宋、元以降，爲中國文學退化時代。余曰：『不然！』夫六朝之文，靡靡不足道矣。即如唐代韓、柳諸賢，自謂起八代之衰，要其文能在文學史上有價値者幾何？昌黎謂非三代、兩漢之書不敢觀，余以爲此卽其受病之源也。自宋以後，實爲祖國文學之大進化。何以故？俗語文學大發達故。宋後俗語文學有兩大派：其一則儒家、禪家之語錄，其二則小說也。小說者，決非以古語之文體而能工者也。本朝以來，考據學盛，俗語文體，生一頓挫，第一派又中絕矣。苟欲思想之普及，則此體非徒小說家當採用而已，凡爲文章，莫不有然。雖然，自語言文字相去愈遠，今欲爲此，誠非易易，吾曾試驗，吾最知之。」(註一〇)這種主張立刻引起小說家的共鳴，爲晚清帶來一場聲勢浩大的小說通俗化運動。小說語言「由文言小說而流爲白話小說」，一時蔚爲風尚，使晚清小說成爲「現代小說」的先行。

基本上，「晚清小說」是前五四的本土文學運動的一環，但是六十多年來，現代文學史家的研究焦點，大都集中在「五四」上，使「晚清小說」成爲斷層部分，實在令人惋惜。我們認爲對它重新正視加以研究，才能清楚中國現代小說發展脈絡的眞相，才能彌補中國文學史上的那一頁空白。

【附　註】

註　一　見胡適之《四十自述》：〈三、在上海〉。

註　二　同註一。

註　三　一九〇二年，梁任公譯《十五小豪傑》，曾自述：「本書原似依《水滸》、《紅樓》等書體裁，純用俗話。」「俗話」與上述諸詞，語意相同，都是「白話」的意思。

註　四　按《清議報》所刊約分六門，即：一、支那人論說，二、日本及泰西人論說，三、支那近事，四、萬國近事，五、支那哲學，六、政治小說。

註　五　原爲《佳人奇遇》（政治小說）序。

註　六　見中村忠行〈德富蘆花の現代中國文學〉一文。

註　七　參考夏志清〈新小說的提倡者：嚴復與梁啓超〉一文。

註　八　見《中國歷史研究法》頁五一。

註　九　見《晚清文學叢鈔》：《小說戲曲研究卷》卷四：〈小說叢話〉頁三一三。筆者標爲第十三則。

註一〇　同註九，頁三〇八—九。筆者標爲第一則。

※　本文作者**林明德**教授任教於輔仁大學中文系。

文學理論的任務及其範圍問題

周慶華

一、一個基本的假定

這是一個有一種說法就會有相反或不同意見的社會，任何想要造就具有權威性的系統言論的努力，都會被視爲荒誕不經、徒勞無功。因爲言論所對應的是一個變動不居的現實環境，隨時有新的狀況在考驗言論的適用性，而言論本身不能盡意的缺陷，也會使它的功能大受侷限。因此，除了無知者或別有用心者外，沒有人會聲稱自己正在建立一套語言權威或已經建立一套語言權威。然而，弔詭的是，所有的言論都有樹立權威的傾向，它們以系統化的面貌出現，向舊有的權威或另一個權威挑戰，試圖取代對方而成爲新的權威。如果這樣的觀察沒有錯誤的話，現在我們所要談論的對象，肯定不是一個新鮮的話題，這就隱含有對別人的談論有欠周延的意識在，而往後的論說，正可以提供大家一個新的參考點。當然，我們也得準備接受各方的考驗。

看來這一「別人的談論有欠周延」的想法，是本文最基本的假定，但是這個假定在本文論述結束後，就可以得到驗證，不主動提出來，對整個論述也沒有妨礙。有妨礙的是我們論題中「文學理論」

的曖昧性。有人認爲文學根本沒有屬於它的本質，而判定文學是不存在的（註一）。「文學」既然不存在，談論文學的「文學理論」，自然也是一種幻覺（註二）。這樣我們還以「文學理論」標題，就顯得不可思議了。然而，許久以來，我們都把文學當作詩歌、散文、小說和戲劇的集合體（註三），不能說沒有文學這種東西的存在；而文學很早就被看作「文飾之學」或「語言藝術」（註四），顯然也有屬於它的本質。這樣以文學作爲談論的對象，自然是一件可能的事。而我們再把對文學的談論加以反省，也沒有什麼不可以。因此，這裏提出「文學理論」來論說，也就不算是一種突兀之舉。只是文學理論到底是怎麼一回事，還沒有人能夠說得清楚，我們不能不先作個假定，就是我們所談論的是屬於本體論的、方法論的，而不是策略性的，把文學理論當作某種策略看待的人，基本上都否定了文學理論的存在，而我們的看法正好跟他們相反。

二、本文所持的立場

換個角度來看，把文學理論當作某種策略看待的人，就跟否定世上有絕對眞理的懷疑論者一樣（註五），免不了要違反邏輯上的矛盾法則。因爲他們所論是事實的話，必定要假定前提「文學理論是一種策略」爲眞，這樣「文學理論是一種策略」，也就成爲有關文學理論的新命題，從此不得再喊出「文學理論只是一種幻覺」或「文學理論只是學術上的神話」這種空洞的口號，不然就是有意在跟人唱反調了。

我們所以不能苟同上面的言論，不止是看出這種言論無法自圓其說，也著實明白文學理論的確有本體論上和方法論上的意義。這從已經存在的對文學作品的創作過程、意義結構、語言形式、在讀者中所引起的心理反應或意理解釋，以及作品本身所表現的意識形態等許多論說，所顯示的普遍的確切性，可以讓人進行重複的檢核，推測要歸納文學理論的性質和功用，應該不會有什麼困難；同時，我們也可以藉著對各種論說有意無意忽略的問題的考察，反省文學理論可能的侷限，而預先想到因應的對策。這就是我們撰述本文所持的立場。換句話說，我們認為談論文學理論的任務及其範圍是可能的，而且經過這一談論，可以澄清不少有關文學理論方面的誤解，而對未來的文學研究有所裨益（註六）。

不過，我們也必須指出，這裏的論說只是對文學理論這一事實的條件說明，它僅僅是一個原則，能不能成立，還有待日後的觀察檢證。（註七）也就是說，我們所提出的說明，儘管信誓旦旦的確認它是眞的，也無妨別人將來再依事實來檢證。雖然如此，我們也會視須要舉出一些實例，先行充實某一部分論述，證明我們的說法是可取的，可以作為爾後從事文學研究者的依據。至於排斥文學理論有它一定的性質和功用，而對文學理論的解釋和評價也堅信不可能，這一徹底否定文學理論在本體論上和方法論上意義的論調，再也不能阻礙我們的論說，是很明顯的事。

三、當今談論此一問題的檢討

我們所以提出這個問題來談論，主要是有感於文學理論家至今尚未對文學理論的任務和範圍，有清楚的認識和了解。他們的論說，不是顯得大而無當，就是陷於與人爭論的轇轕中，很少能把握到問題的重心。而我們一般的文學研究，又受到他們的左右，一直處在搖擺不定的狀態中。爲了使文學研究能步上軌道，勢必要爲文學理論的任務和範圍作個明確的界定，不然我們又要如何看待文學研究這一行爲？

由於有關文學理論的論說，在我們這篇文章之前，已經出現了很多，不實際舉出一些例子，無法印證我們這裏所說的話。因此，在正式談論文學理論的任務和範圍前，不妨先來看看文學理論家們是怎麼說的。

大約從六〇年代亞伯拉姆斯(M. H. Abrams)發表《鏡與燈》一書開始，文學理論才有「規模」可言。亞氏在該書中提出跟藝術作品有關的四個要素：作品、藝術家、宇宙和觀衆，構成一個包含模仿理論、實用理論、表現理論和客觀理論的圖式。西方學者大都認爲它可以作爲文學理論的根據，不但用它來分析西方的文學批評，也用它來分析中國的文學批評（註八）。而本國學者原則上同意它爲一種創見，只是覺得它有欠周延，不足以涵蓋中西方的文學理論。爲了證明後面這一點，本國學者曾經費盡心思，試圖將亞氏的圖式加以修正補充，使它更爲符合「事實」。如施友忠把亞氏圖式中居於中心地位的作品，跟作家（藝術家）調換，而以「心」代替，藉以說明從哲學的觀點出發，去了解文學作品（尤其是中國詩），所包括三個逐層漸進的步驟；（註九）又如劉若愚把亞氏圖式中的四個要素重新排列成一個圓圈，以便容納中國歷來的六個文學理論(註一〇)；又如王金凌把亞氏圖式中的作品，跟萬有（宇宙）對調，用來說明文學現象的邏輯歷程。(註一一)此外，也有不滿意這些意見，而再行修訂增補的，如張雙英針對亞氏和劉氏理論的矛盾，重新構作一個作家、讀者和作品的交互重疊，而由宇宙所統攝的圖式，俾能區別各種文學理論的「對立關係」和「跨越關係」；(註一二)又如葉維廉在劉氏重新排列過的圓圈中心，增加語言（包括文化、歷史因素）一項，作爲中西比較文學的理論基礎(註一三)。

然而，亞伯拉姆斯所提出來的圖式，以及本國學者所修正的圖式，(註一四)除了讓我們看到文學理論的部分對象和文學理論的部分樣態（形式）外，(註一五)有關文學理論的任務是什麼，卻無從理解；而且對於關係文學研究成敗的方法論問題，也不見有所論述。到頭來只是徒有架構，而沒有什麼實質的意義。這也就是我們判定它們有問題的理由所在。既然已有的論說不能滿足我們的需求，只好自己來嘗試了。

四、文學理論的任務

顧名思義，文學理論是指一切對文學的論說。但是這裏所說的論說，不是一般意義上的論說，而是學術意義上的論說。更確切的說，是科學意義上的論說(註一六)。它是一套對文學現象的解釋(註一七)。而所謂解釋，是指在某種情況下會出現什麼現象，並不是籠統的敍述。換句話說，這一套解釋是一組命題經過一套嚴格的邏輯演繹過程得來的。現在就逐次說明如下：

我們都知道科學的目標在於解釋、預測和控制。如自然科學的目標就是解釋自然現象，預測自然現象，進而控制自然現象；而社會科學和人文科學的目標也是在解釋社會現象、人文現象，預測社會現象、人文現象，以及控制社會現象、人文現象。在方法層次上，各類科學都是一樣的（使用一套相同的解釋通則），所不同的是彼此的對象範圍和解釋的效果(註一八)。而在解釋、預測和控制三項中，解釋最爲重要，其他兩項都要直接或間接以它爲基礎。也就是說，有解釋才能預測，有預測才能控制，彼此形成邏輯上的密切關係。文學理論既是屬於人文科學的範圍，當然也以解釋爲它主要的任務。

要解釋文學的現象，首要工作就是建立一些命題。這些命題不論是已經存在的，或是發現來的，都要能陳述和測定文學現象之間的普遍關係。如有人提出「配稱原則」和「相似原則」來辨認創造象徵的意義，可以視爲一個典型的命題。第一個原則是說一個象徵的解釋必須跟作品的其他部分一致，而不能在作品中找到跟這個解釋相衝突的證據。第二個原則是說當我們說X象徵Y時，X必須跟Y在形象或含意上具有某種相似性(註一九)。我們把它寫成命題的形式，就是一個創造象徵只要符合配稱原則和相似原則，就能確定它的意義(註二〇)。這個敍述，陳述和測定了創造象徵符合配稱相似原則和創造象徵的意義這兩種現象之間的關係，滿足了作爲一個命題的條件。反過來說，一個敍述如果不能陳述和測定文學現象之間的普遍關係，就不是眞正的命題，只能稱它爲概念或引導性的敍述。不論概念或引導性的敍述，都不具有解釋的功能。如有人認爲中國傳統文學批評沒有西方文學批評那種分析性、演繹性的論說，而只有片段的、印象的表達，那是美感不同的緣故(註二一)。這裏用美感這個概念來解釋中西方文學批評的差異是不夠的(註二二)。因爲美感不同幾乎是不證自明的，沒有人會懷疑中西方文學批評的差異是緣自彼此美感的不同。我們想要知道的是爲什麼中國傳統文學批評不用分析性、演繹性的論說，而不是片段的、印象的表達？美感的定義不能回答這個問題。也就是說，美感只是一個概念，而概念不具有解釋的功能，我們不能用它來解釋。又如馬克思主義文學理論所說的：生產方式改變，文學活動也會發生變動(註二三)。這個敍述建立了「生產方式」和「文學活動」兩種現象之間的關係，相當於一個命題。但是這兩種現象並不是單一的變數（我們稱它爲未經定義的一組變數），而且這兩種現象之間的關係也未經特殊化，它只告訴我們這兩者之間的因果關係而已（前者影響後者）換句話說，這是一個引導性的敍述，它只告訴我們，如果生產方式改變，文學活動也會產生不可預期的變動，卻沒有告訴我們生產方式是什麼方式，而文學活動到底是指創作活動或閱讀活動或批評活動。這就不具有解釋的功能(註二四)，我們也不能用它來解釋。雖然如此，引導性的敍述仍有引導我們如何研究得更深入和應該從什麼角度去研究等價值(註二五)。這也是我們稱它爲引導性的敍述的唯一原因。

有了命題，再來就是如何演繹的問題。所謂演繹，是指由普遍命題引申出經驗命題的過程。這個過程，就是我們所說的解釋。我們想知道一個解釋是否有效，就看該解釋中經驗的發現是否可以從普遍命題中演繹出來。如論及文學的起源，各有不同的說法，諸如「遊戲說」、「勞動說」、「本能說」、「宗教說」、「戀愛說」、「戰爭說」、「模仿說」、「表現說」、「裝飾說」、「吸引說」等(註二六)，是我們常見的。不論那一種說法，都構成不了一個演繹系統，因爲還缺少一個前提，就是普遍命題。只有普遍命題存在，解釋才有效。否則，只是陳述性解釋，沒有任何法則可言，自然也不具有說服力。同樣的問題，我們可以根據行爲心理學中的一個命題來解釋。這個命題是說：如果做某件事的反應得到鼓勵，則做這件事的次數會增加(註二七)。我們把文學的起源問題加以整理分析，形成下列三個符合演繹系統的解釋步驟：

一種鼓勵對個人的價值愈高，則他採取行動取得此鼓勵的可能愈大。

在某一假設情況下，文學創作者認為文學有很大的價值。

所以他會採取行動來創作文學(註二八)。

實際上，這並不足以解釋爲什麼文學創作者會採取行動來創作文學，只是在推理上，他可能採取這樣的行動。在這裏我們找出了一個普遍命題，這就可以改變前面那些陳述性解釋，而成爲一個眞正的解釋。

依照這樣的「模式」，其他的文學現象應該都可以獲得妥善的解釋。不過，還有一個技術性的問題須要解決，就是目前文學理論家們所發現（建立）的命題，多半蓋然率不高(註二九)，不免影響到解釋的效果(註三〇)。如果想要提升解釋的效果，還得仰賴蓋然率更高的命題，這又該怎麼辦？這的確是個難題。我們要解決它，大概有三個途徑：一是修正舊有的命題；二是建立新的命題；三是尋找人類在其他方面所建立的命題，把它們組織起來解釋文學的現象（如上面那個例釋）。而就最後一點來說，要組織人類在其他方面所建立的命題，也必須透過解釋才有可能（解釋就是一種組織過程），這也是我們前面所說文學理論的主要任務在解釋的一部分意義。至於預測和控制，基本上跟解釋是分不開的；我們愈能加強我們的解釋，就愈能預測和控制（註三一），這就不必多說了。

五、文學理論的範圍

文學理論既然主要在解釋文學的現象，就不能沒有限制，我們可以想見，任何超出跟文學有關的解釋，都不能稱作文學理論。換句話說，文學理論必須受到文學的制約，不可以漫無邊際。從這點來看，文學理論有它一定的範圍，我們把它提出來討論，一方面可以跟前節相呼應，使所要解釋的對象能夠確立；一方面也可以藉此察看當今文學理論的偏向，而即早謀求補救之道。

這個問題應該從文學在整體文化中的地位談起。文化是一個歷史性的生活團體（也就是它的成員在時間中共同成長的團體），表現其創造力的歷程和結果的整體，其中包含了終極信仰、觀念系統、規範系統、表現系統和行動系統。終極信仰是指一個歷史性的生活團體的成員，由於對人生和世界的究竟意義的終極關懷，而將自己的生命所投向的最後根基，如「天」、「上帝」、「道」等；觀念系統是指一個歷史性的生活團體，認識自己和世界的方式，並由此產生一套認知體系和一套延續並發展其認知體系的方法，如哲學、科學等；規範系統是指一個歷史性的生活團體，依據其終極信仰和自己對自身及對世界的瞭解（就是它的觀念系統），而制定的一套行爲規範，並依據這些規範而產生一套行爲模式，如倫理、道德等；表現系統是指一個歷史性的生活團體用一種感性的方式，來表現該團體的終極信仰、觀念系統和規範系統，如文學、藝術等；行動系統是指一個歷史性的生活團體，對於自然和人羣所採取的開發或管理的全套辦法，如自然技術、管理技術等(註三二)。可見在整個文化體系中，文學主要在表現終極信仰、觀念系統和規範系統(註三三)。由於文學以語言爲媒介，這就有別於不以語言爲媒介的藝術作品（如繪畫、音樂、雕塑等）；又因爲文學以感性的方式（藝術的手法）來表現，這也有別於不以感性的方式來表現的論說（就是純粹談論終極信仰、認知觀念和行爲規範的文章）。

就文學本身來說，終極信仰、觀念系統和規範系統構成了它的內涵，但是文學並不以擁有此內涵爲滿足，它還要致力於語言的經營，造就一個美的形式，合而顯示它的「表現」能力。在這個前提下，文學自然要跟下列幾個方面發生關係：第一，文學創作者在選擇題材時，大多會以讀者所能理解（或容易理解）的爲主，而讀者所能理解（或容易理解）的題材，莫過於現實環境中已有的。因此，文學創作者所選擇的題材，很少不帶有時代的色彩，這會使文學跟社會脫離不了關係。同時，文學創作者所要表現的主題或主張(註三四)，也會受到過去或當今思想的影響，而使文學無法自我孤立於歷史的脈絡。第二，文學固然不是一個純然不跟外界發生關係的個體，但是它的語言形式卻可以不必配合社會的律動，而由文學創作者獨自構作，展現多姿多采的風貌。這時文學創作者對於文學顯然有相當充分的自主權，任何外在的干預，都無法改變這個事實。第三，文學要經由閱讀，才能顯出它的意義和價值，而閱讀活動一旦發生，讀者必然一躍而居於主導的地位，有關文學的解釋和評價（評價也要有一段或顯或隱的解釋過程），將取代文學創作和文學本身而成爲衆人關注的焦點。雖然如此，前者一定要環繞後者而進行，否則將無以自立。

從上面的分析，可以看出文學有它獨特的性質，而此獨特的性質必然也會產生某種功能；其次，文學創作者對文學擁有相當程度的自主權，他的天才、靈感，以及所受的教育和文化涵養，無不影響到文學的「品質」；再次，讀者對文學的解釋和評價，也會改變文學的地位，開創另一番氣象。這些現象，都是文學理論的對象。如果我們用文學的本體論來指對文學的性質和功能的解釋，用文學的現象論來指對文學的形式、類別、技巧和風格的解釋，用文學的創作論來指對文學創作者的創作活動的解釋，用文學的批評論來指對讀者的閱讀活動和批評活動的解釋，我們就可以說文學理論指的就是文學的本體論，現象論、創作論和批評論。而這些本體論、現象論、創作論和批評論，合而形成文學理論的範圍。不過，文學理論的範圍還可以擴大到對這些本體論、現象論、創作論和批評論的反省，我們總稱它爲方法論。有了方法論，才能把零散的文學理論組織起來，成爲一門有系統的學問。

六、結　語

文學理論的任務在於解釋、預測和控制，其中又以解釋最爲重要，這一點我們已經大略說過明了。至於文學理論的範圍，不外本體論、現象論、創作論、批評論和方法論等五項，我們也給予明確的指出了。這一來，我們將會發現兩個事實，一是透過上面的論說，可以檢查出當今文學理論的問題所在；一是藉著上面的論說，可以消弭文學批評上一些無謂的爭論。前者，我們已經見過它的效力，不再多說；後者，我們還沒有實地嘗試，必須略加說明。

大致說來，當今的紛爭，主要集中在文學批評到底是印象的還是分析的，是主觀的還是客觀的，是要使用單一模式還是使用多重模式等問題上，辯論雙方，各執一詞，始終難以溝通。然而，他們似乎都忘了文學各作品的內涵和形式容有不同，但是文學只有一樣，解釋方式也只有一套。我們只問解釋是否有效，而不問它是印象或是分析、是主觀或是客觀、是單一模式或是多重模式。今天大家所爭辯的文學批評是什麼或不是什麼，基本上都不會有結果，只會錯失建構系統理論的機會，而徒讓其他學科的人繼續譏笑文學理論仍在蹣跚學步之中。這樣看來，我們的說法是可信的。根據我們的說法去做，不但這些無益的爭辯會消失於無形，還能建立起有系統的理論。有了系統理論，也才可望跟其他學科「併肩齊步」。

【注　釋】

註一　見伊格頓（Terry Eagleton），《當代文學理論導論》（聶振雄等譯，香港，旭日，一九八七年十月），頁一〇～一一；劉若愚，《中國文學理論》（杜國清譯，臺北，聯經，一九八五年八月），頁三〇五引德多洛夫（Tzvetan Todorov）語。這是說我們不可能給文學下一個「客觀的」或「精確的」定義。如果有人給文學下定義，那是他爲決定如何閱讀的問題，而不是判定他所寫事物本質的問題。

註二　論者認爲文學理論也是一種幻覺，這首先意味著文學理論不過是社會意識形態的分支，根本沒有任何可以把它同哲學、語言學、心理學、文化的和社會的思想充分區別開來的單一性或特性；其次，它還意味著，它希望把自己區分出來，緊緊抓住一個叫做文學的對象，這是打錯了算盤（見註一所引伊格頓書，頁一九五）。

註三　古來對於文學類型的區分，極爲紛歧，這裏無意去詳加探討，只擧出今人習稱的四種類型來論說。至於有人把可以橫跨文、哲兩界的散文，排除在文學之外（見韋勒克（Wellek）、華倫（Warren），《文學理論》（梁伯傑譯，臺北，水牛，一九八七年六月），頁三六四；王夢鷗，《文學概論》（臺北，藝文，一九七六年五月），頁九引《美國百科全書》說），這無關宏旨，我們也暫不以理會。

註四　「文飾之學」，可以蕭統〈文選序〉「事出於沈思，義歸乎翰藻」的釋義爲準（參見註三所引王夢鷗書，頁三）；「語言藝術」，是西方人首先提出來區別「造形藝術」和「感覺藝術」的名稱（見康德（Kant），《判斷力批判》（宗白華、韋卓民譯，臺北，滄浪，一九八六年九月），上册，頁一七二）。而這「文飾之學」或「語言藝術」，就是詩歌、散文、小說和戲劇共有的特性。

註五　有關懷疑論者的論調，見柴熙，《認識論》（臺北，商務，一九八三年八月），頁一四六～一四七；趙雅博，《知識論》（臺北，幼獅，一九九〇年七月），頁二五二～二五四。

註　六　我們所說的文學研究，跟文學理論是同義詞（後面提到的文學批評也是），這裏略以方便言說區分，不關本質。

註　七　格陵渥特（T. Greenwood）曾經指出假設的情況有三種：㈠在邏輯上：指一個假設命題的條件句子或前提。同時，也是一般情形的附屬論點。㈡在方法學上：指一個原則的提出，作爲對某一事實或一群事實的條件說明；或者，對某一現象的基礎，在證據未確定前，所作的「暫時假定」，以爲觀察或實驗的檢證。㈢蘇格拉底的假設方法：該方法係先給予一種不懷疑價值的假定，目的在分析或決定其結果。該假定並在明確辯論或判斷後，始決定其是否成立（見沈國鈞，《人文學的知識基礎》（臺北，水牛，一九八七年十二月），頁一〇二～一〇三引）。我們所要提出的說明，正是屬於第二種情況的假設。

註　八　見註一所引劉若愚書，頁一二～一三。

註　九　見施友忠，《二度和諧及其他》（臺北，聯經，一九七六年七月），頁六三～一一三。

註一〇　見註一所引劉若愚書，頁一三～二〇。

註一一　見王金淩，〈文學理論的理式〉，收於《古典文學》第七集（臺北，學生，一九八五年八月），下册，頁一〇三二～一〇四二。

註一二　見張雙英，〈文學理論產生的架構及其應用擧隅〉，收於《古典文學》第七集，下册，頁一〇四五～一〇六二。

註一三　見葉維廉，〈比較文學論文叢書總序〉（刊於《中外文學》第十一卷第九期，一九八三年二月），頁一二二～一三四。

註一四　就彌補亞氏圖式的立場來說，本國學者這些努力應該沒有白費，而且還可以藉此糾正執著一個「模子」衡量中西方文學理論者的錯誤。有關中西方文學理論「模子」不同的問題，參見葉維廉，《比較詩學》（臺北，東大，一九八三年二月），頁一～二五。

註一五　論說中所列作品、作家、宇宙、讀者等，屬於文學理論的對象；而由作品、作家、宇宙和讀者等所構成的模仿理論、實用理論、表現理論、客觀理論等，屬於文學理論的不同樣態。二者都不盡周全。

註一六　文學理論屬於人文科學的範圍。有些人認爲人文研究無法成爲一門科學，應該改稱人文學科，以有別於社會科學和自然科學。然而，科學是就一門知識的求知方法來說，學科是就一門知識的對象範圍來說（參見李明燦，《社會科學方法論》（臺北，黎明，一九八六年二月），頁二，魏鴻榮，《哲學定義》（臺南，聞道，一九八四年五月），頁一〇八～一一六），二者不能混爲一談。今天把人文科學改爲人文學科，不但不足以區別人文科學和其他科學的不同，還會造成語意的上混亂。事實上，人文科學跟其他科學不同的地方，在於所討論的命題和解釋的內容，不在於認知方法。因此，以科學來稱呼人文研究，是理所當然的事。如果眞要把人文科學改爲人文學科，其他兩門科學也要改爲社會學科和自然學科，才能符合類比的要求（這時就是以研究的對象範圍來區別三者的不同）。

註一七　荷曼斯（George C. Homans）說：「一個現象的理論就是一套對此現象的解釋。只有解釋才配得上用『理論』這名詞。」（見荷曼斯，《社會科學的本質》（楊念祖譯，臺北，桂冠，一九八七年三月）頁一八）另外，參見陳秉璋，《社會科學方法論》（臺北，環球，一九八九年五月），頁一三七～一三八；唐納（Jonathan H. Turner），《社會學理論的結構》（馬康莊譯，臺北，桂冠，一九八九年七月），頁三～一三。按：本節所論，多得自荷曼斯書的啓發，特此聲明。至於對文學現象的解釋成功，會對文學的創作活動、閱讀活動和批評活動產生什麼影響，這涉及文學理論的功用問題，已經超出我們討論的範圍，只好暫予擱置不談。

註一八 自然科學可以用實驗的方法，操縱變數（物質）和控制其他變數進入某一個實在現象中，以便科學家在研究他所感興趣的變數之間關係過程裏，能夠很清楚的顯現出來。社會科學的變數（人的行爲）就不容易控制。而人文科學的變數（語言）更難以控制。因爲變數有容易控制和不容易控制，自然會影響到解釋的效果。

註一九 見劉昌元，《西方美學導論》（臺北，聯經，一九八七年八月），頁二四一。

註二〇 當然，這裏所說的創造象徵，必然是可理解的。如果不可理解（歧義或曖昧不明），這個命題就不能成立。

註二一 見葉維廉主編，《中國現代文學批評選集》（臺北，聯經，一九七九年七月），〈序〉，頁一～五。

註二二 美感是由客觀對象的審美屬性引起，人感情上愉悅的心理狀態。包括感受、知覺、想像、情感、思維等心理功能在審美對象的刺激下交織活動形成的心理狀態（見王世德主編，《美學辭典》）臺北，木鐸，一九八七年十二月），〈美感〉條，頁六一）。根據這條定義，我們可以把美感視同一個敍述。

註二三 詳見佛克馬（Douwe Fokkema）、蟻布思（Elrud Ibsch），《二十世紀文學理論》（袁鶴翔等譯，臺北，書林，一九八七年十一月），頁七三～一一二。

註二四 其實，光以創作活動來說，馬克思主義文學理論這個敍述就無法用來解釋。在創作活動中，作者會努力經營作品的內涵和形式。作品的內涵有題材、主題和主張等，而作品的形式也有篇章組織和語言技巧等。生產方式變動，到底又改變了作品的什麼？我們根本無法預測。古人所說「文變染乎世情，興廢繫乎時序」（見劉勰，《文心雕龍》，《增訂漢魏叢書》本（臺北，大化，一九八八年四月），第四册，頁三一三七），也有這個問題在。

註二五　荷曼斯說：「馬克斯『法則』唯一可運用而且成功的貢獻，就是告訴我們不要將引導性的敍述誤認爲是科學的實際經驗和理論推理的成果。一個敍述能够告訴我們研究些什麼？如何去研究？它就是一個重要的敍述，可是它很少告訴我們研究的內容是什麼。套一句摩頓（Robert K. Merton）的話：『敍述是告訴我們如何去接近研究的對象，而不是研究的結果。』」（見註一七所引荷曼斯書，頁一四）。

註二六　見涂公遂，《文學概論》（臺北，華正，一九八八年七月），頁一四五～一六一。

註二七　參見張春興，《心理學》（臺北，東華，一九八九年九月），頁四五三～四五四；張華葆，《社會心理學理論》（臺北，三民，一九八九年九月），頁四五～六四。

註二八　曹丕說：「蓋文章經國之大業，不朽之盛事。年壽有時而盡，榮樂止乎其身，二者必至之常期，未若文章之無窮。是以古之作者，寄身於翰墨，見意於篇籍，不假良史之辭（按：不字，據五臣本補），不託飛馳之勢，而聲名自傳於後。」（見曹丕，〈典論論文〉，收於《增補六臣註文選》（臺北，華正，一九七九年五月），頁九六五）「古之作者」認爲文章可以「經國」，可以「不朽」（延續個人的精神生命），顯然文章的價值高於一切，所以他們迫不及待的要從事文學創作。這正好可以印證我們這裏所說的話。相反的，一個人認爲文學沒有什麼價值，他就不會去創作。程頤說：「《書》曰：『玩物喪志。』』爲文亦玩物也。……某素不作詩。亦非是禁止不作，但不欲爲此閑言語。」（見朱熹編，《河南程氏遺書》（臺北，商務，一九七八年十一月），下册，頁二六二～二六三）像程頤這種視「作文害道」而貶低文學價値的人，自然不可能跟別人去舞文弄墨了。

註二九 由歸納而來的命題，蓋然率有高有低。通常文學理論家所發現（建立）的命題，蓋然率不會很高。

註三〇 如畢士利（M. Beardsley）發現的一個命題：如果某一作品具有強度、統一與複雜性，則此作品的審美價値就高（見註一九所引劉昌元書，頁一二六～一二八）。這個命題就無法用來解釋一些表情不够強烈、組織不够統一、內容不够複雜而仍具有很高審美價値的作品（如中國大部分的文學作品）。至於現代文學批評（如現象學、結構主義、精神分析學、社會（政治）批評等）所建構的一些命題，也有這樣的問題。

註三一 這裏講控制，似乎有爲某些實際操縱文學的「野心家」（如馬克思主義者）辯護的意味。其實不然，因爲控制文學（一如控制其他的事物），永遠是人類的夢想，絕不是「野心家」的專利。「野心家」所以受人詬病，不在於企圖控制文學，而在於他用了不該用的（政治）手段，使文學大爲變質。

註三二 見沈清松，《解除世界魔咒》（臺北，時報，一九八六年十月），頁二一～二八。

註三三 我們用「主要」一詞，是表示容許有例外的情況。至於「表現」一詞，含有「徵候」或「象徵」的意思。它不同於一般所說的「外現」，或克羅齊所說的「直覺」，或形式美學家所說的「表意的成分」（參見朱光潛，《詩論》（臺北，德華，一九八一年一月），頁九〇～一一五）。

註三四 題材，是指作品中具體的人物、地點、行動或事件。主題，是指貫串題材的一般觀念。主張，是指作品所辯護的思想或立場（見註一九所引劉昌元書，頁二五一～二五二）。

■周慶華先生現爲淡江大學中文硏究所硏究生。

元和詩風新探

馬銘浩

對於「元和體」，歷來都有許多的學者作不同意見的討論，儘管意見紛紜，莫衷一是，但是都有一個基本的認同：那就是元和體的產生和元稹、白居易都有密切的關聯，並且也得到了當時相當大的回應與仿效。是以，以下乃以此爲基準，對元和詩風再作一番討論。

唐人李肇說：

元和以後，為文筆則學奇詭於韓愈，學苦澀於樊宗師；歌行學流蕩於張籍；詩章則學矯激於孟郊，學淺切於白居易，學淫靡於元稹，俱名為元和體。（註一）

就此而言，所謂的元和體似乎是指元和年間的文學現象，包括了文、歌行與詩三種文類的特別文學表現，而不是文體論的觀念。只是這些爲人所習的創作方式，並不是傳統中的文學創作法則，卻也都爲當世所風靡。文章的「奇詭」、「苦澀」；歌行的「流蕩」；詩篇的「矯激」、「淺切」、「淫靡」都在標舉著中唐時，正處於一個舊的文學傳統面臨挑戰，新的文學傳統又亟待建立的紛亂多變的階段，這也正符合了白居易「詩到元和體新變」（註二）的看法。既然李肇所說的「元和體」，並不含有後人所說文體論的觀念，則元、白之後的唐人，應該也還不至於突然產生了文體論的觀念，因此可以知道的是，至少元和體在唐代還不是一種固定的文體，既然不是如一般研究者最常說的文體說，則究竟爲何呢？

元稹嘗自謂：

予始與樂天同校秘書之名，多以詩章相贈答。會予譴掾江陵，樂天猶在翰林，寄余百韻律體及雜體，前後數十軸，是後各佐江通，復相酬寄，巴蜀江楚間長安少年，遞相倣效，競作新詞，自謂為元和詩。(註三)

在這段話裏透露了幾個訊息：第一，元稹和白居易的贈答相和的作品，以百韻律體和雜體爲主。第二，後進小生仿效元、白以詩相贈答的方式來寫作，卻自認爲是代表了元和詩壇的主流（並非元、白自稱）。但是爲何以百韻律體和雜體作爲唱和，而後人卻要評元、白之詩爲「淫靡」，爲「淺切」呢？這似乎必須先縱觀唐代整個唱和詩的發展和演變，比較容易得到答案。

唱和詩的源流，可以推溯到樂歌的唱和，其唱和之間的關係在於同一樂調，再另作新詞，唯基本上是二人或二人以上，在同一情境之下的和答，以歌唱的方式唱和，在漢代是有漢魏樂府中「絲竹更相和，執節者歌」的相和歌辭(註四)，晉宋以後則形成爲盛於文人階層間的唱和詩(註五)，「由唱和原指音樂之配合與應答，可以說明後代的唱和詩，何以特別注重音韻方面的呼應。在音樂中，唱與和絕非分別孤立的兩回事。唱和共鳴，八音克諧，無相奪倫，才能夠完成一次藝術的表現。同樣地，唱和詩中原唱與其和詩也不應視爲各自獨立的兩首詩。和詩的作者在落筆之前，心目中已有一首原唱在，他所要作是的爲原唱加上和聲，因此和詩在節拍韻律上務求配合原唱。」(註六)因此，後代唱和詩的發展，就比一般詩作多了一些押韻的限制，但卻也因此特別容易展現作者的才華。唱和詩的風氣發展到南朝的齊、梁，遂盛行於宮廷文人之間。而唐承六朝之風，唱和之風未衰，《新唐書・虞世南傳》曾記載道：

帝（太宗）嘗作宮體詩賡和。世南曰：「聖作誠工，然體非雅正。上之所好，下必有甚者。臣恐此詩一傳，天下風靡，不敢奉詔。（註七）

事實上，如此承六朝唱和之風以爲君臣唱和之習，在高宗、中宗時亦相當的盛行（註八），只是承旨唱和之風卽成，則宮中文人爲了誇耀才識，遂在彼此之間存著強烈的競爭意識，而旣然有所品評詮次，自然不能不有所設限，如此作者方能逞才以比試高下，「因此梁、陳宮廷中偶行之分韻、賦韻遂大行於初唐。初唐詩人分韻作詩，往往在詩題又下注明『得某字』、『探得某字』、『賦韻得某字』、『用某字韻應詔』、『各賦一字得某』，凡此等等皆同賦諸人，各拈一韻，不相重覆。」（註九）如此之作，已然和六朝文人重形式的文學現象很類似。再就內容上來看，現存《全唐詩》，初唐的答和之作品多爲詠物詩，如唐太宗有〈賦得櫻桃〉、〈賦得李〉、〈賦得浮橋〉、〈賦簾〉等作，風格則是直承六朝之風，諸如：

〈賦得櫻桃〉春字韻

華林滿芳景，洛陽偏宜春。朱顏含遠日，翠色影長津。

喬柯轉嬌鳥，低枝映美人。昔作園中實，今來席上珍。

〈賦得弱柳鳴秋蟬〉

散影玉階柳，含翠隱鳴蟬。微行藏葉裏，亂響出風前。（註一〇）

可知，這一類的應制唱和作品，其文學價值並不高，同時也是虞世南所說其「體非雅正」的眞正原因。在衛道者和古文家的心目中，這一類的唱和作品直可謂襲於六朝淫靡之文風，當然是要加以批判、反對的。

可是此一相和之風，非但未因古文家的反對而消聲匿跡，相反的，卻擴大到一般的文人雅士之間，甚至於科場上的同誼之間，座主與門生之間，都流行著以詩歌相唱和。《唐摭言》云：

周墀任華州刺史。武宗會昌三年，王起僕射再主文柄，墀以詩寄賀，並序曰：「……墀忝沐深恩，喜陪諸彥，因成七言四韻一首，輒敢寄獻，用導下情，兼呈新及第進士。」王起門生一榜二十二人和周墀詩。（註一一）

明．胡震亨也說：

唐時風習豪奢，如上元山棚，誕節舞馬，賜酺縱觀，萬衆同樂。……朝士詞人有賦，翌日卽流傳京師，當時唱酬之多，詩篇之盛，此亦其一助也。（註一二）

可以理解的是，此一唱和之習由宮中君臣發其端，浸染而爲科場文人所用，最後乃擴展到全民，凡文會之所，無不唱和以助興也。

雖然中唐之後文會之風日盛，但是文人兩地相隔，而以詩作爲書信，相互酬唱的，似乎還是始於元、白二人。《唐語林》曾記載其事云：

白居易長慶二身以中書舍人為杭州刺史……時吳興守錢徽、吳郡守李穰皆文學士，悉生平舊友，日以詩酒寄興……元稹鎮會稽，參其酬唱，每以筒竹盛詩往來。(註一三)

其實元、白的隔地唱和，可能更早於此說，至少在元和五年(八一〇)元稹貶江陵之後，就已開始隔地酬唱。而《唐語林》所載長慶二年(八二二)的情形，應該是在隔地酬唱之風大開之後，所產生的文人行爲。而就元稹自己所說，與白居易開始隔地酬唱時的作品，主要是以「百韻律體及雜體」爲主，百韻律體如元稹所作的〈夢遊春一百韻〉，白居易和以〈夢遊春一百韻〉，雜詩則比較沒有固定的方式，雜有古體詩和五、七言律絕，但在量的統計上，似乎又以近體詩所佔的比例較多，可以推測的是，唱和詩的興起和七律的發展應該有密切的關係。而於唐七律作者自狄仁傑起，就大多是應制所用的唱和詩，至於作七律的文人如沈佺期、宋之問等人，也都是在宮中大量以七律應制作詩的文人，(註一四)元、白明白的標舉著以百韻律體作爲唱和之用，事實上也就是在繼承此一唱和之傳統，並再加以發揚，拓展。元稹在〈酬樂天東南行一百韻〉一詩的序裏說道：

適崔縣州使至，為予致樂天去年十二月二日書，書中寄予百韻至兩韻，凡二十四章，屬李景信校書自忠州訪予，連床遞飲之開，悲吒使酒，不三兩日盡和。

這裏所說酬和之作係「百韻至兩韻」，也就是在律詩兩韻的基礎之上，再加以擴展鋪排。答和之間也就逐漸突破了初唐答和詩的基本架構，而有所謂的「次韻」、「依韻」、「用韻」等方式，如此發展則免不了要特別注重於形式，成爲文人之間爭奇鬪勝的方式，白居易就曾反省到此一問題，說：

> 微之，微之，走與足下，答和之多，從古未有，足下雖少我六七年，然俱已白頭矣，竟不能捨章句，拋筆硯，何癖如此之甚歟？而未忘少年時心，每因酬唱，或相侮謔，忽忽自哂，況他人乎？（註一五）

只是如此以次韻長篇律詩爲主的酬唱之風卽成，遂成爲新的創作方式，元稹說：「樂天曾寄予千字律詩數首，予皆次用本韻酬和，後來遂以成風。」（註一六）而白居易在和元稹詩時所寫的〈餘思未盡加爲六韻重寄微之〉詩中，也因此而提出了「詩到元和體新變」的看法，同時在此句之下亦自注云：「衆說元、白爲千字律詩，或號元和體。」至少在元、白的看法之中，以千字律詩作爲唱和之資，可以說是創新於當代的衆多詩體之中。清人趙翼亦認爲：

> 大凡才人好名，必創前古所未有，而後可以傳世。古來但有和詩，無和韻；唐人有和韻，尚無次韻；次韻實自元、白始。依次押韻，前後不差，此古所未有也。而且長篇累幅，多至百韻，少亦數十韻，爭能鬪巧，層出不窮，此又古所未有也。以此另成一格，推倒一世，自不能不傳。蓋元、白覩此一體為歷代所無，可從此出奇，自量才力又為之而有餘，故一往一來彼此角勝，遂以之擅場。微之〈上令狐相公書〉謂：「同門生白居易愛驅駕文字，窮極聲韻，或為千言，或為五百言律詩以相投寄。小生自審不能過之，往往戲排舊韻，別創新詞，名為次韻相

酬。蓋欲以難相挑耳。」白與元書亦謂：「敵則氣作，急則計生。以下來章惟求相因，故老僕報語不覺太誇。」觀此可以見二公才力之大矣。（註一七）

陳寅恪先生認爲「元和體」可以分成兩類，其一爲「次韻相酬之長篇排律」，其一爲「杯酒光景間之小碎篇章」（註一八）第一類當然是唱和之作，然第二類又何嘗不是以酬唱之作爲主。只是在這些唱和作品的形式方面，是繼六朝以來宮中應制詩作而發展，變化，承此風而下，元、白的主要酬唱作品，其內容與風格似乎也有部份的詠作作品，和接近於初唐應制詩的範疇，如元稹的〈春十六韻〉、〈月三十韻〉、〈感石榴二十韻〉等，白居易的〈秋蟲〉、〈紅鸚鵡〉等，二人之中又以元稹詩的風格更趨近於初唐，如〈賦得雨後花〉

紅芳憐靜色，深與雨相宜。餘滴下纖蕊，殘珠墮細枝。
浣花江上思，啼粉鏡中窺。念此低徊久，風光幸一吹。

又〈與楊十二巨源盧十九經濟同遊大安亭各賦二物合爲五韻探得松石〉寫道：

片石與孤松，曾經物外逢。月臨棲鶴影，雲抱老人峰。
蜀客君當問，秦官我舊封。積膏當琥珀，新劫長芙蓉。
待補蒼蒼去，樛柯早變龍。

除此之外，元、白所唱和的次韻詩，既然已經不是單純文會時文人間的唱和，而是帶有人隔兩地的書信意味，因此，除了傳統的詠物、抒情之外，其詩語的構成便時而敘事記物、時而大發議論的現象，顯現出有些散文化的味道，而不符合傳統詩論中含蓄的要求。如白居易詩〈代書詩一百韻寄微之〉云：

憶在貞元歲，初登典校司。身名同日授，心事一言知。
肺腑都無隔，形骸兩不羈。疏狂屬少年，閑散為卑官。
分定金蘭契，言通藥石規。交賢方汲汲，友直每偲偲。……

這些作品事實上是元、白二人在諷諭樂府之外的主要詩作，同時也是元、白對當時影響較大的詩作，因此史書上說：

稹聰警絕人，少年有才名，與太原白居易友善，工為詩，善狀詠風態物色，當時言詩者元白焉。自衣冠士子，至閭閻下俚，悉傳諷之，號為元和體。（註一九）

所謂「善狀詠風態物色」，即是直承詠物詩作而來的技法，既然「自衣冠士子，至閭閻下俚，悉傳諷之」。可知其影響之廣泛。而元稹自己不也說道：「巴蜀江楚間洎長安少年，遞相倣效，競作新詞，自謂為元和詩。」後生晚輩效法其詩作，卽以為可以代表元和一代之詩作。如此則所謂的「元和體」，當然不會只有單指元、白所創的新體式而言，還應該包括了他們在唱和之間，所慣用的手法與創作風格才是。

只是問題在於此一詩風，雖然廣為江湖新進小生所仿效，但是卻得不到同時當代知名文人的響應。韓愈作詩喜險僻，「得韻寬則泛入旁韻，得韻窄的不復旁出，而因以見巧。」（註二〇）而其交遊中如孟郊、張籍等亦不乏知名的文人，卻也極少作次韻詩（註二一），柳宗元集中次韻詩亦僅二首。隱然元、白二人所創的元和詩風，與韓、柳等古文運動的倡導者，形成了不同的文風派別。而韓愈一向是唐代古文運動的大將，在古文運動的系統之中，自從李諤〈上書請正文體〉開始，就一直在反對六朝以來的駢麗文體和淫靡詩風，到中唐時臻於興盛，可以說「至中唐古文發展始完成。唐代古文的發展完成，就是它興盛的時代。」（註二二）在此無意識的對立之下，以爲所著將補國史之不足的李肇，稱元、白詩爲「淫靡」、「淺切」，後人似乎大可不必畫蛇添足的爲他們辯護了。但是必須說明的是，上述所論的元和詩風，卻也不是元、白所刻意經營的，其唱和間自喻爲文戰，原屬文人遊戲的筆墨之作，卻因爲較接近世俗所尚，又折於二人之詩名，才成爲元和一代的主要詩風，元稹卽曾就此發表表示過他的意見說：

司文考變雅之由，往往歸咎於稹，嘗以為雕蟲小事，不足以自明。（註二三）

又

江湖間多新進小生，不知天下文有宗主，妄相倣效，而又從而失之，遂至於支離褊淺之詞，皆目為元和詩體。……至於顛倒語言，重複首尾，韻同意等，不異前篇，亦自謂元和詩體。（註二四）

同樣地，白居易不是也有「時之所重，僕之所輕」及「知我者以爲詩仙，不知我者以爲詩魔」（註二五）的感歎嗎？只是此風一開，則傾向此一文風之文學，乃在冥冥之中進入了文人創作的殿堂，並逐漸爲文人所接受和民衆所喜好。

【附　註】

註　一　引見李肇《國史補》。
註　二　引見白居易〈餘思未盡加爲六韻重寄微之〉。
註　三　引見元稹〈白氏長慶集序〉。
註　四　參見廖蔚卿撰〈建安樂府詩溯源〉，《幼獅學誌》第七卷，第一期。
註　五　有關唱和詩的源流和演變等問題，詳參姚垚撰〈唐代唱和詩的源流和發展〉，《書目季刊》第十五卷，第一期。
註　六　引同上註，頁三七－三八。
註　七　同樣的內容亦見載於《貞觀政要》卷三、《大唐新語》卷三、《唐會要》卷六十五。
註　八　中宗曾於景龍中置修文館學士，盛引詞學之臣以侍從讌游。嘗在景龍三年作〈九月九日幸臨渭亭登高詩〉，在詩序中云：「人題四題，同賦五言，其最後成，罰之引滿。」《唐詩紀事》則謂：「是宴也，韋安石、蘇瓌詩先成。於經野、盧懷愼最後成，罰酒。」同此之例甚多，由此可見當時君臣間唱和之情形。
註　九　引同註五，頁四六。
註一〇　上引二詩皆見於《全唐詩》卷一。
註一一　引見《唐摭言》卷三。
註一二　引見明・胡震亨《唐音癸籤》卷二十七。

註一三　引見《唐語林》卷二。

註一四　據統計沈佺期現存七律十六首，其中有十二首是應制之作；宋之問四首七律之中，也有兩首是唱和之作。關於唱和詩與七律之間的關係，可參註五所引之文，及葉嘉瑩撰〈論杜甫七律的演進及其承先啓後的成就〉一文，收於《迦陵談詩》，三民書局。

註一五　引見白居易〈《因繼集》重序〉。

註一六　引見元稹〈酬樂天餘思不盡加爲六韻〉一詩中「次韻千言曾報達」句下之小註。

註一七　引見清・趙翼《甌北詩話》卷四。另外自宋代以下如張表臣《珊瑚鉤詩話》、嚴羽《滄浪詩話》、王應麟《困學記聞》等亦多採此說。

註一八　參見陳寅恪〈元白詩箋證稿〉。

註一九　引見《舊唐書・元稹傳》。

註二〇　引見宋・歐陽修《六一詩話》。

註二一　據宋・洪邁《容齋隨筆》卷四〈楚東酬唱集序〉，可知韓詩三百七十一首中，唯〈陸渾山火〉一篇曰次韻，可以了解其不喜次韻詩。

註二二　引見羅聯添撰〈唐宋古文的發展與演變〉，《唐代文學論集》上册，頁一三八。臺灣學生書局印行。

註二三　引見元稹〈上令狐相公書啓〉。

註二四　引同上註。

註二五　俱引見白居易〈與元九書〉。

■馬銘浩先生現爲淡江大學中文研究所研究生。

王漁洋「神韻說」探論

——以批評術語、推尊詩家、得詩家三昧爲中心

黃麗卿

壹、前　言

「神韻」的觀念雖於魏晋南北朝時已正式出現在中國文學批評之領域，但猶未自覺地建構完整之理論（註一）。迨至清初漁洋所倡神韻說，才成較有體系之論，而使天下聞風景從，影響甚鉅（註二）。然綜觀漁洋著作中並未對神韻一詞作明確詮釋；又清人門戶之見最深，相互批評蔚爲風氣，此一理論幽微之處並未能彰顯出來。

晚近隨着西方文學、哲學各種思潮迭起，其系統性、客觀性之方法，對我傳統文化思想衝擊甚烈，遂使部份人士詬病傳統詩論用語籠統、含混，動輒言「印象式的批評毫無價值」、「中國的文學批評不發達。」（註三）時至今日則漸能意識到中國傳統文論之價值，對此方面之探究日益增加，因而不僅「神韻」之相關研究已漸夥（註四），其蘊含之意義亦漸能爲吾人所知（註五）。

在諸研究者中，探討漁洋「神韻」之說，大抵以此句爲中心：「大要得其神而遺其形，留其韻而忘

其迹，非聲色臭味之可尋，語言文字之可求也」(註六)。本文在此除繼續闡釋其意涵，另將參考以下觀點：詩歌之鑑賞與批評，基本上乃是一種主客交融的美感過程，因此它必須是不能客觀判斷的內容眞理(intensional truth)；它不能以知性的語言和概念的分解活動來獲得，因此它的批評方式，也必須以詩的語言來喚起讀者的美感，成爲創作的批評或抒情式的批評(lyrical criticism)。(註七)以探述「神韻」與其文學思潮之互動，呈現何種意義與風貌；理論內涵對困境之反省及因應之道，又有何種特質及精神。

在此一基礎上，再從漁洋之批評術語、推尊陶、孟、王、韋等詩家、得詩家三昧探論中，試以闡發其「寓胸襟之淡，樂境界之幽，得文字之簡」，與神韻之得是否等同。此外亦將自其時代背景以觀其價値所在。藉此一論析，期能有助於掌握其說之特質和意義，及其在美學上蘊含之底蘊。

貳、漁洋「神韻說」與文學思潮之關係

清代文學可說是中國傳統文學的光榮總結束(註八)。清代詩學亦是集歷代詩學之大成者。清初詩人能卓然成家，聲望足以聳動天下，而詩論又能引起後人熱烈討論的，前有錢謙益，後有王漁洋(註九)，然漁洋所倡「神韻說」，更具時代意義及價値。漁洋之時擬古運動和反擬古運動之討論、主唐派與主宋派之爭執、主格律與主神韻之衝突等文學思潮洶湧起伏。此處將先說明：這些爭執與衝突之理論糾葛中，當時整個文壇呈現何種批判，關懷之目標及大方向？而漁洋處於文學思潮變動不居之

時，其詩論有着「兼容並蓄」之特色，此一理論內部蘊含何種承繼，反省與批評之精神？

在明末清初詩學大轉變時期，因要反七子，且由反省詩史的觀念，並對比興傳統有所新體認，而有追求含蓄、深刻有寄託溫柔而不刻峭指斥的藝術效果，詩壇遂發生幾種特殊的創作路向：一種是上溯盛唐以前的古詩，求其含蓄敦厚與比興寄託；一種則是學宋元詩，因言比興寄託而貶斥直遂敷張，強調詩須「主意」；第三種，則是以美人之思、定情之咏爲主要表現方式，學步西崑，以李商隱爲矩範。這幾種詩歌新路向，幾乎籠罩了整個明末清初的詩壇。但，正因這些路向，都來自於對比興傳統的共同體認，故其彼此之間又常有相融相卽的現象，分而不異(註一〇)。

上述已道出其時代產生之三種特殊的創作新路向，看是衝突，卻能相融相卽。在漁洋之詩論中，已隱隱感受此一文學思潮變動中，此三種路向，未必是本質上矛盾。故其在反省批評之時，亦能呈現相融相契之論，此其時代性兼容性格之精神。可知其「獨標神韻，神韻得而風格才調法律三者悉舉諸此矣」。(註一一)由此從葉燮《原詩》云：「詩之至處，妙在含蓄無垠，思致微渺，其寄託在可言不可言之間，其指歸在可解不可解之會，言在此而意在彼，泯端倪而離形象，絕議論而窮思維。」而吳喬則好言「比興」，其言「比興」，乃「寄託」、「寓意」之意。所言「詩中須有人」，亦卽「比興」之意。於《西崑發微》自序云：「賦必意在言中，可因言求意；比興意在言外，不可以言求意」。所謂「意在言外」，卽言在此而意在彼，卽「寄託」，《圍爐詩話卷一》云：「詩貴有含蓄不盡之意，尤以不著意見聲色故事議論者爲最上」(註一二)而漁洋詩論且因講究比興寄託、含蓄的詩風，主張以景敍情，主情不盡而得溫柔敦厚之意。

就上所論，約略可知漁洋詩論在當時文學發展中之脈落。其評詩觀念隨着文壇發展及流弊中，而有反省、批判之論，且提出幾次轉變。從早歲崇唐，中歲越三唐而事兩宋，晚年則「以太音希聲，藥淫哇錮習，唐賢三昧之選，所謂造平淡時也」。（註一三）此中可見其所承襲尊唐宗宋，非來自典範樹立，而是對治時病之藥方。故乍看其論尊唐宗宋有所不同，然而其批評態度、所持論點，不因朝代之異，早期晚期有別而衝突（註一四）。此從《黃湄詩集序》云：

近人言詩，好立門戶，某者為唐，某者為宋，李、杜、蘇、黃強分畛域，如蠻觸氏之斗於蝸角而不自知其陋也。」

其批評當時言詩者，只知好立門戶、相互攻擊，未能用心體察文學思潮之變遷趨勢，對唐宋詩之風格亦無法清楚掌握其特質，又強分李、杜、蘇、黃等詩家呈顯之詩風，卻又欠缺省察能力，因而未能「識變」，不知「變復」之道，亦不自知其陋。故漁洋針對此一弊病，於《高津草堂詩集序》言：「故嘗著論，以為唐有詩，不必建安、黃初也；元和以後有詩，不必神龍、開元也；北宋有詩，不必李、杜、高、岑也」。其論《唐賢三昧集》之選，主要是有鑑於時弊日深，欲以「太音希聲」為其評詩之用心，且借宗尚盛唐詩以斥時人之詩風。但其旨趣與七子又有不同，此由《燃燈記聞》可知：

吾益疾夫世之依附盛唐者，但知學為「九天閶闔」、「萬國衣冠」……故有《唐賢三昧》之選，要在剔出盛唐真面目，與世人看，以見盛唐之詩，原非空殼子、大帽子話，其中蘊藉風流，包含萬物，自足以兼前後諸公之□。

文中已明顯道出盛唐詩，爲世人誤解及盲目推崇。並透過《唐賢三昧集》之選，以見其眞正意涵，及論詩價值所在。故能言：「盛唐詩人所以超出初唐中晚者，只是格韻高妙。」(註一五)又肯定說：「初盛有初盛之精神眞面目，中晚有中晚之眞精神眞面目。」(註一六)由此可看出所選《十種唐詩選》、《唐賢三昧集》之目的在「以此力挽尊宋祧唐之習，良於風雅有裨。」(註一七)在上述漁洋批評反省之論中，已能瞭解漁洋之「神韻說」，有其文學思潮之變遷色彩，同時又能展現時代之關懷與精神。

叁、漁洋「神韻說之特質」探論

前文扼要闡明漁洋時期整個文學思潮互動之間，所展現之特色，及其神韻理論批判之精神。此處將再從其批評術語、推尊陶、孟、王、韋等詩家，及得詩人三昧之深入探討，以觀察其神韻之意義與特質。

一、就其批評術語以論之

漁洋以「神韻」爲其論詩之主要核心，此一理論其自言承繼司空圖「不着一字，盡得風流」，嚴羽之「妙悟」等，成此一「風格式批評」(註一八)。首先觀察其術語直接使用「神韻」者有：《丙申詩集舊序》：「昔人云《楚辭》、《世說》，詩中佳料，爲其風藻神韻，去《風》、《雅》未遠。」指出其二書蘊含風藻神韻之特色。在批評五代卑詩時，言其缺少「神韻興象之妙」；(《梅氏詩略序》)推崇程嘉遂之七言體詩，其具有「清辭麗句，神韻卓絕」（《新安二布衣詩》）；其品評趙子固梅花詩，是賞其「甚得梅花之神韻」等（《居易錄》）以上是漁洋對「神韻」一詞之運用，只是對文學、詩詞、及花草之描寫。其將「神韻」置於詩文中，作爲理論核心，其並未作一說明，故再由其他術語以論之。

漁洋自云：「嚴滄浪以禪喩詩，余深契其說」(註一九)，又言：「余於古人論詩，最喜鍾嶸詩品、嚴羽詩話」(註二〇)；並自承論詩之淵源主要來自司空圖及嚴羽(註二一)，可見其極推尊及贊同滄浪之論。故下文試圖藉由嚴滄浪之詩觀，觀察漁洋常用批評術語之性質。

滄浪詩話中云：詩之品有九：曰高、古、深、遠、長、雄渾、飄逸、悲壯、淒婉；及其大概有二：優游不迫、沈著痛快；詩之極致曰入神(註二二)。其對詩風之分類由此可知。在陶明濬《詩說雜記》卷七中，已有將「詩之品有九」加以詮釋(註二三)，卻只是描述之語；然對「優游不迫」及「沈著痛快」則有分析，言：「古來詩人多矣，詩體備矣，嚴氏所云兩大界限，實足以包舉無遺矣……優游不迫者，即陶韋一體，從容閒適，舉動自如……至於沈著痛快……則傾囷倒廩，脫口而出……爲此體者，要使驅駕氣勢……必使讀吾詩者心爲之感，情爲之動，擊節高歌，不能自已。杜少陵之詩，沈鬱頓挫，極千古未有之奇，問其何以能此，不外沈著痛快四字而已。」張健《嚴羽的詩學》中，亦以上述所論爲準則，試作如下之分類：㈠優游不迫者，略等於優美，包括古、深、遠、飄逸、淒婉等。㈡沈著痛快者，略等於壯美：高、古、深、長、雄渾、悲壯。其中「古」、「深」二品各分爲二，兼屬二類。

再參考陶明濬、程兆熊等的說法，試將九品作一簡明註腳：

㈠高：可有高曠、高華二義。前者境寬，後者辭腴。
㈡古：可有古拙、古澹二義。列第一類，後者則屬於優游不迫者。
㈢深：可有幽深、深摯二義。前者優美，後者壯美。
㈣遠：可有悠遠、遼遠二義。前者偏於情韻方面，後者着重時空方面。
深（幽深）、遠又略近於司空圖的「含蓄」、「飄逸」、「縝密」。
㈤長：可有「流動」、「豪放」二義（俱爲司空圖二十四品之一）
㈥雄渾：嚴滄浪曾特此在「答吳景仙書」中標舉「雄渾悲壯」作爲盛唐詩的評語，其心目中的「雄渾」當是寄託於老杜的。
㈦飄逸：〈詩評〉中用此評李白。
㈧悲壯：盛唐諸家，除王、孟一派外，或多或少都可用此形容。
㈨凄婉：凄切委婉之什，仍不失含蓄的原則。

以上乃張健先生採陶文以優游不迫者即陶韋一體，而沈著痛快即杜甫詩中沈鬱頓挫之論，試作以上分屬。即將古、深、遠、飄逸、淒婉屬優游不迫者；以高、古、深、長、雄渾、悲壯爲沈著痛快者；其中古、深二字，於二類中皆有包括。古、深亦有二義，指古澹、幽深時屬優游不迫，言古拙、深摯時爲沈著痛快。由此將滄浪用語性質，大抵歸屬二類。再以《漁洋詩話》之用語與之比較，得出較多類同滄浪之品者有：

曰古者：清眞古澹（於詩詞中多次出現），沖古淡泊、博雅嗜古、不減古作等。以上之古，爲古澹之義。

曰深者：精深華妙、氣格深穩，此深乃幽深之義。

曰遠者：超遠幽夐，清遠。

曰逸者：逸品、清新俊逸，逸氣。

從古、深、遠、逸之歸屬中，此中可見漁洋常用術語較偏屬優游不迫者。

至於其他文中提及「清迴絕俗」、「神韻天然」、「風韻之妙」、「風神清映」、「興會超妙」、「佇興而就」、「言外意」、「有畫意」、「騷人之遺音」、「蘊藉宛轉」等術語，亦能將言外之意、弦外之音的特色加以闡述出來。

漁洋之批評術語表面上雖較傾向於優游不迫者，另有少部份術語則爲沉着痛快，在此將再進一步考察其實際批評用語中，對於優游不迫及沉着痛快二者是否沿承滄浪之分法。經由其《芝廛集序》可發現其有言：「始貴能入，繼貴能出，要以沉着痛快爲極致。」又進而言：「沉着痛快，非唯李、杜、昌黎有之，乃陶、謝、王、孟而下莫不有之。」對沉着痛快亦賦予極大肯定。但由「要以沉着痛快爲極致」，與前段歸納其用語形式上偏屬優游不迫者是否有相衝突。在此將藉由王國維云：「詩人對宇宙人生，須入乎其內（沉潛的體驗、感受），又須出乎其外（超脫的靜觀默契）。入乎其內，故能寫之（寫出人生體驗），出乎其外，故能觀之（觀照生活的美）。入乎其內，故有生氣（有深刻的了解與感情），出乎其外，故有高致（悟境、化境。」（註二四）從沉潛的體驗而有超脫的靜觀默契，及觀照生活之美，以臻於高致、悟境。由此有助於詮釋漁洋強調詩中「要以沉着痛快爲極至」，才能達於「悟境」。依此境界之意而言，沉着痛快之展現不只李、杜、昌黎有之，陶、謝、王、孟亦能有此風格。」亦即《師友詩傳錄》云：「若學陶、王、韋、柳等詩，則當於平淡中求眞味。」所求得之眞味亦如呈顯高致般之境界。如此似乎可理解其標舉沉着痛快此一理論時，實際上又以「王、陶、韋、柳」等詩人爲典範。只是「陶、王、韋、柳等」詩家所要呈現的是於自然平淡中，又能沉着痛快。故漁洋進一步論南宗、北宗時，都以沉着痛快爲極至，只不過南宗逸品是古澹閒遠中，實沉着痛快而已。（註二五）顯然可見漁洋對於「優游不迫」、「沉着痛快」二者之歸屬，又不完全如滄浪之分法，而是屬於上下兩個層次相互含容的，即於古澹閒遠中，又能沉着痛快。

在漁洋常用術語「古、深、遠、逸」中，以「古」、「深」二字兼具優游不迫及沉着痛快等風格。其呈現沉着痛快之風格時有二層意義：一種純爲沉着痛快；另一種則爲優游不迫中而用健舉方式之表現。此即《燃燈記聞》中道出：「爲詩結處總要健舉，如王維『回看射雕處，千里暮雲平』，何等氣概」。此其所言：「始貴能入，繼貴能出，要以沉着痛快爲極至。」

正因爲漁洋所著重的是詩要「言有盡而意無窮」、「比興寄託」，故其批評術語大都呈顯優游不迫之風格，然其中實含蘊沉着痛快之內涵。

另外其文中對於「興會超妙、佇興而就、言外意、騷人遺音等術語，猶如「羚羊挂角，無迹可尋」般，透露重視言外之意。亦卽通過言外意，以傳遞遺音。且能對比興寄託、以景敍情之作，予以推崇。譬如：言詩三百篇「眞如化工之肖物，如：〈燕燕〉之傷別；『籊籊竹竿』之思歸；『蒹葭蒼蒼』之懷人；……字字寫生，恐史道碩、戴嵩畫手，未能如此極妍盡態也。」（《漁洋詩話》）從對景物描述以傳遞主觀情懷，卻能有「言在此而意在彼」之寓意，故雖「字字寫生」。卻又能就形以寫神，呈顯「詩言志」之意。此卽漁洋「江上看晚霞，最是妙境」，以景敍情中，又不執着於情，超越於主觀情懷，以達另一「妙境」。故其《過江集》亦表現出「筆墨之外，自具性情，登覽之餘，別深寄託」，將言外之意、弦外之音闡述出來。在論及七言歌行時：「杜子美似史記，李太白、蘇子瞻似莊子」(註二六)，不僅肯定杜詩有「詩史」(註二七)之譽外，更知其亦如史記可得詩文三昧，有「筆墨之外」之境(註二八)。由上述中可看出其神韻不僅觸及「以形寫神」而已，更重要是能有「象外傳神」之境界。

又其《戲倣元遺山論詩絕句》，對歷代詩人品評，也自然透露其詩觀。例如：其一：「巾角彈棊妙五官，搔頭傳粉對邯鄲。風流濁世佳公子，復有才名壓建安。」翁方鋼（石洲）卽以爲漁洋對此未加品騭，卽所謂不著一字之旨(註二九)。其二：「定知妙不關文字」「解識無聲弦指妙」（其七）。可知其論詩本於神韻之旨，於論詩絕句亦然(註三〇)。其詩求眞實自然有：「何郎妙悟本從天」（其十五）、「思君流水是天眞」（其二十一）；主詩之風格淡遠者：「高情合愛維摩詰，浣筆爲圖寫孟

公」(其四)、「風懷澄澹推韋柳,佳處多從五字求」(其七)等,此亦能發揮神韻之意,故翁方綱即云:

有於實際見神韻者,亦有於虛處見神韻者,有于高古渾樸見神韻者,亦有於情緻見神韻者,非可執一端以名之也。」(《復初齋文集》)

神韻說之兼融並包、幽微曲折的特質,由此可知。

二、從尊陶、孟、王、韋以觀之

漁洋之著作中多處可見其推尊陶、孟、王、韋等派自然詩風。其稱許同時代詩人,大抵以「詩學陶韋」、「學韋柳」、「得陶體」、「王韋之風」等。又能特別標舉未在《唐書文苑》立傳,而《全唐詩話》、《唐詩紀事》均略提的詩人——劉昚虛,言其「詩遠幽敻,在王、孟、王昌齡、常建、祖詠伯仲之間。」(《漁洋詩話》)在其他文中亦讚劉詩「超遠幽敻」、「清眞古淡」、「蘊藉宛轉」等。可見其以「神韻」論詩之旨趣,由此可知漁洋在《漁洋詩話》:「詩品余少深喜之,今始知其踳謬不少……,中品之劉琨、郭璞、陶潛、鮑照、謝朓、江淹,宜在上品。」已能由早期深喜鍾嶸《詩品》對詩人的評價,進而重新反省詩家整體作品之風格及價值。尤其能從「巧構形式之言」的潮流中,洞察其詩作之優劣,而將陶潛那種「此中有眞意,欲辯已忘言」自然淡樸之詩風,予以極大評價;且能指出批評大家「踳謬」之處。故吾人對觸探此類問題時,更須多層面深入探究,透徹掌握,才能將詩之幽微精妙風格,如實呈現出來。

在此特別列舉陶、孟、王、韋等詩家，在漁洋文中評價甚高。此派詩風易爲漁洋承認其具神韻，而特別提出而成一典範理由安在？漁洋《唐賢三昧集》中，先選錄以王維爲首、儲光羲、孟浩然等四十二家詩，其序中言「只錄其尤雋永超詣者」。又於《漁洋詩話》中批評王介甫《唐百家詩，未選錄王維、韋蘇州等人之詩，此與其好惡拂人之性格有關。漁洋是從何種角度稱許此派詩家，僅從以下引文中觀察之。

嚴滄浪以禪喻詩，余深契其說，五言尤爲近之。如王、裴輞川絶句，字字入禪……浩然「樵子暗相失，草蟲寒不聞。」劉眘虛「時有落花至，遠隨流水香。」妙諦微言，與世尊拈花，迦葉微笑，等無差別。通其解者，可語上乘。（《蠶尾續文二：畫溪西堂詩序》）

唐人如王摩詰、孟浩然、劉眘虛……諸人之詩，皆可語禪。又：「五言以蘊藉為主。」（明）汾陽孔文谷（天允）云：「詩以達性，然須清遠為尚。」（明）薛西原（蕙）論詩獨取謝康樂、王摩詰、孟浩然、韋應物，言「白雲抱幽石，綠篠媚清漣」，清也；「表靈物莫賞，蘊真誰為傳」，遠也；「何必絲與竹，山水有清音。」……清遠兼之也。總其妙在神韻矣。」

（《池北偶談》）

以上引文中可知漁洋推尊此派詩人，其詩不僅可入禪，亦呈現蘊藉玄境，且以詩呈現清遠詩風，而道出：「總其妙在神韻矣。」且進而言出「唐人五言絶句往往入禪，有得意忘言之妙。……觀王、裴《輞川集》、祖咏《終南殘雪》時，雖鈍根初基，亦能頓悟。」（《香祖筆記》）此處更明顯言王維之五言詩作，不僅可使鈍根初基者，亦能頓悟，且有得意忘言之妙。得意忘言之妙即與司空圖「不着一字，盡得風流」有同一境界。尤其陶潛、王維晚期詩風，已能有超脫物外，呈現悠然自得以靜觀天地之大美。與漁洋晚年以「太音希聲」爲其詩論之精神，皆同屬「豪華落盡見眞淳」之境界。故漁洋就王維融合自然山水之空靈禪境、及玄遠之思相契之處，推尊爲「詩佛」。對於此派之詩風，胡應麟《詩藪》亦有其看法：

> 陳子昂獨開古雅之源，張子壽首開清澹之派。盛唐繼起，王維、孟浩然、儲光羲、常建、韋應物，本曲江之清澹，而益以風神者也。」
>
> 「靖節清而遠，康樂清而麗，曲江清而澹，浩然清而曠，常建清而僻，王維清而秀，儲光羲清而適，韋應物清而潤，柳子厚清而峭……。

上文中以清澹爲陶、孟、王、韋等詩家之風格，且獨舉以「清」爲主之外，又依詩家主要特色加上不同用語，以呈顯其同中有異之詩風。而漁洋論神韻中亦有以「清遠」、「清眞古澹」、「清新俊逸」、「清廻絕俗」、「清麗」等批評術語，且以此特色推尊陶、王、陶柳等詩家。從清澹此一詩風而言，知漁洋所推尊詩人，亦是胡應麟所稱許者。

另外漁洋又特別指出此派詩家之詩，當于平淡中求眞味，此即前節已闡述其說於古澹閒遠中又能表現出沉着痛快之風格。故漁洋之詩風及詩論亦是「浸淫於陶孟王韋諸公，有以得其象外之音，意外之神，不雕飾而工，不錘鑄而鍊，極沉鬱排奡之氣，而彌近自然，盡鑱刻絢爛之奇，而不由人力。

……」此處已明顯道出漁洋「浸淫於陶孟王韋諸公」，而能「得其象外之音」及「意外之神」，此中所得之「音」及「神」，更非平淡中來，而是歷經「極沉鬱排奡之氣」，及「盡鑱刻絢爛之奇」之工夫，而蘊含無窮深意，故能探得眞味及高致。此卽何世璂《燃燈記聞》記述王士禎之語之：「爲詩先從風致入手，久之要造於平淡。」「造於平淡」之詩，才能「有諷咏不盡之意」及得意忘言之妙。

三、探「得詩家三昧」以明之

漁洋之著作中有多處以「得詩家三昧」論詩之妙，並從「得之於內」、「偶然欲書」、「語中無語」、「筆墨之外」等多方面以論之。本文在此將自文學創作態度、文學呈現境界等以探論所謂「得詩人三昧」，所得爲何，是屬何種得，與「神韻之得是否等同。

㈠文學創作態度：由「得之於內」、「偶然欲書」說起。

「得之於內」主要是一種工夫，從返之於內，以求自己之心，卽爲「反求諸己」，才能有所得。此「得」可由「定、靜、安、慮、得」而來；亦可透過莊子「心齋」、「坐忘」以得，此卽莊子將心往內收自其沉靜，如鏡子般之空靈，以彰顯一切動。文學創作只有透過以上工夫，自身親自體悟，及沉潛的體驗，才能眞正有所得，詩中才有我之眞性情。《漁洋詩話》所云：

越處女與勾踐論劍術曰：「妾非受於人也，而忽自有之。」司馬相如答盛覽曰：「賦家之心，得之於內，不可得而傳。」雲門禪師曰：「汝等不記己語，反記吾語，異日稗販我耶？」數語皆詩家三昧。

以上數語，已將「得之於內」之論，叩緊創作自發性而言此如漁洋所言：「詩以言志，古之作者，如陶靖節……其詩具在，嘗試以生平行事考之，莫不各有其爲人。」

有此一沉潛體驗之得後，才能瞭解漁洋云：「古人詩只取興會超妙」，又言其生平服膺王士源序孟浩然詩云：「每有，制作佇興而就」，未嘗爲人強作，亦不耐爲和韻詩(註三一)並於《師友詩傳錄中記載張蕭亭所言：「古之名篇，如出水芙蓉，天然艷麗，不假雕飾，皆偶然得之」。漁洋強調「偶然欲書」，主要是批判當時之文連篇累牘，皆是模擬應酬之作；然所謂「偶然欲書」，並非憑空而來，更需經過長期心靈觀照，才能「當其觸發興懷，情來神會，機括躍如，如免起鶻落，稍縱則逝矣。」此其言：「興會發於性情」(註三二)，主要指出興會源于情而亦表達情。可知神韻之作，亦由「興會神到」而來，因此其創作過程是自然天成，非因襲模擬、刻意雕琢者所能企及。故《漁洋詩話》云：「律句有神韻天然，不可湊泊者」，且稱讚王維《送樟州李使君》一時：「興來，神來，天然入妙，不可湊泊。」(註三三)但其並非單純片面要求詩人之「興會神到」、「天然入妙」，而主要亦言：「夫詩之道，有根柢焉，有興會焉，……根柢源于學問，興會發以性情。于斯二者兼之，又幹以風骨，潤以丹青，諧以金砂，故能銜佩實，大放厥詞，自成一家(註三四)。故由「得之於內」、「偶然欲書」等探論，期能有助於掌握其文學創作態度。

(二)文學呈現境界：由「語中無語」、「筆墨之外」觀之。

林間載洞山語云：「語中有語，名為死句；語中無語，名為活句」。予嘗舉似學詩者，今日門

人鄧州彭太史來問余選唐賢三昧集之旨，因引洞山語語之。（《居易錄》）

所引洞山語作爲漁洋選《唐賢三昧集》之旨，在此可從魏晉言意之辯以探討之（註三五）。大抵可試分如下：「語中有語」乃指「言盡意論」，可盡之意，屬於「外延眞理」，其「語中無語」可指「言不盡意論」，屬「內容眞理」（註三六）。由此再作一觀察，兩者之意，將從莊子所言：「筌者所以在魚，得魚而忘筌……言者所以在意，得意而忘言」，此中「筌」、「言」指「形」、「迹」，其所得之「意」，則已指向一種不能言之境界。而魏晉玄學亦從「論人事則輕忽有形之粗迹，而專期神理之妙用」（註三七），以呈顯魏晉人物「簡約玄澹、超然絕俗」之風采。就文學呈現境界言，「語中有語」可指「形」、「迹」，爲「外延眞理」，故爲「死句」；而「語中無語」則已將「形」、「迹」解消，超越語言之束縛，而有「言已盡意無窮」之境。

然基本上，「內容眞理」既不可盡，爲何又以語言來傳遞，不可盡之傳遞有無意義？此藉《周易正義》〈豫卦象辭疏〉云：「凡言不盡意者，不可煩文其說，且嘆之以示情，使後生思其餘蘊，得意而忘言也。」可知言雖不可盡，吾人可思其餘蘊，且能得意而忘言，此亦有其意義。卽通過不可盡之意以傳遞「悟」之訊息，由此才能如司空圖所云：「不着一字，盡得風流」，並悟出：「詩至此，色相俱空，如羚羊挂角，無迹可尋，畫家所謂逸品也。」故亦知莊子之「虛室生白」所展現的，乃從虛白中顯實體，從無形中見有形。此卽表面平淡，而實蘊有無窮意味之境。卽可于平淡中求眞味」。亦是其以「太音希聲」編選《唐賢三昧集》之旨也。此處亦可從《香祖筆記》中作一闡發，云：

新唐書如近日許道寧輩畫山水，是真畫也；史記如郭忠恕畫，天外數峰，略有筆墨，然而使人見而心服者，在筆墨之外也。右王楙野客叢書中語，得詩文三昧。司空表聖所謂「不著一字，盡得風流」者也。

其以《史記》可得詩文三昧乃因《太史公自序》中言：「夫詩、書隱約者，欲遂其志之思也……詩三百篇，大抵聖賢發憤之所爲作也。此人皆意有所鬱結，不得通其道，故述往事，思來者」。此道出《史記》中呈現言志之意，且能有「筆墨之外」之境。此處除可知史記與杜詩皆有比興寄託之外，而史記更強烈蘊含幽微之言外意。

肆、結　論

就上述所論，漁洋神韻說，不僅與中國古代美學思想觀念，有其承繼之處，且融入歷來極具辯證性之形神、虛實、言意、意境等論。其於文學思潮變動之中，並非只是承繼諸說典範之樹立，而是有其針砭時弊之用意，在批判反省中，而成兼融並包之精神。

漁洋生於明末清初，爲官之時正值清朝盛世。政治上之高壓鉗制，社會上安定繁榮，使一般文人較難呈現懷國傷世之作，對現世各種措施亦不便批評，故轉而致力于模山範水、咏物懷古，抒發情致。加上文學思潮之互動之中，漁洋之神韻說，適時符合此時代之需要，且能有極大發展。而四庫提要所云：「王氏論詩，至於神韻，多流連山水、點染風景之詞」。所謂流連山水、點染風景，卽是指

「形模」而言的，此處四庫提要只看重其以形寫神方面，即王世貞所言：「人物以形模爲先，氣韻超乎其表；山水以氣韻爲主，形模寓乎其中，乃爲合作。」《藝苑巵言》，及胡應麟、王夫之等皆主張通過寫形以傳神。(註三八) 但從漁洋批評術語、推尊詩家、及得詩家三昧」已得「寓胸襟之淡，樂境界之幽，得文字之簡」之境，可看出漁洋在以形寫神中，進一步要掌握象外傳神，以追求「味外味」之神韻。(註三九)

漁洋於此錯綜複雜時代中，力倡神韻之說，主要亦是批判詩作流於模擬、淺俗，特別是咏物咏史之作，故要力求物之風神，呈現言外之意，此漁洋言：「咏物之作，須如禪家所謂不粘不脫，不即不離，乃爲上乘。」(〈跋門人黃從生梅花詩卷〉)，因而特舉王維之《息夫人》，詩中未作判斷語，此盛唐所以爲高。咏物之作要達「，不即不離」；在流連山水、景物之際，既需如入畫境，以形寫神進而復須象外傳神，以呈現筆墨之外」意境。

此即陳衍說：「道咸以前，則懾於文字之禍，吟咏所寄，大半模山範水，流連景光，即感觸，決不敢顯然露其憤懣，間借咏物咏史以附於比興之體，蓋先輩之矩矱類也。」(《石遺先生文集卷四，小草堂詩集序》)

漁洋神韻說之提出，有其時代感受，企圖於時局困限之下，通過比興傳統之重新運用，發揮文學詩歌之功用，並檢查此一路徑所呈現之文學風格，進而企圖彰顯其美學性格，遂發爲各種標舉神韻，言外意等觀念與實際批評的文字，雖然他仍跳不出傳統風格式批評可能存在的限定，但其時代實感、文學環境與文學觀念的體認與掌握，在文學思潮發展上仍有其階段性的意義，實值得肯定。

【附　注】

註　一　神韻二字連用，大約是始於六朝。如「神韻沖簡」（宋書王敬弘傳）、「神韻蕭灑」（南史隱逸傳）又如謝赫古畫品錄評顧駿之云：「神韻氣力，不逮前賢。」等，僅用於人物品鑑，書畫理論等用語中，未有體系完整之論。

註　二　參見葉慶炳《中國文學史》頁342引用四庫總目精華錄提要曰：「當我朝開國之初，人皆厭明代王、李之膚廓，鍾、譚之纖仄。……於是士禎等以清新俊逸之才，範山模水，批風抹月，倡天下以『不着一字，盡得風流』之說。天下遂翕然應之。」

註　三　參見周慶華《詩話摘句批評研究》，八十年淡江中研所碩論，頁二五－三五引用顏元叔〈印象主義的復辟？〉（中國時報副刊，一九七六年三月一、二日）、及葉維廉主編《中國現代文學批評選集》（臺北，聯經，一九七九年七月），〈序〉，頁一－五。類似的意見，見王夢鷗，《文藝美學》（臺北，遠行，一九七六年五月），頁一二五－一二六；張夢機，《鷗波詩話》（臺北，漢光，一九八四年五月），頁六一；注（二七）所引楊松年書，頁五八－五九。

註　四　見黃景進《王漁洋詩論之研究》（文史哲出版社）、吳宏一《清代詩學初探》、另有宋永珠之博士論文及陳楷文、談海珠、龍思明等之碩士論文皆有研究漁洋神韻計及詩論。至於美國學者林理查（Lynn, Richard John）博士論文：《傳統與綜合：詩人兼批評家的王士禎》（Tradition and Synthesis:

Wang Shih-Chen as Poet and Critic)。

註　五　在黃景進《王漁洋詩論之研究》第四章第二節現代學者釋「神韻」中列舉出朱東潤、徐亮之、青木正兒、劉大杰、黃維樑、鈴木虎雄、佘焕棟、橋本循、慕梵、郭紹虞、劉若愚、林理、查（Lynn, Richard Iohn）、王夢鷗、黃永武、陳雨島、許久等人之論，並作一分析說明；黃先生於文中對神韻之意義亦已極詳細舉例論述清楚。另外參考吳宏一《清代詩學初探》第五章〈神韻說及同時的詩論〉，亦有解釋極詳盡。並可參照附注三所舉論文。大抵已能將漁洋「神韻」之意義清楚勾勒出來。透過以上之詮釋再配合《唐賢三昧集後序》，卽漁洋門人王立極所寫：「大要得其神而遺其形，留其韻而忘其迹，非聲色臭味之可尋，語言文字之可求也」中，更能掌握其眞意。

註　六　見《唐賢三昧集後序》參註五。

註　七　抒情式的批評，詳高友工〈文學研究的美學問題〉

詩　八　見梁啓超著《清代學術概論》自序。

註　九　見吳宏一《清代詩學初探》第五章頁一六七。

詩一〇　見龔師鵬程《詩史本色與妙悟》第二章〈論詩史〉頁一九—八四。

詩一一　見註九頁一九二註三，楊繩武「資政大夫經筵講官刑部尙書王公神道碑銘」云：「公之詩籠蓋百家，囊括千載，……蓋自來論詩者，或尙風格……神韻得而風格才調法律三者悉擧諸此矣。」（清文錄卷五十五）

註一二　見註九一三一—一三三

詩一三　見《清詩話》兪兆晟撰〈漁洋詩話序〉

詩一四　見漁洋所著《師友詩傳續錄》，劉大勤問：「宋詩不如唐詩者，或以氣厚薄分耶？」漁洋答：「唐詩主情，故多蘊藉；宋詩主氣，故多徑露，此其所以不及，非關厚薄。」

註一五　見〈分甘餘話〉，《帶經堂詩話話》卷二引。

註一六　見《燃燈記聞》

註一七　宋犖《漫堂說詩》評李攀龍《唐詩選》、鍾惺、譚友夏《詩歸》與王士禛《十種唐詩選》及《唐賢三昧集》云：「李于鱗《唐詩選》，境隘而辭膚，大類已陳之芻狗；鍾《詩歸》，尖新詭僻，又似鬼窟中活計，皆無足取。蓋詩道本廣大，而彼狹小之；詩道本靈通變化，而彼故拘泥而穿鑿之也。近日王阮亭《十種唐詩選》與《唐賢三昧集》，原本司空表聖、嚴滄浪緒論，所謂「言有盡而意無窮」，「妙在酸鹹之外」者。以此力挽尊宋祧唐之習，良於風雅有裨。」

註一八　見龔師鵬程《文化、文學與美學》頁一一二〈詩歌人物志〉中所謂風格，一是作者個性才情所展現的生命之姿，一是作品文辭所表現的藝之姿，兩者相互涵融而構成的完整形象。而「風格式的批評」，高友工先生又稱之爲「抒情式的批評」。參考註五。

註一九　〈見蠶尾續文〉，於《帶經堂詩話卷三微喻類》。

註二〇　見《漁洋詩話》收入《清詩話》。

註二一　《漁洋詩話兪兆晟序》，收入《清詩話》。

註二二　見《滄浪詩話・詩辨》

註二三　陶明濬《詩說雜記》補充滄浪所言詩之品有九之補充解釋：何謂高？凌青雲而直上，浮顥氣之清英是也。何謂古？金薤琳瑯，黼黻溢目者也。何謂深？盤谷獅林，隱翳幽奧者是也。何謂遠？滄溟萬頃，飛決訾是也。何謂長？重江東注，千流萬轉者是也。何謂雄渾？荒荒油雲，寥寥長風者是也，何謂飄逸？秋天閒靜，孤雲一鶴是也。何謂悲壯？笳拍鐃歌，酣暢猛起者是也。何謂淒婉？絲哀竹濫，如怨如慕者是也。

註二四　參李師正治《中國詩的追尋》中〈境界說的闡釋〉頁六一。

註二五　參註一〇〈論本色〉頁九三—一三六。

註二六　見《漁洋詩話》。

註二七　參註十〈論詩史〉頁二四—二五）宋李復與侯謨秀才書說：「杜詩謂之詩史，以斑斑可見當世。至於詩之敍事，亦若史傳矣。……」（潏水集卷五）觀乎此，我們可以說：詩史，乃是以敍事的藝術手法，紀錄事件，而又能透顯歷史的意義和批判的一種尊稱，其非敍述文類，甚為明顯。

註二八　見《香祖筆記》中云：「……史記如郭忠恕畫，天外數峰，略有筆墨，然而使人見而心服者，在筆墨之外也。……」

註二九　參周益忠《論詩絕句發展之研究》：頁八五，引石洲詩話卷八。

註三〇　同註二九

註三一　參《漁洋詩話》：蕭子顯云：『……有來斯應，每不能已。須其自來，不以力搆。』王士源序孟浩然詩云：『每有製作，佇興而就。』余生平服膺此言，故未嘗為人強作，亦不耐為和韻詩也。

註三二　參《漁洋文》。
註三三　見《古于夫雜亭錄》
註三四　見《漁洋文》
註三五　魏晉言意之辯之文可見李煥明〈易學與言意之辨〉、及吳叱〈言意之辨與魏晉名理〉等。
註三六　同註三五。
註三七　參湯用彤《魏晉玄學論稿》頁二三，據里仁書局印行。
註三八　參《中國古代美學範疇論、形神論》頁九六—九七，《藝苑卮言》云：「人物以形模為先……形模寓乎其中，乃為合作。」《詩藪》中云：「作詩大要不過二端：體格聲調，興象風神而已……」其言「興象風神」，包括傳神的要求在內。欲達到作品具有興象風神，必從體格聲調入手：「故作者但求體正格高聲雄調鬯，積習之久，矜持盡化，形迹俱融，興象風神，自爾超邁。」清王夫之說：「兩間生物之妙，正以神形合一，得神于形，而形無非神者，為人物而異鬼神，若獨有恍惚，則聰明去其耳目矣。譬如畫者，固以筆鋒墨氣曲盡神理，乃有筆墨而無物體，則更無物矣。」此皆主張通過寫形來傳神。
註三九　同註三八、頁九七—九八。」

■黃麗卿先生現為淡江大學中文研究所研究生。

試論石濤《畫譜》中的「一畫」

陶玉璞

明末清初，整個畫壇社羣思想均已被「南北分宗」之說籠罩，而由於明末造成「分宗」理論體系的董其昌，其所秉持的價值判斷爲重南輕北，遂使「四王」的宗南師古風格成爲清代近三百年院體畫風主流。然而與「四王」同時，另有「四僧」的畫風與「四王」大異其趣。其上承徐渭，下開揚州八怪、吳昌碩、齊白石等一系支流，其影響亦不可忽視。而「四僧」中唯有石濤《畫譜》建立了完足的理論。但是，《畫譜》爲一創發性理論，並無傳統脈絡可尋，故言人人殊，少有同者（註一）。筆者乃試以探究《畫譜》之中心理論——「一畫」的意義，並試以從中了解其淵源所承。

壹、「一畫」的歷史來源

《畫譜》共十八章，其中心理論之最重要者卽〈一畫章第一〉的「一畫」說。然何謂「一畫」呢？因爲石濤身分是僧是道尚未有定論，故當今學者多從其生平外圍資料來尋求「一畫」的內容到底爲何？從而再論證其屬性關係？並從而再看其本源受何啓發？結果因爲觀點不同，其主張亦各異。然而，到底石濤的「一畫」是什麼呢？是「一筆畫」？是「法」？還是指宇宙論中心？因爲事關解釋系統之取擇，故我們對「一畫」之解釋實不能規避而不論。〈一畫章第一〉云：

> 太古無法，太朴不散，太朴一散，而法自立矣。法於何立？立於一畫。一畫者，衆有之本，萬象之根，見用於神，藏用於人，而世人不知。所以一畫之法，乃自我立。立一畫之法者，蓋以無法生有法，以有法貫衆法也。

因爲《畫譜》的行文方式有些近似《老子》(註二)，今以《老子》之語試爲取徑。關於「一」，《老子・三十九章》曰：

> 昔之得一者，天得一以清，地得一以寧，神得一以靈，谷得一以盈，萬物得一以生，侯王得一以為天下貞。其致之。……

此「一」是指什麼而言呢？或有人指爲法則、原則之意。牟宗三先生則云：此「一」即指「道」而言。有此「一」則事皆成，宇宙萬物得以生發，而爲何因之則宇宙萬物能夠「生發」呢？因爲這個「一」是沖虛之德(註三)。如此，這個「一」主要目的在「作用的保存」罷了。亦由此可知萬物之生發皆由於這個「一」，掌握「一」即可掌握萬物。這樣，便自然「侯王得一以爲天下貞」(貞，正，主也)，「聖人抱一爲天下式」(《老子・二十二章》)。與此相類者，或可配合「了」(了去)的觀念來言：當爲「虛一而靜」(《荀子・解蔽》)之「一」者。其實就「沖虛之德」這個觀點來說，其二者的意義實相當近似。然而石濤的「一畫」與這個「一」是否相當呢？筆者認爲《老子》書中另有更接近者。《老子・四十二章》曰：

道生一，一生二，二生三，三生萬物。……

在這裏，這個「一」便不像剛才那麼抽象。這個「一」，只是宇宙生成時的一個階段而已。而且是接近本源的階段，其面貌則介於「混沌」與「具象」之間的曖昧地步，如同赤子之心般，具有純潔無邪的生發作用。正由於其純潔無邪，其生發作用便沒有機心，可以「生而不恃，爲而不有」，而且創發作用可以源源不絕，達成作用上的保存。如此則「一畫者，衆有之本，萬象之根」，畫家得「一」，畫必成也。故「一畫落紙，衆畫隨之」（《畫譜．皴法章十九》）。然而我們應當注意：《老子》這兩種「一」（卽〈三十九章〉：「昔之得一者」與〈四十二章〉：「道生一」），雖均達到作用的保存，但一在作用層，一在實有層，並不在同一層次上，這是必須分別淸楚的。由於〈一畫章第一〉引《論語．里仁篇》孔子「吾道一以貫之」一語，故或有言「一畫」的觀念來自儒家。但雖均可自圓其說，但「一畫」的「畫」字，其淵源卻均未言及，此豈爲定論乎？「一畫」二字到底從何處引出，筆者試另以《易經》取徑（註四），朱子〈答陸子靜六書．第五書〉云：

伏羲作易，自一畫以下；文王演義，自乾元以下，皆未嘗言太極也，而孔子言之。……

朱子論《易》，「一畫」二字常有出現，大多指易經中之「一」（一筆畫，指卦象之源尙未分一與--者），然此時「一」是處於何種狀態？《易學啓蒙》卷二（《朱子遺書．二刻》）云：

太極之判，始生一奇一偶，而爲一畫者二，是爲兩儀。

《周易本義．繫辭上傳》朱註云：

……太極者，其理也。兩儀者，始為一畫以分陰陽；四象者，次為二畫以分太少；八卦者，次為三畫而三才之象始備。此數言者，實聖人作易自然之次第，有不假絲毫智力而成者。……

然而這個「一畫」的觀念自何處來？《宋元學案・卷十・百源學案下・先天卦位圖》引《啓蒙》云：

太極之判，始生一奇一耦而為一畫者，二，是謂「兩儀」；……兩儀之上各生一奇一耦而為二畫者，四，是謂「四象」；四象之上各生一奇一耦而為三畫者，八。于是三才略具而有「八卦」之名。……

黃宗羲在這裡引朱熹《啓蒙》來解釋邵雍〈先天卦位圖〉，應當卽是指從邵雍來。至於邵雍以上，又是從何處來？則因限於筆者學養，便無法得知了！當然，這也可能是朱熹以其個人的觀點來詮釋〈先天卦位圖〉，但因原圖過於簡略，我們實在無法測知邵雍本來的用意，而且也無法知道朱熹所言是否卽邵雍的眞正用意。故今只能先就朱熹的說法做爲探就對象！

貳、何謂「一畫」

如果石濤的「一畫」眞的是從朱熹而來，我們就無法避免的要了解一下其二者之間的同異。而由以上所引朱熹的文獻，便可輕易得知：「一畫」者，實指卦象中之「一爻」，其狀態近似「兩儀」，包括陰(--)、陽(一)兩部份。陰陽交感，則「一生二，二生三，三生萬物」，而由此釋《老子・四十二章》，則指「一爻」生「二爻」，「二爻」生「三爻」，「三爻」生萬物，可知《老子》與《易經》具有相互旁通之處(註五)。然而《老子》主「柔」、主「虛」，其「所用的《易經》系統觀念」與現今所見《周易》系統的主「陽」、主「剛」觀念可能不同。或許，這是指傳說中的殷易《歸藏》(註六)而言，而且很可能這個《歸藏》在殷代當時只發展至八卦，尚未重卦成六十四卦，故僅止曰「三生萬物」(只要三爻便產生萬物，不需要六爻)。然而不管是那種《易經》，其創生方式則沒什麼不同。由此，我們便不難了解爲什麼「一畫」二字雖源於朱熹的《易學啓蒙》，但另外我們卻又可以用《老子》的觀點來解說其生成原理的原因了。

雖然「一畫」近似「兩儀」，但在朱熹的理解，「太極」只是理，無象；「兩儀」是氣，且有象(註七)。然而其「一畫」爲何？是否有象？這個問題似乎較容易解答。因爲「一畫」既然近似「兩儀」，則其狀態就與「兩儀」相同。但將會令我們困擾的是「一畫」在被石濤借用之後，則處於什麼狀態呢？〈一畫章第一〉開始便云：

太古無法，太朴不散；太朴一散，而法自立矣。法于何立？立于一畫。一畫者，衆有之本、萬象之根，見用于神、藏用于人，而世人不知。所以一畫之法，乃自我立。……

由此可知：在這裡，這個「一畫」的位置已有了改變，相當朱熹的「太極」(是一存有)，而不是「兩儀」。(註八)〈了法章第二〉又云：

……一畫明，則畫不在目而畫可從心，畫從心則障自遠矣！……

由於「一畫之法，乃自我立」，所以只要「一畫明」，則必定「畫可從心」。如此，這個「一畫」，實與

「心」具有同樣的意義！故〈遠塵章第十五〉亦云：

……畫乃人之所有，「一畫」，人所未有。夫畫貴乎思，思其「一」，則心有所著而快，所以畫則精微之入，不可測矣。

「畫可從心」，心實亦居樞紐地位。然而由「夫畫貴乎思，思其『一』（一畫），則心有所著而快」數語，可知此「心」與「一畫」似乎又是不相同的兩個本體。如此，我們該如何理解其間的關係呢？其實就客觀意義來說：「一畫」即相當「太極」；就主觀意義來說：其又相當「心」。故其偶有若即若離的曖昧關係。依此，其既然相當於心。這個「一畫」便是隨時可以保持活動的狀態。就這一點，其與朱熹的「『太極』只是理」便又有了差別！此「一畫」既爲「即存有即活動」，如此，除了「見用於神，藏用於人」外，〈一畫章第一〉亦云：

……此一畫收盡鴻濛之外，即億萬萬筆墨，未有不始于此而終于此，惟人之取法耳！人能以一畫具體而微，意明筆透，則腕不虛。腕不虛，動之以旋、潤之以轉、居之以曠，如出截、入如揭，方圓直曲、上下左右，如水就深，如火炎上，自然而不容毫髮強也。……

「自然而不容毫髮強也」，此實爲「即存有即活動」的最好證明了。除此之外，就「畫可從心」來言，「一畫」亦有功夫的意義！故〈運腕章第六〉曰：

……一畫者，字畫下手之淺近功夫也。……

「即存有即活動」，「又是本體，且是功夫」，在中國思想史實爲一歷史社羣的主流思考方式！實非某些個人所獨有特殊者。卽如石濤於〈一畫章第一〉所引用之《論語・里仁篇》的「吾道一以貫之」一語而言，這個「一」在全祖望看來仍是「卽存有卽活動」的(註九)，雖然朱熹的形上本體並不是「卽存有卽活動」的，而且其《四書集註》注釋此語亦云「聖人之心，渾然一『理』」，但在某些結構仍有近似的地方！如今「一畫」雖稍稍明白爲何，但我們還必須思考其它的問題。諸如：就單憑「一畫」本身而言，其能否解釋石濤身份的複雜性？在什麼樣的情形下，必定促成石濤立此「一畫」的說法？

雖然就客觀意義而言，「一畫」相當是一古代宇宙初生之狀(太極)(註一〇)，但無論從《易經》、或從《老子》，均與石濤本身身分(曾經入僧)不能完全契合(註一一)，而且《畫譜》的稿本名爲《苦瓜和尚畫語錄》，縱然就「語錄」文體上來說：上可淵源自《論語》；但如單就「語錄」一名，則最早可能是從唐代佛敎而來；縱然宋代理學家用之亦夥，然由石濤七歲入釋一事觀之，如言《畫譜》完全沒有佛敎思想，似乎也不太可能。而由《畫譜・四時章第十四》：「畫卽詩中意，詩非畫裏禪乎？」(註一二)一語，更可確證其已受到佛學的影響！然如何影響呢？

吾人可試返觀，到底《易經》、《老子》在何處可以相互旁通？《老子》曰：

道可道，非常道，名可名，非常名，無名天地之始，有名萬物之母。故常無，欲以觀其妙，常有，欲以觀其徼。此二者同出而異名，同謂之玄。玄之又玄，衆妙之門。(《老子・一章》)

《老子》此章解釋，爭論很多。但有一不爭之事實，卽肯定「道」(不可道之「道」)之存在，而因「道」俱有「有」、「無」的雙重性以表示形上的「道」向下落實而生發萬物的作用。其與《易經》相同之處有三：

⑴《老子》「有」、「無」均屬作用層。正因爲是作用層，故與實有層之「象」不同，如此自然不會有《易經》(《易經》除作用層觀念外，尙包括實有層)「陰」(⚋)、「陽」(⚊)兩種象。但是「陰」、「陽」與「有」、「無」之相反相成而不對立的屬性則相同。

⑵《易經》、《老子》、「一畫」、「道」之本體均不是處於僵死狀態，其雖然混沌未分，但時時均屬於活動之狀態，如此，方可能隨時生成萬物。

⑶《易經》與《老子》，其至高無上「本體」生成萬物的「時間」及其所生成之「物」均具有不確定性。其所能確定的僅是必然會生成萬物，至於其生發的時間快慢早晚及其生發之物爲何，均無關緊要。

以上三點，其最重要者爲第三點，因《老子》之生雖爲「不生之生」，與《易經》不同，但其不同之處只在其生之方式，而其「生成結構」——均俱有一至高無上之「本體」隨時(不定時)生成萬物——則並無不同。而此「生成結構」似乎爲中國特有之一種思維模式。石濤立「一畫」即在作爲其思維模式結構中的形上本體，而與此思維模式(生成結構)相同類似的，除了《易經》、《老子》外，於儒、釋、道三家中，實不乏相當近似的例子。顯而易見的，如：王陽明的「致良知」、佛教(包括禪宗)的「心」均與其本體的位置相當。現在我們將其「生成結構」用圖像式來展列出來，或許更易理解。

《易經》：太極→兩儀→四象→八卦

《老子》：道 →一 →二 →三 →萬物

佛（唯識宗）：阿賴耶識→（染污）生死流轉法

佛（起信論）：一心 →二門 →一切法（生段流轉、清靜無漏）

佛（禪宗）：自性 →一切萬法

《畫譜》：「一畫」之法→萬象、衆有

「自一以至萬，自萬以治一」（〈絪縕章第七〉），「以一治萬，以萬治一」（〈資任章第十八〉），這個思維模式本即爲石濤所本有。雖然其間的過程曖昧不明，但由上面展列開來的結構，可確定的是：均必有產生之結果，而且結果均可確定是由至高無上之「本體」（或與本體相當的「心」）而來。如此，以此模式則我們只要定一「本體」便可產生萬物，而且無論本體爲何，必定會產生萬物。儒、釋、道三家如此類似的思維模式(註一三)，可能石濤以其高度的洞察力探知並將其融合，而順此模式，援朱子「一畫」二字重定「本體」之名，以求繪畫之形上根源。如此，其受到佛教思想的影響，亦不難理解。而除了知道「一畫」以外，更要了解「一畫」，如此則隨時可回到思維（心）中的形上本體來審度，以減少或避免被後天成見遮障，故「一畫明(註一四)，則障不在目而畫可從心，畫從心而障自遠矣」（《畫譜・了法章第二》）。（至於如何隨時回到形上本體，詳後文言「了法」的部份）如果筆者所論不差，則欲強謂石濤思想僅源出於儒、道、禪……等之一種，並勉強解釋其源流及相互關係，則均不能涵蓋《畫譜》之論點，如此，爭論不休自是難免。

叁、立「一畫」的目的

而石濤爲何立此「一畫」呢？在立「法」。故其言「法予何立？立於一畫」（《畫譜・一畫章第一》）。但在這裏，我們必須了解：石濤的「一畫」之法，並不是平常我們所指形而下的「筆法」，而是形而上的根源之法。這個「法」，屬於作用層，不屬實有層。其形上本體（也是「存有」）爲「一畫」，而「法」則爲作用。但爲何石濤非立「法」不可呢？

蓋因明末清初，整個時代大環境均籠罩在「師古」風氣中，人人均有師承以得法。石濤嘗指出當時風氣云：「某家皴點，可以立腳。非似某家山水，不能傳久。某家清淡，可以立品，非似某家巧，祇足娛人」（《畫譜・變化章第三》），如此，「法」代表古代位居正統根源的軸線，有「法」作爲根據，方可立於當時價値判斷之正統地位。然而當時位爲主流之法，均傳承於古嗎？當時之正統大家王原祈在《雨窗漫筆・論畫十則》中嘗言「龍脈爲畫中氣勢源頭」，讓我們仔細思索一下，古代畫論中豈有龍脈之觀念？這個觀念，在石濤《畫譜・海濤章第十三》亦曾提到云：

如瀛洲、閬苑、弱水、蓬萊、玄圃、方壺，縱使棋布星分，亦可以水源龍脈推而知之。

從王原祈和石濤兩個不同系統的兩個文獻，卻均有「龍脈」觀念來看，此實爲當時一般概念。如此可知：古代繪畫觀念至明末淸初已有改變，且不只明末清初，任何時代均有大大小小的改變。見乎此，可知「法」可隨時改變，而欲與石濤存在時代的「法古」風氣相抗，唯有再尋一更原始古老之形上本體做爲根據(註一五)，方能以示自己所創發生成之理論乃淵源有自，並非信口開河，如此便可定自己爲眞正之正統了。

肆、「了法」與「變化」

在石濤時代，有「法」才代表正統，循其法雖可以幫助我們增進對世界之認知，但同時亦常常被遮障，因爲有遮障，故要「了法」。何謂「了法」？一般皆認爲「了」爲「了悟」(註一六)、「了因」(註一七)、「了義」(註一八)之「了」(明白)義，然筆者認爲亦可解爲「了去」(註一九)之義。蓋法立於人，而人本身爲有限之個體，其所立之法如爲「定法」，則自然無法適應詭譎多變而且不斷向前推演的時代，如此，「定法」行久則必僵，僵則弊生。此則「天地之縛人於法，人之役法於蒙(昏昧無知，沒有自覺)」。如果人能夠對自己之有限性產生自覺，則可讓「法」隨時代演進而演進，且可以適應任何時代，如此之「法」則不是「定法」，而是隨自古卽有而且今後亦是之「乾旋坤轉」運行之法，此「法」乃「一畫」之法。然而法何時才要自覺演進呢？因爲法立於人，法自覺演進必須立於人心之自覺演進，故唯有隨時回到形上本體，並用當時(隨乾旋坤轉運行)之心來審度，除去(了去)舊法立新法，則「法無障，障無法(一畫之法)」(《畫譜・了法章第二》)，這樣的法，則可適應任何時代。然而必須注意的是石濤個人亦爲有限之個體，其所認知之「一畫」之法，如不能不斷的「了去」

而向前推演，則自然又將為法障，故「畫道彰矣」必須「一畫了矣」。

然而「了法」與「化然後為無法」(《畫譜・變化章第三》)之「無法」有何不同？「化者，識其具而弗為也」(《畫譜・變化章第三》)故可知「化」並非「了去」之意，而是含有「吸收」的作用，而且並不是盲目吸收，而是要為化成我所用而吸收，不能化，則「縱逼似某家，亦食某家殘羹耳，于我何有哉？」為使法可隨時適應任何時代，石濤認為除了「了法」外，另一方式即「化古」，化古之目的，在不為「識」所拘，在求變化，使古為我所用，而不是「泥古不化」而「役於古」了。如此「有法必有化，化然後為無法」，「無法而法，乃為至法」(《畫譜・變化章第三》)。觀此可知「了法」與「變化」(化古)為兩種不同的態度，一為否定(全盤改良)，一為漸進(部份改良)，其目的均在創「我法」，使「我之為我，自有我在」(《畫譜・變化章第三》)，只是二者方式不同罷了。然而「化古」之方式則與當時之時代風氣較接近，而其地位與「了法」實一體兩面，並無法分判絕對的高下。

伍、結論

石濤因處於新舊朝代與文化(註二〇)交替的歷史時空背景之下，其思想呈現十分複雜的情形，除石濤之外我們常可將畫家之畫論與其繪畫技法互相比對，然若以石濤《畫譜》與其技法相配合來看，則卻常令人失望，因為石濤技法變化之多，每一處均有每一處之變化，很難與《畫譜》互相比照來看，其相同的可能僅二者「均非常複雜」而已。

石濤於其時代雖受到正統地位畫家排斥，然其繪畫之實踐與理論之構成均自成一格，未被湮滅。雖然其技法對後世之影響，遠較其理論爲高，但其理論存在之價值實無法被物換星移之歷史輕易磨滅。《畫譜》本卽爲難讀之論著，且因其行文結構類似《老子》，故每個人的詮釋常常均如：後人詮解《老子》的思想(註二二)般，均可自成系統。本討論旨在希望以更大更完善的角度加以切入解釋並討論，但正因爲試圖切入的角度較廣，想必常有所疏漏，尤其在看了徐復觀先生《石濤之一研究．石濤畫語錄中的「一畫」研究》中所云「石濤只是講藝術，並不是講宇宙本體論這套哲學的；任何這類的哲學系統，全是不相干的廢話」數語後，雖明知所指不同，然內心實常有忐忑不安之感。但爲秉持著世界現象本爲一「圓融整體」（卽世界的發展並不是分科獨自發展）的概念，亦爲了（或許）能更貼切的體會「一畫」的意義，故勉強爲文，就教讀者，唯念能不吝指正。

註釋

註一　清．張沅《苦瓜和尚畫語錄．跋》（雍正六年戊申（一七二八）秋七月）云：「吾觀大滌子論畫，鉤元抉奥，獨抒胸臆，文乃簡質古峭，莫可端倪。直是一子，海內不乏解人，當不以余言爲河漢也！」清．周中孚《鄭堂讀書記．卷三十八．子部八之上．藝術類一．書畫下》依此亦言：「（苦瓜和尚畫語錄）……皆鉤玄抉奥，獨抒胸臆，文又簡質古峭，莫可端倪，不獨妙解畫理，眞是自成一子。……」。徐復觀〈石濤畫語錄中的「一畫」研究〉亦云：「其體驗之深，用詞之鍊，所以素稱難解」。

註　二　石濤《畫譜》有許多文句與《老子》相當神似，然終爲兩種書，欲尋完全相同的語句，實不可得。必須讀者親身去體會才行。如：「立一畫方法者，蓋以無法生有法，以有法貫衆法也。」(〈一畫章第一〉)與「天下萬物生於有，有生於無。」(《老子・四十章》)便有形似之處。

清・周中孚《鄭堂讀書記・卷三十八・子部八之上・藝術類一・書畫下》曾云：「(苦瓜和尚畫語錄)……眞是自成一子，雖曰『畫語錄』，實非儒、釋兩家『語錄』之體也。求之古人，當在元・鄭子經(杓)《衍極》之右矣！」按此當是單指石濤《畫語錄》乃「有意創作」的心態爲之，故雖有「語錄」之名的承傳(因爲有「承傳」，故筆者認爲實無法完全脫離關係)，而所成卻不同於傳統儒、釋二家「札記式語錄文體」而言。雖然《衍極・至樸篇》所云：「至樸散而八卦興，八卦興而書契肇，書契肇而篆籀滋。」與石濤《畫譜・一畫章第一》若干語句亦有類似，然筆者認爲其立論及說理方式均有很大的不同，而且二者關心的範疇，差異亦大。

對於以上二者「何者較似《畫譜》」的問題，由於個人體會均或有不同，似與不似，實無定論。由於對下文的論證均不構成妨礙，故筆者不欲對此一問題多作探討。

註　三　參見牟宗三先生《才性與玄理・第五章》，頁一五七。

註　四　筆者於七十八學年度下學期，曾至臺大藝術史研究所旁聽石守謙先生的「中國畫論」(大概是這個名稱，確實爲何已不記得)課程，當時便有此說。並附未注明出處的一段資料云：「易有太極。是生兩儀者，一理之判始生一奇一偶，而爲一畫者，二也。兩儀生四象者，兩儀之上各生一奇一偶，而爲二畫者，四也。四象生八卦者，四象之上各生一奇一偶，而爲三畫者，八也。……是皆自然流出，不假安排。」然此資料，雖據元・胡雙湖《周翼啓蒙翼傳》中「朱子曰：『爻之所以有奇偶，卦之所以三畫而成者，皆是自然流出，不假安排。』」一語看來，當是引自朱子，但筆者至今未尋得原典，故暫不引用。雖其與筆者所論完全不同，擧例亦異，但卻對筆者實有啓發之功，特藉此附記不勝感激之情。

註 五 可能因爲《易經》、《老子》有類似之處，故王弼能以「老學」註「易理」。

註 六 《周禮・春官》疏：《歸藏易》以純坤（☷）爲首，坤爲地，萬物莫不歸而藏於其中，故名「歸藏」也。

註 七 參見《朱子語類・卷第六十七・易三・綱領下・「林黃中來見」條》。

註 八 如果判定石濤的「一畫」相當朱熹的「太極」，而《畫譜・資任章第十八》所云「總而言之，一畫也，無極也，天地之道也。」又該如何解釋？其區間別，牟宗三先生在《心體與性體》中曾言：「太極是正面字眼，無極是負面字眼。似亦可說太極是對于道體之表詮，無極是對于道體之遮詮。」可知其二者是不能分別的。如此，言其相當於「無極」或「太極」均可，並不會產生矛盾。

註 九 全祖望云：「一貫之說，不須注疏，但讀《中庸》，便是注疏。一，誠也。天地一誠耳，無二物也。」由於交稿在卽，筆者並未直接引用原典，今乃轉引自林同華〈論石濤及其繪畫美學思想〉一文「註四四」。收入林氏《中國美學史論集》 臺北 丹青出版社。

註一〇 中國傳說故事，言伏羲畫八卦，始於乾卦第一畫，稱爲「一畫開天」。陸游〈讀易詩〉亦云：「揖遜干戈兩不知，巢居穴處各熙熙。無端鑿破乾坤秘，禍始羲皇一畫時」。（參見林同華〈論石濤及其繪畫美學思想〉）其意義與宇宙初生狀態亦相類似。

註一一 石濤本爲僧，但在最後十五年時，則轉向道家信仰。

註一二 ＜了法章第二＞的「了」，一般人皆言爲佛學用語。＜尊受章第四＞的「受」與「識」亦本爲佛學用語。

註一三 王弼以「老」註《易》，陳建、張烈均指陽明爲禪，顧炎武、王船山均謂陽明引禪入儒，似乎早已覺察其中相似性。然而就因察覺其相似性，一方面指其得自佛氏，另一方面又極力分判兩派思想的不同，關於此，明・陳建《陳清瀾先生學蔀通辯》便是最好的例子，可參看。其實唐代杜光庭即曾言：「凡學仙之士，若悟眞理，則不以西竺、東土爲名分別，六合之內，天上地下，道化一也。……三教聖人所說各異，其理一也。」（《陰符經・說常清靜經注》）可知早已悟知其相同性。雖然其所指與本文所論，或有不同，然實亦可參證矣！

註一四 《老子・三十三章》：「知人者智，自知者明」。如果不斷的以「一畫」來自我審度，即「畫可從心」而「障自遠矣」。如此，自可稱「一畫明」了。

註一五 於古史中，歷代政權大都將其源流推至炎黃或表明出於自然感生，以證明自己之正統地位，這種現象，實亦出自於類似心理。

另外，如果延用大家熟知唐・張璪「外師造化，中得心源」中「心」的觀念，實較無法突顯出其價值性。

註一六 《傳法正宗記偈》：「泡幻同無礙，如何不了悟。」

註一七 《因明大疏》：「如種生芽，能起用故，名爲生因。如燈照物，能顯了故，名爲了因」

註一八　《圓覺經略疏》：「三義，諸大乘經中，明了說究竟眞實之理者，如煩惱卽菩提，衆生悉有佛性是也。」

註一九　由於出處難尋，筆者暫以我們常言「了去心願」一語中的「了去」二字來闡釋其義，或許對讀者的理解會產生些許幫助。

註二〇　明末清初，整個時代均在對宋明理學作一檢討、甚或進行反動。

註二一　《老子》一書，可將其詮釋爲「養生」、「政治」、「兵法」、「形上玄理」……等各種系統。

參考書目

畫譜（朱季海注釋）　清・石　濤　臺北・華正書局

苦瓜和尚畫語錄（《知不足齋叢書》本）　清・石　濤　臺北・藝文出版社

中國畫論類編　俞劍華編　臺北・華正書局

周易本義（附於《易學論著選集》）　宋・朱　熹注　臺北・長安出版社

老子釋譯　朱情牽校釋　臺北・里仁書局

六祖壇經　唐・慧　能　臺北・金楓出版社

朱子語類　宋・朱　熹　臺北・華世出版社

傳習錄　明・王陽明　臺北・金楓出版社

陳淸瀾先生學蔀通辯（《正誼堂全書》本）　明・陳　建　臺北・藝文出版社

宋元學案　清・黃宗羲編著　臺北・華世出版社

衍極（《十萬卷樓叢書》本） 元・鄭杓 臺北・藝文出版社
鄭堂讀書記（《人人文庫》本） 清・周中孚 臺北・商務印書館
石濤畫語錄研究 姜一涵 臺北・文化大學出版部
石濤之一研究 徐復觀 臺中・中央書店
（同書，其後又在學生書局刊印「增補版」，所收稍有不同，亦可參看）
中國美學思想史 敏澤 山東・齊魯書社
中國美學史大綱 葉朗 臺北・滄浪出版社
才性與玄理 牟宗三 臺北・學生書局
心體與性體 牟宗三 臺北・正中書局
朱子新學案 錢穆 臺北・三民書局
賦彩造形——傳統美學思想與藝術批評 石守謙 收入《中國文化新論・藝術篇・美感與造形》 臺北・聯經出版事業公司
石濤畫語錄探源——自我觀念在藝術與自然中之凸顯 《明遺民書畫研討會記錄》 香港中文大學 一九七六
論石濤及其繪畫美學思想 林同華 收入林氏自著《中國美學史論集》 臺北・丹青出版社

■陶玉璞先生現爲淡江大學中文研究所研究生。